KB076247

교사는
지성인이다

이 도서는 대한민국학술원이 교육인적자원부의 의뢰를 받아 『2003년도 기초학문분야 우수학술도서』로 선정 · 보급한 것입니다.

교사는 지성인이다

초판 1쇄 발행 · 2001년 12월 15일
초판 4쇄 발행 · 2003년 11월 20일

지은이 · 헨리 지루
옮긴이 · 이경숙
펴낸이 · 박성규
펴낸곳 · 도서출판 아침이슬
등록 · 1999년 1월 9일(제10-1699호)
주소 · 서울시 마포구 합정동 364-70(121-884)
전화 · 02-332-6106 / 팩스 · 02-322-1740
인터넷 홈페이지 · www.21cmorning.co.kr
E-mail · webmaster@21cmorning.co.kr

ISBN 89-88996-20-8 03370

* 책값은 뒤표지에 있습니다.
* 잘못 만들어진 책은 바꾸어 드립니다.

교사는 지성인이다

헨리 지루 지음 | 이경숙 옮김

아침이슬

옮긴이의 글

불안의 교육을 '희망의 교육'으로

비판교육자이자 문화비평가인 헨리 지루의 '교사론'인 이 책은 우리의 교육 현실에 절망하고 있는 교사들에게 한 줄기 빛이 될 만한 책이다. 저자는 교사론을 이야기할 때 으레 들먹이는 소크라테스니 소피스트니 하는 고답적인 논의, 교사의 전문성을 말하면서 수많은 덕목을 나열하는 논의를 단호히 거부한다.

현재 공교육의 위기는 교사들에게 일찍이 없었던 위협이지만, 교사들의 언어로 교육을 세상에 내놓고 이야기해볼 도전의 기회이기도 하다.《교사는 지성인이다》는 한마디로 위협과 도전의 시기에 '비판의 언어'와 '가능성의 언어'를 통해 교사들에게 교육의 현재를 반성하고 미래를 설계할 수 있도록 도와줄 것이다.《교사는 지성인이다》는 교사를 개혁의 대상으로 삼는 오늘날의 우리 교육 현장에 가장 적합한 책일 것이다.

이 책은 크게 4부로 구성되어 있다.

〈1부 학교 언어 다시 보기〉에서는 현재 학교 교육을 둘러싼 담론들을 분석한다. 학교가 중립적 기관이라는 말을 반박하고, 교육과정을 미리 결정된 지식으로 보는 것에 반대한다. 그리고 '교육 목표는 행동으로 관찰할 수 있는 용어로 구체적으로 서술해야 한다'는 말을 신주단지처럼 모시고, 사회역사적 맥락과는 상관없이 '교육은 자아 실현'이라고 외워야 했던 교사양성교육과 교사연수제도를 뜯어본다. 이 모든 것이 '기능인 교사'를 만드는 담론임을 지루는 분명하게 밝히고 있다.

〈2부 문해, 글쓰기 그리고 목소리의 정치학〉에서는 한갓 기능으로 전락해버린 글쓰기와 읽기를 반성하고, 모든 사람들은 자기 삶이 생생히 담긴 말을 할 권리가 있음을 그리고 사회적 맥락에서 글쓰고 읽을 권리가 있음을 얘기한다. 그리고 지루는 교육이 '관리와 통제'의 담론에 휘둘리는 한, 교사는 누군가가 정해준 목적을 성취하기 위해서 학생들을 관리하고 통제하면서 그렇고 그런 하루를 보내게 된다고 말한다. 대신 삶의 문화가 담긴 말과 글의 정치학이 교육의 시작임을 분명히 한다.

〈3부 교육은 지성적 활동이자 문화정치학이다〉에서는 교사를 지성인이라고 주장하며, 지성인이 되기 위해서 무엇이 요구되는지를 살펴보고 있다. 지루는 교육이 민주적 공공영역이 되어야 하며, 교사는 아이들이 자신의 삶을 선택할 수 있도록 양질의 교육을 제공하고 그런 교육 환경을 만들어나가는 존재라고 말한다. 이런 교육과 교사를 위해서는 교사교육의 보수화를 더 이상 지켜만 볼 수 없다고 선언하고, 민주적 교사교육을 제안한다.

〈4부 연대와 가능성의 교육을 위하여〉에서는 공교육의 위기, 특히 신자유주의가 몰고온 학교의 위기가 왜 학부모에게는 먹혀드는지를 묻는다. 지루는 신자유주의는 사람들의 불만을 교묘히 활용해서 공교육을 더욱 위태롭게 만들고 불평등을 재생산한다고 단언한다. 그러면서 연대와 가능성을 현실로 만드는 교사들의 교육학과 교육 활동을 주장한다.

이 책은 지루가 쓴 여러 글들을 모으고 또 새로 구성한 것이다. 때로는 다른 사람들과 함께 쓴 글도 있다. 열여섯 개의 장에 이르는 이 긴 글을 관통하는 문제의식은 한 가지이다. 교육의 공공성을 살리고, 교사를 변혁적 지성인으로 보는 시각이다. 그의 글을 읽다 보면 '교육이 어떻게 진보적이 될 수 있는가'에 대한 해답의 실마리를 찾을 수 있을 것이다. 교육에서 철저히 소외되고 잔인하게 포기를 경험하고 좌절을 곱씹어야 했던 이들의 담론을 다시 교육현장에서 되살리고자 하는 그의 열정은 맥라렌의 표현대로 '맞서 싸우는 희망'이라 할 만하다.

교육적 효과를 따져봐서가 아니라 남들이 하니까 어쩔 수 없이 학원 '이라도' 보내고 보는 학부모들의 행태는 불안한 심리상태가 그대로 반영된 결과다. 이렇게 불안한 심리상태에서는 무엇이 진정한 교육인지를 반성하고, 비판하기란 힘들다. 불안한 마음을 달랠 뭔가를 채워넣기에 급급하기 때문이다. 나는 이런 우리 사회의 교육학을 '불안의 교육학', 가진 자들이 만든 교육학이라고 생각한다.

외국으로 아이를 데려나가고, 비싼 과외를 하고, 다른 아이들은 꿈도 꿔보지 못할 특기적성으로 일찌감치 차별화하는 교육을 가진 자들이 나서서 하면, 언론은 이들의 행보를 하나하나 보도하면서 우리 교육이 문제이고, 교사가 문제라고 꾸짖는다. 교육정책도, 학계의 교육학도 이 논리에서 크게 벗어나지 않는다. 교육부는 수시로 입시제도를 손보고, 학계의 교육학은 외국의 교육학과 정책을 조달하면서 만족감을 표시한다. 그때마다 사람들은 또다시 새로운 것으로 자신을 채우지 않으면 안 되는 불안함에 시달린다. 불안이 사람들의 심리가 되어 있는 한 어떤 새로운 교육정책을 내놓아도, 그것은 불안한 심리의 먹이감이 될 뿐이다.

불안에 등 떠밀려 다니는 교육을 다시 든든하게 뿌리박게 할 자는 오직 교사뿐이다. 정작 농사를 짓는 농민의 입은 틀어막고 자기 잇속을 차리는 뜨내기들이 농사정책을 제 맘대로 끌고 다닌다면 그 농사가 제대로 될 리 없듯이, 교육에서도 교사들의 입을 틀어막고 교육을 말하는 것은 교육을 망치는 지름길이다. 교사들은 교육으로 땅을 삼고, 밥을 삼는 사람들이다. 내 땅이 황폐하면 거름 주고 내 밥이 말라가면 따끈하게 데우듯이, 교사들은 내가 가르치는 아이들이 뒤떨어지고 시달리면 가장 가까이서 보고 무엇이 아이들을 그 지경으로 내모는지 반성하고 가장 합리적으로 대책을 세울수 있는 사람들이다. 긴 안목으로 교육이라는 땅을 기름지게 가꾸고 그 속의 아이들이 행복하게 살아가도록 만들 교육의 당사자가 교사들이다. 교사는 어쩔 수 없이 아이 때문에 불안한 맘에 시달려야 하는 학부모도, 살아남기 위해 교육 받아야 하는 아이도, 자기 잇속 챙기는 관료도 아니기에, 교육 속에 있되 교육에 거리를 두면서 교육의 땅을 가꿀 수 있는 지성인이다.

지금 우리의 교육개혁 논의가 미국의 논의를 좇아가고 있다는 점에서 그들의 논의를 살펴보는 일은 도움이 될 것이다. 다만 옮긴이의 학문적 지식이 부족해서 이 글의 본래 의미를 잘못 전달하지나 않았을지 염려스럽다.

끝으로 이 글을 번역하는 동안 여러 사람에게서 도움을 받았다. 특히 '느티나무 배움터' 교사들에게서 많은 도움을 받았다. 대구에서 지역 청소년을 대상으로 새로운 교육을 실험하고 있는 그 분들이 든든한 버팀목이 되어주었기에 번역을 마칠 수 있었다. 그분들에게 다시 한 번 고마움을 전한다.

2001년 12월
이경숙

가능성으로서 역사와 교육

헨리 지루는 사상가이자 뛰어난 교수이다. 매 학기 그의 뛰어난 비판 담론을 들은 수많은 학생들이 얼마나 깊은 감명을 받았는지만 봐도 이를 잘 알 수 있다. 비판적 시각이 없는 사람들 에게는 나의 이런 확신이, 가르치는 대상이 다른 대상들과 맺는 관계를 깊이 따져보지 않고서도 누구나 뛰어난 교수가 될 수 있다는 말로 들릴 수도 있다. 하지만 그건 불가능하다. 맥락이나 주체를 형성하는 문화적 · 사회적 · 정치적 세력을 진지하게 고려하지 않고, 맥락이나 주

파울로 프레이리(Paulo Freire) 브라질의 교육사상가. 브라질의 문맹퇴치 교육에 힘썼고, 1964년 군사쿠데타 때 체제전복 혐의로 투옥되었다. 석방된 뒤 국외로 추방되어 세계 여러 나라를 돌아다니며 문맹퇴치 프로그램의 입안을 돕고 여러 대학에서 강의했다. 저서로 《프레이리의 교사론》, 《페다고지》, 《희망의 교육학》 등이 있다.

체에 대해 글을 쓴다거나 말한다거나 혼자서 따로 가르친다는 건 불가능한 일이다.

지루가 뛰어난 이론가인 것은 우리에게 대상과 순진하게 상호작용하는 행위를 피하라고 요청하는 그의 인식론적 태도 때문이기도 하지만, 무엇보다 우리가 대상들 사이의 복잡한 관계를 이해할 수 있다는 주장 때문이다. 그를 뛰어난 작가로 만드는 것은 열정적으로 즐거움을 나눠주는 그의 스타일 때문이다. 그는 주체의 맥락과 내용의 정수를 보여주는 빛나는 은유들로 독자들을 사로잡는다. 언어를 다루는 감각과 더불어 이런 인식론적 태도 덕분에 그는 존재의 전제조건을 생각하게 만듦으로써 훌륭한 사상가가 된 한 명의 지성인이다. 그렇다고 해서 우리들 모두가 반드시 사상가일 필요는 없다.

지루의 창발성, 끝없는 질문, 호기심, 회의, 유연성, 위험을 무릅쓰는 용기, 주제에 대한 엄격한 방법론적 · 이론적 접근 등은 미국에서뿐만 아니라 다른 많은 나라들에서도 그를 당대의 위대한 사상가로 만들었다. 그는 비판적으로 널리 읽히고 있으며, 그의 생각에 담긴 영향력과 명료성은 현재 철학적 · 교육적 담론을 형성하는 데 커다란 기여를 했다.

내가 지루에 대해 그리고 지루가 본 세계와 그 세계 변혁의 과정에 대해 집중적으로 말하고 싶은 것은 그가 역사를 가능성으로 본다는 점이다. 지루에게 만들고, 건설하고, 형성하고자 하는 미래 없이 희망이란 없다. 지루에게 역사가 가능성이라는 의미는 '내일'이 꼭 발생하게 될 어떤 일도 아니며 또한 오늘을 겉만 살짝 뜯

어고친 모습으로 생각해서 언제나 그날이 그날인 상태도 아니라는 것이다. 그가 가능성으로서 역사를 볼 때, 그는 앎의 과정에서 주체의 역할이 중요하다는 사실 또한 알고 있다. 교육에 대한 그의 비판적이고 낙관적인 이해는 이 같은 역사 인식에서 나온다.

우리가 역사를 가능성으로 이해하는 한, 우리는 다음과 같은 사실을 알 수 있다.

- 주체성은 변혁 과정에서 반드시 중요한 역할을 해야 한다.
- 교육은 이런 주체성의 역할이 마땅히 있어야 하는 역사적이고 정치적인 과업임을 이해하는 정도와 관련 있다.
- 모든 실천이 그러하듯, 교육은 한계에 영향 받는다고 생각하지 않으면 의미를 잃게 된다. 만약 교육이 모든 걸 다 할 수 있으면 굳이 그 한계를 들추어낼 이유도 없을 것이다. 또 교육이 아무것도 할 수 없다면 그 또한 한계를 말할 이유가 없을 것이다.

가능성으로서 역사는 우리가 도그마와 시간에 길들여짐을 단호히 거부한다는 의미이다. 사람들은 가능한 역사를 만들지, 그들이 만들고 싶은 역사나 만들어져야 한다고 들어온 역사를 만드는 것은 아니다.

지루가 우리에게 내뿜는 영향력을 물리치기란, 또 그의 분석이 때로 우리를 슬프게도 하지만 새로운 희망으로 우리를 안내하는 그 힘을 물리치기란 불가능하다.

이 책에서, 헨리 지루는 현재의 교육담론을 이해하고 발전시키는 데 토대가 되는 경향들을 다루고 있다. 여기서 그는 비판적이면서도 눈부신 이론적 토론을 전개해 우리를 자극한다.

비판교육이론과 희망

이 짧은 지면에 헨리 지루의 엄청난 지적 업적을 다 보여주기란 쉽지 않다(지면이 더 주어진다고 해도 비평가들이 지루의 활동 범위와 비판의 깊이를 제대로 다 설명하기란 어려울 터이다). 그래서 이 글에서는 각 장의 이론적 맥락을 짚는 정도로 그의 연구 중 일반적 측면만 다루려 한다.

지루는 지난 십여 년 동안 이론과 정치와 교육의 중요성을 줄기차게 제기해왔다. 그의 저작들은 기존의 학교 교육 개념을 들춰내는 것은 물론, 지속적인 합의의 장이자 상호 유리한 제도로서 사회

피터 맥라렌(Peter Mclaren) 캘리포니아대학 교육정보학 대학원 도시교육 분야 교수로 있다. 비판교육학과 지구적 자본주의에 대한 날카로운 글쓰기로 잘 알려져 있으며, 저서로 《비판교육학과 탐욕적 문화》, 《변혁적 다문화주의》 등이 있다.

와 학교가 맺는 관계를 파헤치고 있다. 그는 교실 수업과 학습을 권력, 역사, 사회의 맥락과는 무관한 중립적이거나 공정한 제도로 보는 전통적 관점에 반대하여 학교 교육에 대한 비판적 사회이론의 근거를 마련했다.[1]

지루는 진전된 사회이론을 비판적으로 활용하면서도, 이론적 탐구의 새로운 범주를 펼쳐보였다. 그러면서 학교가 민주적이고 평등한 사회 질서를 발전시키는 주요 메커니즘이라고 주장하는 지배 논리에 도전했다. 또한 교육에서 신보수주의자의 재등장을 분석해서, 수월성 운동(excellence movement)이 사실은 평등과 사회 개혁의 후퇴를 위장하는 논리에 불과함을 폭로하는 데 기여했다. 지루의 진보주의 입장은 자유주의 교육자들의 수많은 실천들―예컨대 산업의 요구에 따라 교육과정을 능력별로 편성·조직하는 것―이 그들 관점의 토대가 되는 민주주의의 가치를 얼마나 손상하는지 밝혀냈다. 덕분에 우리는 보수주의와 자유주의 교육자들이 그렇게도 존중하는 이데올로기의 뿌리에 도사리고 있는 불평등과 위계 질서가 결국은 자신들이 내놓는 주요 정책들과 어떻게 모순을 빚는지 알게 되었다.

지루가 교육과 정치 면에서 달성한 업적은 사회 질서 속에서 경쟁하는 이해세력들이 구조적으로 불평등하다는 사실을 고발한 것이다. 그는 미국인들이 대체로 학교 교육과 결부시켜 생각하는 기초적인 공공 활동들, 이를테면 인종, 계급, 신념, 성별에 상관없이 모든 사람들이 오로지 업적에 따라 권력을 가질 수 있다는 식의 공공 활동이 자체 모순에 의해 어떻게 뒤집히는지 보여준다.

요컨대 학교 교육의 목표는 모든 학생들이 적극적이고, 비판적이며, 모험적인 시민이 되도록 준비하는 것인데, 이런 목표와 맞지 않는 학교 안의 이데올로기적·사회적 실천들을 어떻게 차단할 것인가 하는 데 지루는 관심이 있다. 지루의 관심은 매우 폭넓지만 그런 가운데도 변치 않는 상수가 하나 있다. 교육적 성공의 길에서 무시당해왔던 이들, 즉 역사 내내 희망보다는 일찌감치 잔인한 포기를 경험해왔던 이들이 권력을 갖게 하려는 해방의 기도가 그것이다. 아무런 힘도 없는 이들, 빈곤한 이들, 사회불평등과 부조리에 맞서 대항할 수 없을 만큼 특권계급이 아무 의식도 힘도 없는 존재로 조작해버린 이들이 지루가 관심을 갖는 사람들이다.

지루는 비판교육이론에 역사적으로 기여한 바가 매우 크다. 그는 현대 학교 교육의 정치적 형태들을 있는 그대로 잘 설명했다. 그의 설명은 비판교육이론의 장점과 단점을 깨닫고, 이론 자체의 한계와 이론의 역사의존성을 민감하게 감지한 데서 나왔다. 그의 글들은 그의 이론이 심오하고도 박식하다는 걸 보여주지만, 그의 글들 역시 현재 진행중인 논의 속에서 도전과 논박의 대상이 될 수 있고, 또 되어야 마땅하다. 확실히 비판가들의 비판이 없었다면 그의 연구가 현재와 같지는 않았을 것이다. 그러나 여기서는 그의 연구물을 꼼꼼히 따져 비판하기보다는 비판적 연구의 핵심으로 이해하고 탐색하는 것에 중심을 둘 작정이다. 이때 비판적 사고는 현재 진행중인 교육투쟁과 정치적 권력갖기(political empowerment) 프로젝트의 일부로 이해되어야 한다.

1970년대 말까지만 해도 지루의 글들은 그리 심각한 정치성을 담고 있지 않았지만, 최근 연구들은 비판교육이론을 전개하고 진전시키는 중요한 담론이자 토대가 되고 있다. 지난 몇 년 동안 지루는 사회이론 영역에까지 연구 범위를 넓히면서, 문화연구에 관한 초기 학문들에 큰 영향을 끼쳤다.[2]

이 책에서 그가 다루는 전반적인 프로젝트는 '공정하고 평등한 민주주의를 위해서 학생들이 권력을 갖게 하고 사회 질서를 변혁하자'는 비판교육학을 공식화하려는 시도로 요약할 수 있다. 지루에게 중심 논제는 학교 교육, 학교 교육을 형성하는 사회관계, 역사적으로 구성된 학생들의 요구와 능력, 이 셋 간의 관계를 교육자와 여타 사람들이 규명하고 이해할 수 있도록 언어를 개발하는 것이다. 종속계급의 학생들을 입 다물게 하고, 학생들을 가르치는 교육자의 기술과 권력마저 빼앗아가버리는 패권적 실천에 학교의 지배적인 문화가 어떻게 연루되어 있는지를 교육자들이 알고 싶다면, 앞서 말한 관계를 반드시 비판적으로 파악해야 한다. 비판적 이해는 또한 지배계급 출신이건 종속계급 출신이건 학생들이 비판적으로 공부하는 능력을 높이 산다. 왜냐하면 지배문화가 어떻게 학생 자신을 끌어들이고 무권력 상태에 빠지도록 부채질하는지 그 방법과 이유를 학생들에게 알려주기 때문이다. 한마디로 비판교육학의 주요 목표는 학생들이 자기 삶에 개입할 수 있는 권력을 갖게 하는 것이고, 그런 개입을 통해 억압적 사회를 변혁하는 것이다.

지루는 교육적·문화적·경제적 삶에 큰 힘을 발휘하는 문화적 파벌이 비록 좋지 못한 점이 있긴 해도, 궁극적으로 보면 그 속에 진보적 변화와 개혁의 가능성이 들어 있다고 판단한다. 지루의 관점에서, 인간 행위자들(human agents)은 실제 세계 속에서 그리고 실제 세계에 대해서 집단투쟁을 벌임으로써 그리고 그들의 사회적 상상력을 발휘함으로써 세계에 대해 말할 수 있는 능력을 갖게 된다.

지루의 글에는 열정과 분노가 담겨 있지―누군가는 이를 '맞서 싸우는 희망'이라고 한다―흔해빠진 학술 연구의 적당한 거리 두기나 학문적 무난함 따위는 없다. 그의 비판적 목소리에 담긴 활력, 때로 과격함은 자신이 겪었던 좌절에서 나온 분노와 용기를 그리고 어린 시절 로드아일랜드에서 노동계급 이웃들과 함께 저항하고 투쟁하면서 나온 분노와 용기를 실천으로 옮긴 까닭이다. 그의 역사는 1960년대 투쟁 참여, 공동체 조직 활동, 7년 간의 고등학교 교사 생활로 채워져 있다. 지루는 자신의 대학 생활을 하나의 역사적 사건이라고 자주 이야기한다. 빈민가인 스미스 힐을 떠나 대학 강단으로 가게 된 건 농구 특기생으로 받은 장학금 때문이었다. 그 장학금이 아니었다면 그의 삶은 완전히 달라졌을 것이고 훨씬 어려운 고비를 맞았을 게 틀림없다.[3] 어린 시절 그는 계급 차이를 생생하게 깨달았고, 그 이후로는 학교 교육이 사회적으로 혜택 받은 사람에게만 권력을 주는 방식을 간파하고자 끝없이 투쟁을 벌였다. 이 때문에 그의 글에는 정의와 평등을 향한 열정이 넘쳐난다.

지루가 비판적 언어를 내놓은 까닭은 교육자들이 가르치는 활동을 문화정치의 한 형태로 이해하게끔 돕기 위해서이다. 가르치는 활동이 문화정치의 한 형태라는 것은 교육이 의미와 경험을 생산하고 정당화할 때 인종, 계급, 성, 권력과 깊은 관계가 있다는 의미이다. 비판적 언어의 중요성은 그 언어가 해방교육에 관한 쟁점들과 관심사를 얼마나 잘 설명하는가에 따라서 평가된다. 몇 년 동안 지루가 연구해온 쟁점과 관심사는 다음과 같다.

변화를 일구는 사회적 행위자로 우리 자신을 가꾸어야 한다는 것에 반대하는 도덕적 변인들은 무엇인가? 계급, 인종, 성, 권력에 관한 문제들이 어떻게 교육의 질과 수월성의 문제로 탈바꿈하는가? 교사인 우리 자신은 물론 학생들의 정체성과 경험까지도 재구성하기 위해, 우리가 지배문화에 대항하는 교사로 다시 설 방법은 무엇인가? 교육자들은 비판적인 지적 활동을 옹호하는 교육 프로젝트를 어떻게 만들 것인가? 정체성의 차이와 정체성의 다양한 형태를 어떻게 구분할 수 있으며, 인간 의지와 정치 투쟁의 문제를 어떻게 설명할 것인가? 자유교육의 미명 아래 우리가 어떤 다양성을 억누르고 있는가? 교육자들은 교육의 이름 아래 계속 자행되는 불의를 어떻게 생각할 것인가? 교육자들은 학생들의 기본권리조차 빼앗는 억압적인 학교에 근무하면서, 자신도 그 억압에 공모하고 있음을 어떻게 깨달을 것인가? 교육자들은 학교 교육 이론을 몸과 욕망의 교육학과 어떻게 결합시킬 것인가? 지식과 권력과 주관성 간의 관계가 갖는 한계는 무엇인가? 우리는 '권력과 목적'의 언어를 '친밀성과 우애와 돌봄'의 언어와 통합하는 공적 담론을 어떻게 개발할 것인가? 그들의 계급이 무엇이든 간에 지배 아니면 무지에 빠져든 이들을 비난하지 않고, 우리는 어떻게 해방을 말할 것인가? 역사적으로 무엇이 가능한지 그 가능성이 실현되기 전까지는 우리는 미래를 알 수 없다. 때문에 어떻게 희망이 실현되고 자유를 꿈꾸고 투쟁하고 마침내는 승리할 미래를 학생들이 상상할 수 있도록 교육자들이 그들에게 권력을 줄 것인가?

비판교육학은 이런 질문들에서 나왔다. 이 질문의 응답자들은 교사와 학생이 당면한 실제적이고 구체적인 문제들을 출발점으로 삼아야 한다. 비판교육학이 제기하는 질문들―이 질문들은 인간 실존에 관한 것이며, 인간 해방을 위한 투쟁의 일부이다―은 역사 자체에 관해서 대답해야 하는 문제들이다.

대략 지루의 연구는 두 번의 중요한 시기를 맞는다. 첫 번째 시기는 1970년대 말, 사회계급과 학교 교육에 관해 그가 에세이를 썼을 때다. 이 무렵 그는 수는 적지만 영향력 있는 교육이론가 집단들―윌리엄 파이너, 진 애니언, 마이클 애플 등― 과 함께 할 때가 많았다. 이 교육이론가들은 여전히 정치경제학의 언어와 사회재생산이라는 환원론적 개념을 어느 정도 사용하고 있었지만, 학교 교육에 대한 중요한 분석을 내놓았다.[4] 당시 비판학자들의 상당수 연구물은 지나치게 인과적 결정론과 경제적 마르크스주의에 심취해 있었지만, 지루는 학교에서 일어나는 일과 학교보다 큰 사회의 정치적·사회적·도덕적·경제적 질서 사이의 복잡한 관계를 분석해나가기 시작했다.

지루는 어느 정도 신지식사회학의 영향을 받았다. 신지식사회학은 영국의 마이클 영과 바실 번스타인의 연구에서부터 레이먼드 윌리엄스의 연구와 버밍햄 대학 소속 문화연구센터에 있던 스튜어트 홀, 리차드 존슨, 폴 윌리스 등의 청소년 하위문화에 대한 혁신적인 연구 등을 통해 형성되었다. 지루의 이론적 관심은 곧 이탈리아 이론가 안토니오 그람시와 브라질 교육자 파울로 프레이리 그리고 프랑크푸르트학파의 비판이론에게로 옮겨갔다. 프랑크푸르트학파에서는 테오도르 아도르노, 막스 호르크하이머, 하버마스, 마르쿠제, 발터 벤야민 등이 가장 두드러지는 인물이었다. 지루의 초기 비판적 교육이론의 산물인《이데올로기, 문화, 학교 교육의 과정》에서 그는 그람시의 이데올로기와 지배 개념, 프레이리의 문화와 문해 개념, 프랑크푸르트학파의 도구적 합리성 비판, 고전 마르크스주의, 심층심리학 그리고 미국, 캐나다, 영국, 오스트레일리아의 교육사회학과 교육과정이론의 연구물 등을 개념적 고리로 묶으려는 독창적인 시도를 했고 이는 성공을 거두었다.[5] 그는 미술, 시, 연극, 고급문화라는 식의 협소한 문화 개념의 범주를 버리고, 대신 문화 개념 자체를 재정치화하여 이데올로기적 · 물질적 경쟁의 영역으로 바꾸어놓았다. 문화에 대한 이런 식의 재규정은 문화를 단순히 경제적 토대의 반영이라고 보는 고전 마르크스주의 견해에 반대하는 것이다. 물론 고전 마르크스주의 입장이 마르크스주의적 학교 교육 분석에 여러 형태로 영향을 미쳤다는 점은 인정한다. 그러나 경제와 교육과정이 거울을 마주 대하는 것처럼 똑같다고 보는 마르크스주의적 견해는 다양한 문화적 · 이데올로기적 요소들이 학교와 사회에 배어 있다는 걸 전혀 설명하지 못한다.

《교육이론과 저항》은 또 다른 전환점이었다. 이 책은 보울즈와 진티스가 쓴《미국 자본주의에서의 학교 교육》이 출간된 후 널리 퍼진 사회문화적 재생산이론에 대해 지루가 한층 강하게 문제를 제기하는 계기가 되었다.[6] 여기서 지루는 학교가 사회문화적 재생산의 장 이상이라고 설파한다. 그는 학교를 지배의 논리로만, 교사를 지배계급의 앞잡이로만 보는 관점은 이론적 결점이 많을 뿐 아니라 정치적으로도 바르지 못하고, 전략적으로도 무용하다고 비판했다. 또한 정통 마르크스주의 담론에서 자본의 욕구가 지배의 중요한 기제라고 보는 경향 역시 문제삼았다. 그가 보기에, 정통 마르크스주의 담론은 문화, 권력, 이데올로기가 지배집단과 종속집단 사이의 위계적 분열을 조장한다는 점은 잘 분석하고 있지만, 학생이 주체적일 수 있게 하는 상호 유익한 지배장치라는 점에는 전혀 비판적 관심을 기울이지 못했다. 바로 이때 프레이리와 그람시의 연구는 지루에게 새로운 길을 안내했다. 이 무렵 지루는 문화, 계급, 민족, 권력, 성을 다양한 수준과 방향에서 중재하고 결정함으로써 이데올로기가 확립되고 정당화되는 방식들에 관심을 기울였다. 사회 구조와 인간 행위(human agency) 간의 변증법적 관계를 이해하고 있었기에, 지루는 인간 주체가 천부적이고 무역사적 본질의 반영이라든가, 이데올로기 형성망에 걸려버린 수동적 희생자라는 식의 생각에 반대한다. 지루는 사회적 행위자에게는 자신이 물려받은 문화의 역사적 처지를 뛰어넘는 능력이 있다고 믿는다.

마지막으로, 개인들을 고정된 생각과 행동에 갇힌 죄수로 묶어두는 이론에서 얘기하듯이 개인들은 어떤 필연성에 복종하는 존재가 아니라 역사적 사건의 과정을 바꾸기 위해 비판적 지식을 활용하는 존재들이다. 지루에게 개인이란 역사를 생산하는 주체이자 역사의 산물이다.

지루는 특히 정통 마르크스주의 담론이 문화 개념을 비판적으로 이해하지 못했다는 점에 주목했다. 정통 마르크스주의 담론은 비판적 태도가 부족한 까닭에, 학교와 그 밖의 다른 교육제도 속에서 어떻게 의미가 생산되고 중재되고 정당화되고 도전받게 되는지 제대로 이해하지 못했다. 지루가 '경제 영역'과 '생산의 사회관계'를 비판적 분석에서 중요한 표적으로 삼았는데도, 정통 마르크스주의 담론은 지배와 투쟁의 역사적 장치를 설명할 때 문화와 권력 개념을 더 이상 보완하지 못했다. 동시에 학교문화에서 대항적 헤게모니 투쟁을 깎아내리면, 자연히 교육비판가들은 절망을 퍼뜨리는 사람으로 보이게 된다는 점을 지루는 알고 있었다. 그의 생각과는 다른 이런 생각이 학교 교육을 진정 비판적으로 분석해야 하는 이유가 된다. 베르톨트 브레히트의 시구를 인용하면, 진정한 비판적 분석은 *지금의 현실을 설명하는 것에만 그치지 않고 마땅히 이뤄져야 할 장래를 위해 더 많은 것까지도 설명하는* 분석 형태를 뜻한다.

　지루의 저작에서 두 번째 시기는 1980년대 초반, 행위와 학생저항에 관한 논의에 참여하면서 시작되었다. 당시 지루는 (폴 윌리스의 저서 《노동 익히기》는 물론) 스탠리 애러노위츠와 사회학자 앤터니 기든스의 이론서에 영향을 받았다. 그래서 학생들이 완벽한 억압의 논리—이 논리에 따르면 가장 폭넓고 혁신적인 개혁조차도 사실은 극단적인 사회병리를 고치는 시늉만 한다—에 빠져들도록 학교가 내버려두지는 않는다고 주장하기 시작한다. 오히려 학교는 학생에게 저항의 가능성을 제공하므로 학교라는 장에는 여지와 긴장이 있다. 지루는 자본 숭배와 불평등한 권력관계를 억압의 결정 인자로 생각하지만, 그렇다고 이 결정인자들이 경쟁의 가능성과 혁신적인 투쟁을 깡그리 없애버리지는 못한다고 본다. 달리 말해, 그는 비판교육자들이 교육개혁의 토대를 다질 때, 저항의 과정에 각별히 관심을 가져야 한다고 확신한다.

비판교육담론의 일부로서 저항이론은 매우 중요하다. 저항이론은 정체성, 정치, 의미가 어떻게 학교 교육 영역 안에서 다양한 개입과 중재를 만드는지를 이해하는 데 무엇보다 학생의 경험을 중요하게 여기기 때문이다. 저항의 범주는 사회문화적 재생산에 대한 공식적 주장을 보완하는 것에서 그치지 않는다. 저항의 범주는 복잡한 도덕적·정치적 규제의 일부로서 주체성이 어떻게 자리잡고 발명되고 구성되는지에 관한 이론적 재구성을 보여준다. 지루에게, 학교는 투쟁의 가능성이 살아 있는 장이며, 교사는 학교를 민주적 투쟁의 제도로 이해하고 그렇게 학교를 개혁하기 위한 노력을 아끼지 않는 존재여야 한다.

지루는 또한 이데올로기와 무관하게 사는 것은 실제로 불가능하다고 본다. 그러므로 이데올로기 형성의 규칙, 이데올로기와 필연성의 관계, 저항과 정치학의 관계, 요구와 욕망의 관계를 밝힐 필요가 있다. 이때 이데올로기는 의미의 조작(mobilization of meaning)이라는 생산적 의미에서 사용된다. 의미 조작의 효과는 개인이 일상 생활의 모순과 복잡함을 분류하는 태도에서 볼 수 있다. 이데올로기는 현실 세계에 대한 상상적 관계를 사람에게 뒤집어씌우는 단순한 부과만이 아니라 적극적으로 구성되고 *철저하게 살면*

서 겪어온 경험의 양식이며, 이 경험은 사회적 세계에서 의미와 권력이 교차하는 방식과 결합되어 있다. 이데올로기는 이미지, 몸짓, 언어 경험을 통해 전달되는데, 이런 것들은 사고하는 방법과 내용은 물론, 심지어는 느끼고 욕망하는 방법과 그 내용과도 관련 있다. 이 관점에서 말하는 이데올로기는 사적인 일상 생활과 공적인 일상 생활에서 주체성이 '만들어지는 것'과 또 주체성을 '스스로 만드는 것'과 관계가 있다. 이데올로기는 또한 행위의 근거로서 '주체'라는 것이 얼마나 허무한지 깨닫는 데도 중요하지만, 동시에 개인이 확신과 정치적 목적을 갖고 활동하도록 돕는 담론을 창출한다는 의미에서 중요한 희망을 제공하기도 한다.[7]

결론적으로 교사들은 살아온 경험 특히 학생의 삶에 희망과 가능성을 주는 다양한 경험을 통해 어떻게 의미가 적극 구성되는지 학생들에게서 찾아내야 한다.

지루는 경험이 지닌 변혁의 가능성을 학생들이 알게끔 가르쳐야 한다고 주장한다. 경험의 변혁성을 높이기 위해 교사들은 학생의 생활에 적합한 교실지식을 만들어야 한다. 그래야 학생들이 자신의 목소리를 가질 수 있다. 즉 교사들은 학생들의 생활 경험에 딱 들어맞는 교육과정 내용과 교육실천을 제공함으로써 학생의 경험을 교육적 만남의 일부로 인정해야 한다. 지루는 또한 교사가 학생들의 경험을 문제제기하고 비판함으로써, 다시 말해 경험 속에 숨겨진 가정을 드러내기 위해 학생들의 경험을 탐구함으로써 학생들이 적합한 경험을 넘어서도록 돕는 것 역시 중요하다고 보았다. 비판적 지도는 학생들이 자신의 경험에 배어 있는 정치적·도덕적 의미를 인식하도록 하는 데 꼭 필요하다. 그래서 학생의 경험과 활동이 인종차별과 성차별 등 옳지 못한 사건들을 일상에서 겪도록 내버려두지 않는 교육접근법을 개발해야 한다.

마지막으로, 지루는 교사들이 지식과 경험을 궁극적으로는 *해방적인* 것으로 만들어야 한다고 주장한다. 그 방법은 학생들이 자기 형성에, 타인의 형성에 그리고 사회적 재생산 주기에 개입할 수 있게 사회적 상상력과 시민적 용기를 더 고양하도록 해주는 것이다.

스탠리 애러노위츠와 지루가 쓴《위기에 처한 교육》은 학교가 민주적 공공영역이라는 개념을 처음으로 도입했다.[8] 민주적 공공영역 개념에는 토론, 대화, 의견 교환을 통해 민주적 원리와 사회적 실천을 구성하도록 도와주는 학교, 정치조직, 교회, 사회운동 등의 공공 네트워크가 포함된다. 지루는《교육이론과 저항》마지막 장에서 이미 민주적 공공영역 개념을 제시했으며(애러노위츠 역시 전작《역사유물론의 위기》[9]에서 이 개념을 전개했다), 이 개념은 여기서도 다룰 필요가 있는 중요한 개념이다. 민주주의는 워낙 논쟁적이고 복잡한 개념이어서, 지루는 맥락에 따라 개념을 조금씩 달리 사용해왔다. 일반적으로 민주주의는 사회 정의, 평등, 다양성의 원리에 따르는 사회적 구성, 정치적 공동체, 사회적 실천이라는 수준에서 정의된다. 지루는 학교가 지역의 민주주의를 확립하는 데 큰 역할을 하지만, 주와 연방정부 수준의 민주화 투쟁을 할 때는 학교가 다른 민주적 공공영역과 연대해야 한다고 본다.

지루가 판단하건대, 학교를 민주적 공공영역으로 바꾸기 위한 첫번째 과제는 교육자들을 위해 공적 언어, 바로 비판의 언어를 개발하는 것이다. 비판의 언어는 교사와 학생이 집단 투쟁과 사회 정의를 위해 공적 삶을 재구성할 수 있게 허용하는 언어이다. 언어에 대한 지루의 입장은 명쾌하다. 언어는 '바깥에 있는' 사회적 실재를 반영할 뿐 아니라, 우리 사회에 '실제로' 있다고 여겨지는 것들로 구성되어 있다는 것이다.

《위기에 처한 교육》은 프랑스 철학자 미셸 푸코의 이론 중 일부, 특히 권력과 지식의 개념을 선별해서 쓰고 있다. 권력과 지식 개념은 지루의 후기 연구에서 중심 도구로 사용되고 있으며 교사가 비판적인 참여 지성인으로서 해야 하는 역할을 밝혀주는 중요한 도구이다. 여기서 지식은 더 이상 객관적이지 않고, 권력은 물론 그 권력에서 득을 누리는 자들까지도 생산하는 권력관계일 뿐이다. 모든 형식의 지식은 구체적인 권력관계 속에 자리잡고 있다. 지식의 특정한 한 형식이 시간이 흐르면서 지배계급에 의해 '진리체제들(regimes of truth, 확고하며 중립적인 지식체계들—옮긴이)'로 탈바꿈한다.

지루에 따르면, 정치적 중립을 가장하여 난해한 지식이나 전문지식을 휘두르는 행위에 맞서 교사가 사회적으로 변혁적인 실천을 심사숙고하는 변혁적 지성인이 된다면, 교사가 기존 진리체제들에 도전할 수 있게 된다. 특히 그 기존 진리체제들이 교육과정과 교육쟁점에 영향을 미칠 때에는 더더욱 교사가 진리체제들에 도전할 수 있어야 한다. 그리고 '지식인' 개념을 전통적 관점에서 사용하는 것과 지식인을 엘리트주의, 괴벽, 관념의 조작자 따위로 보는 어설픈 개념과는 조심스레 단절해야 한다. 특히 변혁적 지성인 교사라면 아이들을 가르치는 일을 해방의 실천 행위로 보고, 학교를 민주적 공공영역으로 가꾸고, 진보적 가치를 공유한 공동체를 복원하며, 평등과 사회 정의라는 민주적 의무와 관련된 공적 담론을 촉진하는 데 헌신해야 한다. 패권적이거나 사교적인 지식인들, 권력자의 명령에 따라 일하고 현 상태를 유지하는 데 비판적 식견을 써먹는 지식인들과 달리, 변혁적 지성인은 학생, 행정가, 주변 지역사회와 함께 비판적 참여를 하는 윤리와 정치를 중요하게 여긴다. 변혁적 지성인은 민주주의와 삶의 질 향상을 위해 지치지 않고 헌신한다.

지루가 학술적인 글을 대하는 데는 한 가지 통찰이 담겨 있다. 그는 비판학자가 객관적이거나 비당파적이어야 한다는 생각을 거부한다. 그가 보기에 객관적이거나 비당파적이라는 건 가능하지도 않고 바람직하지도 않기 때문이다. 자신의 글이 진행중인 정치적 프로젝트의 일부라는 생각은 비판학자와 다양한 투쟁을 결합시키려는 그의 줄기찬 노력을 반영한다. 지루가 보기에, 학자의 사회의식이 너무나 자주 권력에 대한 열망으로, 학계 안에서의 안위에 대한 갈망으로, 개인적 성공과 인정받으려는 욕망으로 바뀌어버린다. 그래서 학자의 조사연구는 현재 학문 수준에서 튀어보이지 않기 위해 타협하고, 일반 대중보다는 자기 동료들의 요구를 충족시키기 위해 이뤄지는 경우가 더 많으며, 엄격한 실험과 과학적 중립성이라는 (잘못된) 개념에 따라 평가 받는다. 이를 문제삼는 지루는 공적 지성인(public intellectual)으로서 자신의 책임과 대학 교수로서 자신의 역할을 분리하는 걸 단호히 거부한다.

특히 지루의 연구는 특정 교리를 엄격히 따라야 한다는 논리에서 스스로 해방되어 있다는 점에서 뛰어나다. 어떤 정통학파에 기대는 걸 거부함으로써 그의 연구는 이론적 융통성을 발휘하면서도 더욱 엄격해지게 되었다. 더욱이 다양한 이론들의 사상을 통합하려는 노력 덕택에, 그의 지적·정치적 관심사가 한결 다듬어지고 한층 새롭고 통합된 관점으로 나아갈 수 있었다. 그는 과거 이론과 현재 이론의 지평을 통합하고, 그 지평을 자기 관점과도 통합하는 노력을 기울였다. 그래서 존 듀이, 조지 카운츠, 라이트 밀즈의 연구를 비판적으로 검토하고, 최근 여성주의 이론과 해방신학에서 나온 몇몇 연구에도 비판적으로 참여했다.

오늘날 지루의 연구를 어느 한 학파로 분류하기는 매우 곤혹스럽다. 개념의 경계를 해체하지 않고서 또 새롭고 더욱 풍부하게 통찰하지 않고서, 같은 개념을 두 번씩 사용하는 일은 거의 없기 때문이다.[10] 지루는 마르크스, 그람시, 푸코 혹은 그 밖의 다른 사람들에게서 사상적 아버지를 발견하는 일에는 별 흥미가 없다. 그야말로 그의 사상은 계속해서 진행중이다. 초기부터 거의 최근 연구까지 그의 연구가 통통 튀는 까닭은 아마 변증법적 사회 생활에 긍지를 불어넣어주려는 줄기찬 노력, 더 구체적으로는 구조와 행위, 언어와 욕망, 비판과 희망의 유익한 상호 작용에 긍지를 불어넣어주려는 줄기찬 노력 때문일 것이다.

지루의 글에는 속깊은 관심과 열정적 헌신의 흔적이 배어 있다. 최근에 그는 학생이 자기 말을 하는 문제와 교육을 연관지어, 학교 교육을 문화정치로 보는 생각을 다듬는 중이다. 그는 교육이란 근본적으로 정치·윤리적 실천이며, 사회·역사적으로 만들어진 구성물이라고 본다. 교육은 결코 교실로만 제한될 수 없다. 의미의 생산과 구성에 영향을 미치기 위한 의도적 시도가 있는 때라면 언제라도 그곳엔 교육이 연루되어 있고, 어떻게 그리고 어떤 지식과 사회정체성이 특정 사회관계 속에서 생산되는가 하는 문제에도 교육은 연루되어 있다.[11] 교육은 가르치는 실천이기도 하려니와 가르치는 활동이 옹호하는 문화정치에 대한 인식과도 관련 있다.[12] 지루가 보기에, 교육이 지식과 경험의 사회적 구성물에 연루되어 있다는 것은 가능성의 교육이 가능하다는 의미이다. 그 이유는 자신과 타인들이 포함된 세계가 사회적으로 구성되는 것이라면, 그 세계 또한 자신을 드러내고, 빗장을 열고, 비판적으로 수정될 수 있기 때문이다.

비판교육학은 '민주사회에서 우리가 권장하는 인간 능력의 신장'과 '우리가 제공받기도 하고 그 속에서 우리가 살기도 하는 문화적 형식들(cultural forms)', 이 둘 간의 모순을 인식해야 한다.[13] 현재와 당위 간의 모순과 긴장이 있는 한, 교육은 결코 포기될 수 없다. 지루는 교육자들이 자신의 목적을 명료히 하고, 목표를 정하고, 공교육을 민주적 프로젝트로 보아야 한다고 주장해왔다. 비록 소수이긴 하지만 다른 저자들도 이런 주장을 계속 하고 있다. 지루는 또한 자기 변혁과 사회 변혁을 위해서는 진리를 절대범주가 아닌 상황적·관계적 범주로 보아야 한다는 점을 알고 있었다. 해방교육학이라고 해서 정답을 가지고 있지는 않다. 다만 언제나 만들어가는 과정일 뿐이다.

이 책은 지루의 많은 연구물들 중 대표적인 것들을 뽑아 엮은 것이다. 이 글들은 교사들로 하여금 해방의 의지를 갖고서 실제로 학습을 개발할 수 있도록 하는 뛰어난 내용으로 가득 차 있다. 지루의 초기 글들에 담긴 이론은 오늘날에도 여전히 유효하다. 물론 그에게도 약간의 모순은 있다. 그런데도 교사와 연구자들이 가르침, 정체성의 구성, 민주적 사회관계의 발전, 사회 변혁의 과제 사이의 복잡한 상호관계를 이해해야 한다는 그의 문제제기는 매우 중요하다. 각 장들을 보면 독자들은 지루의 연구가 역사적인 행위임을 알게 될 것이다. 각 장들은 비판적 교육사고의 다양한 측면을 개발하고, 비판적 교육사고에 참여하는 것에 관해 씌어져 있다. 더욱이 각 장들은 지루의 초창기 연구물이 어떻게 구조화되었는지 그 원리와 함께, 자신의 이론적 토대와 정치적 프로젝트를 더욱 비판적이고 변증법적으로 재고하려는 최근의 시도까지도 보여준다.

끝으로 지루는 그의 연구에서 교육은 구체적인 것으로 구성된다고 말하고 있다. 미래는 사실적이고 실재적인 현재의 씨앗 속에 이미 잉태되어 있다. 구체적 교육은 제시카 벤자민이 말한 "정치학을 내재적 영역으로 끌어들이는 것"[14]이다. 궁극적으로 구체적 교육은 개인적 · 구체적 특수성이 담긴 요구와 비교해서 추상적이고 보편적인 원리를 더 높이 쳐주지는 않겠다는 단호한 의도이다.[15] 구체적 교육학은 모든 진리체제들이 일시적인 억제전략이라고 본다.

지루의 요점은 우리가 진리라고 생각하는 것에서 억압적이고 비민주적 효과를 제거하려는 것이다. 지금 우리 세계와 같은 세계,

즉 미래를 매우 적대시하는 세계에서는 가능성의 프로젝트가 대다수 교육자들이 이론 활동을 판단하는 참고 기준과는 어긋난다. 가능성의 프로젝트는 교실에서 *실천*될 수 있을까? 대답은 당연히 실천의 의미를 어떻게 규정하느냐에 따라 달라질 것이다. 만약 실천을 '비법'의 '요리책' 정도로 생각한다면, 그 대답은 '아니오' 이다. 이런 의미에서 실천은 지배담론에 복종하는 것일 뿐이다. 지배담론은 이론과 실천을 기만적으로 분리해서 결국엔 변증법적 관계를 무너뜨린다. 지배의 논리에서는 교육실천이 어떠해야 하는지에 대한 판단이 교실 활동 자체의 실천 안에 들어 있어야 한다고 가정한다. 그러면서 그 효과야 어찌됐든, 도구적 절차를 선호하면서 교육의 변혁적 잠재력은 깎아내린다.[16]

그러나 우리가 민주적 사회관계와 인간의 자유를 위한 투쟁 속에서 비판적으로 사고하고 행동하기 위해 사람에게 권력을 주는 언어에 날마다 참여하는 것이 '실천' 이라고 본다면, 대답은 '예' 이다. 지루의 연구는 우리에게 가르치는 활동을 구체적 실천으로 바꾸게 하는 기회를 제공한다. 도구적 실천과 권력갖기 실천 간의 차이를 교육자들이 알도록 하는 것, 이것이 이 책의 목적이다.

지루는 우리 학교와 우리 사회의 미래가 당면한 문제들과 쟁점들을 직접 다루고 있기 때문에 교육자들에게 큰 영향을 미치고 있다. 그는 모두를 위한 공정하고 민주적인 사회를 창조한 미국 역사를 더욱 발전시키는 데 학교가 해왔고 계속 하고 있는 역할에 대해 문제삼는 질문들을 던지고 있다. 지루는 어떤 질문도 받지 않는 역사는 결국 침묵에 휩쓸리고 말 것이며, 그런 침묵의 피난처 아래서 있는 역사는 과거에 세계를 위험으로 몰아넣었던 불의와 비인간성을 다시 맞이하게 될 것임을 경고하고 있다. 지루는 역사의 구조적 침묵에 반대하고 희망과 해방투쟁에 근거하여 새로운 사회 전망을 내놓았다. 그래서 그는 가장 도전적이고 중요한 교육이론가 중 한 명이 되었고, 오늘날 학교 교육에 대해 가장 풍부하고도 날카로운 분석을 하는 사람이 되었다.

차례 | 교사는 지성인이다

교사는 지성인이다*

비판교육이론과 비판의 언어

진보적 교육학은 이른바 전통적인 교육실천 이데올로기에 반대하여 십여 년 전 영국과 미국에서 신교육사회학의 일부로서 당당하게 등장했다.[1] 비판교육학은 학교가 민주적이고 평등한 사회 질서를 발전시키는 주요 메커니즘이라는 지배논리에 도전하려는 임무를 띠고, 학교 교육의 다양한 메커니즘 속에서 지배와 억압이 어

---

* 이 책에서 '지성인'은 intellectual을 번역한 것이다. intellectual은 흔히 지식인이라는 말로 번역된다. 하지만 여기서 굳이 지성인이라고 옮긴 까닭은 우리 사회에서 지식인 개념을 일정한 학력을 가진 사람을 전제로 하는 경우가 많은데 지루는 그런 의미로 intellectual을 쓰지 않기 때문이다. 지루는 모든 사람은 지성적 능력을 갖고 있다고 전제한다. 이 책에서 지성인이라는 번역은 지루의 이런 의미를 담을 때 사용하고, 가령 '유기적 지식인'처럼 통상적으로 지식인이라 번역되는 말은 지식인이라 쓴다. —옮긴이

떻게 생산되는지 밝히는 일에 나선다. 교육비판가들은 학교가 민주주의와 사회이동의 견인차라는 생각을 받아들이기보다는 그 생각 자체를 문제삼는다. 교육비판가들의 이데올로기적 · 정치적 과업은 학교가 어떻게 특권과 지배의 이데올로기적 · 물질적 형식들을 통해 자본의 논리를 재생산하는지를 밝혀내는 것이다. 왜냐하면 이런 형식들이 다양한 계급, 성, 민족집단 출신 학생들의 삶을 구조화하기 때문이다.

대부분 진보적 비판가들은 전통교육학자들이 공교육의 정치적 성격을 질문조차 하지 않는다는 데 동의한다. 전통주의자들은 자본주의 이데올로기를 재생산하고 정당화하면서도, 학교 교육의 언어는 탈정치화하려는 모순된 시도를 통해 공교육의 정치적 본질 문제를 은근슬쩍 피해간다. 전통주의자들의 이런 시도는 교육의 최대 관심사를 교수 기법을 숙달하고 기존 사회에 유용한 지식을 전달하는 것으로 보는 실증주의에서 가장 명확하게 드러난다. 이런 실증주의는 과거에도 지금에도 교육연구와 교육정책에서 주류를 차지하고 있다.[2] 전통주의자들의 세계관에서는 학교가 교육만 하는 장소이다. 따라서 학교가 힘의 세기가 다른 문화적 · 경제적 집단들 간의 합의와 논쟁의 장이라는 생각이 무시되어왔듯, 학교가 문화적 · 정치적 장소라는 사실도 외면당해왔다. 비판교육이론의 관점에서 보면, 전통주의자들은 지식, 권력, 지배 간의 관계에 관한 중요한 문제를 은폐하고 있다.

이런 분석을 토대로 새로운 이론적 언어와 비판주의가 등장했는데, 그 주장인즉 학교가 일반적인 서구 인본주의 전통에 파묻혀 거대한 사회 속에서 개인과 사회가 권력을 가질 기회를 주지 않았다는 것이다. 전통주의자의 입장과 반대로, 좌파 비판가들은 학교가 사실상 기존의 사회, 경제, 문화를 재생산하는 대리기구라는 이론적 주장과 경험적 증거를 낱낱이 보여준다.[3] 공교육은 기껏해야 개인적으로는 노동계급이나 또 다른 피억압계급의 성원으로 제한된 이동만을 허용하면서, 전체적으로는 자본주의 생산관계를 재생산하고 지배집단의 이데올로기를 정당화하는 강력한 도구 노릇을 서슴지 않는다.

진보적 교육비판가들은 전통적 교육이데올로기에 도전하는 데 유용한 분석들과 조사모델들을 내놓았다. 학교가 객관적 지식을 전수한다는 보수적 주장에 맞서, 진보적 비판가들은 잠재적 교육과정 이론과 함께, 지식의 형식이 다르면 그에 따른 이해관계도 다르다는 이데올로기론을 펼친다.[4] 진보적 비판가들은 학교 지식이 객관적이라고도 학생들에게 반드시 전수되어야 할 어떤 것이라고도 보지 않고, 강조와 배제라는 선택적 과정을 통해 구성된 특권층의 담론, 즉 지배문화의 독특한 반영이라고 본다.[5] 학교는 오로지 교육만 하는 장소라는 주장에 반대해, 그들은 학교 안에서 지배문화의 전수와 재생산이 이루어진다고 꼬집는다. 학교에서 지배적인 문화는 중립과는 거리가 멀고, 오히려 특권층의 언어 형식, 합리화 양식, 사회관계, 살아온 경험을 선별해서 순서 매기고 정당화하는 특징이 있다. 이런 점에서, 문화는 권력과 결탁되어 있으며 지배계급의 코드와 경험을 부과하는 것과도 결탁되어 있다.[6] 학교문화는 지배계급 출신의 학생들에게는 용기를 북돋우고 특권을 주면서, 피지배집단의 역사 · 경험 · 꿈은 배제하고 수치심을 느끼게 해서 아이들을 기죽인다. 마지막으로, 학교가 무정치적이라고 주장하는 전통교육자들에 반대해서, 진보교육자들은 국가가 선별적 수상(受賞), 자격증 정책, 합법적 권력 따위를 통해 교육실천이 지배이데올로기를 옹호하도록 손을 쓴다는 점을 면밀히 보여준다.[7]

비판교육이론은 이처럼 학교 교육에 대해 날카로운 이론적 · 정치적 분석을 내놨지만, '비판과 지배'의 언어를 넘어서지 못했다는 심각한 약점을 갖고 있다. 그래서 비판교육자들은 학교를 주로 지배적인 이데올로기와 실천이나 정치경제학 담론과 결부하는 언어에만 머물러 곤욕을 치르고 있다. 비판교육이론에서 학교는 산업자본에 복종하는 노동자를 양산해내는 사회재생산의 대리기구이고, 학교 지식은 부르주아 이데올로기일 뿐이다. 또한 교사들은 지배장치의 늪에 빠져 스위스 시계처럼 일분 일초도 어김없이 일하는 존재로 묘사되는 때가 많다. 이런 입장의 비극은 좌파 교육자들이 교육개혁이나 학교개혁을 위한 프로그램적 언어를 개발하지 못하게 막는다는 점이다. 이런 식의 분석에서는 학교 교육에서 독특하게 나타나는 모순과 공간과 긴장을 전혀 이해하지 못하기 때문에 제도적이고 공동체적 투쟁을 위한 프로그램 수준의 언어를 개발할 가능성이 거의 없다. 진보적 교육자들은 지배의 언어에만 지나치게 매달린 까닭에 진보적이고 정치적인 교육전략 개발이라는 중요한 희망을 놓쳐버린 것이다.

그런데 몇몇 예외를 제외한 대다수의 비판이론가들은 학교의 모순된 성격을 잘못 그리는 정도에서 끝나지 않았다. 그리고 공교육에 대한 비판교육의 전망을 이데올로기적으로 옹호하려면 보수적인 생각에 제동을 걸어야 했건만 이런 정치적 요구에서도 한발 물러섰다. 결론적으로, 보수주의자들은 진보적 교육자들이 아무 제재도 가하지 않는 상황 속에서 학교에 대한 대중의 두려움을 교묘히 활용했다. 그들은 공교육의 성격과 목적에 관한 토론을 장악해왔을 뿐 아니라 꾸준히 지역과 전국 차원의 정책권고안을 개발하고 실행해갔다.

사실상 진보적 교육자들은 학교에 대한 보수적 공격을 막아낼 기회도, 학교가 뿌리 깊은 불평등을 재생산하는 현재의 흐름을 막아낼 기회도 놓쳐버렸다. 또한 민주주의·권력갖기·가능성의 범주에서 교사 활동을 규명하는 담론을 재구성할 기회마저도 삭제해버렸다. 진보적 교육학이 생명력 있는 정치적 프로젝트가 되기 위해서는 비판의 언어와 가능성의 언어를 결합한 담론을 개발해야만 한다. 그렇게 하면서, 진보적 교육학은 학교의 일상 활동 안에서 민주적 투쟁과 개혁의 기회를 되찾아주기 위한 분석을 해야 한다. 또한 교사들과 다른 사람들이 교사 활동의 본질을 비판적이면서도 장차 변혁적인 방식으로 보고 경험할 수 있도록 이론적 토대를 제공해야 한다. 내가 생각하기에, 이 담론의 중요한 두 가지 요소는 학교를 민주적 공공영역으로, 교사를 변혁적 지성인으로 규정하는 것이다. 이 점에 대해서는 본문에서 깊이 있게 다루겠지만 여기서 그 의미와 실천들을 간략하게 소개한다.

학교 교육, 공공영역 그리고 변혁적 지성인

교육자의 역할을 다시 정하려면 학교 교육의 목적을 어떻게 볼 것인가 하는 문제에서 시작해야 한다. 나는 비판교육학의 생명력은 학교를 민주적 공공영역으로 보는 것에 있다고 믿는다. 이는 학교를 자기 권력과 사회적 권력갖기를 도와주는 민주적 장소로 봐야 한다는 뜻이다. 이런 의미에서, 학교는 학생들이 참된 민주주의 속에서 살아가는 데 갖추어야 할 지식과 기술을 배우는 공공영역이다.

민주적 공공영역으로 학교를 보게 되면, 학교는 노동현장의 연장이라든가 치열한 국제시장과 외국과의 경쟁을 위해 제일선에 있는 기관이 아니라, 심도 있는 대화와 인간 행위를 존중하는 비판적 탐구 활동이 주로 이루어지는 곳이다. 이곳에서 학생들은 대중의 연대와 사회적 책무라는 담론을 배운다. 이 담론은, 개인의 자유와 사회 정의를 추구하는 사회운동으로서 비판민주주의의 이상을 되찾으려 한다. 학교를 민주적 공공영역으로 보는 관점은 또한 진보적인 교육과 교사 활동을 추진하는 학교를 중요한 공공서비스를 담당하는 필수적인 제도와 실천이라고 규정하는 근거가 된다. 학교를 정치적 언어로 규정하면, 비판적 문해와 용기를 갖춘 시민으로 교육하는 데 필요한 이데올로기적·물질적 조건을 제공하는 제도이자 민주사회에서 적극적인 시민으로 활동하는 토대이다.

이 입장은 듀이의 민주주의관에 큰 영향을 받았지만, 여러 면에서 듀이의 관점을 능가하는 것이며, 여기서 충분히 논의할 만한 주제이다. 나는 민주주의 담론이라는 용어를 비판을 위한 참조물

(referent)이자 학교와 사회의 관계를 변증법적으로 이해하는 데 근거한 이상(idea)으로 사용하고자 한다. 비판을 위한 위한 참조물로서 민주주의의 이론과 실천은 학교가 어떻게 민주주의의 이데올로기적 · 물질적 차원을 가로막는지 분석할 수 있는 모델을 제시한다. 이를테면 민주주의의 이론과 실천은 지식, 학교 조직, 교사의 이데올로기들, 교사와 학생의 관계에서 지배담론이 자신을 표출하는 방식 등에 관해 문제삼는다. 나아가 민주주의 담론에는 학교가 모순된 공간이라는 생각이 깃들어 있다. 즉 학교는 사회를 재생산하면서도 사회의 지배논리에 저항하는 공간이다.

이상으로서 민주주의 담론은 보다 프로그램적이고 보다 진보적인 뭔가를 제안한다. 첫째, 교사와 행정가들은 대항 헤게모니적 교육을 전개하는 변혁적 지성인 역할을 다해야 한다. 이때 대항 헤게모니적 교육이란 사회에서 비판적 행위자가 되는 데 필요한 지식과 사회적 기술을 학생에게 줌으로써 학생들이 권력을 갖고 변혁적 활동을 하게 만드는 것이다. 다시 말해 학생들이 위험을 무릅쓰고, 제도를 바꾸기 위해 노력하며, 학교 바깥의 또 다른 저항적 공공영역들과 연대해서 사회 내부의 억압에 *반대*하고 민주주의에 *찬성*하는 싸움을 하도록 교육해야 한다는 의미이다. 그래서 나는 민주주의가 사실 이중 투쟁을 의미한다고 생각한다.

먼저, 나는 학교 내부의 지식의 형식들과 사회적 실천들을 조직하고 개발하고 실현하는 것을 지칭하는 '교육적 권력갖기(educational empowerment)' 개념을 강조하는 바이다. 다음으로, 나는 교육적 변혁 개념을 강조하는데, 이 개념 안에서 교사와 학생이 사회 내부의 억압에 저항하게끔 교육 받아야 하고, 이런 투쟁에서 학교는 하나의 중요한 장소라고 주장하는 바이다. 이는 듀이의 관점과는 명백히 다르다. 나는 민주주의가 교육적 투쟁은 물론, 정치적·사회적 투쟁과도 관련 있다고 보기 때문이다. 나의 이런 견해는 비판교육학이 참다운 민주사회를 만들기 위해 사회의 이데올로기적·물질적 조건을 재구성하는 투쟁에서 중요한 중재안이 된다는 믿음에서 나왔다.[8]

내가 이 책에서 한결같이 강조하는 민주적 공공영역으로서 학교 개념에는 또 다른 중요한 문제가 연관되어 있다. 학교 교육의 개념을 정치화함으로써 교육자들과 교육연구자들을 특정 활동조건 속에서 활동하고 특정한 사회정치적 기능을 수행하는 지성인으로 설명하는 것이 가능하게 된다는 점이다. 교사가 속해 있는 물질적 조건은 지성인으로서 교사의 실천을 방해하거나 아니면 북돋우는 토대를 구축하고 있다. 그래서 지성인 교사들은 그들이 활동하는 조건의 근본적인 성격을 다시 검토해보고, 가능하다면 그 조건을 바꾸어야 한다. 즉 교사들은 시간, 공간, 활동, 지식 등이 학교의 일상 생활을 구조화하는 방식을 결정할 수 있어야 한다. 구체적으로 말해, 지성인의 역할을 하기 위해서 교사들은 교육과정을 짜고 권력을 나눠가질 때 함께 글쓰고, 조사연구하고, 활동하는 데 필요한 이데올로기와 구조적 조건을 창출해야만 한다. 결국 교사들은 자신이 구체적으로 변혁적 지성인이 될 수 있게 인정하는 담론을 위해 투쟁을 만들어야 한다.[9] 지성인 교사는 학생이 권력을 갖도록 하기 위한 반성과 활동을 아끼지 말아야 하며, 불의에 맞서고 억압과 착취가 없는 세상을 위해 제 몸을 던지는 비판적 활동가가 되는 데 필요한 기술과 지식도 갖추어야 한다. 이런 지성인들은 학생들이 개인의 성취를 좇아 신분의 사다리를 밟고 더 높이 올라가게 하는 데는 관심이 없고, 학생이 권력을 갖게 해서 필요한 때 스스로 세상을 비판적으로 읽고 바꿀 수 있게 하는 데 관심을 쏟는다.

진보적 교육을 문화정치의 한 형태로 보는 담론에서 말하는 변혁적 지성인 개념을 비판적으로 이해하는 게 어떤 의미인지 그 특성을 설명하기 앞서 할 일이 있다. 여기서는 교육적인 것을 진보적 실천으로 만들기 위한 존재론적 근거와 관련된 핵심적인 문제들을 자세히 다루고자 한다.

변혁적 지성인의 역할을 맡은 교사들과 조사연구자들에게 맞는 방법론을 소개해줄 만한 개념들은 많이 있다. 이 중에서 가장 중요한 참조물은 '해방적 기억(liberating memory)'이다. 해방적 기억은 대중과 개인이 살면서 겪어온 고통의 사례들을 재인식하는 것이다. 이런 고통을 변호하고 드러내는 데는 이해와 연민이 따라야만 한다. 따라서 비판교육자들은 과거와 현재를 억압하고 있는 고통을 드러내는 것에서 시작해야 한다. 과거 고통에 대한 공포, 저항에 대한 존경과 연대를 밝히는 것은 우리로 하여금 '고통과 저항'의 경험을 만드는 역사적 조건에 눈을 돌리게 해준다.

해방적 기억이라는 개념은 또한 과거에 위험했던 일들을 극복하는 것 이상이며, 고통을 안겨준 이들과 '타자'로 취급된 이들의 현실까지도 신경쓴다는 뜻이다. 그럼으로써 우리는 인간 존재의 현실을 이해하게 되고, 당면한 고통을 없애기 위해 민주사회의 모든 이들이 현재의 사회 조건을 바꾸어야 할 필요성을 이해할 수 있게 된다.[10] 해방적 기억은 지성인들이 지금껏 억압받아왔거나 무시당해왔던 역사적이고 대중적인 지식을 찾아내어 분석함으로써 고통의 역사적 · 현재적 요소들을 생생하게 유지해갈 수 있는 '연대의 교육망' 중 일부가 되어야 하며, 이를 통해서 우리는 다시 한번 '갈등과 투쟁의 파멸적 효과'[11]를 발견할 수 있게 된다. 해방적 기억은 사람들이 지배 메커니즘 아래서 고통을 당하면서도 저항을 한다는 선언이자, 희망이며, 추론적 암시이다. 더욱이 저항은 억압에 대해서는 늘 '아니오'라고, 투쟁과 자기 실천의 가능성을 다짐하는 것에 대해서는 '예'라고 대답하기 위한 전제조건이 되는 지식과 이해들과 결합되어 있다.

해방적 기억 개념을 구성하는 또 다른 중요한 변증법적 요소가 있다. 해방적 기억 개념은 대안 마련과 대항 헤게모니적 진리를 긍정하는 힘으로서 권력을 '기억한다.' 이는 인간의 가능성이라는 대안적 시각을 중심으로 공동체를 개발하기 위해 저항도 하고 변혁도 일으키는 사회운동을 계속 기억한다는 역사적 개념이다. 간단히 말해, 이 개념은 더 나은 삶의 방식을 개발하는 것이다.

변혁적 지성인은 문화정치를 지식의 문제와 결부해서, 특히 교실 교육과 학생들의 자기 목소리 개념과 결부해서 재정의해야만 한다. 변혁적 지성인에게 문화정치의 한 형태로서 진보적 교육이란 다양한 지식 유형, 경험, 주체성들로 구성된 사회적 형식들을 만드는 구체적인 실천이다. 달리 말하면, 변혁적 지성인들은 역사적으로 만들어진 *사회적 형식*들을 통해 주체성이 어떻게 생성되고 통제되는지, 사회적 형식들이 특정 이익을 어떻게 성취하고 구현하는지 이해해야 한다.[12] 그렇게 하기 위해서는 학교와 같은 특정한 사회적 형식들 속에서 경험이 어떻게 조성되고, 살아 있고, 유지되는지 조사하는 것은 물론, 특정 권력기구들이 특수한 진리와 삶의 방식을 정당화하는 지식을 어떻게 만들어내는지 연구하는 것이 중요하다. 이런 의미에서 권력은 지식과 결합될 때 의미가 훨씬 더 넓어진다. 푸코가 지적했듯이, 이런 경우 권력들은 현실을 왜곡하는 지식 뿐 아니라 이른바 유일한 '진리'에 대한 특정한 해석을 만들어낸다.[13] 달리 말해 "권력은 신비화나 왜곡만 하는 것이 아니다. 권력의 진짜 위험성은 권력이 진리와 적극적 관계를 맺는 것, 즉 권력이 만들어내는 진리의 효과이다."[14]

이 책의 각 장에서는 지난 몇 년 동안 제기된 관점들을 제시하고 있다. 그 주제는 문해에서부터 교실 목표, 해방신학자들의 활동에 이르기까지 다양하다. 주제는 다양해도 전체를 아우르는 공통 주제가 있다. 교사와 학생이 함께 지역 사회와 전체 사회를 해방시킬 민주적 공공영역으로서 학교를 재인식하는 것이다. 이 책에서는 또한 학교 교육을 분석하는 새로운 언어와 범주를 개발하려고 한다. 지식사회학, 신학, 문화연구 등에서 학교 교육을 분석하기 위한 범주들을 선정했다. 이것들은 교육자들에게 자신의 실천에 대해 그리고 학교와 사회의 관계에 대해 깊이 생각해볼 좋은 기회를 주리라 믿는다.

여기서 나는 비법을 던져주는 행위는 하지 않을 작정이다. 나의 담론은 물론이고 어떤 담론이라도 비판적으로 그리고 선택적으로 이해되어야 하기 때문이다. 그래야지 자신의 교실 수업과 사회적 투쟁을 옹호하는 담론을 소중히 생각하는 이들이 자신의 특수한 맥락에서 담론을 사용할 수 있게 된다. 이 책은 특수한 이해 방법, 즉 아직 미완성인 비판적 담론을 다루고 있지만, 이것은 억압의 특징과 민주적인 투쟁과 혁신의 가능성을 밝혀줄 것이다.

1부

학교 언어 다시 보기

학교 언어 다시 생각하기

    요즈음 정치 분위기에서는 학교와 민주주의에 관한 논의는 거의 사라지고, 학교가 어떻게 하면 산업의 요구를 만족시켜서 경제적 생산성을 더 높일 것인가 하는 토론만 무성하다. 학교 교육의 성격에 관한 공개토론들은 경제지원의 삭감, 자유롭고 진보적인 공립학교협회의 파산, 시민권리의 잠식 등에는 무관심한 대신 경영전문가들의 관심과 이해관계로 메워지고 있는 실정이다. 즉 미국 사회와 공립학교가 줄줄이 실패와 파산을 맞고 있는 가운데 '투입과 산출', '예언 가능성', '비용 효과성' 따위가 새로 출현한 문제와 관심거리이다.

    학교 교육의 구조와 의미를 이해하기 위해 새로운 분석 언어가 필요한 때에, 불행하게도 미국인들은 효율성과 통제에 골몰하는 경영과 행정의 담론으로 퇴보해왔다. 이 담론은 이해(理解)에 대한 관심에 그림자를 드리우고 있다. 마찬가지로 비판적 문해와 적극적 시민의식에 관심을 갖는 진보교육학을 모든 학교 교육 수준에서 개발해야 하는데도, 진보교육학은 기법과 수동성을 강조하는 보수교육학에 길을 내주고 말았다. 따라서 더 이상 학생들이 세상을 비판적으로 '읽도록' 돕는 것이 아니라 학생들이 읽기 도구를 '숙달하도록' 돕는 것이 중요해졌다. 교사와 행정가와 학생이 어떻게 의미를 산출하고, 그 의미를 자신들에게 이익이 되도록 하는가 하는 문제는 '사실들'을 숙달해야 한다는 의무에 묻혀 사라져버렸다. 사태는 우울하다.

이런 논제들은 교육자와 학교가 어떻게 이 문제에 발벗고 나설 것인가에 대해 근본적인 질문을 던져준다. 또한 이 논제들은 이 문제들을 극복하기 위해 사용되거나, 적어도 이 문제들을 해결하기 위한 조건들을 조성하는 데 도움이 되는 언어·사고·교수(敎授) 양식을 교육자와 학교가 개발할 수 있음을 말해준다. 나는 이 문제를 논의하기 위해 다음과 같은 중요한 관심사를 검토하고자 한다. 우리가 학교 교육을 비판적으로 만들기 위해서 어떻게 학교 교육을 유의미하게 만들 것이며, 학교 교육을 해방적으로 만들기 위해서 어떻게 학교 교육을 비판적으로 만들 것인가?

이론과 언어의 문제에 대하여

나는 이론과 언어의 문제를 분석하고, 학교 교육에 대한 '전통적' 관점이 이론과 언어의 문제에 어떻게 반영되어 있는지 분석하려고 한다. 이 분석을 위한 전제조건으로 교사, 학부모, 그 밖의 다른 사람들이 학교의 한계와 가능성을 알 수 있게 해주는 새로운 이론 틀과 언어 양식이 필요하다. 현재, 학교 교육에 대한 전통적 언어는 상당히 기계적이고 협소한 세계관에 얽매여 있다. 본질적으로 전통적 언어는 행동주의 학습심리 담론과 과학적 경영 논리에서 주로 나왔다. 행동주의 이론은 주어진 지식을 가장 잘 배울 수 있는 방법에 역점을 두며, 과학적 경영 논리는 근본으로 돌아가자는 운동, 능력시험 그리고 체계적 경영 계획 등에 반영되어 있다. 전통적 언어는 교사들이 자신의 언어에 배인 이데올로기적 가정들과 이 가정들에 따라서 결정되는 학교 교육의 경험을 비판적으로 검토하지 못하게 한다.

일반적으로 언어는 단순하냐 복잡하냐, 명쾌하냐 모호하냐, 구체적이냐 추상적이냐에 따라서 평가받는데 이런 분석은 이론적 실수의 먹잇감이 되기 십상이다. 언어를 명료성 문제와 기술적인 문제로만 전락시켜버리는 것이다. 그런데 교육 언어의 진짜 의미는 교육 언어를 통제하는 과정을 통해, 궁극적으로는 그 언어가 주목하고 정당화하는 사회·정치·이데올로기적 관계들을 통해 특정 이론이 생산된다는 것이다. 달리 말해보자. 언어의 명료성 문제는 간결한 언어로 잘 포장된 관념을 부각시킴으로써, 가치와 이해관계의 문제를 외면하는 가면에 불과하다. 비판적이고 해방적인 교육이론이라면, 비판적 이해와 스스로 결정하는 행동을 지지하는 교육이론이라면, 그 교육이론은 행정과 순응이라는 기존 언어를 뛰어넘는 담론을 반드시 생성해내야 한다. 이런 담론이 인정받고 이해받기 위해서는 투쟁과 헌신이 따라야 한다. 언어가 자신의 가정을 신비화하고 숨기는 방식은 분명하다. 예컨대 소외와 억압을 일삼는 학교 경험에 대해 저항하는 학생들에게 교육자들이 쉽게 낙인을 찍어버리는 식이다. 교육자들은 그런 학생들을 저항적이라기보다는 일탈적이라고 부르기를 좋아한다. 왜냐하면 일탈이라는 꼬리표는 학교 교육의 성격과 학생 행동의 원인을 딴 곳으로 돌릴 수 있기 때문이다.

학교 교육에 대한 새로운 담론을 만들자

이 분석에서 나는 학교 교육의 성격에 관해 새로운 담론과 분석 양식을 만들려고 한다. 이 담론과 분석은 이중의 목적을 가지고 있다. 한편으로는 학교 교육에 대한 전통적 관점의 단점과 실패를 분석하고 지적해야 하고, 다른 한편으로는 학교 경험을 사고하고 조직하는 새로운 가능성을 찾아내야 하는 것이다. 재인식이 가능한지 탐색하기 위해 나는 합리성, 문제제기적, 이데올로기, 문화자본 등의 개념들에 특히 초점을 두었다.

합리성 합리성 개념은 두 가지 의미가 있다. 하나는 사람들이 자기 자신과 다른 사람의 경험을 이해하고 조형하는 일련의 가정과 실천을 나타낸다. 다른 하나는 사람들이 살아온 경험 속에서 부딪히는 문제들을 밝혀내고, 그 문제들에 개입하는 방법을 규정짓고 제한하는 이해관계를 나타낸다.

예를 들어 교사의 말과 행동에서 드러난 이해관계는 마땅히 정의의 원리에 따라 통제되거나 설명되거나 조치되어야 한다. 비판적 구성개념인 합리성은 교육과정 패키지나 영화 등 교실에서 사용하는 자료에도 적용될 수 있어야 한다. 이 교실 자료들은 세계관, 주어진 주제에 대한 관점, 이해관계에 대한 가정들을 구현하고 있다. 이 사실은 지금 시장에 흘러 넘치고 있는 수많은 '교사용' 수업 자료들에서 드러난다. '교사용' 수업 자료들은 생각하는 구상과 몸소 실행하는 집행을 분리하고, 교사들이 그 자료를 실제로 만들고 가르칠 때 담당하는 역할을 축소함으로써 교사들의 탈숙련을 부추기고 있다.

'교사용' 패키지 자료에서는 무엇을 가르쳐야 하는지, 어떻게 학생들의 지적·문화적 요구를 만족시켜야 하는지 그리고 그 내용을 어떻게 평가해야 하는지에 대한 교사의 결정은 그다지 중요하지 않다. 왜냐하면 교사들과 상관없이 이런 문제들은 미리 정해져 있고 답도 정해져 있기 때문이다. 이런 패키지 자료들이 교사의 의사결정을 통제하며, 그 결과 교사들은 합리적인 판단을 할 필요가 없어진다. 그래서 교사들은 순종하는 기술자 노릇이나 하면서 교육과정 패키지의 지시나 따를 뿐이다. 교사들이 그런 패키지를 무시할 수도 있고, 또 다른 목적으로 사용할 수도 있고, 학교에서 그런 패키지를 사용하는 데 반대할 수도 있다는 건 두말할 필요가 없다. 그러나 지금 당면한 쟁점은 이런 교육과정 패키지들에 녹아 있는 이해관계를 깨닫는 것이며, 그런 이해관계가 어떻게 교실 경험을 결정하는지 이해하는 것이다. 효과성과 통제의 언어는 명백히 비판보다는 복종을 부추긴다.

문제제기적 모든 합리성 양식은, 제기된 문제와 무시해버린 문제 둘 다에 의해 정의되는 개념구조를 포함한다. 이런 개념구조들을 문제제기적이라 부른다. 문제제기는 세계관 속에 포함된 것은 물론이고 방치해둔 것, 침묵 속에 묻혀 있는 것까지도 끄집어내는 것이다. 전통적인 교육이론이 언제나 가시적이고, 문자적인 것, 조작가능한 것하고만 짝지워져왔다는 사실을 기억한다면, 문제제기적이라는 이 개념의 가치는 명백하다.

지금까지 교육이론은 주어진 것, 현상적인 것을 넘어설 수 있는 언어나 분석을 포함하지 않았다. 교육자의 관심은 형식적인 교육과정에 있었고, 그 결과 등장하는 문제들은 우리에게도 매우 익숙한 것들이다. 가령, 어떤 교과를 가르쳐야 하는가? 어떤 수업 형식을 사용해야 하는가? 어떤 목적을 개발할 것인가? 그리고 그 목적에 적합한 평가 형식은 어떤 것일까? 물론 이런 관심사도 중요하지만, 이는 겉핥기에 불과하다. 이런 관심사들은 잠재적 교육과정의 성격과 기능에는 역점을 두지 않는다. 즉 특정 지식의 선별, 특정 교실관계의 활용, 학교 조직구조의 특성 등을 통해 학생들에게 암묵적으로 전달하는 메시지와 가치들은 중요하게 여기지 않는다. 따라서 학교 목적과 훈육의 언어 뒤에 도사리고 있는 성차별적, 인종차별적, 특정 계급적인 메시지는 으레 무시되어왔다.

이데올로기 내가 말하는 이데올로기는 다양한 지식, 사회적 실천, 문화경험들 속에서 어떻게 의미가 생산되고 중재되고 구현되는지를 일컫는 역동적인 구성개념이다. 이때, 이데올로기는 교사와 교육자들이 자신의 경험과 자신이 속한 세계를 의식하는 교리이자 매개물이다. 교육적 도구로서 이데올로기는 학교가 어떻게 의미를 유지·생산하는지, 개인과 집단들이 어떻게 의미를 생산하고 합의하고 수정하고 저항하는지 이해하는 데 유용하다. 예컨대 교사들이 이데올로기가 어떻게 작동하는지를 이해하면 교사 자신의 지식관, 인간관, 가치관, 사회관이 어떻게 '상식' 수준의 가정을 통해 중재되는지를 검토하는 발견 도구를 얻을 수 있다. 학습, 성취, 교사와 학생의 관계, 목표, 학교 권위 등에 관해 교사들이 어떤 가정을 가지고 있는지 비판적으로 평가해볼 필요가 있다.

문화자본 한 국가는 물질자본인 상품과 용역을 배분하듯이 특정한 지식, 언어관습, 가치, 스타일 등 이른바 문화자본도 배분하고 정당화한다. 그래서 사람들은 학교와 대학에서 고급지식이라고 딱지붙인 것만을 생각하게 되며, 그로 인해 특정한 지식과 사회관습만을 정당화한다. 확실히 예술, 사회과학 교과, 계급적 언어 등은 자연과학의 지식이나 상업과 경영 분야의 탐구 방법만큼 정당화되지는 못하고 있다. 하지만 이런 식의 생각은 자의적이며, 특정한 사회관과 미래관은 말할 것도 없고 권력과 통제에 대한 특정한 가치와 질문에 뿌리를 두고 있다. 문화자본 개념은 학교가 제도로 만들어놓은 특정한 방식의 말하기, 활동, 감동, 옷 입기, 사회화를 표상한다. 학교는 교육하는 장소일 뿐 아니라, 지배사회의 문화를 배우고 사회에 존재하는 계층·계급 간의 차이를 학생들이 경험하는 장이기도 하다.

전통적인 학교 교육은 무엇을 외면했는가

학교 교육과 교육과정에 대한 전통적 관점에서 말하는 합리성은 그 관심이 협소하기 이를 데 없다. 전통적 관점은 지식은 단지 소비해야 할 어떤 것, 학교는 학생들에게 사회에 나가 써먹을 수 있는 '공통' 문화와 기술을 전달하는 교육적 장소라고 생각하면서 효과성, 행동주의적 목표, 학습 원리에만 관심을 갖는다. 전통적인 교육과정 이론과 학교 교육은 기술적 합리성의 논리에 매몰되어 특정 지식의 학습, 도덕적 합의의 창출, 기존 사회를 재생산하는 학교 교육의 제공 등을 가장 철저하고 효과적으로 달성할 수 있는 방법에 역점을 둔다. 예컨대 전통교육자들은 학교가 미리 정해진 목표를 어떻게 달성할 것인지를 묻지, 그 목표가 왜 어떤 사회경제 집단에게는 이롭고 어떤 집단에게는 불리한지 혹은 어떤 계급이 경제적 · 정치적 자율성의 수단을 보유하지 못하게 왜 학교가 가로막고 나서는지 묻지 않는다.

현재와 같은 학교의 합리성 이데올로기는 상당히 보수적이다. 주로 방법 문제에 관심을 두고, 지식과 권력의 관계, 문화와 정치의 관계에 대해서는 질문하지 않는다. 다른 말로, 분열된 계급사회에서 학교가 사회문화적 재생산의 대리기구 노릇을 한다는 점은 외면해온 것이다. 마치 의미, 지식 그리고 이른바 정당한 사회관계 등을 형성하는 간주관적 토대에 대한 설명을 무시해왔듯이. 교사, 학생, 사회의 여러 대표자들이 어떻게 의미를 생성하는가 하는 논제는 다른 사람이 정한 의미를 어떻게 숙지할까 하는 논제에 묻혀버리게 되고, 결국은 학교문화 개념과 교실 교육 개념 둘 다를 탈정치화해버린다. 나는 이런 합리성은 편협한 합리성이며, 때로는 잘못된 합리성이라고 본다. 이런 합리성은 사람들이 학교에 거는 꿈도, 전망도, 역사도 무시하는 것이다. 이런 합리성은 고작해야 객관성에 대한 허위의식에 근거를 두고 있으며, 교육의 보편적 원리를 도구주의나 이기적인 개인주의의 풍토에 머물게 하려는 시도에서 합리성의 본질을 찾고자 하는 담론에 근거를 두고 있다.

대안이론들의 주장

새로운 교육실천 이론은 학교 교육과 교육과정에 대해 전통적 관점이 갖고 있는 이론상의 단점에 대항하는 것이어야 한다. 새 이론들은 학교의 지식과 실천에서 '당연하게' 여겨온 것에 대해 비판적 질문을 줄기차게 해야 한다. 또한 학교가 기본적으로 지배사회를 재생산하지만 또한 학생들을 적극적이고 비판적인 시민(단지 노동자가 아니다)으로 교육할 가능성을 가진 장으로 분석하는 시도 역시 있어야 한다. 요컨대 학교는 교육의 장이자 문화의 장으로 이해되고 연구되어야 한다.

비판적 학교 교육을 개발하기 위한 이론 요소 가운데 문화는 아주 중요한 개념이다. 학교는 지배사회의 특징인 모순되는 문화가 얽혀 있는 제도이다. 학교는 지배문화와 피지배문화가 얽혀 있는 사회적 장이다.

지배문화와 피지배문화는 각각 현재에 대한 특정 견해를 정하고 그것을 정당화하는 힘이 있느냐 없느냐에 따라 결정된다. 교육에 관심 있는 이들과 교사들은 지배문화가 어떻게 모든 학교 교육 수준에서 '배제된 대중'의 문화경험을 거부하는지 간파해야 한다. 이는 교사, 학부모, 여타 사람들이 자신의 문화경험과 역사를 긍정하고 학생의 무권력에 맞서 싸워야 한다는 의미이다. 교사들은 교사 자신의 문화자본을 검토하고, 그것이 학생에게 이로운지 해로운지를 검토해야 한다는 의미이다. 그래서 비판교육을 만들기 위한 중심 문제는 학생, 특히 피지배계급 학생들이 지배적인 학교문화가 결코 중립적이지도 않고 학생 자신의 요구에도 크게 도움이 되지 않는다는 걸 알도록 교사인 우리들이 도와주는 방법에 관한 것이다. 동시에 우리는 지배문화가 어떻게 학생들 스스로 무능력하다고 느끼게 만드는지 그 방법에 대해 질문해야 한다. 부분적으로 그 대답은 지배적인 학교문화의 핵심에 자리잡고 있는 신화, 거짓말, 불의를 폭로하고, 역사와 비판적 실천을 방해하지 않고 참여하게 만드는 비판적 가르침을 확립하는 데 있다. 이 활동은 대화와 비판을 요청한다. 대화와 비판이야말로 역사를 도외시하려는 지배문화의 가면을 벗겨내고, 오늘날 일상 학교 교육이 살면서 겪어온 경험을 알게 해줄 가정들과 실천들을 탐구하는 양식이다.

교육자와 학부모들은 지식이 중립적이지도 객관적이지도 않고, 오히려 특정 이익과 특정 가정을 담고 있는 사회적 구성물이라고 보아야 한다. 지식은 반드시 권력의 문제와 결합되어 있다. 이것의 의미는 교육자와 그 밖의 사람들이 지식에서 펼치는 진리주장에 관해 그리고 그 지식이 누구에게 이익이 되는지에 관해 의문을 제기해야 한다는 뜻이다. 이때 지식이란 교육과정 전문가에 의해 정당화된 것일 뿐이지 가치 있는 어떤 것은 아니다. 지식의 가치는 비판과 사회 변혁의 양식으로서 지식에 포함된 권력과 결부되어 있다. 지식은 그 형식과 내용에 담겨 있는 가정을 이해하도록 돕고, 특정 사회문화적 환경 속에서 지식이 생산되고 이해되고 변화되는 과정까지도 알 수 있게 도와주는 정도에 따라서 중요도가 결정된다.

확실히, 비판적인 학교 지식관은 전통적인 관점과는 달라야 한다. 비판적 지식은 교사와 학생이 지배와 피지배의 관계로 이뤄진 사회 속에 존재하는 하나의 집단이란 점에서 그들의 지위가 같다고 본다. 비판적 지식은 또한 교사와 학생들이 자신의 일부 왜곡된 문화유산에서 벗어날 수 있는 언어와 담론을 개발하도록 도와주어야 한다. 여기서 조직화의 문제는 어쩌면 '이 현실사회는 내가 결코 원하지 않았던 나로 구성되어 있는 것이 아닌가' 하는 점으로 귀착된다. 달리 말해, 비판적 지식은 교사와 학생들이 지배문화와 피지배문화의 가장 진보적이면서도 긍정적인 측면을 이해해야 하는지 설명해줄 수 있어야 한다. 마지막으로, 비판적 지식은 행동 자체에 매력을 느낄 수 있게 해야 한다. 즉 비판적 지식은 비판적인 역사 해석을 미래에 대한 전망과 결합해야 한다. 미래에 대한 전망은 기존 사회의 신화를 깨뜨리는 것은 물론, 인종주의도 성차별도 계급지배도 없는 새로운 사회관계와 새로운 사회에 대한 갈망과 요구까지도 포함한다.

교사와 행정가들은 학교 교육의 광범위한 기능에 관한 쟁점들을 설명해야 한다. 권력, 철학, 사회이론, 정치의 문제를 다루는 쟁점들은 항상 치밀하게 연구되어야 한다. 교사와 행정가들은 기술자

이상으로 이해되어야 한다. 기술적이고 무미건조한 합리성이 현재 문화 전반은 물론 교사교육까지도 점령하고 있지만, 이런 합리성은 이론적이고 이데올로기적인 논제에는 도무지 관심이 없다. 교사들은 가르치는 활동, 행정, 평가에 무려 마흔일곱 가지 모델을 활용하도록 배우고 있다. 하지만 이 모델들을 비판하는 건 배운 적이 없다. 요컨대 교사들은 개념적·정치적 비문해를 배워왔던 것이다. 교육자들은 가르치는 활동을 방법의 집행쯤으로 생각하는 사람들이 교육전문직에 진입하지 못하도록 막아야 한다. 학교는 이론·상상·기술을 결합할 수 있는 자, 즉 이론가이자 실천가인 촉망 받는 교사를 요구한다. 더구나 공교육 체제는 기술자나 양산하는, 즉 학자보다는 판매원 노릇이나 하는 학생을 양산하는 교사 연수제도를 집어치워야 한다. 과격하게 보일 수도 있겠지만, 기술자 교사가 결국 학교에서 비문해와 무능력을 재생산한다는 점에 비추어볼 때 이 운동은 아주 약한 처방일 뿐이다.

교사와 행정가들은 방법론 사용에 정통하고 능숙하기보다는 자신의 사회관, 학교관, 해방관을 검증하고서 교육에 임해야 한다. 교육자들은 자신의 이데올로기와 가치관을 회피하지 말고 비판적으로 직시해야 한다. 그래서 사회가 개인인 자신을 어떻게 형성하는지, 교육자들이 무엇을 믿는지, 학생들과 다른 사람들에게 어떻게 더 적극적으로 영향을 끼칠 수 있는지 알아야 한다. 달리 말해, 교사와 행정가들은 계급, 성, 인종에 관한 문제들이 자신의 사고와 행동에 어떻게 자취를 남기는지 알아야 한다. 이런 비판적 탐구가 학교를 민주화하는 첫걸음이다.

학교 교육의 민주화를 위해서는 교사들이 다른 교사들과 적극 연대해야지, 단순하게 교원노조를 만드는 것으로 만족해서는 안 된다. 이 연대는 가르치는 활동과 함께 학교정책의 조직과 행정까지도 포함하는 새로운 사회관계를 중심으로 개발되어야 한다. 이미 대다수 학교에 퍼져 있지만, 교사들은 가르치는 활동이 서로 넘나들지 못하게 막는 세포구조를 뚫고 나가야 한다. 교사들은 교육과정 자료를 개발할 때 더 많은 통제권을 발휘할 수 있어야 한다. 그 자료들을 어떻게 가르치고 평가할 것인지, 어떻게 교육과정 쟁점들에 대해서 사회구성원들과 연대할 것인지 교사 스스로 결정할 수 있어야 한다.

현재 대다수 학교의 구조는 교사들을 고립시키고, 민주적 의사결정의 가능성과 적극적 사회관계를 끊어버리고 있다. 학교 행정가는 구상하는 노동을, 교사들은 집행하는 노동을 하는 사람으로 분리하면서 교사들을 힘 빠지게 하는 측면이 있다. 이런 식의 경영 모델은 교사를 학생과 똑같은 처지로 깎아내린다. 우리가 학교 교육에 관한 쟁점들을 진지하게 다루려면, 학교는 사람들에게 민주적 사회관계를 직접 경험할 수 있게 만드는 장이 되어야 할 것이다.

마지막으로, 살아 있는 학교 교육이라면 더 나은 세계를 창조하려는 노력에 대한 열정과 신념으로 가득차 있어야 한다. 이기심이 이제 보편률의 상태로까지 발전해온 한 사회에서는 열정과 신념이라는 말이 이상하게 들릴 수도 있다. 그러나 우리의 생존은 모든 집단의 권리를 신장시키기 위한 공동체, 인간 투쟁, 사회 정의라는 원리가 번져나가는 정도에 달려 있다. 공립학교는 현재가 아니라 미래에 대한 전망, 즉 눈앞의 것을 넘어서서 미래를 내다볼 수 있는 전망, 새로운 가능성과 투쟁을 결합하는 전망을 세워야 한다. 이는 삶을 풍요롭게 하기 위해 위험을 무릅쓰고 삶에 개입하는 교사와 행정가와 같은 사람들의 가능성을 신뢰하는 공적 제도가 있어야만 가능하다. 우리는 비판적 자극을 존중하고, 현실과 현실을 숨기는 조건 사이의 차이를 밝혀내야 한다. 이것은 모든 교사들이 헤쳐나가야 하는 과제이다. 나는 읽기 점수나 수학 점수 혹은 대학 진학시험 점수를 올리려는 목표에 맞추어 학교를 조직하는 일 따위는 하지 말아야 한다고 확신한다. 그런 일 역시 작은 문제가 아니긴 하지만, 우리의 주된 관심은 학생들이 비판적으로 사고하고, 자신의 경험을 긍정하는 방법을 배우며, 더 정의로운 사회를 위해 개인과 집단이 투쟁할 필요성을 인식하도록 가르치는 것의 교육적 의미를 설명하는 것이다.

새로운 교육과정 사회학을 향해

사회학자 앤터니 기든스는, 사회과학에서 뉴턴을 기다리는 자들에 대해 "오지 않을 기차를 기다리는 꼴이다. 그들은 역을 잘못 찾았다"[1]고 말했다. 기든스의 이 말은 미국 교육과정 분야에서 가장 흥미진진하고 급박한 논쟁 중 하나를 위한 무대를 마련해준다.

이 논쟁의 핵심은 교육과정 분야가 과연 자연과학 모델을 계속 모방할 수 있는가 하는 것이다. 교육과정 분야가 완전히 잘못된 추론과 방법론 개념으로 애를 먹고 있는 건 그리 간단한 문제가 아니다. 문제가 되는 건 개념의 문제 그 이상이다. 진짜 쟁점은 교육과정이 정치적으로도 윤리적으로도 쇠퇴하고 있는가 하는 데 있다. 교육과정 분야는 과연 해방의 의도나 새로운 교육과정의 가능성을 펼칠 수 없는 답보 상태에 빠져 있는가?[2]

이 논쟁은 전혀 새롭지 않다. 학교와 교육과정이 지배사회를 유지하는 데 필요한 가치와 태도를 재생산한다는 문제는 20세기 들면서부터 교육자들이 계속 제기해왔다. 새로운 것이 있다면 제기한 문제의 범위와 성격이다. 이는 새로운 학파나 패러다임이 교육과정 분야에 나타났다는 의미가 아니다. 그런 가정은 오해이며 부정확한 것이다. 오해라고 하는 까닭은, 새로운 교육과정 사회학 운동을 하는 이들이 수많은 비판적 조류와 전통을 포함하고 있기 때문이다. 이 운동을 패러다임이라고 일컫는 것이 부정확하다고 말하는 까닭은, 다양한 구성원이 새로운 세계관에 관여하고 헌신하는 정도를 지나치게 단순화할 위험이 있기 때문이다. 여기서 새로운 세계관이란 교육과정 이론과 실천을 개발하기 위한 통일된 가정과 안내 지침을 일컫는다. 비록 현재는 이런 패러다임이 없다고 해도, 새로 등장하고 있는 각기 다른 비판적 전통의 폭넓은 관심사와 관련 문제에서 이런 패러다임의 토대가 형성되고 있음을 알 수 있다.[3]

이 모든 비판적 전통들을 하나로 모으는 유일한 주제는 전통적 교육과정 이론과 설계를 이끌어온 이른바 기술적 합리성에 반대하는 것이다. 기술적 합리성은 교육과정 분야가 시작된 이래 만연해왔고, 타일러, 타바, 세일러, 알렉산더, 뷰참 등의 연구에서 다양한 모습으로 드러났다. 윌리엄 파이너는 교육과정 분야 연구자의 85%에서 95%가 기술적 합리성과 결탁되어 있거나 깊은 연관이 있다고 주장한다.[4] 더 나아가 허버트 클리버드는 기술적 합리성이 1920년대 과학적 경영 운동과 비슷하게 전개되었고 보비트와 차터 같은 교육과정 운동의 초기 창설자들이 과학적 경영 원리를 적극적으로 수용했다고 주장한다.[5] 학교를 공장에 비유하는 것은 교육과정 분야에서 이미 그 역사가 오래되었고 널리 퍼져 있다. 결론적으로 교육과정 분야의 특징인 추리·탐구·조사연구의 양식은 예측과 통제의 원리를 따르는 과학모델과 사회관계모델의 가정을 본떠왔다.

교육과정 비판가들의 새로운 사회학은 자기 임무가 이른바 개념혼란을 말끔히 정리하는 것보다는 훨씬 크다고 생각한다. 그들은 우선, 전통적 교육과정 패러다임에 담겨 있는 개념들은 직접 행동을 이끌어내는 역할을 한다고 여긴다. 두 번째, 이런 개념들은 도덕성 표준에 대한 가치판단과 '자유와 통제'의 본질에 관한 문제들과 직결되어 있다고 본다. 구체적으로, 전통적 교육과정의 이런 가정들은 교육자들이 교육과정에 관한 자기 관점을 만들기 위해 활용하는 일련의 사상을 표현한 것이며, 필수적이고 자연적인 사실들로 여기는 의례와 관례 속에 구현된 물질적 실천들을 대변한다. 그래서 이 가정들은 객관화된 역사의 형식들이 된다. 즉 그 가정들이 전개된 역사적 상황과는 단절된 상식 수준의 가정이 되어버린 것이다.[6]

새로운 교육과정 사회학은 전통적 교육과정에 담긴 기본 가정들을 비판의 토대이자, 새로운 방향과 방식으로 교육과정을 논의할 때 극복해야 할 한계상황으로 본다. 그래서 우리가 다음 가정들을 어떻게 규정하느냐가 중요하다. (1)교육과정 분야에서 이론이란 경험적으로 검증 가능한 법칙적 전제를 위해 작용해야 한다. (2) 자연과학은 교육과정의 이론·설계·평가의 개념과 기법을 설명하는 데 '적절한' 모델을 제공한다. (3)지식은 객관적이다. 따라서 중립적 자세로 탐구하고 처방할 수 있다. (4)객관적일 수 있고,

또 마땅히 객관적이어야 할 '사실들'과 '탐구양식들'은 반드시 가치의 진술과는 구분되어야 한다.

대체로 이런 기술주의적 교육과정모델이 비판받아온 까닭은 이 모델이 무시한 문제의 종류에 담겨 있는 진리와 가정 때문이다. 이와 관련해서, 비판가들은 전통적 모델이 이론, 지식, 과학의 성격과 역할을 잘못 가정하고 있다고 주장한다. 더구나 전통적 모델의 가정들은 이데올로기와 학교 지식의 관계 그리고 의미와 사회통제의 관계와 관련된 근본적인 문제를 무시하는 잘못된 탐구 방법을 따라왔다.[7]

지배적인 모델의 보수성

'새로운' 비판가들은 지배적인 교육과정모델에서는 이론이 전적으로 무시되거나 나쁘게 도구화된다고 비판한다. 다른 말로 하면, 지배적인 교육과정모델에서 이론은 엄격하게 공식화되고 경험을 통해 검증된 정도가 무엇보다 중요하다. 지배적인 모델에서 이론의 궁극적 목적은 얼마나 기술적 가치를 다하느냐이다. 즉 교육과정 설계, 실행, 평가에 대한 제안이 법칙적 사실로 검증되는지 아닌지를 밝혀내는 것이 목적이다. 따라서 이론은 사회공학에 대한 경험적인 설명의 틀로 전락해버린다.

비판적 관점에서 보면, 이런 이론은 경험적 구속에 얽매여 진리의 본질, 외형과 현실의 간극, 지식과 여론의 구별 등의 문제를 제기하지 못한다. 보다 중요한 사실은 지배적 교육과정 패러다임에서 말하는 이론으로는 주어진 사회의 '사실'을 비판할 수 있는 합리적 토대를 제공하지 못한다는 점이다. 이 경우 이론은 윤리적 기능을 무시하며 정치적 기능마저도 제거한다.[8]

지배적인 교육과정모델에서 지식은 주로 객관적 사실의 영역으로 취급되어왔다. 즉 지식은 개인의 외부에 존재하면서 개인에게 부과되는 객관적인 어떤 것으로 여겨졌다. 외재적인 것으로서 지식은 의미와 상호주관적인 소통과는 분리되어 있다. 더 이상 지식을 문제삼고, 분석하고, 협상해야 할 어떤 것으로 보지 않는다. 대신 관리하고, 숙달해야 하는 것으로 본다. 이 경우, 지식은 자기 자신의 의미를 생성하는 자기 형성적 과정, 즉 앎의 주체와 알려진 대상 간의 해석 관계를 포함하는 과정과는 거리가 멀다. 앎의 주체적인 측면은 사라지고, 오직 축적과 범주화가 지식의 목적이 된다. 가령 '왜 이 지식인가' 하는 질문은 '이 지식을 배우는 최선의 방법은 무엇인가' 하는 질문으로 대체되어버린다. 지식을 이렇게 정의하는 맥락에서 교육모델들은 '과제의 특성', '과제마다 적합한 시간', '수정을 위한 피드백'을 강조하게 된다.[9] 대체로 이런 지식관은 의사소통이 아니라 일방적인 발표를 하기에 좋은 위계적인 교실관계를 통해서 달성된다.[10] 전통적 교육과정모델에서는 학습보다 통제가 무엇보다 중요하다. 따라서 전통적 교육과정모델은 지식이 단지 외부적 실재에 '대한' 것이 아니라 비판적 이해와 해방을 지향하는 자기 지식이라는 중요한 생각을 놓치고 있다.

전통적 교육과정모델에서 중요한 점은 객관성이다. 여기서 객관성은 신념들과 가치들의 복잡한 세계에 영향 받지 않는 지식의 형식들과 방법론적 탐구를 의미한다. 일부 사람들에게는 지식과 조사연구를 가치관과 분리하는 것이 칭찬할 일인지 몰라도, 이런 분리는 뭔가를 설명하기보다는 은폐하는 것이 훨씬 많다. 물론 주류 교육과정 이론가들의 가치중립성 주장을 내가 문제삼는다고 해서 교육을 연구하면서 편견과 선입견 그리고 미신 따위를 써도 좋다는 뜻은 아니다.

다만 나는 객관성이 어떤 분야든 그 분야의 학자와 지식인 공동체가 만들어낸 규범 준거에 따른다는 개념을 옹호한다. 가치나 규범이 배제된 지적 탐구와 조사연구는 있을 수 없다. 가치와 사실의 분리 혹은 사회적 탐구와 윤리적 사고의 분리는 적절하지 않다. 하워드 진이 지적했듯이, 이것은 특정 지역의 모든 세부 사항을 담은 지도를 그리려는 것과 같다.[11] 그러나 이것은 단순히 지적인 오류의 문제가 아니다. 물론 윤리적 실수도 아니다.

이론, 사실, 탐구는 객관적으로 결정되고 활용될 수 있다는 생각은 정치적 성향상 보수적이다. 그리고 신화적인 가치관에 휩쓸리기 쉽다. 파울로 프레이리와 같은 비판가들이 지적했듯이, 학교는 다른 사회제도와 단절되어 있지 않다. 학교는 학교 조직의 모든 측면에 스며들어 있는 집단적인 태도를 구현한다.[12] 본질적으로, 학교는 사물이 아니라 특정 규칙과 특정 사회관계를 구체적으로 선언하고 있다. 학교 조직의 본질은 가치편중적이다. 이와 마찬가지로 교육과정 설계, 실행, 평가 역시도 지식의 본질, 교실에서의 사회적 관계, 권력의 배분 등의 문제를 판단하는 형태를 보여주는 것이다. 이를 무시하면 학교에서 자기 행동을 이끄는 신념체계의 기원과 결과를 내다볼 수 없다.

전통적 교육과정은 확실히 무역사적이고, 합의지향적이고, 정치적으로 보수적인 합리성을 강조한다. 전통적 교육과정은 학생을 수동적 존재로 본다. 그리고 매우 협소한 이성 개념모델에 담긴 이데올로기적 전제를 검토하지도 못한다. 이런 과학관은 과학공동체 자체의 경쟁적인 요소와 참조체제를 무시해버린다.[13] 결국 이런 과학관은 비판적인 과학탐구를 예측과 통제에 기반한 매우 협소한 과학적 방법론으로 대체한다.

지배적 교육과정모델은 비판적 사고와 인간에 대한 이해를 높이기는커녕 확률 논리가 진리와 의미를 궁극적으로 규정한다고 강조한다. 이 모델의 특징인 확률 논리는 비판적이지도 않을 뿐더러, 현 상태를 옹호하는 백지수표나 다름없다. 그 사례는 '학생과 교사의 상호작용'에 대한 연구가 끝도 없이 쏟아지는 것에서도 볼 수 있고, 교육학 분야에서 학습심리학자들이 막강한 영향력을 행사하는 데서도 찾아볼 수 있다.[14] 일부 비판가들은 이 현상을 교육과정 분야를 장악한 극도의 정치적 보수주의라고 보고 있다. 학습심리학 관점은 학교가 특정한 지식의 형식과 문화적 이해관계를 어떻게 정당화하는지에 관해 알려고도 하지 않는다.[15]

교육과정은 새로운 도전을 해야 한다

새로운 교육과정 사회학은 전통적 교육과정의 특징이 될 만한 수많은 신념과 가정들에 맞서 심각한 도전을 제기해왔다. 이 도전은 단일한 사상이 아니라 존재론·정신분석학·마르크스주의·현상학 등 유럽 철학에 뿌리를 둬왔다. 전통적 교육과정모델이 투입-산출의 언어를 사용할 때, 새로운 교육과정 사회학은 그것과는 다른 낯선 언어를 사용한다. 이 언어는 난해하더라도 반드시 새로운 것이어야 한다. 그래야 그 언어를 사용하는 사람들이 교육과정 분야에서 새로운 종류의 관계를 개발하고 여러 가지 다른 문제를 제기할 수 있다. 이는 논쟁의 대상이 아니다. 낯설어 보이는 언어와 사고를 채택한다는 이유로 비판가들을 쫓아내는 것은 사기일 뿐이다. 요컨대 새로운 교육과정 사회학은 사용된 언어와 개념들이 교육과정 분야 자체에 대해 중요한 문제와 쟁점을 풍부하게 제기하는가 하는 점에 관심이 있다. '새로운 교육과정 사회학' 운동을 하는 다양한 집단들과 쟁점들을 일일이 다 제시하는 건 불가능하지만, 이 운동의 일반적인 사상 중 핵심은 간략하게라도 다룰 필요가 있다.

새로운 교육과정 사회학 집단은 학교가 학교보다 더 넓은 사회적 과정의 일부이며, 반드시 특정한 사회경제적 틀 속에서 판단되어야 하며, 교육과정은 광범위한 문화 가운데서 선별된 것으로 보아야 한다고 주장한다. 이런 관점에서 보면, 새로운 비판가들은 교육과정·학교·사회 간의 관계를 철저히 재검증할 것을 요구한다. 이 재검증은 두 가지 폭넓은 상호관계에 초점을 둔다. 하나는 학교와 지배사회의 관계이다. 여기에 초점을 맞추는 것은 정치적이고 이데올로기적이다. 즉 학교가 현재의 사회 질서를 옹호하는 문화적 신념과 경제관계를 잠재적 교육과정과 공식적 교육과정 속에서 어떻게 재생산하는지에 역점을 둔다. 또 다른 하나는 일상 교실관계의 짜임새가 어떻게 각기 다른 의미, 한계, 문화적 가치, 사회관계를 생성해내는가 하는 것이다. 이 두 관심사를 강조하는 것은 의미와 사회적 통제 간의 관계에 뿌리 깊이 배인 이해관계 때문이다.

많은 비판가들은 특히 학교 안에서 의미가 어떻게 구성되고 작용하는지에 관심이 있다. 교육비판가들은 교육과정 전문가들과 현장 교사들이 교육과정 설계, 조사연구, 평가를 통제하는 원리들이 사회적으로 구성된다는 점을 너무나 자주 무시해왔다고 비판한다. 많은 교사들이 '교사들은 자신의 교실 경험과 학생들을 어떻게 인식하는가' 하는 근본적인 문제를 제기할 수 없다는 상식 수준의 가정에 따라 행동한다. 학생들이 교실에서 의미를 어떻게 인식하고 생성하는가 하는 문제 역시 무시되어왔다. 마찬가지로 특정 교실 자료들이 어떻게 교사와 학생, 학교와 사회 간의 의미를 중재하는지에 대해서도 문제삼지 않았다. 의미에 대한 이런 제한된 관점에서, 선입견과 사회적 신화들은 문제제기 없는 정신적 태도와 경험의 습관을 대표한다.

이런 식의 행동 양식에서는 학생들이 자신만의 의미를 생성하거나 자신이 살아온 역사 위에서 활동하거나 비판적 사고를 차분히 개발할 수 있는 여지가 없다. 이런 환경 아래서 학습이란 의미를 스스로 일구는 것이기보다는 그 의미를 부과하는 통제 양식을 완곡하게 표현하는 것에 불과하다. 이는 매우 중요하다. 교사들이 교육과정과 교수학에 대한 자신의 기본 가정을 염두에 두지 않으면, 그들은 질문이 필요 없는 고정적인 태도와 표준과 신념들을 그저 전달하는 정도에서 그치는 것이 아니라 기존의 제도적인 억압을 자신도 모르게 강화하는 인지발달과 성격발달을 인정하는 꼴이 되어버린다. 활동, 놀이, 성취, 지성, 습득, 실패, 학습 등에 대한 대체적인 생각들은 특정한 이해관계와 표준에 무게를 실은, 그야말로 사회적으로 구성된 범주들이다. 이 중요한 생각을 무시하는 것은 사회적으로 인정받고 제도적으로 합법화된 현실을 뛰어넘어 상상 속의 현실을 교사와 학생이 함께 만들어갈 가능성을 포기하는 것이다. 교육과정 연구자들이 예측, 통제, 효과성이 아닌 다른 근본적인 이해관계가 지식 속에 있다는 점을 간파하지 못하면, 이는 단지 오해의 문제가 아니라 윤리적으로 정치적으로 심각한 타격을 가져오게 된다.

　마이클 애플 등 비판가들은 해석적 이해와 목적적 학습을 실행하는 교육과정모델의 필요성을 강조하는 데서 한 걸음 더 나아간다. 이 비판가들은 교육과정을 이데올로기 연구로 보는 관점을 취함으로써 교육과정 토론에서 새로운 비판주의를 제기하고 있다.[16] 이 관점에서, 지식의 생산·분배·평가와 관련된 문제들은 사회적 통제와 길들임의 문제와 직결되어 있다. 이 점에 대해서는 다음의 문제를 검토해보면 더 잘 알 수 있을 것이다.

- 무엇이 교육과정의 지식으로 간주되는가?
- 그 지식은 어떻게 생산되는가?
- 그 지식은 교실에서 어떻게 전달되는가?
- 다른 지배사회에서 용인하는 사회관계의 가치와 규범을 계속 유지하고 재생산하는 데 어떤 종류의 교실 사회관계가 도움을 주는가?

· 누가 지식의 형식을 정당화하는가?

· 이 지식은 누구의 이익에 복무하는가?

· 사회정치적 모순과 긴장이 교실에서 받아들이는 지식과 사회관계를 통해 어떻게 중재되는가?

· 현재 지배적인 평가 방법이 어떻게 기존 지식의 형식을 정당화하는가?

이 문제들을 이해하기 위해서는 권력, 지식, 이데올로기, 학교교육이 계속 변화하는 복잡한 패턴 속에서도 서로 유관하다는 사실을 알아야 한다. 이 상호관계의 연결은 본성적으로 사회적이고 정치적이며, 역사의 생산물이자 과정이다. 더 구체적으로 교육과정 이론가, 교사, 학생들은 자신의 교육 경험을 지각하고 구조화하는 방법에 강하게 영향을 미치는 특정 신념, 실천, 개념, 규범을 구현한다. 이런 신념과 관례들은 본성적으로 역사적이고 사회적이다. 더구나 이 신념들은 자기 반성의 대상이 될 수도 있고 이 신념에 영향을 받은 개인들이 전혀 이 신념들을 의식하지 못할 수도 있다. 그 신념을 의식하지 못하는 경우, 신념은 문제의 그 개인에게 도움이 되기는커녕 오히려 그를 길들이는 도구가 된다.

비판적인 접근법은 지식이 사회적 구성물이라는 이해방식을 넘어서는 교육과정을 요청한다. 또한 비판적인 접근법은 각기 다른 지식의 형식들이 반영하는 경제적 · 정치적 · 사회적 이해관계들을 검증해야 한다고 강조한다. 달리 말해 각 교육과정모델의 진리주장을 알기 위해서, 교육과정모델들은 사회적 의미를 사회적 변수

와 관련지어 설명하는 이해방식을 채택해야 한다.[17]

무엇을 할 것인가

교육과정의 목적이 개인과 사회의 해방 가능성을 만들어내는 것이라면, 우리는 이 과제를 달성하기 위해 새로운 언어와 새로운 합리성 형식을 개발해야 한다. 시대적 난관은 교육과정 분야가 현재 직면한 난관과 다르지 않다. 그리고 이 난관은 사람들이 자기 식의 이해와 의미를 추구할 수 있는 조건을 만든다는 점에서 매력적이고 그만큼 진보적이다. 새로운 교육과정 사회학 운동은 보다 유연하고 인간적인 교육과정을 개발할 수 있는 여러 가능성을 우리에게 제공해준다.

우리는 학교 교육과 인간 삶 둘 다의 질과 목적에 대한 비판적인 담론을 장려하는 교육과정모델을 개발해야 한다. 우리는 학교 교육과 인간 삶의 영역을 지배하기보다는 풍성하게 만드는 폭넓은 관점을 개발해야 한다. 비판적 교육과정 이론은 상황의존적이어야 하며, 다양한 교육이 발생한 역사적이고 문화적 시기의 일부로서 교육의 다양한 차원을 분석해야 한다. 그리고 이런 분석을 할 때는 다양한 학문에서 나온 도구들을 이용해야 한다. 그렇다고 교육과정을 연구하기 위해 우리가 정치학자나 사회학자가 될 필요는 없다. 그럴 필요도 없거니와 그렇게 하는 것이 바람직한 것도 아니다. 다만 우리의 무게 중심이 교육과정인 것은 분명하지만, 다른 학문의 개념들과 도구들을 빌려와서 우리의 논점을 풍부하게 할 필요가 있다는 것이다.

새로운 교육과정 양식의 근거는 비판적이면서도 매우 역사적이어야 한다. 비판적 감수성은 역사의식의 확장으로 이해되어야 한다. 관념, 사회적 관계, 탐구 양식과 평가 양식 등의 발생·개발·전개는 역사적 시기에 따라 다른 복잡한 형태의 사회적 조건이 현재 펼쳐지고 있는 중이라고 보아야 한다.

새로운 교육과정 양식은 아주 개인적이어야 한다. 단 개인의 독특성과 요구를 특정 사회의 실재로 인식한다는 의미에서만 개인적이어야 한다. 우리는 자기 마음대로 하는 것과 비판교육학을 혼동해서는 안 된다. 해방을 위한 비판적 관점을 통해 개인적 요구와 사회적 요구는 서로 연관을 맺고 중재되어야 한다. 교육과정모델들은 특정 문화에 속하기 마련인 집단들과 개인들의 구체적인 개별 경험에 역점을 두어야 한다.

교육과정 교육자들은 다양한 언어와 문화자본의 형식들(의미체계, 취향, 세계를 보는 방식, 스타일 등)을 수용하고 활용하는 것이 적합하고 중요하다는 사실을 알고 있어야 한다. 동시에 교육자들은 각기 다른 문화집단들 간의 관계가 지배문화의 체제를 통해 중재된다는 것을 인식하지 못하면 문화다원주의를 주장하는 것이 공허하다는 것을 알아야 한다. 그래서 우리의 임무는 상이한 문화집단들 간의 관계를 밝히는 것이다. 이는 이 나라에서 소수자 계급과 소수인종들이 겪은 것들, 즉 자신의 개념이 아니라 누가 집어 넣어주는 개념을 사용하고 정서적 고통을 당해왔던 역사에서 각각의 문화집단들을 해방시키기 위한 것이다.

새로운 교육과정 양식은 이데올로기적으로 가치중립이라는 주장을 포기해야 한다. 모든 교육과정과 교육에 대한 우리의 선택은 가치편중적이라는 점을 알아야 한다. 그래야 우리 자신의 가치관을 다른 사람들에게 억지로 집어넣는 태도에서 우리 자신이 해방될 수 있다. 이는 현실이 결코 주어진 것이 아니라 질문하고 분석해야 할 것이라는 인식에서 출발해야 한다는 의미이다. 달리 말하면, 지식은 문제제기적이어야 하며, 토론과 의사소통이 허용되는 교실 사회관계 속에 있어야 한다.

마지막으로, 교육과정 합리성의 새로운 양식은 기술적인 관심을 윤리적 사고에 따르도록 만들어야 한다. 수단의 문제는 우리가 추구하는 윤리적 결론에 종속되어야 한다. 비록 이런 제안들이 이론의 압도적 승리처럼 보일지라도, 이 제안들은 교육과정의 새로운 탐구 양식을 개발하기 위한 출발점일 뿐이다. 또한 새로운 교육과정 사회학을 형성하는 다소 상이한 전통들은 학교 교육의 목적과 의미에 관한 추상적인 수준의 논제들을 후속 연구와 조사를 위한 구체적인 교육과정 문제들과 방법으로 바꾸어놓는 데 공헌해왔다.

나는 이 장을 시작할 때, 전통적인 교육과정모델은 정치적으로든 윤리적으로든 쇠퇴했다는 걸 지적했다. 나는 근거 없는 낙관주의와 이 진술이 혼동되지 않도록 하기 위해서 이 진술을 다시 한번 명확히 하고 싶다. 기술주의적 교육과정 패러다임이 지배하는 때는 지나가고 있지만, 이 패러다임이 역사적인 유물은 아니다. 기술주의적 교육과정 패러다임을 밀어내고, 새로운 교육과정 사회학 운동의 입장과 일치하는 원리들과 가정들로 채우는 것은 정말로 어려운 일이다. 그러나 한 가지는 확실하다. 교육과정 합리성의 새로운 양식을 위한 투쟁은 기술적 과제만 가지고 접근할 수 없다. 이 투쟁은 마르쿠제가 말한 "주관과 객관의 모든 영역에서 감수성, 이성, 상상의 해방"을 위해 노력하는 사회적 투쟁으로 받아들여야 한다.[18] 새로운 교육과정 사회학은 이 투쟁을 더욱 쉽게 만들 수 있도록 도왔다. 그 나머지는 우리에게 달려 있다.

교실에서 하는 사회화교육

잠재적 교육과정의 역동성

학교 교육이 공식적인 교육과정의 총합이라는 신념은 순진하기 짝이 없다. 그러나 이 암묵적인 생각이 1960년대와 70년대 초반에 있었던 사회교과 교육과정 개혁운동의 중요한 테마였다. 당시 교육과정 개발자들은 전국 학교의 교육과정을 바꾸면 학교의 병폐가 치유된다고 믿었다.[1] 그러나 최근 들어서, 개혁운동이 학교의 전통적인 교육 형태에 파고들지 못한 많은 이유들이 속속 밝혀지고 있다. 비록 비판적으로 따져본 건 아니지만, 교육자들은 허술한 교사양성과정 그리고 학생의 지각능력을 과대평가한 교육과정 자료

이 글은 헨리 지루와 앤터니 페나(Anthony N. Penna)가 같이 썼다. 페나는 노스이스턴대학에서 역사를 전공했으며, 저서로 《자연의 관대함 *Nature's Bounty*》이 있다.

들을 그 이유로 내놓았다. 그래서 지금 일부 교육자들은 신교육과
정 자료들이 다시 한번 변화를 몰고올 것이라 확신하면서, 사회교
과 교육에서 '기초로 돌아가자'는 운동(back-to-basics move-
ment)을 무작정 지지하고 있다. 그들의 주장대로, 학생들의 인지
적 요구와 능력에 주목해보자. 그러면 최근 개혁운동의 실패를 극
복할 수 있을 것이다.[2]

그러나 안타깝게도 이런 권고안들은 교육과정 이론 중에서 대체
로 구조기능주의 교육모델[3]에 근거해 있다. 구조기능주의 모델은
사회교육의 목적을 제한된 명시적 수업 결과 안에만 가둘 뿐 그 너
머까지 내다보지 못한다. 더구나 학교제도와 국가의 경제적·정치
적 제도 간의 복잡하고 긴밀한 관계 또한 알지 못한다. 학교 교육
과 사회의 관계를 알게 될 때, 지금껏 외면해온 관계 즉 학교 지식
과 사회통제 간의 관계를 조명하는 이론을 통해서 학교 교육에서
겪는 경험의 본질과 의미를 이해할 수 있게 된다. 사회교과 개발자
들은 사회라는 넓은 맥락에서 학교를 봐야, 학교에서 진행되는 암
묵적인 가르침에 눈을 돌릴 수 있고, 공식적 교육과정의 내용과 교
실 만남의 사회관계 둘 다에 배어 있는 이데올로기적 메시지를 밝
힐 수 있다.

최근에 들어서야 일부 교육자들은 이데올로기, 수업, 교육과정
사이의 상호관계를 철저히 연구해야 한다고 촉구하기 시작했다.[4]
가령 마이클 애플은 우리에게는 다음과 같은 것이 필요하다고 주
장한다.

우리는 '어떻게 하면 학생들이 더 많은 지식을 습득하도록 할 것인가'(효율성을 중시하는 장에서는 이 문제가 중요하다)만이 아니라, '어떻게 그리고 왜 특정한 집단문화가 학교에서 객관적이고 사실적인 지식으로 전달되는지'를 비판적으로 검토해야 한다. 구체적으로, '공식적 지식이 지배세력의 이데올로기적 형상을 어떻게 재현하는가', '학교는 제한적이고 부분적인 앎의 표준을 어떻게 의심할 여지가 없는 진리로 정당화하는가' 하는 문제들은 적어도 학교 생활의 세 영역에서 답해야 한다. 첫째, 학교의 기본적인 일상 규칙들이 어떻게 지배이데올로기(를 학생들이 학습하는 데)에 복무하는가? 둘째, 교육과정의 특정 지식이 지배이데올로기 형상을 어떻게 재현하는가? 셋째, 이런 이데올로기는 교사들이 자기 활동을 정하고, 이끌고, 그 활동에 의미를 부여하기 위해 스스로 선택한 근본적인 관점에 어떻게 반영되는가?[5]

애플, 부르디외, 번스타인 등의 교육자들이 옳고 우리도 또한 그렇게 생각한다면, 사회교과 개발자들은 사회정치적 맥락 속에다 학교를 두고 보는 이론적 참조체제에 따라 자신의 교육모델을 만들어야 할 것이다. 그래서 이 장의 주된 주장은 사회교과 개발자들이 학교를 사회화의 기구로 이해해야 한다는 것이다. 사회교과 개발자들은 또한 학교 교육의 과정에서 가장 핵심이 되는 구조적 속성, 다시 말해 학교 교육의 과정이 노동현장이나 그 밖의 사회경제 영역의 유사한 곳과 관련되어 있다는 구조적 속성을 밝혀내야 할 것이다. 간략히 말해 사회교과 개발자들은 '체계적인 방식으로'

자신의 임무에 다가서야지, 결코 과거와 같이 단편적인 형태로 접근해서는 안 된다. 전통적인 형태에서는 학교의 공식적인 사회교과 교육과정의 내용과 방법론만 바꿔도, 학생들이 비판적 사고자이자 민주적 과정의 책임 있는 참여자로서 잠재력을 충분히 발휘하는 데 교실이 견인차 역할을 하리라고 잘못 생각하고 있다.

우리는 사회교과 교육자들에게 두 가지 주요 임무가 있다고 믿는다. 하나는 민주사회에서 학교 교육의 윤리적 · 정치적 목적에 어긋나는 사회적 과정이 무엇인지 밝히는 것이고, 다른 하나는 새로운 사회교과 프로그램을 뒷받침하는 요소들을 새로 구성하는 것이다. 먼저, 개발자들은 공식적 교육과정과 '잠재적 교육과정'[6] 간의 모순을 이해해야 한다. 공식적 교육과정은 공식적 수업에서 명시하는 인지적 목표와 정의적 목표를 말한다. 그리고 잠재적 교육과정은 의미의 잠재적 구조를 통해 그리고 학교와 교실 생활에서의 사회관계와 공식적 내용을 통해 학생들에게 진술되지 않은 채 은밀하게 전수되는 규범, 가치들, 신념들을 말한다.[7] 교육자들은 잠재적 교육과정의 기능을 알아야 하고, 사회교육(social education)의 목표를 훼손하는 잠재적 교육과정의 영향력도 알고 있어야 한다.

사회교과 개발자들은 학교 교육을 기술적이고 무역사적으로 보는 관점에서 학교 교육과 정의(正義)의 관계에 초점을 둔 사회정치적 관점으로 바꾸어야 한다. 사회교육의 목표를 '함께 활동함으로써 사람들이 진정 자유로워지는 수월성과 책임성의 장'을 지향하는 윤리학으로 더욱 넓게 재정의하고 이해해야 한다.[8] 그래서 사회교과 개발자들은 '학교에서 무엇을 배우는가' 하는 질문에 다시 답해야 한다. 다행히도 비록 수는 적지만 교육자들이 다른 여러 이론들을 근거로 이미 이 도전에 뛰어들었다.

교육이론의 세 전통

교육이론에서 세 가지 상이한 전통들이 학교의 사회화 역할과 잠재적 교육과정의 의미와 구조를 설명해준다. 세 가지 상이한 전통이란 (1) 학교 교육에 대한 구조기능주의적 견해 (2) 신교육사회학의 특징인 현상학적 견해 (3) 네오마르크스주의 교육이론과 실천과 손을 잡을 때가 많은 진보적 비판 견해이다. 세 견해들은 학교 교육의 정치적 · 문화적 성격, 지식 그리고 교실 사회관계에 대해 이론적 가정을 각기 달리한다. 이 세 전통의 가정과 통찰을 바탕으로 잠재적 교육과정을 분석함으로써 우리는 구조기능적 접근과 현상학적 접근이 심각한 결함을 갖고 있다는 걸 알게 될 것이다. 그러나 네오마르크스주의 입장만큼은 학교 교육의 성격을 이해하고 해방적인 사회교육 프로그램을 개발하는 진보적 접근법을 위해 예리하고 폭넓은 모델을 제공해준다. 이 세 전통들이 잠재적 교육과정의 개념과 학교의 사회화 역할에 어떤 기여를 했는지 따져보기 전에, 각 전통들의 기본 가정을 간략히 살펴보도록 하자.

구조기능주의적 접근의 일차적인 관심은 사회 규범과 가치들이 어떻게 학교 맥락 안에서 전수되는지를 이해하는 데 있다. 실증주의 사회학 모델에 의존하고 있는 이 접근법은 학생들이 어떻게 일련의 신념, 규칙, 성향들을 사회 기능에 기본적인 것으로서 의심없이 받아들이도록 학교가 사회화하는지에 역점을 둬왔다. 구조기능주의자에게 학교란 학생들이 헌신을 숭상하고 사회에서 요구하는 기술을 배우도록 훈련시킨다는 점에서 가치로운 서비스를 제공하는 곳이다.[9] 이 접근법이 가치 있는 이유는 세 가지이다. 첫째, 학교가 사회의 이해관계와 단절된 채 완전히 고립되어 있지 않음을 분명히 하고 있다. 둘째, 잠재적 교육과정의 특정 규범과 구조적 속성을 상세하게 설명한다. 셋째, 학교에서의 의미와 사회통제의 구체적인 역사에 대해 의문을 제기한다.[10]

구조기능주의는 여러 면에서 통찰력을 발휘하지만, 기본 가정에는 많은 이론적 단점이 있다. 구조기능주의는 성장이 갈등에서 나온다는 생각을 거부하고, 운동보다는 합의와 안정을 강조한다. 그 결과, 사회에는 갈등이 있고, 사회경제 분야의 이해관계가 갈등을 일으킨다는 생각을 경시한다. 더욱이 이 입장은 미국 사회의 특징이 되는 기본신념, 가치, 구조적인 사회경제 제도를 전혀 의문시하지 않는 무정치적 입장을 취한다.[11] 결론적으로 구조기능주의자는 환원론적 행동이라는 의미에서 학생들을 사회화의 산물로 생각한다. 학생은 수동적 수용자로, 갈등은 사회화의 부작용으로 간주한다. 사회화의 부작용은 그 원인이 주로 교실이나 학교 외부의 제도들에 있거나 일탈자 개인에게 있다고 본다. 그래서 학교는 계급과 권력의 명령과 영향과는 상관없이 그 자체로 존재하며, 지식은 도구적 시장가치로 이해된다. 결국 구조기능주의 모델에서 학생들은 사회에 순응하며, 스스로 의미를 생산하는 능력을 잃게 된다.

새로운 사회학이라 불리는 사회현상학적 접근법은 학교 교육을 연구하는 시각 면에서 구조기능주의를 능가한다. 사회현상학적 접근법은 교실의 상호작용과 사회적 만남에 대한 가정들을 비판적으로 본다. 현상학자들이 보기에, 타당한 사회화 이론이라면 '특정한 역사 시기의 사회 질서까지는 아니더라도 사회 현실에 대한 구성이론'으로 보아야 한다.[12] 현상학자들은 상호작용을 통해 의미가 만들어지는 사회화 모델을 택한다. 즉 의미는 환경에 의해 '주어진' 것이기도 하지만 교실에서 학생들이 상호작용하면서 창조하는 것이기도 하다. 더욱이 교사와 학생이 함께 만든 의미의 사회적 구성은 지식 자체의 객관성에 대해 다시 한번 의문을 제기한다. 현상학자들에게 지식의 조직·분배·평가를 통제하는 원리는 절대적이지도 객관적이지도 않다. 그보다 지식의 원리들은 세계 속에 단지 존재만 하기보다는 창조도 하는 적극적인 인간이 꾸며낸 사회역사적 구성물이다.

이 접근법에서는 학생들을 정체성이 고정된 행위자로 보지 않고 역동적으로 활동하는 행위자(agent)로 본다. 현상학자들은 세계를 정의 혹은 재정의할 때 학생들의 참여를 중요시한다. 그래서 새로운 사회학이 등장하면서 교실 연구는 제도적 행동만 강조했던 기존의 관심을 돌려서 언어, 사회적 관계, 의미범주와 학생과의 상호작용에 초점을 두었다. 새로운 사회학 옹호자들은 사회화와 학교 교육과정 간의 관계를 새로 연구했다(Young, 1971; Keddie, 1973; Jenks, 1977; Eggleston, 1977).[13] 새로운 사회학은 권력 배분과 지식의 관계를 새로운 차원에서 논의했으며, 사회교과 개발자들이 지식이 선정되고 조직되고 배분되는 원리들과 교육과정 개발에 내재한 교육 유형에 의문을 제기할 것을 요청한다. 이런 의미에서 새로운 사회학은 학교 교육과정이 중립적이라는 생각을 제거했다.

그러나 새로운 사회학 역시도 결함을 가지고 있고, 그 결함 때문에 스스로 제기한 문제를 해결하지 못하고 있다. 새로운 사회학을 반대하는 가장 혹독한 비판은 새로운 사회학이 주관적 관념주의의 형태를 취한다는 것이다.[14] 이른바 새로운 사회학은 사회 변화와 의식에 대한 올바른 이론이 부족하다. 새로운 사회학은 지식이 정해지고 부과되는 방식을 교육자들이 알게 도와주지만, 여러 가지 다른 교실지식의 가치들을 측정할 준거를 제시하지는 못했다. 학생의 의도를 모두 가치 있고 적합하다고 인정해줌으로써 새로운 사회학은 문화상대주의에 휩쓸리게 된다. 그리고 학생들이 지식을 구성할 때 이데올로기가 어떤 역할을 하는지 설명할 수 있는 이론적 구성개념이 부족하다. 학생들이 외부 세계를 지각하는 방식이 외부 세계의 실재 구조와 내용에 늘 일치하지는 않는다는 사실 또한 설명하지 못했다. 주관적 인식은 사회적 세계를 단순히 반영하는 게 아니라 변증법적으로 결합한다. 새로운 사회학 지지자들이 그러했듯이, 이 점을 무시하면 왜곡된 주관주의의 희생양이 될 것이다. 샤프와 그린은 이 입장을 일관되게 주장했다.

사회적 세계는 단순한 의미의 배치를 넘어서 있다. 앎의 주체는 자신의 이해를 기반으로 세계 속에서 활동하고 세계에 대한 지식에 가담하는 주관적 요소를 가지고 있다는 점을 우리가 받아들인다고 치자. 그렇다고 해도 앎의 주체가 세계에 부여한 특성을 그 세계가 실제로 갖고 있다고는 할 수 없다. 또 사회적 세계 속에서 우리가 인지한 대상들이 무한정 다양하게 만들어지는 주관적 창조물일 뿐이라고 할 수도 없다. 현상학자들은 우리가 주장할 수 있는 건 극단적인 주관적 관념주의라고 제안하는 듯하다. 외부의 객관적 세계가 창조적 의식의 구성물에 불과하다고 보는 곳에서는, 주관과 객관의 이중성은 결국 구성하는 주체의 함성 속으로 묻혀 사라지게 된다.[15]

결국 새로운 사회학은 진보적인 변화와 근본적인 평등주의를 소망하지만, 사회적·정치적 구조가 어떻게 현실을 은폐하고 이데올로기적 헤게모니를 부추기는지 설명하지 못했기 때문에 실패했다.[16] 그래서 이 입장은 교실에서 의미, 지식, 경험의 다양성이 어떻게 생겨나는지, 또 그 다양성이 어떻게 유지되는지 설명하지 못했다. 새로운 사회학은 교실에서의 상호작용 연구 등 미시적인 학교 교육에만 골몰한 탓에 사회정치적 질서가 어떻게 지식과 의미를 구성하려는 개인과 집단의 노력을 방해하는지도 설명하지 못했다. 아마도 이런 사회정치적 질서는 바로 교실 생활의 조직에 중요하게 영향을 미칠 것이다.

세번째 입장은 사회화와 사회 변화에 대한 네오마르크스주의 접근법이다. 이 입장도 자체의 결함을 가지고 있지만, 기능주의의 무정치적 견해와 새로운 사회학의 주관적 관념주의를 극복했다는 점에서 그 가치가 인정된다. 네오마르크스주의의 핵심은 경제재생산과 문화재생산의 관계에 대한 인식이다. 이 관점은 이론, 이데올로기, 사회실천이 서로 교차한다고 생각한다. 학교는 지배적인 신념과 가치와 규범을 재생산하고 유지하는 이데올로기적 통제 기구로 이해된다. 그렇다고 학교가 학생들을 끌어모아서 사회적 이해관계를 관철시키는 단순한 공장이라는 의미는 아니다. 그런 생각은 명백히 기계적이고 환원적이다.[17] 네오마르크스주의 입장은 노동현장을 통제하는 원리와 절차가 학교와 상응한다고 지적한다. 이 관점은 교실 연구와 같은 미시적 분석에다 사회라는 거시적 세력을 결합한다는 점에 그 혜안이 있다.

다른 두 접근법에 비해 네오마르크스주의 접근법은 사회재생산이 교실에서의 사회관계와 어떤 관계가 있는지, 지식의 구성이 어떻게 허위의식의 개념과 결합하게 되는지에 관해 명쾌하게 밝히고 있다. 네오마르크스주의는 스스로 의미를 구성하는 학생의 주체적 역할이 중요하다고 강조하면서도, 사회경제적 조건들이 의미의 사회적 구성, 특히 잠재적 교육과정을 통해 중재된 의미의 사회적 구성을 어떻게 억압하고 왜곡하는지에도 똑같이 관심을 가졌다. 교실 연구는 사회에 대한 연구와 결합되어야 하며, 불평등한 사회 구조를 밝혀서 바꿀 방도를 찾는 정의(正義)의 개념과도 결합되어야 한다.

학교의 지식과 교실의 사회관계는 의식을 재생산한다

네오마르크스주의 관점은 학교 교육의 과정과 사회 질서에 담긴 이데올로기적 성격에 집중했다. 그런데도 특정한 지식과 교실의 사회관계가 계급사회의 문화적·경제적 이해관계를 유지하는 구체적인 의식을 재생산한다는 것을 명쾌하게 해명하지는 못했다. 이 문제에 대해서만큼은 구조기능주의와 현상학자들이 교육과정과 사회교육에 관한 연구에서 중요한 기여를 했다. 우리는 네오마르크스주의를 기반으로 하되, 구조기능주의와 사회현상학의 통찰력을 빌어 '학교에서 무엇을 배우는가' 라는 근본적인 질문에 답할 것이다.

이 질문에 대해 로버트 드리븐은 이렇게 답변한다. 학생들은 교육적 지식과 기술보다 훨씬 많은 걸 배우고, 학교 교육을 "그 본성상 대체로 인지적이라고 보는 전통적 견해는 기껏해야 부분적으로 옳을 뿐이다."[18] 스티븐 아론스는 학교를 "아동이 이른바 공식적 교육과정보다 훨씬 많은 것을 배우는 사회적 환경"이라고 천명함으로써 드리븐의 관점을 굳건하게 받쳐준다.[19] 학교와 교실을 사회화의 대리기구로 보는 이 분석에는 한 가지 중요한 교육적 가정이 내재해 있다. 일상적인 교육실천들에 막대한 영향을 미치는 사회정치적 세력을 모르고서 교실에서 적극적인 변화를 꾀하려는 교육과정을 짠다면, 그 어떤 것이든 실패하기 마련이라는 것이다.

사회교과 교육자들이 학교가 사회정치적 제도란 점을 분명히 하지 않았기 때문에, 이 글에서는 먼저 학교가 미국 사회 내 다른 사회기구들이나 제도들과 복잡하게 얽혀 있다는 입장을 정당화하고자 한다. 랄프 타일러는 모든 교육철학은 본질적으로 두 가지 가능한 이론 중 어느 하나를 선택하고 있다고 지적하면서 학교의 사회적 기능을 조명한다. 타일러는 모든 교육철학의 진술이 다음 질문 중 어느 하나에 근거한 것이라고 주장한다. '학교는 젊은이들을 현재의 사회에 적응시켜야 하는가 아니면 사회 발전을 위해 노력하는 젊은이들을 키우는 변혁적 임무를 맡아야 하는가?'[20]

교육철학에 대한 타일러의 이 지적은 여러모로 중요하다. 타일러의 지적은 첫째, 학교가 사회정치적 기능을 하며, 학교가 속한 사회와 독립해 있지 않다는 생각을 확실히 한다. 둘째, 학교 구조에 개입하기 위한 모든 교육프로그램에는 이론적 참조체제가 있음을 깨우쳐준다. 브라질 교육자 파울로 프레이리는 이렇게 말한다.

중립적 교육과정이란 없다. 교육은 젊은 세대를 현 체제의 논리에 끌어들여 사회에 순응하도록 양육하는 도구 노릇을 하거나, 그렇지 않으면 '자유의 실천'을 행한다. 자유의 실천을 위한 수단은 남녀가 비판적이고 창조적으로 현실을 다루고, 그들 세계의 변혁에 참여하는 방법을 찾는 것이다.[21]

인식하건 그렇지 않건 사회교과 교육자들은 타일러와 프레이리가 말한 두 입장 중 어느 한 편에서 활동하고 있다.

학교 교육 자체를 검토하고, 학교 교육이 가정과 노동현장과 어떤 사회적 연관성을 맺고 있는지 검토하면 학교의 사회정치적 기능을 알 수 있다. 많은 사회학자들은 학교가 더 이상 가정의 역할을 대신하지 않으며, 가정이 충족시켜주지 못하는 사회화 기능을 수행한다고 단정한다. 가정의 기능과 학교의 기능을 비교해보자. 로버트 드리븐에 따르면, 가정의 구조적 속성은 아이들의 정서적 요구만 충족시켜줄 뿐 성인세계에 맞추어 아이들을 적절히 사회화하지는 못한다. 그리고 학교 교육에서는 가정에서보다 철저한 시간 관념, 다양성, 독립성, 이성적 사회관계를 요구한다. 가정과 달리, 학교는 과업 수행과 정서 표현을 엄격히 분리하고, 학교가 명시한 목적에 따라 '성인사회 구성원이 되었을 때 필요한 기술, 정보, 신념을 아동에게 전수' 한다.[22]

드리븐은 학교가 단지 교육만 하는 게 아니라고 주장한다. 학교는 행동의 규범이나 원리도 제공하는데, 이 규범이나 원리는 학생 삶에 영향을 미치는 학교에서의 다양한 사회경험을 통해 배우게 된다. 드리븐은 학교에서 하는 사회적 경험의 정치적 성격을 외면했지만, 학생들이 학습하는 네 가지 중요한 규범은 지적했다. 독립심, 성취, 보편성, 특수성이 그것이다. 그러나 드리븐은 이 규범들을 옹호하고 이것에 의미를 부여하는 문화적 가치를 구체적인 이데올로기의 측면에서 다루지는 못했다. 이를 증명할 두 가지 충분한 사례가 있다. 독립심은 '서로 다른 환경에 처해 있는 사람들이 다른 사람의 도움에 기대지 않고 혼자서 과제를 처리해내는 것'[23]이다. 성취는 학생들에게 '성공과 실패'에서 오는 희열을 받아들이도록 하기 위한 것이며, (드리븐이 직접 진술하진 않았지만) 외적 보상과 누군가는 꼴찌가 되기 마련이라는 생각을 정당화하고 있다.

학생들이 인지적 기술보다 더 많은 것을 학습한다는 사실은 학교 교육의 정치적 성격에 역점을 두었던 번스타인의 연구에서도 잘 드러나 있다. 번스타인은 학생들이 장차 '훌륭한' 산업일꾼이 되기 위한 가치와 규범을 학습한다고 분석한다. 학생들은 권위, 시간 엄수, 청결, 온순함, 순응 따위의 가치들을 내면화한다. 학생들은 공식적 교육과정의 내용에서보다는 학교의 세 가지 메시지 시스템에 배인 이데올로기에서 훨씬 많은 걸 배운다. 세 가지 메시지 시스템은 교육과정 시스템, 교실에서의 교육 유형 시스템, 평가 시스템이다.[24] 스탠리 애러노위츠는 학생들이 학교의 잠재적 교육과정에서 무엇을 배우는지 설명한 바 있다. 그는 '메시지' 시스템에서 이뤄지는 사회화 과정을 다음과 같이 요약해 보여준다.

진정으로, 아이는 학교에서 배운다. …… 아이는 교사가 교실에서는 권위 있는 사람이지만 교장 앞에서는 꼼짝 못한다는 걸 배운다. 그래서 아이들은 학교구조 속에서 권력의 위계를 알게 되고 사회 구조도 배우게 된다. 마찬가지로 노동계급의 아이들은 사회에서 자신이 해야 할 역할을 배우게 된다. 학교는 학생들이 시민과 노동자가 되기 위해 필요한 지식을 갖추지 못했다는 이유로 학생들 모두에게 자신이 무능력함을 각인시켜준다. 그리고 직업과 계급의 위계는 학년 위계와 동일 학년 내 능력별 편성의 위계를 통해 재생산된다. 상급 학년으로의 진급은 정치사회적으로 승인 받은 행동과 미리 정해진 '인지적' 자료들을 숙달한 대가이다. 그러나 같은 학년 안에서 특히 대규모 도시의 학교에서 심해져가는 학생들 간의 차이는 타고난 지능을 근거로 설명되고, 그 지능이란 교육제도가 정한 표준을 무난히 성취할 수 있는 학생의 잠재능력에 따라 결정된다.[25]

드리븐과 애러노위츠 같은 이들은 학교가 거대한 제도망 속에서 사회화의 대리기구 노릇을 한다는 사실을 밝혀냈다. 그러나 몇몇 사례를 제외하고, 사회교과 교육자들은 학교의 정치적 역할이 무엇인지, 그 정치적 역할이 교육의 목표·방법·내용·조직 구조에 어떻게 영향을 미치는지를 제대로 설명하지 못했다.[26]

교육의 정치적 성격을 무시해온 결과를 언급하면서, 브루너는 더 이상 교육자들이 중립성과 객관성이라는 허구적 태도를 취할 수 없다는 걸 솔직히 시인한다.

교수이론(theory of instruction)은 사회 내부의 권력 배분에 관한 합의, 즉 누가 교육 받아야 하고 어떤 역할을 실현해야 하는가에 대한 합의에서 도출된다는 의미에서 정치적 이론이다. 바로 이런 의미에서 교육이론도 명백히 경제적 개념에서 도출되어야 한다. 왜냐하면 경제적 개념에는 '그 사회 내부의 노동분업', '부와 명예를 위한 재화와 용역의 교환'이 담겨 있기 때문이다. 이렇게 경제적 개념에서 교육학을 도출하면, 사람들이 어떻게 교육 받고 얼마나 많은 자원을 사용하고 자원 활용에 어떤 제약이 있는가 하는 것들이 모두 쟁점이 된다. 교육과정의 정치적·경제적·사회적 장면과 상관없이 교육이론을 만드는 심리학자나 교육자가 있다면, 그는 진부해질 수밖에 없고, 공동체나 교실사회에서 무시될 만하다.[27]

앞서 말했듯이, 사회교과의 교육적 변화에 대한 진지한 논의는 학교의 잠재적 교육과정과 공식적 교육과정의 모순을 검토하는 것에서 시작해야 한다. 잠재적 교육과정을 무시하는 사회교과 교육과정 개발의 접근법은 자칫 불완전하고 무의미해질 위험이 도사리고 있다. 왜냐하면 학교의 핵심적인 기능은 교사들이 일상적으로 정보를 분배하는 것에서도 발견되지만, '교육적 만남'이라는 교실의 사회적 관계에서'도 발견되기 때문이다.[28]

학교의 잠재적 교육과정

교실 사회관계를 연구하기 앞서, 우리는 사회교과에서 가르치는 내용이 학생들의 정치적 사회화에 중요한 역할을 한다는 점을 명확히 해야 한다. 예컨대 많은 연구들은 사회교과 자료들에서 말하는 이른바 '객관적' 지식이 따지고 보면 현재 연구중인 주제에 대한 일방적이고 이론적으로 편향된 견해임을 지적하고 있다.[29] 지식은 종종 의문투성이거나 명백히 허위인 특정 세계관을 정당화하여 진리로 받아들인다. 사회교과 지식의 선정·조직·배분은 이데올로기 영역을 은폐하고 있다.[30] 지식의 명시적·암묵적 메시지와 함께 지식이 선정·조직되는 방식은 교육자들이 지식의 가치와 정당성에 대해 생각하고 있는 *선험적* 가정들을 반영한다. 결론적으로, 이런 선험적 가정들은 학생들의 세계 인식을 틀지우는 이데올로기적 생각들이다. 만약 이런 가정들의 미묘한 이데올로기적 성격을 학생들이 알지 못한다면, 학생들은 비판적 탐구보다는 순응을 더 많이 배울 것이다.

지식의 이런 '잠재적 교육과정'을 극복하기 위해 사회교과 교육자들은 학생들을 도와서, 지식이 인간의 이해관계에 따라 변하며 또한 이해관계와 결부되어 있음을 이해하게 만들고, 각 지식이 주장하는 타당성을 검토하도록 만들어야 한다. 포케위츠는 사회교과의 쟁점 가운데서 특히 교육자들에게 주목해왔다.

교육과정을 구성할 때, 교육자들은 사회교과목들을 그 의미가 사회적 과정 속에서 전수되는 인간의 산물로서 보아야 한다. 교수(instruction)는 교사들 간의 갈등하는 세계관들, 탐구의 사회적 지위와 사회적 맥락에 대해 진지하게 관심을 기울여야 한다. 아이들이 관념을 공부하도록 계획할 때, 교육자들은 역사학, 사회학 혹은 인류학에 담긴 담론의 성격과 특징에 관해 탐구해들어가야 한다.

각각은 어떤 문제를 다루는가? 어떤 사고모델이 존재하는가? 그 모델의 대표적인 과제는 무엇인가? 그 과제를 통해 발견한 지식에는 어떤 한계가 있는가?

교수(instruction)는 어떤 현상에 대해 각 학문이 어떤 관점을 가지고 있는지 유심히 보아야 하고, 사람들이 자기가 알고 있는 것을 어떻게 알게 되는지에 관심을 기울여야 한다.[31]

뿐만 아니라 잠재적 교육과정에 대한 모든 분석들은 교실에서 교사와 학생의 상호관계를 좌우하고 통제하는 조직적 구조 역시 중요하게 다루어야 한다. 그 이유는 조직적 구조를 보면, 교실 만남의 사회화 과정에서 교육과정의 내용만큼이나 이데올로기적 성격이 강제적임을 알 수 있기 때문이다.

필립 잭슨의 연구는 비록 무정치적이긴 하지만 잠재적 교육과정의 또 다른 차원인 사회적 과정을 치밀하게 분석하고 있다. 인지적 목표와 정의적 목표를 진술한 공식적 교육과정과 달리, 잠재적 교육과정은 학생이나 교사가 대개 깨닫지 못하는 교실 생활의 조직과 관계 있다. 잭슨에 따르면 잠재적 교육과정의 요소들은 세 가지 핵심적 분석 개념으로 이뤄진다. 집단, 칭찬, 권력이 그것이다.[32]

요컨대 교실 활동은 집단 속에서 살아가기 위한 학습을 의미한다. 교육제도에 만연해 있는 가치들과 마찬가지로 교실 활동도 학교에서 이뤄지는 사회교육에 시사하는 바가 크다. 또한 학교가 평가의 장이라는 사실 역시 중요하다. 학생들은 자신이 어떻게 평가받는지 뿐 아니라, 자신과 타인들을 어떻게 평가하는지도 배우게 된다. 마지막으로 학교는 권력을 가진 자(교사들)와 권력을 가지지 못한 자(학생들)를 분리한다. 잭슨이 지적했듯, "학생들은 세 가지 방식으로, 즉 집단의 구성원으로, 칭찬이나 꾸지람의 잠정적 대상으로, 제도적 권위자의 볼모로 존재하므로 적어도 아동기 동안에는 꼼짝없이 교실에 틀어박혀 시간을 보내야 하는 것이 현실이다."[33]

좀더 구체적으로 학생-교사 상호관계에 집중해보면, 잭슨의 잠재적 교육과정 분석은 매우 유용하다. 집단생활을 위한 학습은 여러모로 학생들에게 중요한 영향을 미친다. 학생들은 자원을 사용하기 위해 꾹 참고 기다리는 걸 배워야 하고, 궁극적으로는 자신의 욕망을 미뤄두거나 아예 포기하는 걸 배우게 된다. 교실에서 끈질긴 방해가 있어도, 학생들은 조용히 할 것을 배워야 한다. 다른 사람들과 집단활동을 하더라도, 근본적으로 학생들은 집단 속에서 혼자가 되는 방법을 배워야 한다. 잭슨이 보기에, 이런 조건 아래서 학생들이 배우는 본질적인 미덕은 인내심이다(인내심은 중재를 통해 얻은 제약이 아니라, 권위에 대한 부당한 복종에 뿌리를 두고 있다). "학생들은 어느 정도 침묵 속에서도 견디는 걸 배워야 한다. 학생들은 또 체념, 다시 말해 학생 개인의 소망과 욕망을 한없이 연기하고 부정하고 방해하는 것을 견뎌낼 것을 요구받는다."[34]

교실에서 칭찬과 권력은 복잡하게 뒤얽혀 있다. 학생들은 서로를 평가하는 자신을 발견하게 되고, 칭찬과 꾸지람을 하는 이는 당연히 교사이다. 직접 칭찬하고 나무라는 일은 가장 가시적인 권력의 상징인 교사가 하지만, 이런 교사 역할의 실제적 의미는 그 권위를 휘두르면서 동시에 사회관계와 가치들의 망을 재생산하는 데 있다. 잠재적 교육과정의 성격은 평가시스템에서 가장 선명하게 드러난다. 교실에서 가르치고 평가하는 부분은 학과목은 물론 비학과목도 포함하며 최근에는 제도에 적응하는 능력과 특정한 인성 자질까지도 포함한다는 점을 깨달을 때, 사람들은 평가의 잠재적 효과를 명백하게 알 수 있다.

사실 이 가설을 지지하는 저명한 연구들자들 가운데 보울즈와 진티스는 인성 특성, 태도, 행동 속성 따위를 학교 성적과 짝짓는 많은 연구들을 검토한 후 다음과 같은 결론에 이르렀다.

학생들은 단련·복종·정서적이지 않은 지적 행동·내재적인 동기와는 상관없는 어려운 공부 따위를 무사히 완수해내면 그 대가를 받는다. 이런 행동 특성들은 학업 성취를 위한 '적절한 행실'의 결과와는 무관하게 무조건 보상을 받는다.[35]

보울즈와 진티스는 시민의식(즉 학교의 사회 질서에 순종하는 것)에서 높은 점수를 받은 학생들은 "창조성과 정신의 유연성 면에서는 평균보다 상당히 낮은 점수를 받았다"고 지적한다.[36] 학생들의 관점에서 보면 교실은 시간, 공간, 내용, 구조 등 모든 것이 타인에 의해 결정되는 작은 노동현장이다. 보상은 외부에서 주어지며, 교사와 학생 간의 모든 사회적 상호작용은 위계적인 조직 구조를 통해 이루어진다. 이런 환경에서 배운 잠재적 메시지는 학교가 학생들이 살고 있는 세상을 학생들이 비판적으로 사고하도록 돕기는커녕 사회적 통제의 대리기구 노릇이나 한다는 것을 여실히 보여준다.

교사들은 학교 구조를 유지하고 사회 질서를 옹호하기 위한 가치를 전수하는 데 없어서는 안 되는 존재이다.[37] 로티는 교사에 관한 한 연구에서, 교사들은 대학 다니기 전은 물론 대학시절 동안 받았던 보수적인 학교 교육의 영향을 지워버릴 수가 없다고 지적했다. 로티는 "학생모집 자료들은 신입생들에게 보수적인 관점을 부추긴다. 그 자료들은 기존 학교체제를 순순히 따르는 젊은이들에게 아주 매력적이다"[38]라고 했다. 로티는 또한 교사들의 가장 위험한 단점으로 가르치는 활동에 대한 교사들의 주관적이고 개별적인 접근법을 꼽는다. 방법론과 내용을 개발할 수 있는 신중한 이론적 참조체제를 갖추지 못한 교사들은 자기 활동을 구성하고 안내하고 평가하는 유효한 준거를 가지고 있지 못하다. 그러나 더욱 심각한 문제는 교사들이 이론에 대한 자신의 불신을 자기 학생들에게 그대로 전달하고, 지적 수동성을 영속화하는 데 한몫한다는 점이다.

앞에서 말했듯, 사회교육적 행위에는 잠재적 교육과정이 들어 있다. 잠재적 교육과정에 담긴 가치들은 학생들의 살아온 모든 교육 경험을 실제로 형성하고 좌우한다. 그렇다고 잠재적 교육과정이 너무 막강해서 교육개혁의 희망마저 없다는 뜻은 아니다. 오히려 잠재적 교육과정이 교육 변화의 방향을 *제공*한다고 보아야 한다. 예를 들어 사회교과 개발자들은 잠재적 교육과정을 내버려두지 말고 잠재적 교육과정의 조직 구조와 정치적 가정을 규명할 수 있어야 한다. 그럴 때만 전통적인 교육과정의 비민주적인 성격을 상쇄하는 교육과 교육과정 자료, 교실 구조를 개발할 수 있다. 이렇게 하는 데 중요한 첫번째 단계는 교사와 학생들이 교실 경험을 넘어서서 제도적 질서까지도 바꿀 수 있도록 도와주는 것이다.

민주적이고 집단적인 교실이 필요하다

사회교육과 사회교과 개발을 바꾸기 앞서 사회교과 교육자들은 매우 특별한 교실과정을 개발해야 한다. 그 교실과정은 교사와 학생의 참여와 상호작용 모델 중 민주적이고 비판적인 모델을 권장하는 가치와 신념을 조장하는 것이어야 한다. 학교 교육에서, 전통적인 잠재적 교육과정은 공식적 교육과정이 진술한 목적에 역행한다는 사실은 정밀하게 분석하면 밝혀지기 마련이다.[39] 학교는 세계를 변화시킬 작정으로 세계를 비판적으로 반성하고 세계에 개입하게 도와주는 기술을 학생들이 갖추고 사회에 진출할 수 있도록 준비시키지 않는다. 대신 학교는 대부분 학생들이 현 상황에 순응하도록 사회화하는 그야말로 보수적 세력이다. 현대 학교 교육의 구조, 조직, 내용은 학생들이 관료적으로 구조화된, 즉 위계적으로 조직된 노동시장에서 요청하는 인성 조건을 갖추도록 한다. 필립 잭슨은 이렇게 지적한다.

학생들의 권력 구조를 보면, 학교 교실은 성인들이 대부분의 시간을 보내는 공장이나 사무실과 크게 다를 바가 없다. 그래서 학교가 삶을 위한 준비라고 불리기도 하지만, 교육자들이 그 시간 동안 고용되어 있다는 일상적 의미에선 실제로 삶을 위한 준비가 아니다.[40]

그렇다면 대안적 가치와 교실에서의 대안적인 사회과정은 무엇인가. 우리의 관점에서, 이 대안들은 이기적 개인주의와 소외를 부추기는 사회관계에서 벗어나 집단적이고 민주적인 사회교육의 기초를 말한다. 사회교육 개발자들은 이론과 실천을 결합하고, 적극적 참여와 비판적 사고의 사회적·개인적 중요성을 교사와 학생에게 되살려주는 내용과 교육학을 개발할 때 이런 대안적 가치들과 교실과정들을 활용해야 한다. 나는 먼저 대안적 가치들을 열거하고 나서, 사회교육의 구체적 특성을 분석하면서 대안적인 교실과정을 설명할 작정이다.

사회교육을 이론적으로 옹호하는 가치들과 사회적 과정들에는 학생들이 도덕적 헌신, 집단적 연대, 사회적 책임성을 존중하게 만드는 것이 포함된다. 또 권위적이지 않은 개인주의가 개발되어야 하되, 이 개인주의에는 집단적 협력과 사회적 각성이 조화를 이루어야 한다. 학생들로 하여금 자신의 선택권을 발휘할 필요가 있음을 인식하게 하고, 상황의 한계를 깨닫는 가운데 선택을 하게끔 모든 노력을 기울여야 한다. 교육과정 자체는 사회와의 관계 속에서 교육과정을 검토할 수 있을 만큼 자유로워야 한다.

학생들은 사회교과를 사회적 활동을 위한 일종의 견습 생활로 경험하거나, 프레이리의 말처럼 실천에 대한 사고를 직접 해보는 것으로 생각해야 한다.[41] 이를 위한 한 가지 방법은, 가능할 때마다 사회경제적 전체 맥락과 관련지어 모든 학습 경험을 보고 평가하는 것이다. 더욱이 학생들은 비판적 의사소통의 내용과 실천에 대해서도 깊이 사고해봐야겠지만, 이 경험의 결과들을 구체적인 활동으로 옮기는 것도 중요함을 알아야 한다.

예를 들어, 학생들이 교실과 정치세계에서 벌어지는 정치사회적 불평등을 주제로 토론을 하면서도, 불평등한 현실과 그에 따른 악영향을 외면한다면 이는 매우 어리석은 짓이다. 심지어 현실과 관련되어 있을 때조차 실천을 설명하지도 실행하지도 못하면, 프레이리가 말한 학습을 학생이 해볼 도리가 없다. 달리 말해, 사회교과 교육자들이 학생들에게 비판적 의식과 사회활동 간의 역동적 변증법을 파악할 기회를 주는 건 아주 중요하다. 비판적 의식, 사회적 과정, 사회적 실천을 통합하는 방식은, 사회통제 세력이 어떻게 움직이는가와 함께 그 세력들을 어떻게 극복할 것인가를 학생들에게 확실히 인지시키기 위한 것이다. 학생들은 포이어바흐에 대한 마르크스의 열한 번째 테제 "철학자들은 세상을 다양한 방식으로 해석만 해왔다. 하지만 문제는 세상을 바꾸는 것이다"[42]에 담긴 참된 가치를 알아야 한다.

많은 자유주의 교육자들은 사회교과에서 이런 가치들과 사회적 과정을 수용해서, 이것을 실천으로 바꾸어놓을 내용 중심 교육과 정을 개발하려고 했다. 그러나 자유주의자들은 사회정치적 해방보다 사회적 적응의 틀 속에다 이런 가치들과 사회적 과정을 끼워넣음으로써 진보적 내용을 제거해버렸다.

사회 개량을 통한 발전, 업적주의와 직업적 전문가 중시, 산업질서의 요구에 복무하는 공교육 체제의 성장 등을 강조하는 자유주의적 태도는 우리가 옹호하는 진보적인 가치들과 사회적 과정의 단면을 포착하지도 활용하지도 못했다. 엘리자베스 카간은 자유주의적 사고와 진보적인 가치들 그리고 사회적 실천 간의 모순을 꿰뚫어보았다.

자유주의 개혁자들은 교육을 통해 평등, 공동체, 인간적인 사회적 상호작용을 도모하려고 하면서도 정반대 방향으로 떠밀려나 있는 학교의 현실을 눈여겨보지 않는다. 그들이 이런 모순에 눈을 감은 까닭은 그들의 계급적 입장 때문이다. 중간계급 개혁자로서 그들은 진정한 인간공동체를 위해 필요한 평등주의를 옹호할 마음은 눈곱만큼도 없다. 고작 교육 기법 부분에서만 교육개혁이 제도화되어왔지 …… (잠재적 교육과정은) 사실상 남아 있다. 이 잠재적 교육과정이 경쟁, 개인주의, 권위주의를 부추긴다.[43]

대부분 교실에서 진행되는 사회적 과정은 학생들의 공동체 의식 개발에 걸림돌이 된다. 사회 질서 속에서처럼 경쟁과 개인적 노력이 미국 학교 교육의 핵심이다. 이데올로기적 의미에서 보면, 집단 성과 사회연대는 자본주의 정신을 위협하는 막강한 구조이다. 자 본주의 정신은 노동의 고립과 분업뿐 아니라 의식과 사회관계의 파편화 위에 버티고 서 있다.[44] 대중을 현혹하는 집단성의 미덕이 란 내용이 아니라 기껏 형식의 문제에 불과하다. 학교 안팎에서, 사람들이 사회관계 속에서 활동하고 참여하는 이유는 오로지 자 신의 이해관계이다. 학교 교육의 구조는 모든 수준의 공식적 교육 과정과 잠재적 교육과정을 통해 개인 소유욕과 이기적인 도덕성을 재생산하고 있다. '당신 일이나 하라'는 철학을 점잖게 지지하건 집단의 가치를 훼손하는 교육구조를 유지하건, 대부분 교실에서 나오는 메시지는 집단을 희생하고 자기만을 소중히 여기라는 것이 다. 이런 잠재적 메시지가 소외를 부추기고 있다.[45]

사실 고삐 풀린 개인주의를 부추기는 교실 시나리오는 우리들에 게 매우 익숙하다. 전통적으로 학생들은 일렬로 줄을 맞추어 앉아 서 앞사람의 뒤통수와 교사를 쳐다보고, 교사는 상징과 권위로 똘 똘 뭉친 채 학생들을 내려다본다. 혹은 미리 짠 각본대로 교사와 학생이 큰 반원을 만들어 앉는다. 교실에서 모든 행사는 종소리에 따라 움직이는 엄격한 시간표의 통제를 받고, 수업시간 동안 교사 의 단서에 따라 움직인다. 수업과 일부 공식적인 학습이 시작하고 끝나는 건, 시간이 정확하게 결정되어 있기 때문이지 결코 인지적 과정이 활동을 자극했기 때문이 아니다.

민주적인 교실을 위한 세 가지 실천

교실에서 잠재적 교육과정의 권위적 효과를 막는 데 여러 가지 사회적 과정들이 도움이 되고 있다. 우리의 이야기는 모든 사회교과 개발자들에게 친숙해질 것이다. 그들 중 자유주의자들은 직접적인 수업목표를 지지하지만, 재건주의자들만은 교실과 학교와 사회정치적 제도 속에서의 삶을 위해 사회적 과정의 장기적 의미를 수용할 것이다.

학생을 '능력별로 편성하는(tracking)' 잘못된 실천을 없애야 비로소 교실에서 민주적 과정을 실시할 교육 토대가 만들어진다. '능력'과 교사가 파악한 성취 행동에 따라 학생들을 분류하는 이런 학교전통은 교육적 가치에서 보면 의문투성이다. 능력별 편성의 정당화는 전통적인 유전학 이론에 기대고 있으나, 이 이론은 지적·윤리적 근거에서 지금까지 줄곧 논박의 대상이 되고 있다.[46]

이질적인 학생 집단이 모인 교실은 융통성을 발휘하는 데 더 없이 좋은 기회를 제공한다. 이질집단 교실을 가정해보자. 딴 학생들보다 질적으로도 속도에서도 뛰어난 학생들은 또래이지만, 딴 학생들에게 개인적 혹은 집단적 지도자로 활동할 기회를 얻게 된다. 이런 환경에 있는 학생들은 배우고 가르치는 과정에서 집단적으로 활동할 수 있다. 지식 자체가 대화와 분석의 견인차가 되며, 새로운 교실 사회관계의 기반이 된다. 또 이런 상황에서 만들어지는 사회관계는 더욱 진보적이 되고, 학습과 성취에 대한 전통적 개념을 문제삼을 수 있게 된다. 사회교육은 능력별 편성을 옹호하는 전통적인 지능유전이론과는 근본적으로 다른 성취 개념에 근거해야 한다.

능력별 편성을 하지 않으면 교실에서의 권력이 분산되어 또래이
자 집단 지도자 역할을 맡은 학생 개인들이 이전에는 교사만 누렸
던 지도자 역할을 나눠 갖게 된다. 바실 번스타인이 '강한 구성'이
라고 말한 바 있는 엄격하고 위계적인 역할이 무너지면서, 학생과
교사 모두 전통적 교실에서는 드물었던 민주적 관계를 펼칠 수 있
게 된다.[47] 이처럼 새로운 민주적 관계는 교사들이 세포구조를 허
물어뜨릴 토대를 마련해준다. 세포구조는 로티가 발견한 것으로,
교사들이 그들의 임무와 활동을 함께 하지 못하게 가로막는 구조
를 말한다. 대부분 교사들은 교육전략을 공유하고 있지 않으며, 그
래서 그들의 전문적 상호관계에서 일관성을 결여하고 있다.[48] 교
사들이 자신의 권력과 역할을 공유해야만 학생들과 교사 동료들이
함께 교사의 교육이론과 실천을 공유하고 검토하는 것을 방해하는
구획화와 편협한 사회화를 극복할 수 있다.

민주적 과정이 만들어내야 할 또 다른 중요한 변화는 '권위와 성
적'의 문제이다. 가능하다면 외적 보상은 줄여야 하고, 성적을 보
상으로 삼지 않고서도 학생들이 자신의 학습 과정을 직접 이끌어
가는 경험의 기회를 학생에게 주어야 한다. 전통적 교실에서 사회
적 관계는 교사가 주는 성적과 복잡하게 얽힌 권력에 근거해 있다.
이때 성적은 교사 자신이 바라는 가치, 행동 패턴, 신념을 학생에
게 집어넣는 최종적인 훈육 도구가 된다.[49]

대화를 통한 성적 매기기는 전통적 성적과 같은 해로운 관습을
없앨 수 있다. 왜냐하면 대화를 통해 성적을 매기는 것은 학생들에

게도 어느 정도 성적에 대한 통제권을 주어 성적과 권위 간의 전통적인 일치를 허물어버리기 때문이다. 우리는 이런 성적 매기기를 대화적이라고 부른다. 이는 학생과 교사가 함께 평가 시스템의 준거·기능·결과에 관해 대화를 나누기 때문이다. 대화적이라는 용어는 프레이리가 강조했던 대화의 역할, 즉 사회관계를 명쾌하게 밝히고 민주화하는 대화의 역할을 확장한 것이다.[50]

교사와 또래들이 함께 대화할 기회가 더 많아져야 하지만, 이 기회가 대규모 집단에서는 별 도움이 되지 않는다. 소규모 집단에서 학생들은 함께 활동하면서 서로의 논리를 평가하고 검토해야 한다. 사회교육에 집단활동이 중요함을 입증해줄 가정들은 수두룩하다. 집단활동은 교사의 전통적이고 조작적인 역할을 탈신비화하는 데 가장 효과적인 방법이며, 학생들에게 사회적 책임성과 집단연대를 강조하는 사회적 맥락을 제공한다.

집단적 상호활동은 학생들이 서로에게서 직접 배울 수 있는 기회를 제공해준다. 오로지 권위의 수평적 분산만이 학생들이 학습의 중요성을 집단적으로 공유하고 이해하도록 만든다. 이 과정에 대화는 결정적이다. 집단적 대화를 통한 협력과 사회성은 경쟁과 과도한 개인주의를 강조하는 전통적인 잠재적 교육과정을 상쇄할 수 있다. 게다가 집단교수 과정은 학생들에게 참여 민주주의의 역동성을 말로만 듣는 게 아니라 직접 경험할 기회를 제공한다.

요컨대 학생들이 전통적인 교실과 전통적인 사회 질서의 잔재인 '공동체의 결여'를 극복하려면, 반드시 공동과제 속에서 교실관계를 민주화하기 위한 의식을 개발해야 한다. 집단적 만남은 이런 의식을 개발하는 사회적 기반을 제공한다. 이런 조건에서라면 지배·복종·맹목적인 권위 따위를 존중하는 교육적 사회관계는 상당히 줄어들 수 있다.

상호적이고 공동체적인 사회관계가 집단 구성의 부산물에 불과한 건 아니다. 이런 사회관계의 또 다른 중요한 특징은 가르치는 활동을 직접 연습할 수 있는 기회를 학생에게 제공한다는 점이다. 학생들은 서로의 활동을 평가하기도 하고, 또래 지도자로 활동도 하며, 토론에도 참여하고, 토론을 이끌기도 하면서 가르치는 활동이 단순히 직관적이고 따라 배우기식의 교육접근법을 따라선 안 된다는 걸 배운다. 교사와 또래들과 긴밀한 관계를 맺음으로써 학생들은 분석적이고 코드화된 경험이 어떤 교육에서든 중심 요소가 된다는 걸 이해할 수 있는 호기를 맞게 된다. 그러면 학생과 교사 모두 어떤 교육이건 그 이면에는 특정 세계관에서 나온 가치, 신념, 가정이 깔려 있음을 깨닫게 된다. 대부분 학생들은 가르치는 활동을 개인 인성자질로 볼 뿐 사회적으로 구성된 교육 원리의 결과로 보지 못한다.[51] 그러나 이런 집단적인 활동 과정을 활용함으로써 학생과 교사 모두 가르치는 활동을 위한 '특정' 참조체제를, 즉 교실 교육학을 지지하는 이론을 조명해줄 참조체제를 제공받게 된다.

학교에서 시간 관념은 학생과 교사 간에 건강한 사회관계와 지적 관계를 개발하는 데 오히려 방해가 되고 있다. 생산시간표와 위계적인 작업관계를 생각나게 하는 공장 생활에서처럼 대다수 교실의 일상적인 관례들도 참여와 민주적 과정을 억누르고 있다. 자기

진도를 조절하는 학습 방법은 학생이 공부중인 과제를 비판적으로 이해하고 해결하는 데 필요한 시간의 총량이 곧 적성이라고 보는 견해와 일치한다.

현재 미국 교육의 특징인 단편적이고 무이론적인 교육을 학생들이 뛰어넘을 수 있는 학습 유형을 빨리 개발하기 위해서, 학생들이 자기에게 알맞은 학습 진도에 맞추어 혼자서 또는 집단으로 공부할 기회를 얻는 것이 절대적으로 필요하다.[52] 자기 진도에 맞는 학습 모형을 융통성 있게 사용하는 것은 단편적이고 무이론적 교육을 없애야 가능하다.

자기 진도를 조절할 수 있는 학습은 다른 이유에서도 중요하다. 대다수 전통적인 교실의 특징인 미뤄두기와 거부는 교사와 학생이 자유롭게 서로 즉각 반응할 수 있게 해주면 상쇄될 수 있다. 학생들은 자기 행동에 대한 피드백과 소통을 위해 마냥 기다리지 않아도 된다. 이는 학생들이 배움의 욕구 혹은 다른 학생들과 함께 배운 것을 공유하고 분석하고자 하는 욕구를 포기하거나 기다려야 하는 일이 일어나지 않도록 하는 것이다. 자기진도 조절학습(self-pacing)은 교사와 학생이 동의한 합리적인 테두리 안에서 학생들이 자기에게 딱 맞는 편안한 속도로 공부할 수 있게 해준다. 이런 형식 아래서는 시계가 속도를 결정하지도 교실의 특징을 결정하지도 않으며, 엄격한 시간표의 횡포는 교사와 학생이 함께 만든 시간표로 바뀌게 된다. 나아가 자기진도 조절학습은 학생들이 자신의 활동, 성적, 시간을 통제하는 수단을 가지고 있기 때문에, 학생들 간의 경쟁을 없애고 학습이 본질적으로 함께 하는 것이라는 개념을 더욱 튼실하게 한다.

 정치적으로 자기진도 조절 모형과 또래 지도자 모형은 교사만이
지식을 정의하고 전달할 자격을 가진 절대적인 전문가라는 관념에
반대한다.[53] 또래 지도자 모형과 자기진도 조절 모형을 활용함으
로써, 민주적인 교실관계가 발전하게 되고, 일방적인 교실 사회관
계는 아주 풍성한 교실 사회관계로 바뀌게 된다. 바뀐 교실 사회관
계는 서로를 인간화하고, 해방적 개념틀을 통해 중재된다.

 또래 지도자 모형과 자기진도 조절 모형의 특징은 전통적인 교
실의 조직적·구조적 속성을 상당 부분 상쇄해주는 사회적 과정들
이다. 대부분 전통적인 교실에서는, 학생들이 혼자서 활동한다.
이런 형태가 독립심을 높인다는 이유로 교육자들은 전통적 형태를
합리화했다. 이는 부분적으로 진실이지만, 이런 독립심의 고양은
또래와 성인이 상호의존하는 사회관계를 맺지 못하게 한다. 더욱
이 이런 독립심의 기능은 합리적이기보다는 이데올로기적이며, 사
회의 노동분업을 유지시켜주는 강력한 교육적 요소일 뿐이다. 어
쨌든 전통적인 독립심 개념은 학생의 특정 재능을 개발하는 것 그
리고 다른 학생과 과제 함께 하기 사이에서 균형을 잡지 못한다.
자기진도 조절 모형과 또래 지도자 모형의 특성은 이런 모순을 다
분히 줄여준다. 학생들은 자신이 조절한 진도에 맞추어 자신의 재
능과 흥미를 탐색할 기회를 훨씬 많이 얻는 동시에 다른 학생들과
자신의 흥미를 공유할 수 있어야 한다. 학생들은 교실 지도자에게
서도 자기 또래들에게서도 도움을 받을 수 있다.

결론

이 장에서는 사회교과 교실에서 나타나는 특정 사회화 패턴의 역동성과 이데올로기적 가정을 밝히려는 과업 중에서 최근의 새로운 조류를 옹호하는 근거를 제시했다. 이 장은 특정 사회화 패턴을 작용하게 만드는 교실과 학교 생활의 사회적 과정을 정의하고, 사회교과 지식의 규범적 성격을 조명했다. 그럼으로써 사회교과 개발자의 목표와 학교 교육의 과정, 둘 간의 분열을 명백히 하려고 했다.

판단컨대 공식적 교육과정과 잠재적 교육과정 간의 괴리를 알게 되면, 사회교과 교육자들이 교육 변화의 역동성에 대한 새로운 이론적 관점을 개발할 수 있게 된다. 이런 교육적 변화는 학교제도, 노동현장, 정치세계 간에 존재하는 함수관계에도 적용된다. 이렇게 하면서, 교육자들은 민주적이고 사회적인 교육 창출을 방해하는 교실은 물론 모든 사회정치적 제도 속에서 그러한 사회적 과정을 밝히기 시작할 것이다. 이 사회적 과정에 대한 더 상세한 열거와 설명 그리고 이 과정들 사이의 상호관계에 대한 조사는 교육자들이 교육과정에 개입하려면 반드시 선행되어야 할 전제조건이다.

메시지는 분명하다. 사회교과 교육자들은 잠재적 교육과정의 사회적 과정과 가치에 맞설 만한 구조적 토대를 개발해야 한다. 그렇지 않으면 실패를 되풀이할 위험이 있다. 사회적 연대, 개인의 성장, 사회활동에 대한 헌신이 사회교육을 통해 나타난다고 하면, 잠재적 교육과정은 배제하거나 줄여야 한다. 사회교육에서 능력별 편성, 사회적 분류, 위계적인 사회관계, 평가와 권력의 상응, 단편적이고 고립적인 교실상호관계, 이 모든 것은 잠재적 교육과정의 특징일 뿐 사회교육에는 들어설 여지가 없다. 이들 교실과정은 목표·교수학·내용·구조의 상호작용을 고민하는 민주적이고 사회적인 과정과 가치들로 대체되어야 할 것이다.

이 과제가 쉽지는 않다. 변화는 어렵고, 종종 실패하기도 하지만 그래도 필요하다. 교육개혁자들은 더 이상 전통적인 교육이론과 실천의 테두리 안에서 활동해서는 안 된다. 사회교육은 본질상 규범적이고 정치적이다. 최고의 사회교육은 해방적이면서도 반성적인 것임을 분명히 해야 한다. 우리들은 전통적 교육이론과 실천 밖으로 뛰어나와 학교 교육을 사회경제적·정치적 질서의 망에 복잡하게 얽혀 있는 것으로 보아야 한다. 그리고 정치적·규범적 의미에서 학교와 지배사회 간의 관계를 분석함으로써 우리는 전통적인 교실 사회관계에 깔린 이데올로기를 추종하는 잠재적 교육과정을 거부할 수 있다. 칸트의 말대로 사회교육이 더 나은 사회를 위해 학생들을 교육하는 것이라면, 사회교과 교육자들은 그들 학교와 교실을 민주화하는 것에서 한걸음 더 나아가야 한다. 그들은 학생 의식을 변화시키는 활동을 해야 한다. 그들은 또 새로운 사회 질서를 만들기 위한 합리적 근거가 실행될 수 있게 해야 한다. 이때 새로운 사회의 제도적 질서는 결국 참된 인간화 교육의 토대를 제공해줄 것이다.

행동주의 목표와 인본주의 목표를 넘어

지금까지 교육자들 사이에는 교육과정 목표의 개발 문제를 둘러싸고 열띤 토론이 이어지고 있다. 대부분 중등학교 교사들은 1960년대 '개방적' 인본주의 목표 운동에서 70년대 '목표를 확실하게 증명하는' 행동주의 목표로, 그 목표에 따라서 학교체제가 진자처럼 흔들리는 걸 봐왔기 때문에 교육과정 목표에 대한 토론의 강도와 성격을 유심히 지켜보고 있다. 돌이켜보면, 두 운동 모두 교육과정 설계·실행·평가의 복잡한 문제에 어느 정도 빛을 던져주었다. 그러나 최종적으로 보면, 두 운동 모두 '확실성과 정확성에 대한 요구'(행동주의─옮긴이)와 '다른 유형의 학습과 가치화'(인본주의─옮긴이)를 적절히 조화시키는 교육과정 목표를 개발하기 위한 이론적 모델을 제공하지는 못했다.

이 장에서는 현재까지 교육계의 교육과정 목표 개발에 대한 관점을 거의 장악하고 있는 인본주의와 행동주의 두 '학파'[1]의 단점을 살펴보려고 한다. 또한 이 장에서는 교실에서 사용하는 방법론과 내용, 그것을 옹호하는 가치들 사이의 관계를 밝혀주는 교육 목표를 교육자들이 개발할 수 있도록 새로운 교육접근법을 제안하고자 한다. 이런 관계를 검토함으로써 학교와 사회의 복잡한 상호작용이 조명될 수 있을 것이다. 이는 교육자들이 교육과정을 설계하고 평가하는 데 근거가 되는 수많은 '상식'과 검증된 바 없는 가정에 의문을 제기해야 한다고 교육자들을 설득할 것이다. 게다가 이 장은 목표에 관한 여러 학파의 타당성 중 어느 한 학파의 관점을 채택하는 대신, 논의의 무게를 교육과정 목표에 관한 현재의 토론에 두었으며, 교육자들이 상이한 교육 목표 유형을 통합하는 데 어떤 목표 유형이 가장 적합한지 결정하도록 도와준다.

언뜻 보면, 인본주의 학파와 행동주의 학파는 서로의 차이에 관해 대화할 여지도 없을 만큼 교육 지평이 달라 보인다. 두 학파는 각 이론에서 말하는 주요 가정의 범주 안에 매몰되어서 각 이론의 교리를 탐닉적이고 무비판적으로 받아들이는 틀을 더욱 공고히 하는 것으로 보인다.[2] 부분적으로, 교실 목표를 개발하는 접근법이 다르고 상대의 단점을 비판하는 논의 때문에 두 학파의 차이는 더욱 견고해진다. 많은 비판가들은 가령, 행동주의 목표 옹호자들이 요구하는 정확성과 확실성은 이해한다고 해도, 진부한 지식에 대한 관심, 인지에 대한 지나친 강조, 개인적 의미를 경시하는 태도는 이해가 되지 않는다고 주장한다.[3] 반면 인본주의 목표에서 개발한 과정은 방향이 확실하지도 명료하지도 않다는 사실을 인본주의 목표 옹호자들 스스로도 잘 알고 있다. 인본주의 교육과정들은 대개 목표진술이 분명치 않고 자의적이며, 그 목표의 가치는 교사에게나 학생에게나 아리송하기는 마찬가지다.[4]

두 학파 간의 적대적인 입장 때문에 많은 교육자들은 교육과정 목표를 개발할 때 두 학파 가운데 반드시 어느 하나를 선택해야 했다. 어쩔 도리가 없는 이 선택은 꼭 해결해야 할 문제를 오히려 재생산하는 역할을 한다. 올바른 생각은, 각 학파가 각자 입장을 통합하기 위한 대화를 최대한 성실히 하면 질적으로 다른 입장이 개발될 수 있다고 보는 것이다. 그러나 생각이 아무리 올바르다 해도 그것과 상식 사이에 괴리가 있으면 올바른 생각쯤은 아무짝에 쓸모가 없어진다. 필요한 것은 두 학파 간의 대화가 아니라 각 학파가 자신의 단점을 비판적으로 반성하려는 의지이다. 이런 접근법을 취하면 어떤 새로운 입장으로 선회하는 것보다 대화를 덜 해도 된다. 이것은 자기 비판과 이론의 참신함을 위해 대화를 피하는 것이다. 자신의 단점을 반성하는 이 접근법의 출발점은 두 학파의 공통점을 찾는 것이다. 공통점들은 두 학파가 각기 다른 입장을 취하게 만드는 편협한 교육가정에서 벗어나지 못하게 하는 요인이기도 하다.

두 학파의 공통점은 학교 교육의 기능을 도외시한 점, 이론적 모델과 이론적 갈등의 중요성을 부정하는 입장에 대한 암묵적 동의, 학습 활동의 출발점인 학생의 문화자본에 대한 경시 등이다. 게다가 학교 교육의 잠재적 기능이 공식적 교육과정의 목표에 영향을 미치는데도, 두 입장 모두 학교 교육의 잠재적 기능을 전혀 포착하지 못했다.[5] 그러므로 인본주의 목표나 행동주의 목표 중 한 입장을 취한 교육자들은 이론적 어려움을 겪을 수밖에 없다.

위의 공통점들을 아래에서 간략히 살펴볼 작정이다. 중요한 것은 이런 공통점이 빚어낸 문제들 때문에 공통점을 분석한다는 점이며, 교사들이 교육과정 목표를 개발하고 실행할 때 한층 포괄적이고 유연한 모델과 언어를 구성할 수 있도록 도우려는 방향에서 공통점을 분석한다는 점이다.

학생들에게 주어진 교육과정의 개념틀을 읽고 쓰고 이해하는 방법을 가르치는 일을 기술적인 과업쯤으로 생각하는 교사들이 지금까지는 비일비재했다.[6] 여기서 '기술적'이라는 개념은 '정밀 과학'에 적용되는 개념 정의를 말한다. 기술적이라는 개념은 합리성의 한 형태이며, 이 합리성의 주요 관심은 확실성과 기술적 통제를 더 높이는 모델에 있다. 기술적이라는 것은 효과성과 방법적 기법을 강조하고, 대신 목적과 같은 중요한 문제는 무시해버린다. 이를테면 우리가 지금 하고 있는 이 일을 왜 하는가, 왜 이 지식을 학습해야 하는가, 교실에서 지식을 전달할 때 왜 이런 교육 유형을 활용하는가, 왜 이런 식의 평가인가와 같은 문제들을 무시하는 것이다.

행동주의자들이 대체로 목적의 문제를 회피한다면, 인본주의자들은 교실장면의 직접성에만 목적을 둘 뿐 '학생들이 주어진 것을 넘어서도록 돕는 일, 일상 경험을 넘어서도록 돕는 일'에는 도통 관심이 없다.[7]

인본주의자도 행동주의자도 사회적 구성물로서 지식과 교실상호작용의 규범적 측면 간의 관계를 이해하고 그 관계에 관해 대화하는 걸 가로막는 장애물에 대해 적절히 해명하지 못했다. 이런 상황에서, 그 지식과 교실지식을 정당화하는 사회적 구성범주 간의 관계 문제는 무시되어왔다. 영은 이 문제를 거론하면서, 미국 교육자들은 "대중적으로 쓰이는 의미(意味)에 교육체제가 어떻게 영향을 미치는가 혹은 최근의 문화 개념이 학교의 지식조직에 어떤 결과를 가져오는가 하는 측면에서 교육 내용을 거의 생각지 않는다"[8]고 진술해왔다. 결과적으로 능력을 선별하고 유지하고 전달하기 위한 사회적 메커니즘으로서 학교의 역할은 감춰지게 되었다. 이때 능력이란 고도로 이데올로기적이고 가치지향적인 것이다.

학교에서 학생에게 전달되는 지식은 많은 지식 가운데서 선별된 것에 불과하다. 이런 지식의 문제를 인본주의와 행동주의는 간과했다. 애플은 다음과 같이 주장한다.

우리는 '어떻게 하면 학생들이 더 많은 지식을 습득하도록 할 것인가'(효율성을 중시하는 장에서는 이 문제가 중요하다)만이 아니라, '어떻게 그리고 왜 특정한 집단문화가 학교에서 객관적이고 사실적인 지식으로 전달되는지'를 비판적으로 검토해야 한다. *구체적으로,* '공식적인 지식이 지배세력의 이데올로기적 형상을 어떻게 재현하는가', '학교는 제한적이고 부분적인 앎의 표준을 어떻게 의심할 여지가 없는 진리로 정당화하는가' 하는 문제들은 적어도 학교 생활의 세 영역에서 답해야 한다. 첫째, 학교의 기본적인 일상 규칙들이 어떻게 지배이데올로기(를 학생들이 학습하는 데)에 복무하는가? 둘째, 교육과정의 특정 지식이 지배이데올로기 형상을 어떻게 재현하는가? 셋째, 이런 이데올로기는 교사들이 자기 활동을 정하고, 이끌고, 그 활동에 의미를 부여하기 위해 스스로 선택한 근본적인 관점에 어떻게 반영되는가?[9)

인본주의와 행동주의는 목표를 가르치는 것을 이를테면 '심오한 주체성'이나 내용에 관한 관심으로 축소해버렸다. 그렇기 때문에 '감정은 더 많이 사고는 더 적게' 식의 증상이나 '더 많은 학습과 고통'을 피하면서도, 교실 사회관계와 내용을 결합하는 교육과정 목표를 개발하기 위한 적절한 이론 모델을 찾아내지 못하게 되었다.('심오한 주체성', '감정은 더 많이 사고는 더 적게'는 인본주의의 특징을 말하고, 내용에 대한 관심, '더 많은 학습과 고통'은 행동주의의 특징을 말한다.—옮긴이)

인본주의도 행동주의도 이론의 중요성, 특히 이론과 사실의 관계를 강조하는 교육과정 목표를 개발하는 데 관심이 없었다. 이론과 사실의 관계는 여러 가지 이유로 학생들이 이해해야 하는 중요한 것이다. 이론이 인간과 객관적인 사회 현실을 중재하는 개념 틀을 반영함은 틀림없다. 더욱 중요한 것은, 이론적 틀이 의식적이건 아니건 일종의 여과기 노릇을 한다는 점이다. 이 여과기를 통해 사람들은 정보를 얻고, 사실을 선별하고, 사회 현실을 연구하고, 문제를 정의하며, 심지어는 이런 문제에 대한 잠정적인 해결책을 개발하게 된다. 간단히 말해 이론은 학생, 교사, 그 밖의 교육자들이 자신이 무엇을 알고 있는지 깨닫게 해준다.

이론은 세계를 형성하고 있는 사실들을 사람들이 선별하는 구조 그 이상이라는 점이 지금까지는 그리 명백하게 밝혀지지 않았다. 현실은 '무엇이 역사이고 사회인지'에 대한 암묵적인 가정을 포함하며, 이론은 이러한 현실을 재생산하는 데 결정적 역할을 한다.[10] 이 입장은 이론이 사실들을 선별하는 건 물론이요 창조하는 책임까지도 맡고 있으며, 이런 사실들을 구성하는 이데올로기적 가정들이 너무나 허약하다는 게 자주 문제가 된다고 본다. 일반적으로, 이론은 거의 모든 사고 단계에서 무척 중요하다. 왜냐하면 이론은 우리들이 자료를 배치하고 선별하도록 도와줄 뿐 아니라, 자료 자체를 의심하는 개념 도구를 제공하기 때문이다. 이론 틀이나 사실이 이른바 지식과 불가분의 관계임을 학생들이 배운다고 해보자. 그럼 그 첫 번째 단계는 학생들이 스스로 이론 틀을 평가하도록 돕는 일과 명쾌한 분류, 설명, 일반화를 사용해 정보를 신비적이고 제한적으로 취급하는 것을 뛰어넘도록 돕는 일이다. 여기서 중요한 것은 이때 학생들에게 지식은 '사실에 대한 중립적 설명' 그 이상으로 인식된다는 점이다.[11]

상이한 이론 모델에서는 지식을 정의하는 방식도 다른 법이다. 그렇다면 확실히 지식은 사고의 끝이 아니라 학생과 교사 사이를 중재하는 것이다. 중재자로서 지식은 의심의 대상이 되어야 하고, 그래서 탐구 대상으로 다루어져야 한다. 그렇다고 모든 지식과 이론 모델이 동일한 가치를 지닌다는 의미는 아니다. 동일하다고 보는 생각은 많은 인본주의 목표 학파들이 빠져드는 함정이다.[12] 학생들이 사실과 가치의 유관성을 이해하도록 교육하는 목표가 개발되면, 현실관을 구성하고 해석하기 위해 어떻게 정보를 선별·정비·계열화하는지가 자명해진다. 다른 말로 이론과 사실의 관계가 인지적 조작, 즉 이데올로기와 가치가 제거된 기술적 과제 이상으로 인식되어야 할 것이다. 이론과 사실의 관계는 이데올로기적 과정으로서, 이 과정의 핵심은 자신의 신념과 가치체제가 자신의 세계를 형성하는 데 어떻게 사용되는가 하는 문제이다.

인본주의 목표 학파와 행동주의 목표 학파 둘 다 문화자본에 대해서는 생각이 같다. 문화자본은 학생들이 학교에 가져오는 다양한 인지적, 언어적, 기질적 속성을 말한다. 인본주의도 행동주의도 교실 목표와 문화자본의 관계를 중요하게 여기지 않았다. 부르디외와 번스타인의 최근 연구에 따르면, 교실에서 진보적 사회관계를 맺게 하는 데 의사소통 통로를 개방하는 것만큼 중요한 것이 없다. 개방적 의사소통 통로는 학생들이 자신의 일상 경험에 의미를 부여하는 언어적·문화적 자본을 끌어내 사용할 수 있도록 해 준다.[13] '학생은 문화적 비문해자'라는 암묵적 메시지가 담긴 교실 언어·신념·가치를 학생들이 따를 수밖에 없을 때 학생들은 비판적 사고에 대해서도, 프레이리가 말한 '침묵의 문화'[14]에 대해서도 배우지 못하게 된다.

교육과정 목표 개발에 대한 새로운 접근법은 인본주의 목표와 행동주의 목표의 한계를 뛰어넘어야 한다. 이 과제의 출발점은 교육적 지식을 이데올로기적 연구 대상으로 보는 것이다. 즉 교육과정 설계의 내용, 실행, 평가에 담긴 이른바 공통 가정을 문제로 제기하는 것이다. 이는 사회적으로 구성된 지식과 교실학습 간의 관계를 설명하는 목표를 개발하고 분류하는 데 새 용어를 사용할 것을 제안한다. 교육과정 목표를 개발하려는 모델은 이른바 거시적 목표와 미시적 목표라는 두 가지 개념 틀로 짜여져 있다. 아래에서는 이 개념들을 정의하고 설명한 후, 학교 교육의 잠재적 기능에 관해 논평할 것이다. 이 잠재적 기능은 인본주의자와 행동주의자가 각자의 한계를 넘어서지 못하게 지금까지 훼방놓았던 중요한 공통점이다.

거시적 목표들은 교육과정의 방법·내용·구조와 이 교육과정이 사회에서 갖는 의미, 이 둘을 학생들이 연관짓도록 도와주는 이론적 받침대 구실을 한다. 사실, 거시적 목표는 학생의 인지적·비인지적 교실 경험과 교실 밖 생활을 중재하는 역할을 한다. 거시적 목표를 활용하여, 학생들은 자신이 복무하게끔 되어 있거나 복무하고 있는 목표와 결부하여 교육과정 내용, 가치, 규범을 분석할수 있어야 한다. 대체로 거시적 목표들은 지향적 지식(directive knowledge)과 생산적 지식(productive knowledge)의 분리, 잠재적 교육과정의 명료화, 학생들의 비판적·정치적 의식 개발 등을 포함한다.

일반적으로 거시적 목표들은 전통적인 교육과정 목표들을 대변한다. 거시적 목표들은 보통 그들이 복무하게 되는 교육과정의 독특성으로 인해 그 목표의 특수성과 편협성을 가지고 있다. 달리 말해, 거시적 목표들은 부과된 개념들로 구성되는데, 그 부과된 개념들이 주어진 주제의 핵심을 이루며 그 주제의 탐구 경로를 결정하는 역할을 한다.

다양하게 변주되기는 하지만, 대체로 대다수 교육과정들은 다음과 같은 거시적 목표들을 포함하기 마련이다. 선별된 지식의 획득, 특정 학습 기술의 개발, 특정 탐구기술의 개발이 그것이다. 거시적 목표의 장점과 약점을 분석한 교육자들은 여러 명 있다. 이 분석에서 문제가 되는 건 특정 목표의 타당성이 아니라 좁은 미시적 목표와 넓은 거시적 목표 사이의 관계이다. 결론적으로 말해 미시적 목표보다는 거시적 목표가 이 분석을 제대로 도와줄 수 있다.

거시적 목표와 미시적 목표 간의 관계가 중요한 까닭은 기존 사회의 역동성에 발 담그고 있는 규범, 가치들, 구조적 관계가 교육과정 목표와 어떤 관계를 맺는지 학생들에게 설명해줘야 할 필요성을 지적해주기 때문이다. 거시적 목표는 교실 밖의 사회정치적 구조와 관련해서 미시적 목표들의 의미와 중요성을 조명하는 데 매개 개념으로 작용한다. 간략히 말해 거시적 목표들은 주어진 교육과정은 물론 사회에도 적용되기 때문에, 학생들이 미시적 목표의 목적과 가치를 문제삼을 수 있게 하는 패러다임을 제공할 수 있다. 이렇게 중요한 거시적 목표는 학생들이 지향적 지식 개념과 생산적 지식 개념을 구분하는 데 매우 중요하다.

생산적 지식은 주로 수단에 관심이 있다. 생산적 지식의 적용은 재화와 용역의 재생산에 있다. 그래서 생산적 지식은 기술공학과 과학에서 새로운 방법을 발명한다는 의미에서 도구적이다.

지향적 지식은 생산적 지식이 대답할 수 없는 질문에 대답하도록 설계된 탐구 양식이다. 즉 지향적 지식은 수단과 목적 간의 관계에 대한 사색적 질문에 관심 있다. 지향적 지식은 학생 스스로 배우는 목적에 대해 문제제기하는 철학적 탐구 양식이다. 지향적 지식은 현재 사용중인 생산적 지식에 대해 의문을 제기하는 것이다. 지향적 지식은 '어떤 목적을 위하여'라고 질문하기 때문에 삶의 질을 높이는 중요한 문제를 공식화한다.

거시적 목표들은 매우 중요하다. 지식이 단지 자료를 조직·분류·처리할 뿐이라면, 우리는 그 지식의 목적을 문제제기하지 않아도 되고, 그 지식은 다른 누군가가 설정한 목적에 복무만 하게 될 것이다. 이런 상황에서 교사와 학생은 지식을 비판적으로 검증할 기회를 얻지 못하게 되고, 사회적·정치적 순응은 '환영할 만한' 교육으로 가면을 뒤집어쓰게 된다. 학생들은 지식의 사회정치성이 중요함을 알아야만, 생산적 관점과 지향적 관점을 구분할 수 있는 통찰력을 갖고서 지식에 접근하는 방법을 배울 수 있다. 이 관점은 교육과정 내용에만 적용되는 것이 아니라 교육과정의 방법론과 구조에도 적용된다. 사회학자 막스 호르크하이머는 "목적의 문제를 외면하는 방법론으로는 지식의 본질이 밝혀지지 않는다"고 지적해 이 관점의 중요성을 다시 한번 강조했다.[15]

호르크하이머는 물론 플라톤에서 그람시에 이르기까지 철학자들은 학교 안에서건 밖에서건 학생들이 배운 것의 의미를 따져보게 하는 일관성, 논리, 지향의식을 학생들에게 제공함으로써 지식이 해방적 역할을 맡아야 한다고 주장했다. 학생들은 지향적 지식과 생산적 지식을 분류함으로써 지식이 사회적 기능을 지니고 있음을 알게 될 것이다. 지식의 사회적 기능은 주어진 인문교과를 숙달하려는 목적을 넘어 지식을 확장하는 것이다. 그 결과, 학생들은 지식과 사회적 행동 간의 상호관계를 알게 된다. 프롬은 지식과 사회적 행동 간의 상호작용을 이렇게 말한다.

관심과 지식 간의 상호관계는 이론과 실천 간의 상호관계의 측면에서 자주 표현되어왔으며, 이는 바람직하다. 마르크스가 지적했듯이, 사람들은 세계를 해석만 할 것이 아니라 직접 바꾸어야 한다. 바꾸려 하지 않으면서 해석만 하는 것은 공허하다. 해석 없이 변화만 꾀한다면 맹목적이다. 해석과 변화, 이론과 실천은 둘로 나뉘어진 요소가 아니라 결합되어 있다. 지식은 실천을 통해 풍부해지고 실천은 지식의 안내를 받는 식으로 둘은 결합되어 있다. 즉 이론과 실천이 분리되지 않아야 자신의 성격을 바꿀 수 있다.[16)

프롬의 글을 진지하게 받아들이면, 교육적 의미에서 지식에 대한 관심이 살아 있을 때는 오로지 마음속에 분명한 목적을 갖고서 그 지식을 검토할 때뿐이다. 결정적인 것은 아니지만, 이 입장은 학생들이 수단과 목적 사이의 복잡한 상호작용과 사회적 긴장을 분석할 수 있게 돕는 목표를 교육자들이 개발해야 한다는 것을 분명히 한다는 점에서 중요하다. 이 분석은 학생들이 행동의 문제에 부딪혔을 때 '이 행동의 도덕적 정당성이 뭐지?' 라고 자문함으로써 자기 삶에 접근하도록 해줄 것이다. 지향적-생산적 관점은 이런 문제들에 접근할 수 있도록 해준다.

거시적 목표는 전통적인 잠재적 교육과정을 명시화하는 것 역시 중요한 문제로 삼는다. 잠재적 교육과정은 주어진 교실의 잠재적 구조를 통해 학생들에게 말로 하지는 않았지만 암묵적으로 전달되고 있는 규범, 가치, 신념들을 일컫는다. 많은 연구들은 학생들이 공식적인 교육과정을 통해서보다는 오히려 교실과 그 외 학교장면의 잠재적인 사회관계 패턴, 즉 잠재적 교육과정을 통해 더 많은 것을 배운다고 역설한다.[17] 게다가 잠재적 교육과정의 목적은 공식적 교육과정에서 진술한 목적과 상반된다. 그리고 잠재적 교육과정은 효과적 학습을 도와주기는커녕 망쳐놓기 일쑤다. 이런 상황 아래서는 비판적 사고의 개발과 생산적 사회관계가 아니라 복종, 순종, 훈육이 중요한 학교 경험이 되어버린다.[18]

이런 잠재적 교육과정을 완전히 제거할 수 없다면, 학생들이 수용적 존재가 아니라 교실에서 적극적 주체가 되게 하는 교육방법과 내용을 개발하는 데 유리한 조건을 창출할 수 있는 형태로 잠재적 교육과정의 구조적 특성을 정의해야 하고, 또 그렇게 바꾸어야 한다. 학생과 교사 모두 잠재적 교육과정이 전통적으로 작동되고 있을 때 그것을 간파함으로써 잠재적 교육과정의 구성 요소와 효과를 이해하게 될 것이며, 잠재적 교육과정에 대한 새로운 통찰력을 갖게 될 것이다. 잠재적 교육과정이 분명해지면, 학생과 교사들은 잠재적 교육과정의 부작용을 알고 바꾸는 데 더욱 예민하게 반응하게 될 것이고, 잠재적 교육규범과 가치가 적응보다는 학습을 향상시키는 형태로 작용할 수 있는 새로운 구조, 방법, 사회관계를 만들 수 있게 될 것이다.

끝으로 거시적 목표는 학생들이 비판적·정치적 의식을 개발하도록 돕는 데 중요하다. 이 입장은 고대 그리스 작품에서도 찾아볼 수 있을 정도로 그 역사가 오래되었다. 고대 그리스인들에게, 교육 체제의 궁극적 시험은 교육이 양산한 학생들의 도덕적·정치적 자질이었다. 그리스의 정치 개념과 교육 개념을 다루었던 이글리친은 "그리스의 정치적 사고 개념에는 교육, 덕, 정치참여의 개념들이 긴밀히 결합되어 있다. 그래서 그리스에서 교육이란 성숙한 시민참여의 즐거움과 책임감을 다 포함한다"[19]고 했다. 학생들에게 비판적 정치적 의식을 계속 이어나가게 하는 거시적 목표의 개발은 칸트의 생각에 많은 부분 기대고 있다. 그는 청년이 "인간의 현재가 아니라 더 나은 미래, 바로 인간성 실현이라는 이상을 위해 교육 받아야한다"고 주장했다.[20] 칸트가 말한 정치적 의미를 명료하게 해보자. 이 목표는 글자 그대로 정치적 내용을 강조하는 것이 아니라 학생들이 개인의 삶을 넘어 사회의 정치적·사회적·경제적 토대를 이해하도록 만드는 방법론을 제공해야 한다는 것이다. 이런 의미에서 정치적이란 그 사회에 적극 참여하기 위한 인지적·지성적 도구를 갖는다는 뜻이다.

이런 거시적 목표의 접근법은 학생들에게 *참조체제*(frame of reference) 개념의 의미와 중요성을 가르쳐준다. 모든 이들이 의식적이건 무의식적이건 참조체제를 가지고 있음을 알게 되면, 학생들은 자신의 경험을 순서 매기고 자기 관점의 사회적 근거를 깨닫게 하는 이론적 틀을 개발할 기회를 가질 수 있다. 저명한 유고슬라비아 철학자 마르코치는 참조체제, 즉 세계관의 개발과 비판적·정치적 의식의 성장을 직접 연관지었다.

세계관은 사람들이 무의식적으로 행하는 습관을 의식적 차원으로 끌어올리도록 돕는 것이다. 세계관이 우리 자신과 우리의 행동에 대한 우리의 지식을 늘려준다는 이론이 타당하다면, 세계관은 우리 자신의 권력을 통제하고, 그 권력을 비판적이고 합리적으로 반성하고, 장차 우리의 행동 방식을 향상시켜줄 것이다. 우리 활동이 어떤 목적에 맞게 잘 조직되어 있고 방향지워져 있을 때는 우리가 규칙을 따르는 것이 옳다고 해보자. 그렇다면 그 규칙을 무시하는 것은 소외의 구체적인 형태이다.[21)

학생들이 자신의 참조체제를 자각하는 것은 매우 중요하다. 특히 참조체제가 학생들이 개인적인 것과 사회적인 것을 결합할 수 있게 이끄는 추론적 방법으로 구성될 때, 그 중요성은 더욱 큰 의미를 갖게 된다. 다른 말로, 참조체제는 학생들이 사고와 행동의 사회적·정치적 성격을 인지하도록 도와주는 인식론이 되어야 한다. 이 입장의 이면에는, 지식을 담고 있는 지식의 관계망을 검증해야 지식을 제대로 연구할 수 있다는 가정이 숨어 있다. 이 입장은 가치와 사실의 관계를 강조하는 방법론을 사용하며, 지식에 의미를 부여하는 망이나 관계, 즉 지식의 인과관계를 이해함으로써 지식을 인식하는 것으로 나타난다.

학생들이 정치의식을 개발하려면, 학생들에게 학교 교육이 정치적 과정이라는 사실을 분명히 밝혀야 한다. 학교 교육이 정치적 과정인 까닭은 학교 교육이 정치적 메시지를 포함하거나 경우에 따라서 정치적 주제를 다루기 때문이기도 하지만, 추상화될 수 없는 복잡한 사회정치적 관계 속에서 학교 교육이 만들어지며 자리잡고 있기 때문이다. 따라서 학생들은 학교 교육과정의 정치적 성격을 이해할 기회를 제공받아야 한다. 또한 학생들이 학교를 떠나 사회에 입문할 때 비판과 분석을 잘 적용할 수 있도록 미시—거시적 모델로서 학교 교육을 활용할 기회도 제공받아야 한다. 여기서 거시적 목표는 학생들이 교실의 다양한 사회적 상호작용과 분석적이고 반성적 사고를 결합하려는 요구를 가질 수 있도록 이끌어야 한다. 이런 목적에 대한 듀이의 생각을 반영하여 콜버그는 "교실 자체는 소우주에서 사회정치적 과정이 일어나는 장으로 보아야 한다"[22]고 주장했다.

결론적으로, 거시적 목표는 분류 도식을 제공함으로써 학생과 교사들이 주어진 교과나 과정에 얽매이는 학습 개념을 뛰어넘도록 한다. 보다 중요한 점은 거시—미시적 목표의 특징은 교육자들이 지배문화의 사회정치적 세력과 학생의 교실 경험 간의 관계를 탐색하기 위해 다양한 목표를 활용할 수 있도록 해준다는 것이다. 예를 들어, 거시—미시 모델은 행동주의적 입장에 반대하는 교사들이 거시적 목표로는 다른 목표를 사용하면서도 미시적 목표로는 행동주의 목표를 채택해 쓸 수 있게 해준다. 이런 유연한 접근법은 각기 다른 교육 목표의 효과를 쉽게 평가할 수 있게 해주며, 어떤 교육과정 설계라도 사회적으로 구성된 규범과 가치를 특정 학습 유형과 결합하는 접근법에서 나온 것임을 보여준다. 교육자들은 현재 교육 목표 운동의 특징이 되어버린 이론적 정신분열증을 넘어서야 한다. 그런 다음 비로소 교육자들은 학생들에게 학교 학습과 일상 경험 간의 상호작용에 배인 정치적 다양성과 사회적 복잡성을 밝혀주는 교육 경험을 장려하는 교육과정 목표 개발에 한 걸음 다가갈 수 있을 것이다.

2부

문해, 글쓰기
그리고 목소리의 정치학

글쓰기 교육, 발상을 바꾸어라

인간은 상당히 많은 일을 할 수 있다. 인간은 날 수도 있고, 살인을 할 수도 있다. 하지만 한 가지 흠이 있다. 바로 사고할 수 있다는 점이다.
                                                        ― 베르톨트 브레히트

소설가 저지 코진스키는 전국 영어교사위원회에서 글쓰기에 관해 연설하면서, 학생들은 "말을 잘 하지 못한다. 자기가 읽은 것을 표현하지도, 자신의 감정을 표현하지도 못한다"고 단정했다. 코진스키는 미국의 지배적인 문화가 개인의 의식과 사고활동을 무감각하게 만든다는 자신의 입장을 상세하게 밝혔다. 코진스키의 비난에는 글쓰기와 사고활동 간에 관계가 있다는 가정이 담겨 있다. 빈곤한 글쓰기는 빈곤한 사고를 반영하며, 교사들이 글쓰기에서 단순히 '실수'로 생각하는 것도 따지고 보면 사고활동 자체의 실수를 반영한다는 것이다.

이 장에서는 글쓰기 교육과 비판적 사고활동 교육에 대한 전통적인 이론을 검증하고자 한다. 또 글쓰기 교육과 비판적 사고활동 교육이 변증법적으로 연결되어 있음을 보여주고, 글쓰기 교육이 학생들이 사회교과의 주어진 주제를 학습하고 비판적으로 사고하도록 이끄는 데 어떻게 이용되는지 설명하려 한다.

글쓰기에 대한 전통적 접근법들

지난 몇 십 년 동안의 역사를 보면 전통적인 글쓰기 교육법이 적용되지 않았음을 알 수 있다.[1] 이런 실패는 부분적으로 반 노스트랜드가 지목한 일천한 수준의 글쓰기 기법과 관계가 깊다. 반 노스트랜드를 비롯해 많은 사람들이 지적했다시피 전통적인 글쓰기 수업에는 유력하지만 잘못된 가정, 즉 글쓰기 교육을 절차적이고 협소하고 기술적인 행위쯤으로 보는 가정이 맹위를 떨치고 있다.[2]

그 중 하나는 영어 교사만이 글쓰기를 가르칠 수 있다는 것이다. 이런 생각은 모든 교육 수준에서 글쓰기 수업이 영어 교과목에서만 하거나 영어 교사가 주로 가르쳐온 데서 비롯된다. 더구나 영어 분야 사람들이 글쓰기 수업에 대한 연구와 출판물 대부분을 거의 독점하다시피 하고 있다. 영어 교사의 글쓰기 교육 독점에는 다음과 같은 가정이 들어 있다. 첫째, 글쓰기 교육에 대해 이미 많은 부분이 잘 알려져 있다. 둘째, 영어 교사들은 연수를 받았기 때문에 글쓰기를 가르칠 특권이 있다. 셋째, 글쓰기 수업은 다른 주제의 학습과 별 관계가 없는 기술이다.

이 모든 가정은 마땅히 의심해봐야 되는 것이지만, 글쓰기의 일반적 측면과 구체적 측면을 정확히 이해하고서 이런 가정들에 도전하고 이 가정을 밀어내기 시작한 건 아주 최근의 일이다. 더구나 글쓰기에 대한 수정주의적 개념이 그에 걸맞는 학습 전략들과 결합된 지는 단지 십 년밖에 되지 않았다.[3] 그러나 글쓰기 수업에 대한 새로운 접근법을 정의하기 앞서, 나는 글쓰기에 대한 몇 가지 전통적 생각부터 설명하려 한다. 이를 위해 세 학파에 대해 알아보겠다. 이 학파들은 글쓰기의 성격과 교육에 대한 잘못된 개념을 축적하고 재생산해왔다.

현재 글쓰기 교육을 쥐락펴락하는 주요한 세 학파를 나는 기술중시 학파(technocratic school), 모방중시 학파(mimetic school), 낭만중시 학파(romantic school)라고 하겠다. 새롭고 진보적인 글쓰기 접근법에 따라 수업하는 다른 학파들도 일부 있지만, 그 수가 거의 없고 또한 글쓰기 분야의 특성을 바꿀 정도는 못된다. 더욱이 이 세 학파는 확정적·이론적 입장이라기보다는 하나의 추세에 지나지 않는다.

기술중시 학파는 세 학파 가운데 가장 위세가 높고 잘 알려져 있다. 이 학파의 접근법은 순전히 형식주의적이고, 글을 쓸 때 해야 할 것과 하지 말아야 할 것에 대한 권고, 즉 규칙을 엄격히 강조하는 특징이 있다. 이 경우 글쓰기는 재능이다. 즉 문법의 강조에서 시작해 문장 구조의 일치와 전개를 강조하는 걸로 끝마치는 기법의 문제로 본다. 기술중시 접근법을 인도하는 유일하지만 가장 중요한 이론적 가정은 글쓰기가 사람이 만든 가공물, 즉 단순한 문법

기호에서부터 복잡한 문장구조까지 일련의 기능을 학습하는 것이라고 본다. 이 학파의 옹호자들은 전통적 영어 문법과 작문 교재의 엄격한 사용자에서부터 수많은 변형문법 교재의 '전위적' 옹호자까지 상당히 넓게 퍼져 있다.

기술적 접근법에서는 비고츠키가 말한 내면의 소리(inner speech)와 다듬어진 글말(elaborated written speech) 간의 관계를 학생들이 알 수 있게 해주는 개념 틀에서 글쓰기 교육을 보지 못한다는 점이 중요하다.[4] 그 관계는 학생들이 내면화한 주관적 인식과 그들의 청자를 위해 경험들을 객관화하는 것을 연관짓는 것이다. 요컨대 글쓰기가 지식을 생성하는 구조적 매개자이자 논리적 사고를 구성하는 수단인데도 기술중시 학파는 글쓰기의 이 중요한 차원을 알지 못했다. 기술중시 학파는 글쓰기가 하나의 과정임을, 다시 말해 독자와 주제와 작가 사이의 복잡한 관계를 시험하는 중요한 학습 양식임을 미처 알지 못한 것이다. 결론적으로 의식을 구조화하는 프락시스(praxis)인 글쓰기를 단지 기술기능으로만 보면서, 글쓰기를 내용과 사상과 규범적 토대와는 분리된 단순하고 조악한 도구로 치부해버렸다.

다행히도, 지난 몇 년 동안 생산된 많은 연구물들은 '공식적인 문법을 가르치는 것이 글쓰기 향상에 보탬이 되기는커녕 부정적 효과를 낸다'고 꼬집었다.[5] 하지만 교육에서 근본으로 돌아가자는 운동이 성장하면서 기술중시 학파의 인기는 여전히 높다. 더욱 실망스러운 건, 글쓰기와 사고활동의 관계를 그럴싸하게 설명하는 글쓰기 수업자료조차도 대부분 "직접 사고하는 것이 아니라 사고해놓은 것을 정돈하고 베끼는 것에 대한 것을 담고 있을 뿐이다."[6]

모방중시 학파도 글쓰기 과정과 글쓰기 교육에 대해 기술중시 학파와는 상당히 다르지만 역시 잘못된 관점을 가지고 있다. 모방중시 학파의 지지자들은 문법과 문장을 가르치는 기본부터 시작하기보다 학생들이 처음부터 플라톤에서 노먼 밀러까지 '훌륭한' 저자의 작품을 읽게 하는 가장 높은 수준에서 글쓰기 교육을 시작한다. 이 학파는 학생들이 훌륭한 글쓰기 모델인 독서를 통해 글쓰기 방법을 배우도록 촉구한다. 불행히도, 모방중시 학파는 이런 접근법이 글쓰기에 어떻게 작용하는지 설명하지 못하고 있다. 이 학파는 '삼투'의 원리에 따른다. 그래서 학생들이 헤밍웨이, 비달, 그밖의 저자들의 작품을 충분히 읽으면 동화(同化)되어 글쓰기 방법을 배우게 된다고 주장한다.

뉴욕 시립대학의 대학원에서 열린 글쓰기교수협의회에서 수잔 손택과 그레이는 모방적 글쓰기의 가치를 거듭 주장했다. 손택은 학생들이 글을 쓰기 전에 사고하는 방법부터 배워야 한다고 주장했다. 손택이 보기에 사고하는 방법과 글쓰기 방법, 둘 다를 학습하는 한 가지 길은 훌륭한 작가를 모방하는 것이다. 훌륭한 작가의 작품을 "한 단락이나 한 쪽 정도의 적은 분량으로 나누어서 학생들이 그 작가들을 모방"하도록 해야 한다는 것이다.[7]

그레이는 손택의 주장, 학생들에게 "오웰, 에이지, 월트 휘트먼의 산문을 자주 읽게 해주라"는 주장을 되풀이했다.[8] 이 접근법은 학생들이 위대한 문학작품에 익숙해지도록 하지만, 글쓰기 기법으로서 가치는 매우 적다. 최근 몇 년 동안 다른 학문분야 전공 학생

들도 글쓰기 능력이 감소되었지만, 영문학 전공자들의 글쓰기 능력 역시 눈에 띄게 감소했다.[9]

손택을 비롯해 많은 사람들이 사고활동과 글쓰기의 관계를 검토했지만, 사고활동을 많이 한다고 글쓰기가 느는 인과 관계가 성립하는 것은 아니다. 평판이 좋은 작가들의 작품을 읽는다고 더 나은 사고를 할 수 있다거나 글을 더 잘 쓸 수 있다고 보장할 수는 없다. 그런데도 모방중시 접근법은 좋은 작가와 나쁜 작가가 있고, 적절한 조건이 주어지면 좋은 작가들이 많이 생겨날 것이라는 다소 인과적 주장으로 최근의 입장을 더욱 강화하고 있다. 대중적인 의미에서, 이 접근법은 "일부 사람들은 그것을 가지고 있고 일부 사람들은 그렇지 않다"고 하는 칼뱅주의 생각으로 번역된다. 물론 이 입장은 아주 교묘하게 글쓰기 교육의 필요성을 부정하는 것이다. 이 경우 글쓰기는 교육이 아니라 생물학에 의존한다. 교사들은 글쓰기를 가르칠 필요가 없고 다만 학생들에게 글 쓸 거리를 제공하면 그만이다.

낭만중시 접근법은 학생들의 '기분 좋은 감정'과 글쓰기 능력 향상이 인과관계에 있다는 가정에 따른다. 이 경우 글쓰기는 즐거운 감정을 촉매로 생겨난 산물이라고 본다. 이 학파의 옹호자로는 개인적이고 실존적인 상담전통에 뿌리를 두고 있는 칼 로저스, 에이브러햄 매슬로, 고든 알포트 등을 들 수 있다. 탈프로이드주의 집단으로 알려진 이 지지자들은 1945년 이후 초기 실존주의자들의 비관주의를 거부하고, 자아 실현을 개발·실현하는 개인 능력이 중요하다는 낙관적 신념을 강조한다. 불행히도 영국에서 탈프로이드주의 입장의 옹호자들, 가령 시드니 사이먼과 조지 뉴웰은 이 입장의 이론적 가정을 있는 그대로 받아들인다. 이를 증명하기 위해, 탈프로이드주의 입장의 중요한 가정 일부를 간략히 분석해보겠다.[10]

탈프로이드주의자들이 보기에, 개인이란 관계—이 관계는 고정되어 있지 않고 자유로이 부유(浮遊)하는 관계이고, 사람 간의 관계이다—의 땅에서 존재하며, 오로지 개인 의지의 한계와 좌절의 분출에 의해서만 자아 실현이 억제되는 존재이다. 탈프로이드주의자들은 개인간의 욕망과 이 욕망의 실현 사이를 중재하는 외부 현실을 무시한다. 마찬가지로, 이들은 성공은 단지 개인 의지의 문제가 아님을 깨닫지 못하고, 현실 세계라는 종이 장벽을 간단하게 무시해버린다. 현실에서, '성공'이란 의심, 갈등, 고민, 실수할 가능성을 만들어내는 사회정치적 세력을 구체적으로 처리할 수 있는 능력이다. 이 글의 입장은 행복과 인간 의지를 구체적인 사회역사적 환경 속에서 분석하는 이론적 관점을 통해 행복과 인간 의지를 검증하지 않으면 그 분석이 무의미하다고 본다. 인간 감성에 민감해야 한다고 해서, 당장 눈앞의 것보다 좀더 먼 거리에 있는 사회세력에 무관심해도 된다는 면죄부는 아니다. 바로 앞에 있지 않지만 사회세력이 바로 당면하는 것들, 가령 교육적 만남에서 교실과 일상의 사회관계를 결정하기 때문이다.[11]

낭만중시 학파의 기본적인 문제는 '내면의 자아'를 지나치게 강조한다는 점이다. 학생들에게 '내면의 자아'를 알 필요성을 과장하면서 자체의 법칙이 있는 글쓰기 교육의 객관적 성격을 무시하게 된다. 학생들은 '정서적' 감정을 나타내면 칭찬받는다. 하지만 즐거움을 누릴 기회를 얻은 학생들이 글쓰기 자체의 법칙을 직관적으로 알지는 못한다. 이렇게 비판한다고 해서 감정이 글쓰기의 동기로 중요하지 않다는 것은 아니다. 감정은 필요하지만, 그것만으로는 불완전하다. 학생들의 '좋은 감정'과 글을 잘 쓸 수 있는 능력이 일대일 대응한다는 주장은 신념의 비약이다. 건전한 고급 글쓰기 교육을 공부하기 위한 체계적 접근법을 '좋은 감정'이 대신할 수는 없다. 체계적인 접근법은 글을 쓸 때 어떤 일이 발생하는지 학생들이 알 수 있도록 도와준다. 개인간의 문제가 체계적인 접근법을 대신하게 되면, 개인간의 차원은 자체의 진술된 목표를 뒤집어서, '감정은 더 많이 사고는 더 적게'로 끝이 나게 된다.[12]

세 학과 모두 글쓰기의 이론과 실천에 대한 새로운 접근법을 개발하는 데 걸림돌이 되고 있다. 세 학과 모두 '글을 쓸 때 무엇이 일어나는가'라는 질문을 검토하지 못한다. 그래서 비판적이고도 합리적으로 주제를 사고하는 방법을 학생에게 가르치는 것이 가능하다고 보는 인식론이자 간학문적 과정으로서 글쓰기를 보는 관점은 매우 중요하다.

인식론으로 볼 때, 글쓰기는 도구적 기술이 아니라 변증법적 과정이다. 도구적 기술로서 글쓰기는 주장, 설명, 서사, 문법을 잘 적용하는 것과 같은 전통적인 수사학 범주에만 심혈을 기울인다. 브리튼이 지적했듯, 이런 수사학 범주는 글쓰기 과정이 어떤 것인지 제대로 설명하지 못한다.[13] 변증법적 접근법은 글쓰기 과정을 작가와 주제의 관계이자 작가와 독자의 관계, 교재와 독자의 관계로 본다. 일반적으로 변증법적 글쓰기 접근법은 학습과 의사소통 과정에 대한 광범위한 관계 속에서 글쓰기를 생각한다. 이 경우, 글쓰기 방법을 배운다는 것은 유용한 전달체제를 개발하는 방법을 배운다는 의미가 아니고, 카를로스 베이커가 말했듯이 사고하는 방법을 배운다는 의미이다.[14]

이때 글쓰기는 학습의 한 양식인 인식론이다. 좀더 정확히 말해, 글쓰기를 학습 양식으로 보는 개념은 의사소통의 일반적 개념과는 구별되어야 한다. 글을 쓸 때처럼, 말을 할 때도 우리는 그것을 말하기만 해도 말하고자 하는 바를 더 많이 배울 수 있다. 우리가 말을 할 때, 우리는 배운다. 글쓰기의 경우도 마찬가지다. 우리가 글을 쓸 때, 우리는 배운다. 이 상관관계는 명백하고 자연스러운 듯이 보인다. 그러나 이는 잘못된 것이며 틀렸다.

의사소통의 두 형식인 말하기와 글쓰기가 주어진 주제를 더 많이 배우는 것을 포함하지만, 말로 하는 의사소통을 통제하는 규칙은 글로 쓰여진 의사소통의 규칙과는 상당히 다르다. 말로 하는 의사소통의 경우 화자와 청자의 관계는 얼굴 표정, 음조, 억양 따위의 존재적 자극과 만지는 등 촉각 신호에 따라 달라진다. 더구나 듣는 사람이 헷갈리면, 말하는 사람을 제지해서 다시 명료하게 해줄 것을 부탁할 수도 있다. 글로 쓰여진 의사소통은 이런 풍부함이 없다. 작가와 독자의 관계는 작가가 중요하고 흥미로운 정보를 독자에게 제공하겠다는 약속에 의해 맺어질 뿐이다. 그리고 훌륭한 예술 작품처럼 훌륭한 글쓰기는 형식과 내용의 통합을 요구하는데, 이는 독자들의 마음을 휘어잡는 자질이다. 그런데 작가가 독자에게 한 약속과 실제로 독자에게 넘겨주는 것이 다른 경우가 자주 발생한다. 반 노스트랜드는 이 문제를 잘 진술하고 있다.

작가와 독자의 본질적 관계는 계약, 즉 작가가 일방적으로 하는 계약이다. 작가는 독자들의 관심에 대한 대가로 어떤 가치로운 것 혹은 중요한 정보를 전달하겠다는 약속을 한다. 그러나 작가는 글을 쓰면서 이 계약을 어기는 경향이 있다. 독자는 약속한 바를 기대하지만, 대신 뭔가 다른 것을 얻게 된다. 다른 것이란 잘못된 출발, 터무니없는 주장, 선례에 대한 잘못된 언급, 잘못된 단어들, 애매모호한 은유 등을 포함하여 뭔가 알기 어려운 관계를 진술하려는 작가의 시도를 증언하는 것이다. 이런 모든 것들은 작가의 정상적인 학습 과정을 보여주는 정상적 신호들이다. 그러나 독자에게 이런 신호들은 약속 받은 바로 가는 우회로이다.[15]

글쓰기 교육을 재정의할 때 에믹, 프레이리, 반 노스트랜드, 비고츠키와 같은 학자들은 글로 쓴 의사소통과 말로 하는 의사소통을 구별했다. 이 집단은 글쓰기를 기법을 습득하는 엄격한 훈련이라고 보는 생각을 버림으로써 이론적으로 박식한 전략을 개발하는 데 상당한 진전을 이루었다. 이 전략에서, 글쓰기는 주제와 세계를 중재하는 적극적 관계로 개념 정의된다. 구체적으로, 이런 관계는 학습의 형식과 내용 모두에 중요한 의미가 있으며, 특히 비판적 사고활동의 개념에 관해서 시사하는 바가 크다. 아래에서는 무엇이 비판적 사고활동을 구성하는지를 검증하여 새로운 글쓰기 접근법의 의미를 밝혀볼 것이다.

비판적 사고활동의 교육을 향해

분명히 말하건대, 나의 목적은 비판적 사고활동을 깊이 다루려는 것이 아니다. 비판적 사고활동은 다음에 다루겠다. 여기에서 나는 비판적 사고활동 교육에 좋은 출발점이 되는 몇 가지 이론적 구성요소를 제안하고자 한다. 또한 다음 절에서는 미국 역사 교육과정에서 글쓰기와 비판적 사고활동을 통합한 특정 글쓰기 모델의 적용을 보여줄 작정이다. 다음 절에서 일차적 초점은 역사학 관련 교과에 맞추지만, 여기서 사용된 잠재적인 개념들과 제안들은 다른 사회교과들의 주제에도 적용될 수 있다.

나는 먼저 사회교과들을 가르치는 것과 관련된 문제들을 일반적으로 언급하겠다. 이 문제들이 중요한 까닭은, 무엇이 일반적인 측면과 구체적인 측면에서의 비판적 사고활동을 구성하는지에 대해 교육자들이 흔히 하는 교육적 오해를 반영하고 있기 때문이다.

첫째, 학교에서 학생들이 획득하는 것의 대부분은 인간 역사와 문화의 선택적 측면이 체계적으로 노출된 것이다. 그런데도 선택된 자료들의 규범적 성격이 의심의 여지가 없는 가치중립적인 것으로 자주 설명된다. 객관성이라는 이름 아래 우리 사회교과 교육과정의 많은 부분이 지배적인 규범, 가치들, 관점을 보편화한다. 그런데 이것들도 따지고 보면 역시 사회 현실에 대한 해석적·규범적 관점을 반영한 것일 뿐이다.[16] 사회교과에 대한 이런 식의 접근법을 '순진한 생각(immaculate perception)'의 교육이라고 할 수 있다. 둘째, '순진한 생각'의 교육에서 재현하는 학습법은 지배적인 범주의 지식과 가치를 인정할 뿐 아니라 누군가의 세계관을 구조화하는 이론적이고 비변증법적인 접근을 강화한다. 학생들은 더 넓은 학습맥락에서 교육과정 지식, 즉 사실을 살피는 것을 배우지 못했다. 게다가 이론과 '사실' 간의 관계는 처음에 자주 무시된다. 그래서 이른바 '사실'의 이데올로기적이고 인식론적 성격을 탐구하기 위한 개념장치를 학생들이 개발할 엄두도 내지 못하게 한다. 끝으로, '순진한 생각'의 교육학이 창조하고 재생산하는 교실 사회관계는 대부분 학생들을 지루하게 만들고, 더 심각하게는 신비화의 기능을 한다. '순진한 생각'의 교육은 비판적인 사고를 하는 사람을 애써 만들기보다는 비판적 사고활동을 두려워하거나 아예 할 수 없는 사람을 양산해낸다.[17]

비판적 사고활동을 검토하기 앞서, 북미 학교들과 특정 사회교과들을 갉아먹는 교육 질병의 원천을 간략히 살펴보자. 사회교과 분야, 특히 중등교육 수준의 사회교과 분야가 부분적으로 비판적 사고활동을 매도하는 특성이 있다면, 결국 누가 그런 실패의 책임을 져야 하는가? 이 문제에 대한 대답은, 전적으로 교사나 학생에게만 책임을 돌리는 건 지극히 단순한 반응이라는 생각에서 시작해야 한다. 책임을 개인에게 전가하는 이 관점은 학교 교육의 본질이 사회경제적 현실, 특히 노동제도와 유관한데도 이를 무시하는 것이다. 이런 생각은 학교가 '인간의 더 나은 미래, 즉 인간화의 이상'을 위해 학생들을 교육해야 한다는 칸트주의 개념과는 무관하다.[18] 학교의 현실 임무는 학생들이 기존 사회를 수용하고 재생산하도록 사회화하는 것으로 드러나고 있다.[19] 결국 북미 교육을 휩쓴 많은 병폐에 대한 비난을 교사들이 몽땅 뒤집어써서는 안 된다. 그보다 교사들은 가르치는 활동에 대한 자신의 접근법에 어떤 상식적 가정들이 들어 있는지를 검토해봐야 한다. 이는 교사들이 자신의 교육학을 재형성하고 재구조화해야 한다는 의미이다. "위대한 진실은 비판 받기를 원하지, 우상화를 원하지 않는다"고 한 니체의 말과 같은 금언들을 따라야 한다.[20] 이는 우리를 이론과 실천의 측면에서 비판적 사고활동의 개념을 정의해야 하는 성가신 논제로 인도한다.

비판적 사고활동의 본질에 대한 전통적 견해는 진실을 비판적으로 조사하라는 니체의 요구를 옹호하지 못했다. 이는 진실이다. 사회교과에서 교재와 교육적 접근법이 현재 지배적인 규범, 신념, 태도를 객관화하기 때문이며, 또 비판적 사고활동을 정의하는 방식 때문이기도 하다. 비판적 사고활동에 대한 지배적이되 여전히 편협한 개념 정의는 응용과학의 실증주의 전통에서 나왔는데 이런 식의 정의는 내가 내적 일관성의 태도라고 말한 것 때문에 어려움에 부딪힌다.[21]

내적 일관성의 태도를 지지하는 사람들에 따르면, 비판적 사고활동은 학생들에게 형식적이고 논리적인 일관성의 관점에서 읽기와 글쓰기 과제를 분석하고 향상시키는 방법을 가르치는 것에 대해 주로 거론된다. 이런 경우, 학생은 주제의 논리적 전개, 선행조직자, 체계적 주장, 증거의 타당성, 연구중인 자료에서 결론을 내리는 방법 따위를 배우게 된다. 최근의 이 모든 학습 기술은 중요하다. 하지만 전체적으로 그 한계는 '무엇이 배제되고 있는지'에 있으며, '무엇을 놓치고 있는지'와 관련해 이 접근법의 이데올로기가 드러난다.

우리가 이른바 비판적 사고활동이라고 부르는 것의 핵심에서 놓치고 있는 중요한 두 가지 가정이 있다. 이론과 사실은 관련이 있다는 것 그리고 지식은 인간의 이해관계, 규범, 가치들과 분리될 수 없다는 것이다. 지나치게 단순화한 것처럼 보여도 이 두 가정의 맥락에서 더 나은 가정이 나올 수 있으며, 학생들에게 비판적 사고 방법을 가르치는 교육적 접근법을 위해 이론적·프로그램적 기초가 만들어져야 한다.

앨빈 굴드너는 이론과 사실 간의 관계를 인식하는 것이 중요하다고 강조한다. 이론과 사실 간의 관계는 지식의 파편적 속성에 대해 근본적인 의문을 제기한다. "(비판적 사고활동은) …… 지금까지 당연하다고 여기는 것에 문제제기하는 능력, 앞서 사용된 바에 대한 반성, 우리가 이끌어온 삶을 비판적으로 검토하는 것으로 구성된다. 이 견해에서는 합리성을 우리의 사고활동을 사고할 수 있는 능력으로 본다."[22]

교육적으로 번역하면, 비판적 사고활동은 사회교과에서 사실, 논제, 사건들이 학생들에게 의심해봐야 할 것으로 제시되어야 한다는 의미이다. 이 경우 지식은 계속적인 조사연구, 혁신, 재혁신을 요구한다. 지식은 프레이리가 주장했듯이, 사고활동의 끝이 아니라 교사와 학생을 매개하는 고리이다. 이는 전통적인 교실 사회관계와는 상당히 다른 접근법일 뿐 아니라 학생들에게 참조체제와 이론적 · 개념적 도구로서 참조체제의 활용법을 많은 시간 가르쳐야 한다고 제안한다. 비슷한 정보를 다른 참조체제를 통해 살펴보게 되면, 학생들은 지식을 문제제기적으로 취급할 수 있게 되며 그래서 그 지식을 탐구 대상으로 삼게 된다.

이론과 사실의 관계는 비판적 사고활동 교육의 또 다른 근본적인 구성 요소, 즉 사실과 가치 간의 관계를 밝히는 데 도움이 된다. 현재의 실재와 역사적 실재의 모습을 구성하기 위해 정보가 어떻게 선정 · 조직 · 계열화되는가 하는 문제는 인지적 조작 그 이상이며 사람들의 삶을 안내하는 신념과 가치들에 밀접히 관련된 과정이기도 하다. 지식을 다시 순서매기는 데는 사람들이 세계를 보는 방식에 대한 이데올로기적 가정, 즉 본질적인 것과 비본질적인 것, 중요한 것과 하찮은 것을 구별하게 만드는 이데올로기적 가정이 깔려 있다. 참조체제라는 개념은 학생들에게 인식론적 틀 이상이며, 이 개념은 또한 원리적 차원을 포함해야 한다는 것이 이 글의 입장이다. 더구나 가치와 사실을 분리하는 것은 학생들에게 목적이 분리된 수단을 취급하는 방법을 가르칠 위험이 있다.

비판적 사고활동의 주요 가정 두 가지는 이른바 정보의 맥락화를 둘러싼 절차적 문제와 관련 있다. 학생들이 주어진 사실, 개념 혹은 논제의 정당성을 질문할 수 있으려면 자신만의 참조체제를 넘어서는 방법을 배워야 한다. 학생들은 또한 자신의 참조체제에 의미를 부여하는 전체적인 관계체제 속에다 자신의 참조체제를 비판적으로 놓음으로써, 자신이 검토하는 바의 본질을 인식하는 방법을 배워야 한다. 달리 말해 학생들은 고립과 구획화된 형식이 아닌 변증법적으로 사고하는 것을 배워야 한다. 프레드릭 제임슨은 사고에 대한 비변증법적인 접근법의 한계를 지적하면서, 변증법적 사고법에 대해 제대로 설명했다. "비변증법적 전통의 반사색적 편견, 즉 그 항목들이 구체화되는 관계망은 보지 않고 개별적 사실이나 항목만을 강조하는 전통이 노리는 바가 있다. 이 전통의 추종자들이 관계를 보지 못하도록, 특히 정치적 수준에서 다른 불가피한 결론을 내리지 못하도록 해서 이 전통에 복종하도록 부추기는 것이다."[23]

정보의 맥락화뿐만 아니라 비판적 사고활동에도 관심을 갖는 교육이라면 교실 사회관계의 형식과 내용 역시 꼼꼼히 살펴보아야 한다. 비판적 사고활동의 교육이 교실의 사회관계를 무시하면 신비화와 불완전화의 위험에 노출된다. 사르트르는 지식이 실천의 일종이라는 주장으로 이런 입장을 펼쳤다.[24] 다른 말로, 지식은 지식 자체를 위해 연구되는 것이 아니라 개인과 사회 현실 간의 매개물로 이해되어야 한다. 이런 교육맥락에서, 학생들은 학습 활동의 주체가 된다. 이런 환경 아래서, 학생들은 학습의 경계를 결정하는 교실관계의 내용과 구조를 검증할 수 있어야만 한다. 여기서 중요한 점은 다음과 같다. 교육적 지식이 이데올로기적인 연구라고 한다면, '무엇이 정당한 지식인가' 라는 질문은 이런 접근을 독려하는 교실 사회관계 속에서 이뤄져야 한다는 것이다. 진보의 정도와 무관하게 어떤 비판적 사고활동의 접근법이라도 권위적이고 위계적인 동시에 수동성과 온순함과 침묵을 조장하는 교실 사회관계의 망에서 작용한다면, 비판적 사고활동의 가능성이 손상될 것이다.

교사를 전문가로, 지식의 분배자로 치켜올리는 교실의 사회관계는 학생의 상상력과 창조성을 꺾어버리게 된다. 더욱이 이런 접근법에서는 학생들의 삶을 비판적으로 검토할 필요성보다는 수동성을 정당화하는 것에 대해 훨씬 많이 가르친다.[25]

진보적인 교실 사회관계를 펼치려면, 무엇보다 학생들 개개인이 교실에 가져오는 언어와 문화자본을 활용할 수 있도록 의사소통의 통로를 개방하는 것이 중요하다. 학생들이 문화적으로 비문해 상태임을 시사하는 신념과 가치, 언어에 끌려다닌다고 치자. 그러면 학생들은 비판적 사고활동은 거의 배우지 못하고, 프레이리의 말처럼 '침묵의 문화'만 잔뜩 배우게 될 것이다.[26]

부르디외를 비롯해 몇몇 사람들은 '침묵의 문화' 교육이 갖고 있는 본질을 폭로했다. 그들은 '학생과 교사가 함께 협상하여 만들어낸 의미'와는 동떨어진 교실지식이 '특권계급의 언어를 사회화하는 특수한' 문해와 문화 형식을 학생에게 집어넣는다고 지적한다.[27]

요컨대 학생 자신의 존재 조건에 의미를 주기 위해 학생들이 스스로 지식을 활용하게 하려면, 막신 그린이 지적했듯이 교육자들은 '이론적인 것으로 도약을 시도하기' 앞서 학생들의 가치, 신념, 지식을 학습 과정의 중요한 일부로 활용해야 할 것이다.[28]

결론적으로, 글쓰기와 학습 그리고 비판적 글쓰기를 결합하는 과제는 글쓰기와 비판적 사고활동이 어우러진 교육학을 재정의해야 한다는 의미이다. 다음 절에서는 일반적 의미에서 지식을 구성하는 것, 보다 구체적으로는 역사의 의미를 구성하는 것에 대해 학생들이 비판적으로 사고하게 돕는 학습 수단으로서 글쓰기 모델이 어떻게 활용되는지 설명할 것이다.

역사-글쓰기 모델

글쓰기를 사회교과의 어떤 주제를 가르치는 학습 수단으로 삼자는 제안에 많은 사회교과 교사들은 처음에 아마 이런 반응을 보일 것이다. "글쓰기는 별개의 과목이다. 그리고 나는 가르치는 일만 해도 너무 버겁다." 글쓰기에 대한 사회교과 분야의 일반적인 태도를 감안하면 이런 반응은 당연하다. 하지만 이런 반응은 잘못된 것이다. 글쓰기는 하나의 과목을 능가하는 것이다. 글쓰기는 학습자료로 사용하는 많은 책과 교재의 저자들이 했던 일을 학생들이 직접 해보도록 해서, 그 주제를 학생에게 가르치는 과정이다. 다른 말로, 저자들이 활용한 기초적인 글쓰기나 사고활동과 동일한 과정을 학생이 습득함으로써 그 주제를 배우도록 하는 글쓰기 모델을 사회교과 교사들이 제공하는 것이다. 바로 이 점 때문에 미국 역사교육에서 역사적 사건들을 가르치기 위해 이 책이 채택한 글쓰기 모델에 대해 특히 많이 다룰 것이다.[29] 여기서 제시한 모델은 미국 역사를 가르치는 것에만 한정되지 않는다. 이 모델은 다른 사회교과 교육에도 조금씩 수정하여 얼마든지 활용할 수 있다.

건전한 역사 교육에서 핵심적인 것은 역사 글쓰기가 하나의 과정을 수반한다는 점이다. 그 과정이란 역사가는 어떤 사건의 세부사항이나 일련의 사건에 관한 원리를 정의내려야 한다는 것이다. 원인과 결과란 측면에서 관계의 원리가 만들어지면, 그 역사가는 선택을 하기 시작한다. 이 선택들에는 증거 선택, 통합적 증거의 확증, 그 확증들을 계열로 제시하기 따위가 포함된다. 이 과정은 그 역사가가 인식한 사건들 간의 관계를 명확히 보여준다. 그래서 많은 정보들 가운데서의 선택이 이른바 역사의 기록이 된다. 이 과정은 역사 자체의 의미를 생성한다. 그래서 역사에 대한 글쓰기는 역사를 이해하는 비판적 능력을 낳는다. 이는 초보 전문역사가를 위한 건전한 학습 원리이며, 역사에 대한 자신의 견해를 어떻게 쓰고, 배우고, 재구조화하는지 학생들에게 가르치기 위한 교육적 근거를 제공한다.

글쓰기와 역사를 통합한 생생한 교육은 학생들에게 역사의 성격에 대해 뭔가를 가르치도록 설계한 방법론을 개발하는 데서 시작해야 한다. 이는 역사를 어떻게 쓰는지 학생들에게 먼저 보여준 다음, 어떻게 역사를 읽는지 학생들에게 보여주는 것이다. 특히 이 접근법은 학생들에게 실제 사건에 대해 출판된 역사의 일부를 읽게 하고, 이 사건의 제한된 역사를 글로 쓰고, 자신의 글과 쓰여진 역사를 비교하도록 한다. 이런 교육법의 핵심은 역사를 쓰는 방법과 역사를 단지 재생산하는 것 사이에는 차이가 있다는 것이다. 학생들은 다른 역사적 자료를 베끼기만 하라는 과제는 하지 말아야 한다. 대신에 교사들은 모든 역사가가 취한 선택과 동일한 선택을 학생들이 할 수 있도록 전과정을 거치게 하는 접근법을 사용해야 한다. 결론적으로 어떤 역사가가 왜 사태가 그러한지—무엇이 왜 일어났는지 그 의미를 설명하려는 저자의 시도—에 관해 판단한 것을 학생에게 가르쳐야 한다.

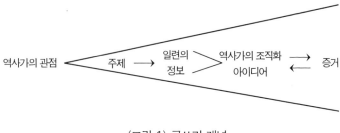

〈그림 1〉 글쓰기 개념

저자이자 역사가의 학습 과정에 포함된 글쓰기 개념을 설명하는 것 뿐만 아니라 이 개념들을 전개하고 소통시키는 데 사용한 전략을 설명하는 것도 앞으로 분석할 방법론에 꼭 필요하다. <그림 1>의 교육접근법에 사용된 글쓰기 개념들은 참조체제, 정보 수집, 조직화 아이디어 개발, 증거 활용 등의 개념을 포함하고 있다. <그림 1>은 이런 개념들이 조직된 방식을 보여준다. 이 모든 개념들은 학생들에게 질문거리가 되어야 한다. 그래서 이런 개념들을 역사가들이 사용할 때의 근본 가정, 의미, 관계 하나하나를 학생이 분석하고 문제제기해야 한다. 이는 글쓰기-비판적 사고활동 모델에서 중요한 학습 가정 중 하나를 우리가 직접 해보는 것이다. 즉 논제를 문제거리로 삼아야 한다.

'미국 이민제한법 통과'라는 주제의 쟁점을 학생들에게 다음과 같은 식으로 보여준다고 하자. 〈미국 이민〉이라는 장은 미국 이민에 관해 글을 쓰는 모든 역사가가 부딪혀야 할 특수한 역사적 딜레마로서 이 문제를 소개하는 것으로 시작한다. 이 딜레마는 특정 문제의 형식을 취하게 된다. 그 문제는 '미국 이민을 제한하는 제한법이 정당한가'와 같은 것이다. 학생들은 토론과 대화를 통해 역사의 해석적 차원이 역사적 지식과 이해관계 간의 관계에 대해 어떤 제안을 하는지'를 탐색할 수 있는 지위에 있어야 할 것이다. 물론 이 지점에서 토론은 미국이민법 문제에서 벗어나 학생 자신의 삶에서 찾은 자료를 다양한 관점에서 문제거리로 검토해봐야 한다.

다음 단계는, 이 논문에서 이미 언급된 것들을 변증법적 사고방식으로 학생들이 이해할 수 있도록 도와야 한다. 이때 학생들에게 이민제한법의 통과와 관련된 다양한 견해를 제시한다. 논의에서 분명히 해야 할 점은 이민제한법을 광범위한 역사적 맥락에서 검토하지 않으면 충분히 이해할 수 없다는 점이다. 이 점을 보다 절박하게 느끼도록 하기 위해서는 학생들의 삶과 경험과 직결된 다른 쟁점들을 끌어들여야 한다. 그러면 이 논제들이 설명 가능해진다.

이렇게 대략적으로 접근하고 나서 보다 체계적인 참조체제의 생각을 보여준다. 이 생각은 '조직화 아이디어'로 알려진 글쓰기 개념과 참조체제를 결합함으로써 도입할 수 있다. 요점을 구체화하면, 미국 이민정책에 대해 같은 정보를 얻은 두 역사가가 그 정보를 연관짓는 데 각자 어떻게 다른 조직화 아이디어를 펼치는지에 관한 분석자료를 학생에게 준다. 그런 다음 그 학생에게 두 역사가들에 대한 짧은 글을 준다. 그 글은 다음과 같다.

이 책《미국 이민》에서, 존스는 이민제한법의 통과를 비판하는 조직화 아이디어를 사용하고 있다. 그는 이민자들이 미국 도시와 산업의 발달에 유용한 기술과 노동을 제공해왔다고 주장한다.

다른 책 《이민》에서, 페어찰드는 이민제한법 통과를 정당화하는 조직화 아이디어를 사용한다. 그는 이민자들 때문에 임금이 하락하고 실업률이 높아져 결국 토착 미국노동자들이 해고된다고 주장한다.

당신은 존스와 페어찰드가 각기 다른 조직화 아이디어를 사용하는 걸 볼 수 있다. 이 두 역사가들이 왜 다른 조직화 아이디어를 사용하는지 이해하기 위해, 당신은 참조체제라 불리는 또 다른 글쓰기 개념에 대해 알아야 한다.[30]

학생에게 참조체제의 개념을 설명해준다. 조직화 아이디어의 개념과 참조체제의 관계는 지루, 카래스, 카피자노에게서 얻은 다음 사례를 통해 설명할 수 있다.[31]

두 사례는 동일한 사건과 동일한 사실이나 정보에 다른 참조체제가 적용될 때 어떻게 조직화 아이디어가 달라지는지를 보여준다.

사례 1

존스의 참조체제 : 이민은 미국의 성장에 긍정적 기여를 했다.

주제 : 이민제한법률

일련의 정보들

· 1830년대 미국 내 출생률의 점진적 감소

· 산업주의의 등장

· 서부의 정착

· 숙련된 이민 노동자의 유입

조직화 아이디어 : 이민자들은 유용한 기술과 노동을 제공해주는 등 미국 도시와 산업 성장에 긍정적 역할을 했다.

사례 2

페어찰드의 참조체제 : 이민자들은 미국 역사에 부정적 세력이다.

주제 : 이민제한법률

일련의 정보들

· 1830년대 미국 내 출생률의 점진적 감소

· 산업주의의 등장

· 서부의 정착

· 숙련된 이민 노동자의 유입

조직화 아이디어 : 이민자들은 임금을 하락시키고 실업률을 높여 결국 토착 미국 노동자들이 해고되게 만들었다.

이 지점에서 학생들이 함께 탐구할 수 있도록 해주기 위해, 프레이리의 수정된 문해접근법을 활용하는 것이 좋다. 그리고 참조체제와 조직화 아이디어 개념을 학생들이 이해할 수 있게 도와야 한다.[32] 학생사회의 논쟁거리를 다룬 그림을 교실에서 보여준다. 학생들은 그 그림에서 중요한 많은 정보들을 찾아내야 한다. 그 다음 학생들에게 다섯 가지 정보를 통합하여 다섯 문단의 에세이를 쓰게 한다. 학생들이 에세이를 다 쓰면, 학생들은 그 문단들을 검토하고, 각 문단의 조직화 아이디어를 적어서, 총 다섯 개의 조직화 아이디어를 적는다. 학생들이 이 과정을 마치면, 조직화 아이디어들의 의미와 계열 둘 다를 학급에 내놓고 토론할 수 있게 한다. 그 아이디어들의 의미와 배열은 이러한 연습을 통해 문제거리로 삼게 된다.

이 장의 다음 부분은 이민법에 대한 두 가지 다른 읽기 방식을 중심으로 서술하고 있다. 그 읽기 방식들은 참조체제가 서로 다른 역사가들의 각기 다른 역사 설명을 보여준다. 이 역사 자료에 대한 읽기 수준이 너무 어렵다면, 각각의 역사 설명은 문단들로 나누어서 각 문단들은 그 문단의 주제와 어려운 단어들의 동의어 목록과 함께 제시되어야 한다. 학생은 그 문단을 읽고, 각 문단의 주장 형태로 조직화 아이디어를 찾아 쓰고, 그 문단의 진술된 주제를 조직화 아이디어의 주제로 활용한다. 이 연습을 통해 참조체제가 다른 두 가지 조직화 아이디어를 분석함으로써, 학생들은 조직화 아이디어의 개념에 더욱 친숙해질 기회를 제공받아야 한다. 다음은 미국 이민에 대한 두 가지 다른 읽기 방식의 도입단락 실례이다.[33]

읽기 1

"이민으로 인한 미국 상황"

1. 새로운 이민자 계급

널리 퍼진 — 현재

유인가 — 매력

점차 더 많은 외국의 하층계급이 지구상에서 이 혜택 받은 땅으로 몰려오고 있다. 현재의 *널리 퍼진* 생활 수준에 그 하층계급들이 어떤 영향을 미쳤나? 한 가지 중요한 전제는 미국 내 노동계급의 생활 수준이 이민자의 모국 내 노동계급의 생활 수준보다 지금까지 더 나았고, 현재도 한결 낫다는 걸 인정하는 것이다. 굳이 증거가 없어도 상식적인 관찰과 대략적 증명만으로도 이런 생각을 할 수 있다. 특히 현재, 미국 생활 수준이 더 낮지 않다면 이민자들 중 대부분은 오지 않았을 것이다. 이미 우리가 보았듯이 더 나은 생활 수준이 이민자들을 매료시킨 엄청난 유인가이기 때문이다. 그러나 지난 몇 십 년 동안, 유럽의 계속된 쇠락으로 많은 이민자들이 모여들었다는 건 중요하다.

조직화 아이디어

　　　　　　　　　읽기 2
　　　　　　　"이민의 경제적 효과들"
　　　　　　1. 직업에 대한 잘못된 신념들
　　　　　지속되는 — 방해에도 지속됨
　　　　　되풀이되는 — 계속해서 발생하는
　　　　　잘못된 개념 — 잘못된 신념

대중들에게서 흔히 나타나는 경제에 대한 오해 중 하나는 이민자들이 미국 본토인들의 직업을 빼앗아간다는 생각이다. 이는 경제 분야에서 직업의 수가 고정되어 있다는 잘못된 생각과 이민자라면 누구든 본토인의 직업을 위협한다는 잘못된 생각에서 나왔다. 때때로 '노동에 대한 심각한 오해들'로 불리는 이 이론은 유능한 경제학자들이 계속 부정해오고 있는 것이다.

조직화 아이디어

_____

_____

두 읽기 자료의 비교를 마치고, 학생들은 수업 시간에 배운 역사적 내용과 현재 연구중인 글쓰기 원리에 활용된 지식을 증명할 기회를 제공받는다. 다음에 글쓰기의 한 가지 사례가 제시되어 있다.[34] 이 글쓰기 과제에서, 학생들은 참조체제와 일련의 정보를 제공받는다. 그리고 학생들은 개요나 다른 사료에서 얻은 새로운 정보를 적게는 세 개 많게는 다섯 개를 첨가해야 한다. 그리고 나서 학생들은 조직화 아이디어 하나를 쓰고, 전체에서 얻은 최소한 네 가지 정보를 활용하여 문단을 구성해본다.

글쓰기 과제 1

Ⅰ. 참조체제

　　이민은 미국의 성장과 안정에 긍정적 기여를 해왔다.

Ⅱ. 일련의 정보

　　· 북유럽에서 온 이민자들

　　· 도시에 정착

　　· 정치적 장치

　　· 가톨릭 교회의 성장

　　· 남동쪽 유럽에서 온 집단 이민

Ⅲ. 이 목록에 세 개 이상 다섯 개 이하의 정보를 첨가하라.

　　1. _____

　　2. _____

　　3. _____

　　4. _____

　　5. _____

Ⅳ. 당신의 조직화 아이디어를 진술하라.

　　1. _____

　　　 _____

Ⅴ. 적어도 네 가지 정보를 활용하여 한 문단을 적어라.

　　1. _____

　　　 _____

글쓰기 과제를 마치면, 학생들은 서로의 글을 읽고 평가해주기 위해 세 명에서 다섯 명의 다른 학생들과 조를 짜는 게 좋다. 쓴 글을 평가하는 기준들을 학생들에게 아주 분명하게 제시하는 것이 중요하다. 예를 들어, 그 조에서 학생들은 서로의 글을 읽을 때 (1) 첨가한 3~5개의 정보가 현 주제에 적절한가 (2) 조직화 아이디어가 주어진 참조체제와 어울리는가 (3) 그 문단은 선택된 정보 모두를 포함하는가 (4) 그 문단의 정보가 진술된 조직화 아이디어와 적절히 어울리는가에 관해 서로 듣게 된다. 이 정확한 기준은 학생들이 글을 평가하기 쉽게 그리고 학생들이 주고받은 비판을 어느 정도 객관적으로 처리할 수 있게 도와준다. 학생들이 글로 쓴 과제에서 무엇을 찾고자 하는지를 그 조가 명백히 할 수 있다면, 학생들은 자신과 다른 사람의 실수를 더 냉정하게 볼 수 있게 된다.

이런 수업 유형을 평가할 때, 평가 과정에서 학생들이 중요한 역할을 한다는 점을 새겨보아야 한다. 교실 사회관계가 비판적 사고 활동을 향상하는 교육과 공존할 수 있는 형태라면, 학생들은 자신의 실수를 평가하고 교정하는 책임을 져야 한다. 이 접근법에서는 뭔가 불완전한 과제 수행이 다른 학생들과 함께 학습 경험을 공유하도록 촉진하는 견인차가 된다고 본다.

가령 학생들은 서로 다른 조의 글을 평가하고 점수 매길 수 있으며, 모든 구성원들이 합격 점수를 받을 때까지 그 조를 계속 끌고 간다. 이 수업을 끝낼 무렵에 학생들은 역사적 내용과 함께, 공부 중인 글쓰기 원리의 습득 정도를 측정하는 진도 검사를 하는 데 중요한 역할을 할 수 있다. 이 수업을 마칠 무렵에, 한 학급은 진도 검사를 통해 역사적 내용과 글쓰기 원리를 평가 받을 수 있다는 것을 보여준다. 이때 진도 검사는 처음 집단적 글쓰기 과제에서 사용한 모델에 근거한 것이다. 이런 집단적 글쓰기 모델을 사용해서 학생들은 참조체제, 조직화 아이디어, 조직화 정보 등 글쓰기 개념에 대한 자신의 지식을 검증할 기회를 얻어야 한다. 한 문단이나 몇 문단을 써봄으로써 학생들은 글쓰기 개념에 대해 이해한 바를 입증할 기회 뿐 아니라 이 개념들을 활용하는 근거를 증명할 절호의 기회까지도 얻게 된다.

학생들에게 비판적 글쓰기와 사고활동 방법을 가르치는 과제는 사회교과 교사들에게 쉬운 일이 아니다. 이 의미는 글쓰기를 재능, 즉 생물학적 적성으로 보거나 좋은 감정 상태에서 하는 연습쯤으로 보는 케케묵은 견해를 거부한다는 것이다. 글쓰기는 학습행동의 원리에 기반한 간학문적 과정이란 점이 반드시 입증되어야 한다. 이 원리를 인식하고서, 학생들은 공부중인 교재에 대해 좀더 비판적으로 사고하는 교육 수단으로서 글쓰기를 활용해야 한다. 이런 생각은 우리를 두번째 입장으로 안내한다.

교실도 학생도 우리가 살고 있는 사회에서 떨어져나가 별개로 존재할 수는 없다. 글쓰기와 비판적 사고활동을 가르치는 교육 기법이 학생들의 삶을 구조화하는 '문화자본'을 포괄하지 못한다면, 그 기법은 아무런 의미가 없다. 구체적으로 말해 학생들이 비판적 안목으로 사회교과 주제를 분석하도록 이끌고 싶다면, 그 분석은 대안적인 의사소통과 대화를 북돋우는 교육 구조에서 이루어져야 한다. 이 입장은 매우 중요하다. 이 입장은 교실 사회관계가 억압적이지도 위계적이지도 않아야만, 학생과 교사들이 두려움이나 위협 없이 자기 언어와 자기 문화의 맥락 속에서 의사소통할 수 있기 때문이다.

나아가 민주적인 교실 사회관계의 발전과 함께 학생들은 자신의 언어와 문화를 벗어날 기회를 제공받아야 한다. 그 방법은 자신의 참조체제와는 다른 참조체제를 통해, 자신의 삶을 형성하는 기본 가정을 검토하는 방법을 학습하는 것이다. 프레이리가 주장했듯이, 지식을 문제삼을 수 있는 학생들은 현실에 대한 비판적 '읽기', 즉 '반성'을 실천한다. 이는 '글쓰고 창조하려는 의지'가 샘솟게 만드는 교육학을 개발하기 위한 첫 단계이다.[35]

여기서 말한 글쓰기와 비판적 사고활동의 속성들은 사회교과를 가르치는 데 엄청난 잠재력을 가지고 있다. 왜냐하면 그 속성들로 인해 학생들이 글쓰기와 사고활동 간의 근본적으로 중요한 관계를 배우기 때문이며, 사회교과의 주어진 주제에 대해 자신의 견해를 재형성하고 재구조화하는 데 도움을 받기 때문이다. 어떤 주제를 '전문가'가 작성해서 학생들은 멀리서 구경만 하도록 만든다면, 그 주제는 어떤 매력도 정당성도 없어진다. 그러나 이 글에서 제시한 교육 모델을 사용함으로써 학생들은 한 주제에 대해 '속사정'을 파악할 좋은 기회를 가지게 되고, 그래서 그 자료를 나름대로 해석하게 된다. 이 모든 것은 결국 무엇을 의미하는가? 이 점에 대해서는 프레이리가 명쾌하게 밝히고 있다.

사람들이 (당대의) 주제를 끌어안을 때만이 방관자로 머물지 않고 현실에 개입하게 된다. 비판적인 태도를 계속 발휘해야 사람들은 순응의 자세를 극복할 수 있게 된다.[36]

새로운 비문해*의 등장과 비판적 읽기

　　현 자본주의 시대의 미국인들은 기술공학과 문화와 해방 사이의 모순된 관계 한가운데 서 있다. 한편으론 과학과 기술공학의 발달로 비인간적인 노동, 등이 휠 듯한 노동에서 해방될 가능성이 높아지고 있다. 그리고 이 해방 덕택에 인류는 모든 의사소통 양식과 경험 양식에서 한층 비판적이면서 독특한 감수성이 넘쳐나는 문화를 개발하고, 실제로 그 문화를 누릴 수 있는 새로운 기회를 얻게 되었다. 그러나 다른 한편 기술공학과 과학의 발달은 자본주의적 합리성 법칙을 따르므로, 인간 해방의 가능성을 끌어올리기보다는

---

* 여기서 비문해는 illiteracy, 문해는 literacy를 번역한 말이다. 문해란 문자 해독 능력뿐만 아니라, 세상을 비판적으로 읽을 수 있는 능력까지도 포함하는 말이다. 즉 누군가가 말해주거나 주입해준 세계를 그대로 반복하는 것이 아니라, 자신이 주체가 되어 세상을 비판적으로 읽을 수 있는 상태이다.

오히려 훼방놓는 길들임과 통제를 재촉한다.[1]

멀티미디어 사회에서 읽기의 가치와 기능은 해방과 억압이라는 이중적 변인 속에서 분석되어야 한다. 비록 무시되는 때가 많지만 이 관점은 이 사회를 지배하는 현존 사회정치 세력과 다양한 의사소통 양식 간에는 복잡한 관계가 있다는 생각에 근거하고 있다. 그러나 의사소통 양식과 사회정치 세력 중 어느 하나를 빼고 하나만 거론한다면 개념적 문제는 물론 정치적 실패도 맛보게 될 것이다. 다시 말해, 전자매체와 인쇄문화의 관계를 알려면, 둘의 관계가 맺어지는 특정한 사회역사적 맥락을 알아야 한다는 의미이다.

사회역사적 맥락 안에서 전자매체와 인쇄문화의 관계를 분석하는 방식은 주류 사회학자들과는 반대된다. 주류 사회학자들은 역사, 대중문화, 이데올로기 등의 광범위한 비판적 개념 속에서 인쇄양식과 영상 양식의 역동성을 연구하지 못했다.[2] 사실 주류 사회학자들의 이런 실패는 전자매체와 인쇄문화가 (역사적으로도 그리고 오늘날까지도) 가지고 있는 변화하는 역동성과 그 기능을 간파하지 못한 자못 심각한 이데올로기적 실패이다.[3]

역사적으로 사회의 변화와 의사소통 양식의 변화, 이 둘의 관계는 의사소통 기술의 발전을 통해서보다 오히려 그 사회의 지배이데올로기와 현존 사회형태를 통해서 훨씬 잘 설명할 수 있다. 가령 오늘날 미국과는 대조적으로, 여러 사람 앞에서 큰 소리로 읽는 것은 중세 후반 아주 흔한 일이었고, 오늘날 중국에서도 흔한 일이다. 마찬가지로 서구 대부분의 나라들과 달리 쿠바에는 저작권법이 없는데, 쿠바 정부가 책은 문화 전파의 목적이 아닌 상업적 목

적으로 활용되어선 안 된다고 믿기 때문이다.[4]

이것은 의사소통 양식이 형성되고 활용되는 건 현재의 기술공학적 힘보다는 다른 세력에 의해 결정될 정도로 사회 변화와 기술 변화 간의 상호작용이 복잡하다는 의미이다. 게다가 의사소통 양식 중 인쇄 양식과 영상 양식은 각기 다른 사회역사적 맥락 속에서 다양한 기능을 해왔다. 하지만 인쇄 양식과 영상 양식의 다양한 기능 이면에는 중요한 문제가 깔려 있다. 의사소통 양식들을 통제하는 자는 누구이며, 그 양식들은 누구에게 이익이 되는가? 간단히 말해, 의사소통 양식들이 억압을 위한 것인가 아니면 해방을 위한 것인가? 불행히도, 주류 사회이론가들은 이런 문제를 의도적으로 외면해왔다.[5] 이 문제를 풀 한 가지 방법은 기술공학의 실제 활용과 기술공학이 지닌 잠재력 간의 변증법을 통해서이다. 모든 의사소통 양식에는 억압과 해방의 변증법이 내재해 있다. 이 변증법에는 텔레비전과 같은 특정한 의사소통 양식으로 이뤄진 '사용'과 특정 의사소통 양식이 한 사회에서 가지고 있을 '잠재적 사용' 간의 근본적인 차이가 담겨 있다. 사용과 잠재력 간의 모순에 주목하면 지금 이 사회에서 영상문화와 인쇄문화 간의 변화하는 관계를 생생하게 분석할 수 있다. 그렇게 하지 않으면 기술숙명론이나 기술공학적 공상에 빠져들게 된다.[6] 숙명론과 공상, 두 경우 모두는 기술공학을 사회역사적 뿌리에서 추상화하여, 즉 계급과 권력의 명령은 거들떠보지도 않은 채 기술공학 결정론이라는 개념적 올가미 안에서 기술공학을 개념 정의한다.

좀더 비판적인 접근법은 '문화창조와 문화배분 그리고 사회적 경제 형식들, 이 셋 간의 구체적이고 복잡한 관계를' 밝히려는 시도이다.[7] 이 시도를 위해 우리는 문화를 정치적 의미에서 재정의해야 하고, 영상문화와 인쇄문화가 사회문화적 재생산 메커니즘으로 작동하는 방식을 살펴보아야 한다. 그러나 이 메커니즘을 면밀히 분석하기 앞서, 사회문화적 재생산 개념부터 설명해야 할 것이다.

재생산 개념에서는, 문화가 지배사회에 종속된다는 주장을 뒷받침하기 위해 먼저 문화와 사회의 관계를 명확히 해야 한다. 이는 두 가지 이유로 매우 중요하다. 첫째, 전통적으로 주류 인류학에서는 문화를 사람들의 생활 방식과 동일시하면서, 문화 개념을 탈정치화했다.[8] 결론적으로, 주류 인류학자들은 사회와 문화의 중요한 관계, 특히 이데올로기와 사회적 통제의 관계를 제대로 알지 못하도록 만들어왔다. 둘째, 서구 산업국가들에서 길들임의 현장(locus of domination)은[9] 심한 변화를 겪어왔고, 그 변화를 검토하려면 문화 개념을 정치화해야 한다. 이 점에서 주류 사회과학자들의 분석보다는 프랑크푸르트학파와 그 지지자들의 최근 연구와 이탈리아 사회이론가 안토니오 그람시의 연구가 더 유용하다.[10]

문화적 헤게모니

그람시와 다른 이들에 따르면, 서구 산업국가에서 길들임의 현장은 경찰, 군대 따위의 무력에 의존하는 것에서 문화정치의 사용으로 바뀌었다. 문화정치는 지배체제의 신념과 태도를 재생산하고 분배해서 합의를 조장하는 방식이다. 그람시는 이런 형태의 통제를 이데올로기적 헤게모니라 불렀다. 이데올로기적 헤게모니는 의식을 조작할 뿐 아니라 일상 행동을 낳는 일상적인 의례와 관습들에 푹 젖어들도록 하는 통제의 형식이다.

프랑크푸르트학파는 이 문제를 좀더 심도 있게 분석하면서, 기술공학의 꾸준한 발전은 지배문화를 재생산하고 기존 사회경제적 질서를 유지하기 위해 이루어졌다고 꼬집었다. 피에르 부르디외와 바실 번스타인의 최근 연구에 따르면, 지배사회는 물질과 상품을 분배하는 건 물론이고 지배사회가 사회적으로 옳다고 생각하는 문화자본, 예컨대 의미체제, 기호체제, 기질, 태도와 규범체제 따위도 재생산하고 분배한다. 이 관점에서 보면, 한 사회의 재생산은 그 사회의 문화적 메시지를 생산·분배하는 것과 직결되어 있다. 이를테면, 지배문화를 재생산하고 대중에게 지배문화를 소통시키기 위한 문화장치들은 중요한 정치적 쟁점이 된다. 사실, 문화는 지배사회의 이데올로기적 표현이기도 하지만, '정치·경제 체제를 옹호하기 위해 심리도덕적 기반을 닦는' 메시지를 유통시키는 기술공학의 형태와 구조이기도 하다.[11]

지배문화는 지배사회의 이데올로기적 표현으로서, 소비지상주의와 실증주의 풍토에 깊숙이 관련되어 있다. 20세기 초반 지배문화가 산업화되면서, 지배문화의 메시지를 널리 퍼뜨릴 새로운 의사소통 형식들이 나타났다. 상품 생산은 상품 생산에서 끝나는 게 아니라 의식의 지속적인 재생산을 동반한다. 게다가 20세기 자본주의는 대중광고를 만들었고, 그 광고를 통해 소비지상주의 복음을 줄기차게 떠들어대기 때문에, 모든 사회존재의 영역에는 산업

자본주의의 새로운 합리성이 순식간에 퍼지게 된다. 물론 이 합리성에 의해 전적으로 통제받지는 않지만. 스튜어트 이웬이 지적했듯이, 가령 노동과 여가를 뿌리째 바꿔놓은 대량판매는 일상 생활을 통제하는 무대가 된다.

1920년대, 이 무대는 점차 늘어나는 수많은 기업조직들이 '사회 변화에 대한 요구를 지니고 사회 변화를 요구하고 있는' 사람들과 한판 문화전쟁을 벌이는 장이었다. 이 무대는 일상 생활의 현장 속에도 있고, 기업의 주요 상품이 발표되어온 친숙한 (생산적·문화적·사회적·심리적) 현실 속에도 있다.[12]

산업문명이 일상 생활을 빠른 속도로 바꾸어놓았다면, 과학적 경영은 전통적인 노동형태를 바꾸어놓았다. 수공업적 생산은 물러나고, 몸소 실행하고 경험하는 노동에서 구상이 분리되어 나온 기형적인 노동과정이 등장했다. 그 결과 노동을 미리 결정되어 있는, 생명력이 없는 몸짓쯤으로 치부하는 노동과정이 생겨났다.[13]

노동현장과 여가생활에서의 이런 변화는 실증주의 입장에서 기술공학을 정당화하는 것과 함께 이루어졌다. 이런 합리성의 형식은 20세기 발전의 토대로서 기술공학과 과학의 성과가 낳은 절대적이고 생산적인 효과를 통해 합리성을 설명한다. 18~19세기 미국의 발전은 더 나은 사회 건설을 위해 도덕적인 자기 발달과 자기 연마를 전개하는 것과 관련 있었지만, 20세기의 발전은 더 이상 인간 조건의 향상에는 관심이 없고 오로지 물질과 기술의 성장에만 몰

두했다.[14] 한때 인간에게만 가능하다고 생각한 것, 즉 가치와 인간 목적의 문제까지도 기술공학에서 해결할 수 있는 것이 되어버렸다. 과학적 방법론을 새로운 기술공학에 적용하는 것이 기술공학 자체의 법칙에 따라 생겨난 사회적 결과처럼 이해되고 있는 실정이다. 여기서 기술공학 자체의 법칙이란 인간의 통제 위에 그리고 인간의 통제 너머에 존재하는 합리성에 의해 통제받는 법칙을 말한다.

정당화의 한 방식으로서 기술적 합리성은 널리 퍼진 문화적 헤게모니가 되었다. 널리 퍼져 있는 의식으로서, 기술적 합리성은 인간과 자연보다 기술을 우위에 놓음으로써 순응적 삶과 노동생산성을 드높이는 것에 찬사를 보낸다. 생산성 증가의 대가는 단순히 생산력을 어떻게 하는 문제가 아니라 의식을 구성하는 본질을 지속적으로 순화시키고 관리하는 것이다.

문화 산업

한스 엔젠스버거는 이런 기술적 합리성에 따라 운영되는 전자매체가 그가 말한 의식의 산업화(industrialization of the mind)에 중요한 세력이 된다고 고발했다. 그는 의식화 산업(mind industry)은 인쇄문화와 영상문화에 대한 어떤 특정 담론을 넘어서 있다고 지적했다. "인간 의식의 산업화라는 이 현상을 총체적으로 인식하는 사람은 거의 없다. 이 현상은 인간 의식의 기관을 검토한다고 해서 이해할 수 있는 그런 과정이 아니다."[15] 그는 또 이렇게 말한다.

의식화 산업의 중요한 업무와 관심은 생산품의 판매가 아니라 기존 질서를 '판매' 하는 것이다. 누가 그 사회를 운영하건 그리고 어떤 수단을 통해서건 인간에 대한 인간의 지배 방식을 영원히 유지하는 것이다. 이 산업의 일차적 과제는 우리 의식의 폭을 넓히고 훈련시키는 것이다. 바로 우리 의식을 착취하기 위해서![16]

최근의 비판가들은 엔젠스버거보다 한 걸음 더 나아가 현재 미국의 대중문화산업은 사람들이 비판적으로 사고하거나 의미심장한 사회담론에 참여하는 능력을 허물어뜨린다고 비난한다.[17] 애러노위츠는 이 현상을 '새로운 비문해' 라고 명명하면서, 지금은 비판적 사고만이 아니라 민주주의 자체가 흔들리고 있다고 비난한다.

이 새로운 상황은 사람들이 관념적 내용을 효과적으로 소통할 수 있는 능력의 문제를 제기한다. 이 문제는 개념적 사고 자체를 위한 능력이다. …… 비판적 사고는 자율적이고 자발적인 대중, 즉 시민에게는 근본적인 전제조건이기 때문에, 비판적 사고가 줄어들면 민주적인 사회와 문화와 정치의 미래가 위협받게 될 것이다.[18]

이들 비판가들은 집단적 사고와 상상력을 그야말로 기술적인 차원으로 전락시키는 데 특히 영상문화가 막중한 역할을 한다고 본다. 그러나 이들 가운데 어느 누구도 모순이나 저항 없이 운영되는 단일한 의식화 산업을 꿈꾼 오웰식의 악몽을 지지하지는 않는다. 오웰식의 입장은 통속적이고 지나치게 결정론적이다. 더구나 인쇄문화와 전자매체는 의식을 재생산하는 인과적인 행위자라기보다는 오히려 매개세력이다.[19] 의식화 산업의 기술공학은 문화를 *생산*하지 못한다. 문화를 재생산하고 분배할 뿐이다. 그러므로 의식화 산업은 사회화의 대리기구로만 그치지 않는다. 달리 말해, 다양한 대중문화는 비록 동일한 무게는 아니지만 나름대로 모순과 합의를 만들어낸다. 주객관적인 측면에서, 대중문화산업의 기술공학은 자체 모순으로 가득찬 저항의 꾸러미를 창조하게 된다. 가령, 대중문화산업은 자신이 결코 만족시킬 수 없는 어떤 소망과 요구를 계속 만들어내지만, 정보의 전달자이자 수용자가 될 사람들이 실제 의사소통할 수 있는 가능성 또한 그 기술공학 안에 포함하고 있다.

인쇄 대 영상

여전히 중요한 문제가 남아 있다. 그 문제는 지금 이 순간의 역사에서 해방세력이 될 가능성이 높은가 지배세력이 될 가능성이 높은가 하는 점에서 인쇄문화와 영상문화를 구별할 수 있는가 하는 점이다. 대략 아래와 같은 이유로, 나는 그 대답이 분명 '예!'라고 생각한다.

각 문화는 각자 무게중심을 갖고 있어서, 각자 다른 경험과 지식에 접근할 수 있는 상이한 형식을 제공한다. 예를 들어 이상적인 측면에서 보면, 인쇄와 영상문화는 서로 보완해야 하지만 현재 이 순간의 역사에서는 그렇지 못하다. 영상문화, 특히 텔레비전은 가장 널리 퍼져 있는 의사소통 형식인데, 그 까닭은 영상문화의 기술공학이 조작과 사회통제에 더 유리하게 작용할 가능성이 크기 때문이다. 영상문화의 기술공학을 읽기의 기술공학에 비교해보면 특히 이런 현상이 잘 드러난다.

읽기를 위해서는 기법과 비판적인 기능을 갖춰야 한다. 그래서 읽기는 역사적으로 그 청중이 특정 계급에 한정되어온 반면, 영상문화는 그렇지 않다. 영상문화는 기술공학을 사용하거나 그 메시지를 이해하는 데 꼭 특정 계급의 청중에게 기대지 않아도 되도록 만들었다. 달리 말하면, 영상문화는 어떤 의사소통 양식을 다루는 데 필요한 비판적이고 고유한 기능을 갖고 있지 않아도 되게끔 만들었다. '대중문화'라는 바로 이 개념은 양을 중요하게 여기는 건 물론이고, 사고와 경험을 단지 구경꾼 수준으로 전락시킨다. 이때 생기는 병이 무기력이고, 그 치료책은 대량생산된 현실 도피이다.

물론 인쇄문화도 의식을 조작하는 데 사용되었고, 더욱 중요한 것은 모든 의사소통 양식이 조작적이라는 점이다. 실제 문제는 어떻게 하면 모든 사람을 대중매체의 기술을 조작할 줄 아는 사람으로 만들 수 있는가 하는 점이다. 많은 비판가들의 지적대로라면, 인쇄문화의 발달이 현재의 기획행사, 신문, 책 등에 관해 토론할 수 있게 한 부르주아적 공공영역을 생산하는 데 도움이 됐다.[20] 이는 중요한 관점이다.

인쇄매체의 기술공학은 비판적 사고와 분석의 여지를 포함한 합리성을 요구하기 때문이다. 가령 인쇄문화는 집중력이 필요한 매체이다. 영상문화처럼 강압적이지 않다. 영상문화가 지닌 '촉각적인' 특성이 없다. 따라서 사람들은 다분히 의도성을 갖고서 인쇄문화에 다가가야만 한다. 글말이 의식, 명료성, 일관성 등의 논리에 따라 통제받는다는 점을 생각할 때, 이런 의도성은 더욱 분명해진다. 글말은 정보를 '고정시켜' 버리기 때문에 적어도 원리상 인쇄문화는 그런 논리들에 통제를 받게 된다. 읽기를 할 때, 사람들은 그 인쇄물을 붙들고 있으면서 반성해볼 시간이 훨씬 많다. 글말의 경우 주장의 타당성과 진실 여부에 더욱 엄격하게 접근할 수 있다. 인쇄의 기술공학 자체는 글로 된 메시지가 노골적인 조작을 했는지 그 글 내부에서 따져볼 수 있다. 달리 말해, 인쇄물의 형식과 내용 사이에는 인쇄 기술공학의 긴장이 서려 있다. 읽기가 이상적으로 요구하는 비판적 시각은 메시지의 조작을 따져보도록 하는 것이다.

인쇄의 기술공학은 현 시점에서 인쇄물을 자유롭게 유통시킬 수 있는 요소들을 갖추고 있다. 즉 인쇄물의 생산과 소비는 비싸지 않다. 결론적으로, 시장에 쏟아지는 엄청난 책, 신문, 잡지들 덕택에 사람들은 어떤 주제에 대한 다양한 시각과 입장을 접할 수 있다. 그런데 미국 좌파들은 인쇄의 기술공학에 지나치게 의존한다는 비난을 곧잘 받아왔다.[21] 이 비난은 좌파의 입장이 다분히 엘리트적이라는 걸 비난해서가 아니라, 다른 의사소통 양식보다 인쇄가 누군가의 의견을 전달할 기회를 더 많이 준다는 걸 지적하기 때문에 매우 의미가 깊다. 오로지 좌파만 영상문화에 접근하지 않고 있다.

텔레비전, 라디오, 영화 제작은 주로 지배계급의 이해관계에 따라 통제받아왔다. 더구나 이런 영상매체들은 기업의 이익에 너무나 요긴한 까닭에 민주화되지 못하고 있다. 영상매체는 현재 일방적인 의사소통의 선구자이다. 일방성의 이유 중 일부는 영상매체가 사람들에게 미치는 파급력에 있는데, 이는 영상매체의 일방적 사용을 결정하는 사회관계에 영상매체와 기술공학이 전염되듯이 영상매체의 기술공학에 사람들이 전염되는 것이다. 그 파급력은 '미국 가구의 96%가 텔레비전 한 대 보유, 하루 평균 6시간 이상 시청, …… 미국 가구의 10%가 적어도 세 대 이상 보유'[22]라는 수치에서 일부 드러난다.

테오도르 아도르노는 "문화를 말하는 사람은 누구든 경영에 대해서도 말한다. 그가 의도했건 그렇지 않건 간에"라고 썼다.[23] 애러노위츠는 영상문화가 여가를 식민지화함으로써 의식을 산업화한다는 주장을 통해 아도르노의 말을 조명한다.[24] 다시 말해, 이 입장은 영상문화와 대중 사이의 변증법적 상호작용을 간과하지 않겠다는 중요한 지적이다. 영상문화에 대한 사람들의 태도와 요구는 각기 다르다. 이 쟁점은 영상문화가 눈부시게 발전했고 또 지나치게 편중되면서, 인지와 경험을 단지 기술의 그림자이자 소비문화로 폄하할 정도로 많은 경우 영상문화가 개인의 '사적 공간'을 침투하고 있다고 본다.

현재 상태에서 영상문화는 일방적인 의사소통으로 볼 수 있다. 게다가 경험을 만드는 동력으로서 영상문화는 인쇄문화와 비교해 커다란 이점이 있다. 영상문화, 특히 텔레비전은 '촉각'을 자극한다. 보고 듣고를 다양하게 결합해서 눈 앞의 현실을 매우 유사하게 꾸밀 수 있다. 영상문화가 사고를 제약하는 위력은 전달하는 메시지와 신화에서도 기인하지만(이 주제는 너무나 잘 알려진 것이어서 생략한다), 사용하는 기법 때문이기도 하다.

오늘날 영상문화의 지배적인 기법은 영상문화가 사회를 흉내낸 노동분업에 근거를 두고 있다. 정보의 단편성과 즉각성은 오늘날의 질서이다. 빠른 속도의 카메라 작업과 강렬한 편집은 즉흥적인 정서에 호소하며, 동시에 비판적 반성을 방해한다.[25] 비디오가 없이는 시청자들은 빠르게 쏟아지는 이미지를 천천히 볼 수도 다시 볼 수도 없다. 그래서 그 영상물의 내용과 자신을 분리해볼 수도, 그 의미를 반성해볼 수도 없다. 더구나 그 영상 이미지들은 속사포마냥 빠르고, 신문과 비교해볼 때 일관성이나 맥락성이 크게 떨어진다. 즉 초점이 없다. 이런 맥락에서, 이미지는 현실을 삼켜버리며, 사실은 진리의 중재자가 된다. 프랑스 상황론자들은 '스펙터클'을 이미지의 신성화라고 말한다. 노먼 프루처는 이렇게 적고 있다.

계속 생산되어왔고 그래서 계속 발전하는 유사현실, 주로 영상으로 된 유사현실이 스펙터클이다. 개인들은 유사현실을 만나고 유사현실 속에서 살며 유사현실을 대중적이고 공식적인 현실로 받아들이면서, 매일매일 사람들이 겪는 착취, 고통, 불안과 같은 사적 현실을 가능한 한 밀쳐낸다.[26]

이미지의 신성화, 즉 스펙터클은 스타시스템 속에서 자신을 표방하고, 미학과 '오락'을 동일시하며, 선정적이고 폭력적인 주제를 찬양한다. 현실에 대한 도식적이고 지나치게 과장된 이미지들이 흘러넘치는 가운데 영상매체, 특히 텔레비전은 그들의 '객관성'을 펼쳐보이고 '사실'에 대한 관심을 보여주는 걸로 대중들을 달랜다. 사실 영상매체의 객관성은 기껏해야 어떤 한 사건을 재빨리 취재하거나 아니면 현실을 극적으로 연출하면서 행동 하나하나를 포착하는 야만적인 카메라가 보증하는 것일 뿐이다. 프레드릭 제임슨은 이렇게 말한다.

우리는 카메라가 마치 일어나는 모든 것을 정확하게 보여주며, 카메라가 보는 것이 그곳에 있는 모든 것인 양 환상에 사로잡혀 있다. 카메라는 절대존재이자 절대진리가 되어왔다. 그래서 연출의 미학은 역사적 사건의 비중을 산산히 부수어서, 허구로 만들어버린다.[27]

이미지의 파편들과 넘쳐나는 정보 속에서 '사실'을 슬쩍슬쩍 끼워 넣는 것만이 혼란과 불확실성을 없앨 수 있는 확실한 도구처럼 보인다. 기틀린은 텔레비전과 실증주의 문화를 분석하면서 이렇게 꼬집는다.

텔레비전은 사실을 숭배하는 데 한몫 단단히 하고 있다. …… 역사는 혼란스럽고, 복잡하고, 대중이 통제할 수 없기 때문에, 가공되지 않은 사실이 너무나 중요시된다. …… 이런 사실들은 다루는 방식에 따라 모든 것을 설명하거나 보증하거나 경고해주는 양 보인다. 사실들은 주목을 요구하고, 토론에 부쳐지고, 정당하고 신빙성 있게

보이며, 길잡이 노릇을 한다. 처음부터 사실은 소비자, 즉 청중의 선택에 내맡겨진 듯이 보인다.[28]

영상문화는 사회문화적 재생산에 유일한 세력이 아니라 가장 강력한 세력이다. 애러노위츠는 학생들이 사물을 개념적으로 보기보다는 글자 그대로 보는 경향이 늘어나고 있음을 한탄했다. 또한 학생들이 갈수록 변증법적으로 사고하지도, 사물을 큰 맥락에서 보지도, 외면상 무관해 보이는 대상이나 사건들을 관련짓지도 못한다고 지적했다. 애러노위츠와 그 지지자들은 학생들이 세계에 대한 '사실'에 빠져서, 현상에 반박할 개념을 사용하는 데 많은 어려움을 겪고 있다고 학생들에 대한 불만을 토로했다.[29]

영상매체의 위력이 커지고 세련되면서, 대체로 일부 비판가들은 전자매체의 미덕을 높이 칭송함과 동시에 읽기와 인쇄매체는 정체되고 있다고 서슴없이 꾸짖어댄다.[30] 이 비판가들은 전자매체가 쌍방향 의사소통 방식에서 그 미덕과 가능성을 발견하는 데 반해, 인쇄는 점차 사라지는 문화적 유물이 되어가고 있다고 설파한다. 그리고 영상문화는 사라지지 않을 것이라며, 독자들에게 영상문화를 파악하라고 요구한다. 이는 고매하긴 하지만 잘못된 입장이다. 전자매체는 기업들의 손안에 들어 있고, 대중의 손에 돌아오려면 권력과 부의 재분배가 이뤄져야 한다.[31] 권력과 부의 재분배는 중요한 과제이지만, 집단 의식의 변화가 선행되어야 하고, 현재 진행 중인 정치투쟁의 발전과 함께 이뤄져야 한다. 더구나 이는 영상매체가 자체의 기술공학을 어디에 사용할지 결정하는 힘을 과소평가

하고 있다. 달리 말해, 시민 라디오(CB Radio)와 같은 비영상적 전자매체만큼이나 카메라나 비디오 등의 전자매체를 접할 기회가 점점 많아지는데도 대중들은 정작 이런 전자매체들을 여가활동 정도로만 여길 뿐이다.[32]

문해의 재정의

현 사회 맥락에서 영상문화가 자기 반성과 비판적 사고를 위협한다면 우리는 문해 개념을 새로 정의해야 하며, 사람들에게 비판적 사고와 사회활동의 기초를 가르칠 때 인쇄문화를 더 많이 활용해야 한다. 여기서 우리는 오늘날 사회과학의 특징인 실증주의적 문해 개념을 넘어서야 한다.[33]

우리는 기법의 숙달이란 점에서 문해를 규정하지 말고, 우리가 경험한 것이든 아니든 비판적으로 그리고 개념적으로 읽는 능력 또 읽을 수 있는 능력이라는 의미로 문해를 개념을 넓혀가야 한다. 이는 문해라면 마땅히 사람들이 자신의 개인적 세계와 사회적 세계를 비판적으로 해석하고, 그래서 사람들의 지각과 경험을 구조화하는 신화와 신념에 도전할 수 있는 능력에까지 나아가야 한다는 의미이다. 프레이리가 끊임없이 얘기했듯이, 문해는 해방적인 정치관과 일치하는 지식이론 그리고 앎의 활동에서 사회적 관계의 힘을 충분히 조명해줄 수 있는 지식이론과 결합되어야 한다. 이는 매우 중요하다. 왜냐하면 이런 문해 개념은 사람들이 비판적으로 메시지를 읽는 방법을 배우도록 재촉하며, 지식이 탐구대상이 될 때, 즉 사람들 사이를 매개하는 세력으로 이해될 때 비로소 비

판적 분석이 가능하다는 것을 깨우쳐주기 때문이다.[34]

진정한 문해는 위에서 아래로 내리먹이는 식의 권위적인 구조가 사라진 사회관계와 대화를 포함한다. 지금 이 역사적 순간에서, 읽기는 문해를 비판적 의식이자 사회활동을 위한 기초 발판으로 보는 진보적 접근법을 개발할 기회를 제공한다. 인쇄문화는 쉽게 접할 수 있으면서 값도 싸고, 인쇄물을 대중들이 직접 생산도 하고 제작도 할 수 있다. 혼자 읽기처럼, 집단으로 읽기 역시 전자문화와 영상문화가 주지 못하는 '사적' 공간과 거리두기를 가능하게 해준다. 인쇄의 기술공학은 사람들을 자신의 이해관계에 맞게 책, 신문, 그 밖의 다른 인쇄문화를 조작해서 사용할 줄 아는 사회적 행위자로 사람들을 만들겠다는 직접적인 약속을 포함하고 있다. 인쇄 기술은 해방의 약속을 포함하고 있다. 더구나 인쇄문화는 개념화의 방법을 더욱 향상시키고, 전자매체와 영상매체의 억압적 역할을 걷어낸 사회조직까지도 개발할 수 있게 한다. 이는 30여 년전 브레히트가 글을 썼을 때보다 오히려 지금 더욱 절실한 문제가 되었다. "굶주린 자네, 책을 움켜쥐게. 책이 무기야."[35]

관리와 통제의 담론에서
새로운 교육담론으로

    브라질 교육학자 파울로 프레이리는 "공부하기는 상당히 어려운 일이다. 오로지 실천을 통해서만 얻을 수 있는 체계적인 비판적 태도와 지적 훈련이 요구되는 일이다"[1]라고 공부하기를 설명한 적 있다. 프레이리는 더 나아가 공부하기에는 두 가지 중요한 교육적 가정이 포함되어 있다고 주장했다. 먼저, 독자들은 공부하기 활동에서 주체적 역할을 해야 한다. 다음으로, 공부하기 활동은 텍스트와 직접 관계 맺는 것이 아니다. 반대로 보다 넓은 의미에서 공부하기는 세계에 대한 태도이다. 다소 길지만 프레이리의 글을 인용해보자.

    텍스트를 공부한다는 건 그 텍스트를 공부해서 글을 쓴 사람의 연구를 독자가 분석하는 것이어야 한다. 텍스트를 공부하는 데는 그 지식의 사회역사적 조건을 이해하는 것이 필요하다. 그리고 현재 공부하고 있는 내용은 물론이고 다른 차원의 지식까지도 탐구해야 한다.

공부하기는 재발명, 재창조, 재기술이며, 이는 대상의 과업이 아니라 주체의 과업이다. 나아가, 이런 생각을 하는 독자는 자신을 텍스트와 분리할 수 없다. 텍스트와 자신을 분리하면 독자 자신이 텍스트를 비판적으로 보기를 포기할 수도 있기 때문이다. ……

공부하기 활동은 세계에 대한 태도이기 때문에 독자와 텍스트 간의 관계로 한정될 수 없다. 사실 (텍스트는) 저자가 직면한 세계를 반성하는 것이다. 공부하는 사람은 타인과 현실에 대한 호기심을 결코 멈추어서는 안 된다. 그들은 질문하는 사람, 대답을 찾으려 애쓰는 사람, 계속해서 조사연구하는 사람이어야 한다.[2]

프레이리의 이 글이 이 장을 시작하는 데 매우 소중한 까닭은 다음과 같은 쟁점을 제안하고 문제삼고 있기 때문이다. 그 쟁점이란 교사와 학생들이 비판적 행위와 권력갖기의 경험을 직접 구현하는 교육을 어떻게 이론화하고 개발할지에 관한 것이다. 여기서 프레이리의 행위(agency) 개념 강조는 비판의 이미지와 가능성의 이미지 둘 다를 담고 있기 때문에 무척 중요하다. 비판적 이미지의 예로서, 프레이리는 학교에서 경험이 어떻게 비판적 학습과 비판적 행위의 가능성을 적극 방해하는지를 알아야 한다고 요구한다. 가능성의 이미지를 보여주는 예로서, 프레이리는 훨씬 비판적이고 개방적이고 탐색적이고 집단적인 학습 양식의 개발을 주장하는 사회적 형식들과 실천 속에서 교육 경험을 조직하기 위해 독특한 언어와 도전을 활용한다.

나는 이런 도전들이 비판교육자들을 만족시키려면 학교를 두 측면에서 문제제기하는 담론을 개발해야 한다고 주장하는 바이다. 한편으로는 문화와 권력의 복잡한 관계망에서 나온 이데올로기적 · 물질적 구현물로서 학교를 문제삼는 담론이고, 다른 한편으로는 살아온 경험(lived experience)의 생산에 적극 연루된 장, 즉 사회적으로 구성된 갈등의 장으로서 학교를 문제삼는 담론이다. 이런 생각에는 교육실천이 어떻게 특정 경험의 정치학을 표상하는지 밝히려는 시도가 깔려 있다. 경험의 정치학이란 특정한 역사적 시기에 나타나는 어떤 도덕적 · 사회적 규제의 실천을 생산하기 위해 지식, 담론, 권력이 서로 교차하는 문화적 장을 일컫는다.[3]

마찬가지로, 이런 문제제기적 시각은 인간 경험들이 일상적인 교실 생활의 역동성 속에서 어떻게 생산되고 경쟁하고 정당화되는지를 질문해야 한다고 지적한다. 이 질문이 이론적으로 중요한 까닭은 비판교육자들이 문화와 경험에 대해 폭넓은 정치학의 시각을 가진 담론을 만들어야 할 필요성과 직결되기 때문이다. 여기서 쟁점은 다양한 개인과 집단들이 적극 경쟁하고 각기 다른 경험을 하게 되는 현실에 사회적 형식들과 문화가 의미를 부여한다는 뜻에서 사회적 형식들과 문화는 다분히 이데올로기적인데, 학교는 그러한 형식들과 문화의 역사적이고 구조적인 구현물이라는 사실을 인식하는 것이다. 즉 학교는 결코 이데올로기적으로 순진무구하지 않다. 또한 지배집단의 사회관계와 이해관계를 재생산하기만

하는 것도 아니다. 오히려 학교는 '개인과 집단이 자기 요구를 밝히고 실현하는 능력을 불평등하게 생산하는'[4] 권력의 공학과 밀접한 정치적 · 도덕적 규제를 실행한다. 구체적으로 말해, 학교는 일부 개인과 집단이 용어를 개념 정의해주면 나머지 사람들은 그 개념을 가지고 자신의 정체성과 주체성을 형성하면서 살고, 저항하고, 인정하고, 참여하는 환경을 정착시켜간다.

이런 이론적 관점에서, 나는 권력을 사회적 형식들―사회적 형식들을 통해 다른 경험들과 다른 주체성을 겪게 된다―을 생산하는 구체적 실천으로 이해해야 한다고 본다.[5] 이 공식에서 담론은 권력을 구성함과 동시에 권력의 산물이다. 담론은 일상 생활에서 특별하게 연출된 이데올로기 · 행동 · 표상에 특권을 줄 의향으로 교사와 학생의 위치를 결정하는 시간 · 공간 · 서사 등을 배치하고 그 배치를 정당화한다. 권력의 공학으로서 담론이 구체적으로 드러나는 곳은 공식적 교육과정을 구성하는 지식과 스스로 심신을 '꼼짝 못하게 하는' 교실 사회관계이다.[6] 두말할 필요도 없이, 이런 교육실천과 형식들은 교사와 학생에 의해 각기 달리 '읽힌다.'[7] 그런데도 세계에 대한 특정 '의식'을 의식 · 무의식적으로 발휘하는 주체성을 적극 생산하는 힘은 사회적으로 구성된 교육실천 안에 있다.

이 경우, 분석할 문제는 두 가지 초점을 가지고 있다. 먼저, 내가 탐색하고 싶은 것은 교육 경험을 특정 형태로 구조화하여 현실의 불의와 불평등을 만들어내는 교육담론과 실천이다. 다음으로, 비판의 언어를 넘어서서 교사와 학생들에게 변혁적 지성인의 사려

깊고 비판적인 역할을 허용하는 교육실천을 만들 수 있는 가능성
에 대해 분석하고자 한다. 각각의 경우에 나는 문화, 지식, 경험이
특정한 교육관을 중심으로 구성된 사회관계를 통해, 학교가 사회
적 적대감을 구현하고 또한 반성도 하는 방식을 살펴볼 작정이다.

교육 그리고 '관리와 통제'의 담론

학교는 당신이 자신을 실현할 수 있도록 가르쳐야 하지만 실제로
는 그렇지 않다. 학교는 당신이 한 권의 책이 되도록 가르치고 있다.
책이 되기는 쉬우나 자신이 되기 위해서는 당신에게 다양한 선택권
이 주어져야 하고, 그 선택권들을 알 수 있도록 도움을 받아야 한다.
당신은 이걸 배워야만 한다. 그렇지 않으면 바깥 세계를 준비할 수
가 없다.[8]

이 대답을 했던 고등학생은 자신의 학교 경험에 대한 중요한 해
석을 제공했고, 그 경험을 구성하는 교육담론과 실천이 성공하지
못했음을 알려주었다. 그러나 이런 교육학이 성공하지 못했다는
주장은, 이런 담론과 실천이 어떻게 자신의 특징을 결정하는지, 어
떤 가정으로 이뤄져 있는지, 이 담론과 실천이 지지하는 문화관·
지식관·교사-학생 관계관은 어떤 이해관계를 중시하는지 등에
관해 더욱 자세히 설명할 것을 요구한다.

내가 분석하려는 교육실천은 내가 말한 '관리와 통제'의 담론으
로 이뤄져 있다. 이 담론에는 문화와 지식을 정전(正典)으로 구성

된 유물 창고쯤으로 취급하는 견해가 내재되어 있다. 이 담론은 여러 형태로 표현되는데, 가장 최근에 이 담론을 이론적으로 지지하는 것은 아들러의 《파이데이아 제안》에서 발견할 수 있다. 아들러는 학교가 12년간의 공교육 기간 동안 교과의 핵심 과정을 수행해야 한다고 주장한다. 그는 학생들이 미리 결정되어 있는 지식 형식에 관한 기술과 특정 이해방식을 숙달하는 교육이어야 한다고 호소한다. 이런 견해로 보면, 지식은 곧바로 적용해먹는 것에 관심이 있지, 비판적 질문 따위에는 관심이 없다. 달리 말해, 그 지식이 어떻게 선택되었는지, 누구의 이익이 반영되어 있는지, 학생들이 그 지식을 왜 그렇게 열심히 학습해야 하는지는 전혀 말하지 않는다. 사실 이 관점에서는 학생들의 주체성, 흥미, 관심을 다양하고 복잡하게 만드는 이데올로기적 · 물질적 차이는 무시하고서, 학생들을 똑같은 존재로 본다.

나는 이런 경우에 차이 개념은 '타자'를 부정하는 유령이 된다고 주장했다. 이는 특히 아들러의 경우에 명백하다. 그는 "다양한 개인차가 있긴 해도, 아이들은 결국 모두 인간이라는 면에서 동일하다"[9]는 식의 단순하고 환원론적인 언급으로 학생들 간의 독특한 사회문화적 차이를 얼버무려버리기 때문이다. 이 담론에서 지식은 미리 결정되어 있으며 위계화되어 있는 것이다. 이런 지식군은 아이들의 차이와 흥미와는 상관없이 모든 아이들에게 분배되어야 할 문화적 화폐로 생각된다. 마찬가지로 이런 지식의 획득은 결국 학교 교육과정을 조직하고 특정한 교실 사회관계를 정당화하는 구조화 원리가 된다는 사실도 또한 중요하다. 이 경우, 학교 지식만이 오로지 학습 경험의 척도와 가치가 된다고 본다. 즉 교사와 학생이 하는 경험의 가치는 이른바 '실증적 지식'의 전달과 설득을 전제로 한다. 결론적으로 이런 교육학은 실증적 지식의 분배, 관리, 측정, 정당화에 그 열정을 쏟아붓는다. 쿠직은 세 곳의 도시 중등학교를 민족지학적으로 연구하면서, '실증적 지식'의 개념에 따라 학교 실천을 정당화하고 조직하는 것의 문제에 대해 논평했다.

내 말은 실증적 지식이 경험적 기반이나 전통적 기반을 가지고 있다고 생각한다는 것이다. …… 실증적 지식의 획득에 흥미와 관심이 있는 주장은 적어도 십대까지는 모든 아이들이 학교에 다니도록 의무화하는 법을 강조한다. …… 이 관습적인 주장에서 보면, 학교 교육과정이란 교사들의 동의를 얻고, 전체 지역사회와 다소 전문성을 갖춘 지역 권위자들의 승인을 받은 지식의 묶음으로 이뤄져 있으면서, 젊은이들이 우리 사회에서 무엇을 계승해야 할지에 대한 최상의 생각을 반영하는 것이다. 그러나 나는 아직까지 그런 지식을 본 적이 없다.[10]

쿠직이 보기에 이렇게 조직된 학교 지식은 그가 관찰한 많은 학생들에게 별 흥미를 주지 못했다. 더구나 이 관점에 매몰된 교육자들은 처음엔 실증적 지식을 가르치는 일에 관심을 두었으나 나중엔 질서와 통제의 유지, 즉 그들의 표현대로 '내내 단속하기'로 관심을 돌리면서 학생들의 불만과 폭력과 저항에 부딪히게 되었다. 다소 길지만 쿠직을 다시 인용해보자.

행정가들은 이런 문제들(행정과 통제)에 시간을 다 보낼 뿐 아니라, 교사들의 질서 유지 능력을 보고서 심지어는 교육 활동과 같은 다른 일까지도 평가하려는 경향이 있다. 행정가들은 질서를 유지하는 데 얼마나 도움이 되느냐 그렇지 않느냐에 따라서 학교의 다른 요소들까지도 정비하려는 경향이 있다. 아주 좋은 사례가 주일제로 하루 5교시 수업을 실시하는 두 도시 학교이다. 그 학교의 학생들은 아침 일찍 학교에 와서, 짧은 쉬는 시간과 15분간의 중간 휴식시간을 보내고, 5교시 수업을 받고, 한 시가 되기 전에 하교한다. 자유시간, 자습시간, 식당모임, 회합 따위는 아예 없다. 폭력 사건도 결코 용납하지 않는다. 이런 공립 중등학교에서 질서 유지는 다른 무엇보다도 중요하다.[11]

이 담론에서 학생 경험은 직접적인 수행활동으로 치부되며, 그 경험은 측정받고 지시받고 신고되고 통제받아야 하는 무엇이 되어버린다. 경험의 독특성, 차별성, 지금까지 유지된 특성 등은 '통제와 관리'의 이데올로기 아래서 완전히 사라져버린다. 이런 지식은 학생 자신의 일상 경험과는 무관하기 때문에 학생들이 그 지식을 생산하는 교육실천에 어떤 흥미를 보일 거라고 전혀 장담할 수 없다. 이 문제는 매우 중요하다. 더구나 관리와 통제의 담론에 따라 교실 경험을 구조화하는 교사들은 공립학교, 특히 도심지 학교에 있는 수많은 문제들에 부딪히게 된다. 지루함과 (혹은) 분열이 이런 학교의 중요한 산물이 된다. 물론 어느 정도까지는, 학생들과 비판적 학습을 외면하는 교실실천에 매달리는 교사들 역시 비판교육자들의 지위를 인정하지 않는 노동조건의 희생자들이다. 동시에 교사들의 노동조건은 패권적인 교실실천에 이데올로기적 정당성을 부여하는 지배이익과 지배담론에 의해 상호 결정된다. 다음 인용문은 관리와 통제의 논리를 과장했을 수도 있지만, 그 이데올로기를 노골적으로 드러내주는 것만은 확실하다. 아래 글의 저자가 학생 독자들에게 온순함의 미덕을 옹호하는 작문지도 교사였다는 점에서 어떤 비애감이 밀려온다.

> 온순함은 '가르칠 수 있음'을 뜻하며, 기꺼이 명쾌한 지도를 따르고 그 지도교사를 기꺼이 믿으려는 자질이다. 그 지도교사는 이전에 모든 걸 학습하면서─그리고 아마 많은 것을 가르치면서─형성된 사람이고 그리고 이제는 자신이 무얼 하는지 아는 그런 사람이다. ⋯⋯ "(너희들은) 아무런 재주가 없어도 오로지 꾹 참으면서 온순하게 그리고 진지하게 차근차근 단계를 밟아가다 보면 훌륭한 글을 쓸 수 있게 된다."[12]

이런 유형의 담론은 학교 지식과 탐구의 중요한 기반인 학생들의 문화자본을 평가절하한다는 점에서 학생들에게 상징적 폭력을 휘두르는 것이다. 뿐만 아니라 이 담론은 교사의 역할을 그 제국의 '판매원'으로 정당화하는 교육모델 안에서 보는 경향이 있다. 불행히도 교사를 진짜 판매원으로 만드는 기술주의적 이해관계는 미국 공교육을 오랫동안 장악해온 '관리와 행정' 중심의 교육모델 전통에서 나온 것이다.[13]

최근 이 논리는 책무성, 목표 중심의 관리, 교사용 교육과정 자료들 그리고 국가지정 자격조건 등으로 다양하게 변주되고 있다. 행정과 교사 활동에 대한 이 모든 접근법에는, 교사들은 자신이 가르치는 문화적·사회적 맥락에 맞는 교육과정 자료 개발에 집단적으로 참여해야 한다는 생각과는 반대되는 원리가 도사리고 있다. 문화적 특수성의 문제, 교사 판단의 문제, 학생 경험과 역사가 학습 과정과 어떤 관련이 있는지 등의 문제는 외면당한다. 나아가 이런 문제들은 읽기, 수학, 대학입학 자격시험 점수가 높으면 자질이 우수하다고 믿는 학교 행정가들에게는 거추장스러운 방해물에 불과하겠지만, 사실 이런 문제들이야말로 교사의 자율성과 통제 방식을 반영한다고 말할 수 있다. 이는 관리와 통제의 담론에 깔려 있는 가정에 비추어보면 더욱 분명해진다. 그 가정이란 교사 행동은 통제받을 필요가 있고, 학교와 학생이 달라도 교사 행동은 여전히 일관되고 예측 가능해야 한다는 것이다. 이런 이데올로기를 채용한 학교체제의 결과는 권위적인 학교통제 형식을 드러내는 건 물론이고, 표준화되고 관리 가능한 교육 형태를 보인다는 점에서 주목해야 한다. 이런 학교정책 유형은 학교 행정가들이 그들의 학교를 괴롭히는 복잡한 사회적·정치적·경제적 문제에 대한 기술적 해결책을 던져준다는 점에서 좋은 공적 관계를 지향함과 동시에 성공의 지표로서 책무성 원리를 고취시킨다. 대중에게 전하는 메시지는 분명하다. 문제를 측정할 수 있으면 해결도 가능하다는 것이다.
　그러나 주류 교육담론이 하나같이 똑같지는 않다. 주류 교육담론 속에서도 한편으론 지식과 학습의 관계를, 다른 한편으로는 학생 경험을 외면하지 않는 입장들도 있다. 여기서 나는 이들 입장에 대해 살펴볼 것이다.

교육과 적합성 담론

교육이론과 실천에서 적합성 담론(discourse of relevance)은 미국에서 이른바 진보교육의 다양한 교리들과 오랫동안 연관을 맺어 왔다. 듀이에서 시작해 1960년대와 70년대 자유학교운동 그리고 현재 다문화주의에 대한 강조에 이르기까지, 학생들의 요구와 문화적 경험을 적합한 교육 형태를 개발하기 위한 출발점으로 보는 관심들이 있어 왔다.[14] 이 운동이 겪은 이론적 전환과 변화를 여기에서 모두 분석하는 것은 불가능하다. 그래서 나는 이 담론이 학생과 교사 모두의 경험을 구조화하는 방식과 이 담론의 지배적인 이데올로기 중 일부 경향에만 초점을 맞출 작정이다.

일반적으로 적합성의 교육담론에서는 경험 개념을 '아동의 요구를 충족시키는 것'과 동일시하거나 학교의 질서와 통제를 유지하기 위해 학생들과 호의적인 관계를 맺는 것과 동일시한다. 여러 면에서, 이 두 가지 담론은 동일한 교육 이데올로기의 다른 측면을 보여줄 뿐이다. '요구 충족'이라는 담론에서 요구 개념은 특정한 경험의 *부재*를 나타낸다. 대부분 경우 교육자들은 학생들의 삶을 풍요롭게 해주는 특별한 문화적 경험이나, 학생들이 공교육을 떠나 직업을 얻을 때 '필요한' 기초적인 기술을 놓치고 있다고 생각한다. 이런 경험관에는 문화적 박탈이론의 논리가 깔려 있다. 문화적 박탈이론은 교육을 문화적 풍요, 교정, 기초란 측면에서 정의한다.

적합성 담론에서는 특권적 경험을 정당화하는 것이 특정한 삶의 방식을 인정하는 것임을 모르고 있다. 그런 특정한 삶의 방식은 그 방식을 공유하지 않은 사람들에 대한 '적대감'으로 특권적 경험이 더 우월하다는 것을 매우 중요하게 생각한다. 이 담론은 특히, 학생의 경험은 일탈적이라든가 천박하다거나 무례하다고 쉽게 비난하는 담론으로 밀려나기 쉽다. 결론적으로 학생들이 학교 실패의 책임을 져야 하고, 행정가와 교사들이 문제의 학생들에게 떠넘겨버린 그 문제가 실제로는 행정가와 교사들 자신에 의해 만들어지고 유지된다는 점에 대해 이론적으로 질문하는 경우는 거의 없거나 아예 없다. 자신이 지배논리를 구현하는 경험들을 어떻게 생산하고 정당화하는지 검토하기를 거부하는 적합성 담론에서는 학생, 특히 종속집단 출신 학생에 대한 이런 무비판적 견해가 그대로 반영되기 마련이다. 이를 보여주는 깜짝 놀랄 만한 경험을 한 적이 있다.

내가 개설한 대학원 과정에 중등학교 교사가 한 명 있었는데, 그가 매번 노동계급 학생들을 '천한 삶'이라고 말하는 걸 보고 나는 심각성을 깨달았다. 나는 그 메시지가 학생들에게 영향을 미칠 것이라 확신하고 있었지만, 당시 그 교사는 자기 언어가 학생들과의 관계에 어떤 영향을 미치는지 전혀 몰랐다. 이런 적합성 담론에서 나온 실천 방식 중 하나는 교사가 본 학생의 문제점을 이유로 교사는 학생들을 꾸짖을 수 있고, 동시에 교실에서 학생들의 참여를 끌어낼 욕심으로 교사가 학생들에게 굴욕감을 주는 것이다. 이런 일은 자주 일어난다. 다음 인용문은 이를 여실히 보여준다.

15분 동안 주의를 집중시킨 후 교사는 몇 개의 단어를 칠판에 적었다. '아담과 이브', '자연발생론', '진화.' 그리고 학생들에게 말했다. "세계가 어떻게 시작되었다고 생각하는지 앞으로 40분 동안 각자 에세이를 적어라. 그리고 여기에는 너희들이 알고 있는 것, 바로 지난 주에 우리가 토론했던 세 가지의 가능성이 적혀 있다. 내가 대학입시반에서 이걸 해보니 그 학생들은 무척 좋아하더라. …… 아마 이건 너희들에게도 좋을 것이다. 변화하고 싶다면 너희들도 생각을 해보도록 해라. 이건 너희들이 거의 해보지 못한 것이니까."[15]

학생들이 이런 굴욕적인 이야기를 순순히 따르지 않을 때, 교사와 학교 행정가들은 대개 질서와 통제의 문제에 부딪힌다. 이때 한 가지 반응으로 학생들과 호의적인 관계를 맺어야 한다는 담론이 나오게 된다. 이 담론에서 학생을 다루는 전형적인 사례는 낮은 수준의 지식을 개발해 학생 개인의 흥미를 충족시켜주든가 학생과 기분 좋은 공감대를 형성해서 학생들을 행복하게 해주는 것이다.[16] 이처럼 학생들을 타자로 보는 논리에서, 학생들이란 좀더 쉽게 통제하기 위해 이해해야 하는 탐구 대상에 불과하다. 예를 들어, 이 학생들에게 교사가 활용하는 지식은 특정한 계급, 인종, 성적 이해관계가 들어 있는 문화형식에서 나오는 경우가 많다. 그러나 이때, 적합성은 해방적 관심과는 무관하며 '내내 단속하기'를 더 잘할 요량으로 학생과 대중문화에 맞게 고친 교육실천일 뿐이다. 더구나 적합성은 계급, 인종, 성별에 따른 능력별 편성을 정당화하는 이데올로기를 제공한다. 문제의 능력별 편성은 선택과목에서 가장 교묘하게 그 모습을 드러낸다. 일련의 선택과목들은 종속집단의 문화를 정당화하는 듯이 보이지만, 실제로는 종속집단의 문화를 시시한 교육으로 묶어버리는 구실을 한다. 그래서 지도교사는 노동계급 소녀들에게 '성교육' 수업이나 받으라고 충고하지만, 중간계급 학생들에게 있어 문학비평 수업의 중요성은 한번도 의심치 않는다. 적합성과 질서의 이름 아래, 노동계급 소년들에게는 공업 과목을 선택하도록 충고하지만, 중간계급 소년들이 고급화학 과정에 참여하는 걸 당연하게 생각한다. 다양한 이해관계에 따른 이런 실천과 사회적 행위 그리고 이로 인한 교육에 대해서는 다른 글에서도 많이 분석해왔으므로 여기서는 반복하지 않겠다.[17]

보다 이론적인 논쟁에서는 적합성 담론이 통합 담론(discourse of integration)으로 대체된다. 통합 담론은 학생 경험과 문화에 대해 한층 자유로운 관점을 취한다는 특성이 있다. 통합 담론에서 학생 경험은 '학생 중심'이라는 개별화 심리학이나 규범적 다원론(normative pluralism) 논리를 통해 개념 정의된다. 학생 경험은 선천적인 계발 과정의 일부이기 때문에 엄격한 훈육적 권위의 명령보다는 스스로 통제하고 스스로 규제하는 것과 관계가 깊다. 이 담론에서 분석의 초점은 유일한 주체인 아동이며, 강조점은 건강한 경험과 조화로운 사회관계를 권장하는 목표를 중심으로 구조화된 교육실천이다.

통합 담론에서 가장 중요하게 제기하는 문제는 자유 개념을 헌신적 사랑과 칼 로저스의 '무조건적인 긍정적 보상'이나 '전적인 이해'와 동일시하는 것이다.[18] 이런 교육적 규범에서 교사의 지위는 '자기주도적 학습을 강조하고, 학생의 개인 경험과 지식을 관련짓고, 학생들이 긍정적이고 조화롭게 상호작용하도록 돕는' 일련의 사회적 관계 속에 자리잡고 있다. 물론 학생 경험이 어떻게 이 담론 안에서 발전해가는가 하는 점은 더 거시적인 문제와 관련 있다. 즉 한 사회의 특징인 사회문화적 관계를 구현하고 재생산하는 다양한 담론 속에서 학생 경험이 어떻게 구성되고 이해되는가 하는 문제와 관련된다. 이 논제는 대체로 아동 중심의 언어에서는 외면당했지만, 규범적 다원론의 교육학을 채용한 또 다른 통합 담론에서는 핵심적인 관심거리로 등장했다.

규범적 다원론의 교육학에서 경험을 분석하고 의미를 부여할 때, 그 관심 대상은 개별 아동이 아니라 특정 문화집단의 일원으로서 학생들이다. 따라서 경험을 명명하고 이해하자면 다양한 문화적 관계망 속에서 개별 아동이 처한 사회적 범주를 알아야 한다. 적합성 담론의 중요성은 문화 개념을 정의하고 질문하는 방식에 있다. 인류학적 논리로 보면, 문화는 인류가 그들의 삶, 감정, 신념, 사고, 더 넓은 사회를 알아가는 방식이다.[19] 적합성 담론에서 차이 개념은 오히려 그 문화의 타자성을 제거하고, '정중한 시민적 휴머니즘'의 논리 속으로 흡수된다.[20] 즉 차이는 더 이상 파괴의 위협을 상징하지 않는다. 반대로 이제 차이는 다양한 문화집단이 통합적 다원론이라는 민주 깃발 아래 서로 손을 잡게 된다는 신호이다. 적합성 담론의 관점에서 차이와 다원론의 관계는 매우 중요하다. 이 관점은 인종, 민족, 언어, 가치관, 생활양식에 뚜렷한 차이가 있더라도 상이한 문화집단들 간의 차이 속에는 근원적인 동일함이 존재한다는 생각을 정당화하며 어떤 한 특정 집단에 특권을 주는 것을 거부한다. 그래서 차이의 개념은 다양한 문화집단들 속에서 그리고 그 집단들 사이에서 조화, 평등, 존중을 높일 수 있는 담론과 실천에 흡수된다.

그렇다고 적합성 담론이 갈등을 무시한다는 의미는 아니다. 물론 상이한 문화집단과 더 큰 사회 사이의 관계를 규정하는 사회정치적 적대감을 부인한다는 의미도 아니다. 반대로 갈등이나 적대감 같은 문제들은 널리 알려져 있기는 하지만, '행복하고 협력적인 계급'을 창조하기 위해 토론되고 극복되어야 할 문제들로 본다. 이때 행복하고 협력적인 계급은 '행복하고 협동적인 세계'[21]를 만드는 데 근본적인 역할을 수행할 존재이다. 이런 맥락에서, 갈등과 긴장으로서 차이의 문화적 표상들은 통일과 협력의 언어 속에 자리를 잡을 때 교육적 역할을 수행할 수 있다. 결론적으로 차이의 개념은 그 반대인 통일과 협동의 언어로 바뀌어버린다. 그 이유는 차이 개념이 논쟁과 학급 토론이라는 *적합한* 형태 속에서 해결될 수 있는 어떤 것으로서 매우 유의미하기 때문이다. 여기서는 각기 다른 문화적 논리의 자율성에 대한 존중도, 그런 논리들이 불평등한 권력과 지배 가운데서 어떻게 작용하는지에 대한 이해도 전혀 담겨 있지 않다. 다른 말로 하면, 어떻게 학교 안팎의 사회적 실천 속에서 지배집단과 종속집단이 생산되고 중재되고 표현되는지에 대한 '정치적 생각'을 다른 무엇으로, 즉 살면서 구현된 경험인 상이한 문화를 연합하는 '평등'으로 바꿔치기하는 기능을 한다.

차이와 문화적 다양성에 대한 이런 개념에서 나온 교육실천은 실증적 사고의 언어로 가득차 있다. 실증적 언어가 대다수를 차지하는 건 이런 실천에서 나온 교육과정 프로젝트를 보면 금세 알 수 있다. 일반적으로 이런 실천들은 상이한 집단들 간의 갈등과 긴장을 참조하여 교육과정 문제를 구조화한다. 그러나 이런 식의 접근법은 '권력과 지배'의 관계들이 거대한 사회적 장에서 그 힘을 잃어갈 때, 그 속에서 상이한 집단이 투쟁하는 방식에 관해서는 학생들에게 가르치지 않는다. 그보다는 다양한 문화집단들 간의 상호 존중과 상호 이해를 높이는 교육 목표의 개발을 우선과제로 두고, 투쟁과 권력의 문제는 그 아래에 종속시킨다. 이 담론은 사회 변화의 복잡성과 어려움을 은근히 무시한다. 상호 존중을 얘기하는 이런 담론은 문화들간의 갈등보다는 타협을 중요하게 여기는데, 이는 교실실천을 구조화하는 교육 목표에서 여지없이 드러난다. 다음은 그 특징이다.

다문화적 환경에서처럼 단일문화 환경에서도 학생들이 다문화적 관점을 갖도록 하는 일은 중요하다. 다문화적 환경에서 잘 지낼 수 있는 능력을 개발하면 (1)자의식과 자아존중감을 높일 수 있으며 (2)학생 자신과 다른 문화집단에게도 자아존중감을 높일 것이며 (3)미국 내에서 문화다원론과 공평무사함을 널리 확장하며 (4)무시와 오해에서 생긴 집단간의 갈등을 줄이게 된다.[22]

이론적으로 한층 정교해진 규범적 다원론의 교육학은 상이한 집단 사이에 인종적·성적·민족적 혹은 여타 갈등이 있다는 걸 알면서도 왜 그 갈등을 교육과정에서 강조하지 않는지에 대해 이데올로기적으로 훨씬 정직한 편이다. 이 입장은 공통문화의 이익에 호소하면서, 국가의 공통적인 이익과 이상을 교육적으로 강조하고 싶어한다.

규범적 다원론을 대변하는 네이던 글레이저는 이렇게 적고 있다. 무엇을 가르칠지에 관한 선택은 "우리가 어떤 사회를 원하는가에 따라서, 달리 말해 '가르치기 위해 우리가 선정한 것'과 '사람들이 소망하는 사회를 성취하고 그 사회에서 더불어 살 수 있는 능력', 이 둘 사이의 관계에 따라서 …… 이뤄져야 한다."[23] 이 입장의 문제는 문화를 투쟁의 영역으로 보지 못한다는 점이다. 더구나 이 입장은 지식과 권력의 관계에도 주목하지 않는다. 사실 글레이저의 진술은 모든 집단이 그 사회의 발전에 적극 참여할 수 있다는 가정을 담고 있지만, 그 가정을 실현하지는 않는 얄팍한 평등주의이다. 글레이저가 하나된 '우리'를 강조하는 이 구조적 침묵은 기존 지배구조를 고발하거나 대들어볼 의지가 없음을 말한다. 그러면서 있지도 않는 화합에 호소한다. 화합은 종속집단이 당하는 부당함을 자신은 겪어보지도 않은 사람들이 그들의 담론에서 만들어낸 상상물일 뿐이다.

요컨대 규범적 다원론의 교육학은 현재의 뿌리 깊은 모순과 긴장을 배제한 채 미래를 이상적으로 그리는 관점의 희생양이 된다. 이는 화합의 담론만 그런 것이 아니다. 문화와 권력의 관계를 해방적 정치활동이 요구되는 도덕적 문제로 보지 않는 관점도 마찬가지다.

나는 이미 적합성 담론과 통합 담론의 일부 가정을 비판해왔지만, 여기서 이 주제를 좀더 세밀히 다루겠다. 비판교육학이 어떻게 문화정치학 이론에서 나오게 되는지 분석할 것이다.[24]

적합성과 통합의 담론은 문화와 권력의 관계를 떼어놓으려는 이데올로기적 경향을 따른다. 이 경향은 미국 교육과 주류 사회과학에 뿌리깊이 배어 있다. 적합성과 통합의 담론에서 문화는 사회학적 탐구의 대상으로서 다양한 집단의 전통과 가치를 구현하고 표현하는 유물로 분석된다. 불평등한 권력관계와 투쟁의 장에서 집단과 계급에 따라 각기 다른 특성을 공유하면서 살아온 삶의 원리들로서 문화를 보려는 노력은 아예 시도하지도 않는다. 본질적으로 문화는 지배집단과 종속집단 사이의 특수한 관계이므로 각 집단에 따라 다른 특정한 의미와 활동을 구현하고 생산하는 적대적 관계로 표현되는데도, 적합성 담론과 통합 담론에서는 이런 문화의 개념을 전혀 알려고 하지 않는다. 실제로 적합성 담론과 통합 담론은 지배문화와 종속문화라는 개념을 배제했고, 이 때문에 정치적·사회적 세력들이 학교 조직과 일상적 교실 생활에 영향을 미칠 때도 그 세력의 중요성을 깨닫지 못한다.

적합성과 통합의 담론은 문화와 권력의 관계를 알고 싶어하지 않기 때문에, 학교가 어떻게 지배적인 담론과 사회적 실천을 재생산하는 데 연루되는지 이해하지 못한다. 이 관점에서 말하는 학교는 상이한 문화집단이 직면한 문제를 분석하고, 학생들은 이 분석을 통해 어떤 식으로든 사회에 영향을 미치게 될 이해심과 상호존중을 개발해야 한다고 생각한다.

그러나 학교는 사회에 영향을 미치는 것에서 끝나지 않는다. 학교는 사회에 의해 형성되기도 한다. 즉 학교는 정치적·문화적 과정이라는 더 넓은 장과 복잡하게 연루되어 있다. 그리고 학교는 이 과정에서 구현된 적대감을 반영하기도 하고 적대감을 구현하고 재생산하기도 한다. 이 담론은 '차별을 끔찍하게 싫어하도록 가르치면서도 학교가 어떻게 계급차별, 인종차별, 성차별을 재생산하는가' 하는 문제는 대체로 무시해왔다. 다른 말로, 정치적·경제적·사회적·이데올로기적 지배와 종속이 학교의 언어, 교재, 사회적 실천에 어떻게 녹아나 있으며 교사와 학생들의 경험에는 어떤 식으로 녹아나 있는가, 어떻게 학교 내부의 권력은 모종의 집단에게는 특권을 주면서 딴 집단은 거부하는가 하는 문제는 알려고 하지 않는다. 여기서 중요한 점은 적합성과 통합의 담론이 지배에 대한 충분한 이론도, 지배과정에서 학교가 하는 역할도 제대로 알지 못할 뿐 아니라 경험이 학교 안에서 *명명되고 구성되고 정당화되는* 방법을 비판적으로 이해하지도 못한다는 것이다. 이런 의미에서 적합성 담론과 통합 담론은 교사와 학생이 교실에서 맺는 사회적 관계가 어떻게 표현되고 중재되는지 분석하는 데 실패했다. 사이먼은 이 담론에서 간과한 문제의 복잡성을 설명하면서 다음과 같은 질문을 제기한다.

교육자로서 우리의 관심은 일상 조건이라는 구체적인 사회적 형식 속에서 주체성을 구성하고 개념 정의에 대한 사고방식을 개발하는 것이다. 그 방식은 규제와 변혁의 프로젝트를 구현하는 문화정치적 장으로 학교 교육을 파악하는 것이다. 교육자로서 우리는 사회적 형식들의 수용가능성에 대해 입장을 취할 것을 요구받는다. 우리는 또한 학교 교육이 생산적이면서도 고립적이지 않고, 다른 상황에서 조직된 다른 형식들과 복잡한 관계를 맺는다는 걸 알고 있다. …… 학교 교육을 재구성하면서 (교육자들은) 학교 교육이 주체성의 생산에 어떻게 연루되는지 이해해야만 한다. (그리고) 기존의 사회적 형식들이 일부 사람에게만 득이 되는 불평등한 현실을 어떻게 정당화하고 생산하는지 깨달아야 한다. 그리고 변혁적 교육학은 현실의 불평등을 반대하고, 실제로 일부 사람들에게 위협이 될 수도 있다는 점을 인지해야 한다.[25]

사이먼은 학교가 경쟁과 투쟁의 장이며 문화생산의 장으로서 학생들이 직접 행위할 가능성을 높이기도 하고 방해하기도 하는 표상과 실천을 구현한다고 강력히 주장한다. 이는 학교에서 경험과 주체성을 구성하는 데 가장 중요한 요소가 언어라는 걸 알 때 명백해진다. 이때, 특정 집단의 이데올로기와 생활양식을 정당화하고 구조화하기 위해 학교에서 특정한 언어 형식을 사용하는 식으로, 언어는 권력과 상호 교차한다. 이런 경우, 언어는 권력과 긴밀한 관계에 있으며, 교사와 학생이 서로의 관계 그리고 사회와 자신의 관계를 정의하고 중재하고 이해하는 방식을 결정하고 구성하는 역할을 한다.

적합성과 통합의 담론에 대해 제기되는 또 다른 중요한 비판은 언어를 기술적 의미(숙달)에서 개념 정의하거나, 대화와 정보전달과 같은 의사소통적 가치를 중시하는 의미에서 개념 정의함으로써 언어를 탈정치화해버린다는 점이다. 다른 말로, 언어는 말을 교환하고 지식을 제시하는 매개물이 되어버리고, 그 자체로 상이한 의미와 실천 그리고 상이한 세계읽기를 위한 투쟁의 도구이자 장으로서 언어의 구성적 역할과는 거리가 멀어지게 된다.

적합성과 통합의 담론은 일부 학생들이 알아서 입 다물게 하는데 언어실천이 어떻게 사용되는지도 알지 못할 뿐 아니라 종속적인 언어실천이 구현하고 반영하는 전통·실천·가치를 부정하기 위해 어떻게 특정 언어를 추켜세우는지에 대해서도 전혀 알지 못한다. 마찬가지로, 언어문해란 학생들이 자신의 경험과 문화환경을 인정하고 비판적으로 참여하게 해주는 언어를 개발하기 위한 언어구조와 이론적 기술을 알게 해주는 것인데도 불구하고, 이 담론에서는 교사들이 언어문해를 배우도록 하는 중요한 교육과제를 놓치고 있다.[26]

이 담론에서, 문화적 차이의 문제가 교육과정 전달에 대한 단순한 강조로 전락된다는 건 놀라운 일이 아니다. 적합성과 통합의 담론에서는 학교 지식의 학습과 이해가 문제를 정의하고 해결하는 유일한 매개가 된다. 이런 생각은 권력이 제도적·이데올로기적 세력 안에 퍼져 있는 방식에 대해서도 놓치고 있다. 여기서 말하는 제도적·이데올로기적 세력은 교육과정에 쓰이는 교재를 교실 용법에만 한정해서 분석함으로써 학교 교육의 사회적 실천을 은근히 감추도록 밀어붙이고 그렇게 형성한다. 예컨대 사회적 관계가 시간, 공간, 자원의 조직화를 통해 학교에서 어떻게 작동하는지 혹은 각기 다른 집단들이 학교 바깥에서 자신의 정치적·경제적·사회적 지위에 따라 사회적 관계들을 어떻게 경험하는지에 대해서 제대로 알지 못한다. 그런데도 이 담론은 학교 교육을 사회세력이라는 불가피한 존재와 얽혀 있는 문화적 과정으로 이해하지 못한다. 또한 어떻게 학교에서 저항의 형식들이 형성되는지 이해하지도 못한다.[27]

적합성과 통합의 담론은 또 다른 이론적 한계가 있다. 즉 사회적·문화적 통제기구로서 학교가 어떻게 학교에서 전혀 이득을 받지 못하는 이에 의해 중재되고 경쟁하게 되는지 분석하지 못한다. 부분적으로 이는 기능론적인 학교 교육관 때문이다. 이 입장은 학교가 틀림없이 지배사회의 요구에 복무한다고 보면서도, 지배사회의 성격이라든가 지배사회가 학교 교육의 일상 실천에 미치는 효과에 대해서는 도통 관심이 없다. 이런 기능주의 때문에 치르는 이론적 대가는 아주 크다. 한 가지 분명한 결론은 한 사회의 특징인 긴장과 적대감을 학교가 배제한다는 점이다. 그 결과, 학교가 권력과 의미를 둘러싸고 지금도 격렬하게 투쟁중인 장이라는 사실을 알지 못하게 된다. 더구나 이 담론이 교실의 다양한 일상 속에 배어 있을 때는, 왜 종속집단이 열성적으로 지배문화에 저항하고 지배문화를 거부하는지 이해할 이론적 여지도 없다.

비판교육학과 문화정치학의 담론

이제 이론적 방향을 틀어서, 이 장의 첫머리에서 인용한 프레이리의 글에 담긴 가정으로 돌아가고자 한다. 그 가정인즉, 학습에는 공부의 주체가 포함되어 있다는 것과 공부하기 활동은 세계와의 광범위한 관계 속에서 이루어진다는 것이었다. 나는 대담한 행보를 시작하고자 한다. 즉 비판교육학이 문화정치학의 한 형태로 발전되기 위해서는 교사와 학생 모두를 변혁적 지성인으로 보는 것이 절대적으로 필요하다고 나는 주장하고자 한다.[28]

변혁적 지성인의 범주는 여러 면에서 도움이 된다. 첫째, 변혁적 지성인 범주는 사고와 활동이 긴밀히 결합된 노동형식을 중요시하며, 도구적인 관리교육학에 대한 대항적 이데올로기(counter-ide-ology)를 제공한다. 도구적인 관리교육학은 이를테면 구상과 집행을 분리하고, 교사와 학생의 행동을 형성하는 특정한 경험과 주체성 형식을 무시하는 교육학이다. 둘째, 변혁적 지성인 개념은 교사와 학생의 활동을 구조화하며, 그 활동에서 표현되는 사회적 기능의 정치적·규범적 이해관계를 발휘하도록 요구한다. 다른 말로, 변혁적 지성인 개념은 학교에서 주체적으로 경험하게 되고 재생산되는 제도적 형식과 일상 실천에 들어 있는 이해관계를 교육자들이 문제제기하기 위한 비판적 참조물 역할을 한다.

마지막으로, 교사와 학생을 지성인으로 보는 관점은, 문화적 형식들이 학교를 어떻게 압박하고 그런 형식들이 어떻게 주체적으로 경험되는지 분석하는 비판적 담론을 요구한다. 이는 지금까지 살아온 물질적인 문화적 형식들이 어떻게 정치적 조직화에 종속되는지, 즉 그 문화 형식들이 어떻게 생산되고 규제되는지 비판교육자들이 이해할 필요가 있다는 뜻이다.

사실, 나는 교육학은 문화정치라고 본다. 문화정치로서 교육학은, 주체성이 사회적 형식들—사람들은 이 사회적 형식들 속에서 활동하지만, 그 형식의 일부밖에 이해하지 못한다—속에서 어떻게 형성되는지, 변혁적 지성인들이 알게 해주는 비판적이되 긍정적인 언어를 통해 전개된다.[29] 이 교육학은 현존하는 '권력과 의존'의 관계 속에서 교사와 학생을 위치 지우는 언어·이데올로기·사회적 과정·신화가 어떻게 유지되거나 저항을 받거나 수용되는지 문제제기한다. 더구나 문화정치로서 교육학은 권력을 적극적 과정—이 과정은 사회 현실을 명명하고 조직화하고 경험하는 특정 방식을 특권화하기 위한 투쟁 속에서 자원과 실천의 균형을 계속 변화시키는 것으로 나타난다—으로 보는 정치적·문화적 이론을 개발해야 한다고 지적한다. 이 경우, 권력은 문화생산의 한 형식이 되어서, 공적·사적 표상들이 학교 내에서 구체적으로 조직되고 구조화되는 방식을 통해 행위와 구조를 결합한다. 나아가 특수한 맥락과 환경 속에서 개인과 집단이 살아오고 고통받아온 경험, 이렇게 파편적으로 구현된 경험들을 권력으로 이해해야 한다. 이 관점에서 경험 개념은 생산, 변혁, 투쟁이 역동적으로 전개되는 문화과정 속에서 주체성이 어떻게 만들어지는가와 관련 있다.

이런 의미에서 문화정치로서 교육학은 비판교육자들에게 두 가지 과제를 던져준다. 첫째, 교육자들은 어떻게 학교 내의 불평등한 권력 관계 안에서 문화생산이 조직되는지 분석해야 한다. 둘째, 학교를 민주적인 공공영역으로 만드는 사회적 투쟁에 참여하기 위해 교육자들은 정치적 전략을 구성해야 한다.

이 과제를 실현하기 위해 문화생산의 상이하지만 유관한 사례들이 학교의 다양한 교육과정을 만들어내는 데 어떤 정치적 한계와 교육적 잠재력을 가지고 있는지 평가할 필요가 있다. 내가 좌파의 재생산 개념을 사용하지 않고, 이런 사회적 과정을 문화생산의 사례라고 부르고 있음에 주목해야 한다.[30] 나는 좌파의 재생산 개념이 학교 교육의 관계 안에서 다양한 경제적·정치적 이데올로기와 이해관계가 어떻게 재구성되는지를 잘 지적하지만, 결국 이해관계가 드러난다 하더라도 그와 상관없이 어떻게 그 이해관계들이 중재되고 작동하고 주체적으로 생산되는지를 보여주는 데는 부족하다고 확신한다.

비판적 정치를 옹호하는 비판교육학이라면 문화적 과정이 어떻게 유관하되 각기 독특한 세 담론 안에서 생산되고 바뀌는지 검증해야 한다. *생산의 담론, 텍스트 분석의 담론, 살아온 문화의 담론*이 그 세 담론이다. 각각의 담론은 좌파의 다양한 분석 모델에서 이론적으로 발전해왔으며, 각각은 격렬한 토론과 비판의 대상이 되고 있다.[31]

물론 여기서는 그 토론과 비판을 되풀이하진 않을 작정이다. 다만 여기서 나는 세 담론이 상호연관성 속에서 어떤 잠재력을 드러내는지의 측면에서 세 담론에 주목할 것이다. 특히 세 담론은 해방을 위해 교사와 학생이 권력을 갖는 교육실천 유형을 개발할 마음에서 새로운 범주를 적시하기 때문이다.

생산의 담론, 텍스트 분석의 담론, 살아온 문화의 담론

교육이론에서 생산의 담론은, 학교 외부의 구조적 힘이 학교의 객관적 조건을 구성하는 방식에 역점을 둬왔다. 생산의 담론에서는 학교 정책에 직접 간접으로 영향을 미치는 국가, 노동현장, 재단, 출판사, 그 외 정치세력을 분석하고 있다. 여기서 학교는 더 큰 관계망 속에서 이해된다. 그래야 학교를 역사적 · 사회적 구성물, 즉 항상 사회와 관계가 있기 마련인 사회적 형식들의 구현으로 분석할 수 있다. 생산의 담론은 특정한 공적 표상과 생활 방식을 정당화하는 일련의 특수한 실천과 이해관계로서 이데올로기적 · 물질적 구조가 중요함을 우리가 깨달아야 한다고 경고한다. 광범위한 생산형태가 학교 안팎에서 어떻게 구성되고 표명되고 경쟁하는지 모르고서, 학교 교육의 과정을 분석하는 건 얼토당토않다.

아주 좋은 사례가 있다. 다른 지식에 반대하는 특정 지식 또는 타집단들에 반대하는 특정 집단을 정당화하고 특권화하는 특정한 실천을 국가정책이 실현하고 도모하는 방식을 분석하는 것이 그 사례이다. 마찬가지로 교육실천에서 지배담론 양식이 어떻게 학교 외부에서 구성되고 유지되고 유통되는지 분석하는 것도 중요하다. 가령 기업 이데올로기들이 학교 교육과정에서 표명될 때, 비판교육자들은 기업 이데올로기의 언어와 가치를 밝혀내는 정도에서 머물러서는 안 된다. 그들은 기업 이데올로기들이 생산되고 유통되는 과정도 분석해야 한다.

생산의 담론은 노동이 객관적으로 구성되는 방식을 지적한다는 점에서 또한 중요하다. 즉 생산의 담론은 사람들이 활동하는 조건을 분석하고, 교육자들의 활동을 제한하거나 복돋우는 조건의 정치적 중요성을 분석한다. 조건에 관한 이런 쟁점은 특정한 노동조건 속에 있는 공립학교 교사와 학생이 지성인으로서 활동하고 대접받을 수 있는 가능성을 분석하기 위해 특히 중요하다. 간단히 말해 교사와 학생들이 과밀 학급에서 공부하거나, 창조적으로 집단활동을 할 시간이 모자란다거나, 교사와 학생의 권한을 빼앗는 규칙과 규제에 시달린다고 하면, 노동의 기술적·사회적 조건을 개혁과 투쟁의 담론을 통해 보고 설명해야 한다.

동시에, 생산의 담론은 텍스트 분석을 통해 보충되어야 한다. 생산의 담론은 특정 교실 안에서 생산되고 사용되는 문화적 형식들을 비판적으로 질문하는 담론의 도움을 받을 필요가 있다. 이런 텍스트 분석의 담론은 교사와 학생들에게 비판적 도구를 제공해주기 때문에 중요하다. 비판적 도구는 교육과정 자료를 특정 방식으로 읽게 하고 또 그런 읽기 방식을 중시하는 '사회적으로 구성된 표상과 이해관계들'을 분석하는 데 필요하다. 이것은 특히 중요한 분석양식이다. 왜냐하면 이는 교재 속의 표상 수단들이 관념의 중립적인 전달자일 뿐이라는 생각에 반대하기 때문이다.

텍스트 분석의 담론은 자료가 학교 교육과정에서 사용되고 배열되는 방식과 그 자료의 '의미들'이 특정한 이데올로기적 압력과 경향을 담고 있는 방식에 대해 체계적으로 분석해야 한다고 지적한다. 나아가 이 담론은 학교의 일상 생활을 결정하는 다양한 의미체계의 구조화 원리에 포함되어 있는 각각의 의미들을 분석하게 해준다. 사실 이 담론은 잠재적 교육과정이 학교에서 어떻게 작용하는지 분석하는 데 새로운 이론적 전기가 되었다.

이런 텍스트 비판주의는 예컨대 서사, 설명양식, 이데올로기적 참고서 등 다양한 읽기 자료 안에 배어 있는 공학적 관습이나 이미지들이 어떻게 그런 읽기 자료의 입장을 제한하는지 분석하는 데 사용된다. 리차드 존슨은 이렇게 말한다.

'입장들'을 동일하게 만들려는 진짜 목적은 독자에 대한 압력이나 추세이다. 즉 이는 주체적 형식을 생산하는 이론적 문제제기에 대한 혹은 한때 존재했던 입장들의 방향에 대한 압력이나 추세이다. ⋯⋯ 만약 우리가 특정한 텍스트(리얼리즘)가 수단을 정당화하고 그 수단을 통해 관점을 얻게 된다는 주장을 추가한다면, 우리는 대단히 이중적인 통찰을 하는 것이다. 특별한 약속은 지금까지 무의식적으로 고통받아왔고 (즐겼던) 과정을 드러내놓고 분석하자는 것이다.[32]

학교에서 사용하는 자료들의 내용을 이데올로기적으로 비판하는 전통적 담론과 더불어, 텍스트 분석 담론은 주체성과 문화적 형식들이 학교 내에서 어떻게 작용하는지를 잘 간파한다. 이 연구의 가치는 교육과정 자료 패키지를 구성하는 구조화 원리를 분석하는 것에서 드러난다. 교육과정 자료 패키지는 교사가 지식의 집행자 노릇만 해야 한다는 원리를 충실히 따른다.[33] 이 원리는 교사와 학생을 지성인으로 대접하는 원리와는 맞지 않다. 주디스 윌리엄슨은 이 입장을 날카롭게 비판했고, 이런 비판 형식을 대중광고에 적용하는 방식에 관해서도 깊이 있는 연구를 내놓았다.[34] 아리엘 도르프만 역시 도날드 덕과 이발사 코끼리(Babar the Elephant) 캐릭터 묘사를 비롯해 대중문화에 사용된 다양한 텍스트에 이런 분석 방법을 적용했다. 도르프만은 《리더스 다이제스트》를 분석하면서, 텍스트 분석이 얼마나 가치 있는지 잘 보여주었다. 그는 한 사례로, 지식을 역사변증법적 관계 속에서 보는 것이 중요하다는 생각을 깔아뭉개는 표상 양식을 《리더스 다이제스트》가 어떻게 이용하는지 분석한다.

초인적 영웅과 마찬가지로 지식 역시도 독자를 변화시키지 못하는 것처럼, 독자가 《리더스 다이제스트》를 읽을수록 오히려 변화를 요구할 필요성을 느끼지 못하게 된다. 이 모든 분열은 《리더스 다이제스트》가 결국엔 자기 목적을 달성하는 것이다. 앞서 얻은 지식은 결코 고려하지 않는다. ······ 다달이 독자들은 자신을 정화하고, 건망증에 시달리고, 자신이 얻은 지식을 병에 담아서 사람이 드나들지 않는 선반에다 쌓아두어야 한다. 그래서 지식은 끊임없이 더 많은 소비의 쾌락을 요구한다. 독자가 로마인에 대해 배운 것이 에트루리아인에게는 적용되지 않는다. 하와이는 폴리네시아와는 무관해진다. 지식은 지식의 안정적 효과를 위해, 즉 '정보 쇄신'을 위해, 진부해지지 않기 위해 계속해서 소비된다. 일화 중심으로 지식이 간추려질 수 있기만 하다면 지식은 유용하다. 하지만 지식의 이런 원죄 가능성은 진리나 운동, 다른 말로 변화를 창출하려는 시도를 통해 말끔하게 씻겨질 수 있다.[35]

나는 문화정치의 한 형식으로서 비판교육학을 개발하기 위해서는 꼭 필요한 담론이 있다고 생각한다. 그 담론에 의하면, 살아온 경험(lived experience)은 구조적인 결정인자에 의해 저절로 결정되지는 않는다. 다른 말로, 복잡한 인간 행동이 단지 결정인자만 알아낸다고 밝혀지지 않는다는 뜻이다. 그 결정인자들이 경제적 생산양식이든 교재의 의미체계이든 간에 그건 상관이 없다. 인간 행동은 생산양식과 교재의 의미체계 속에서 형성되기도 하지만, 그에 대항하여 행동을 구성하기도 한다. 그런 구조적인 힘에 의해 나타난 문화적 형식들을 개인과 집단이 중재하고 유지하는 방식은 본질적으로 생산의 한 형식이며, 유관하되 상이한 담론과 분석 방법을 통해 분석되어야 한다. 이쯤에서 나는 삶의 경험이 생생히 담겨 있는 살아온 문화의 담론과 이 담론의 교육적 함의를 간략히 설명하고자 한다.

살아온 문화의 담론에서 중심이 되는 것은 이른바 자기가 생산한 이론을 개발하는 것이다.[36] 일반적으로 이 담론은 교사와 학생이 구현하고 생산하는 복잡한 역사적 · 문화적 · 정치적 형식들을 통해 그들이 어떻게 자기 삶에 의미를 부여하는지 이해하기를 요구한다. 많은 쟁점들은 이 관심사를 중심으로 비판교육학 속에서 전개되어야 한다. 먼저, 정치적 의지와 투쟁의 주체적 형식을 인지해야 한다. 즉 살아온 문화의 담론은 사람들이 어떻게 결정인자와 행위 양자에 대한 인식이 담긴 이야기, 기억들, 서사들을 만들어내는지 질문해야 한다. 이 담론은 중재를 끌어내는 문화 '재료', 즉 이야기, 기억, 서사 등 의식적 · 무의식적 자료들을 통해 지배집단과 종속집단의 구성원들이 누구인지 설명하고, 또 각기 다른 세계읽기를 내놓는다. 이 담론은 또한 어떤 교실 교육학에서든 나타나는 특정한 사회적 입장, 역사, 주관적 이해관계, 사적 세계를 우리가 이해하도록 도와주는 이데올로기와 실천의 일부이다.[37]

우리가 각기 다른 문화집단의 역사 · 경험 · 언어를 고유한 생산의 형식으로 본다면, 교실에서 사용하는 특정 텍스트를 분석할 때 학생들이 보이는 다양한 읽기 방식, 반응, 행동들을 이해하기가 한결 쉬워질 것이다. 사실 문화정치는 학생의 역사, 꿈, 경험에 주목하는 담론 개발을 전제로 한다. 문화정치는 비판교육자들이 문화자본의 모순된 형식들을 인정하고 또 그 모순된 형식에 참여하는 교육학을 주체적으로 개발하는 것에서 시작한다. 여기서 문화자본의 모순된 형식들이란 학생이 삶의 특정 형식을 정당화하는 의미들을 만들어내는 것과 관련 있다.

살아온 문화가 다른 개인들이 각자 자신을 만드는 요소가 무엇인지 조사하고 설명하는 것, 이는 학교 교육의 지배문화 때문에 자주 입을 봉하게 되는 학생들의 경험까지도 긍정적으로 인정하는 교육 기법이다. 그러면서도 이런 조사와 설명은 권력 · 의존성 · 사회적 불평등이 계급, 인종, 성에 따라 학생을 북돋우기도 하고 기죽이기도 하는 이데올로기와 실천을 어떻게 구조화하는지 질문하는 담론이다. 이런 이론적 관점에서, 살아온 문화의 담론은 교육자들에게 가치 있다. 이 담론은 권력과 지식이 종속집단 출신 학생의 문화자본을 부정하기 위해 어떻게 관계맺는지, 이 담론이 가능성의 언어로 어떻게 해석될 수 있는지 설명하는 데 보탬이 된다. 즉 살아온 문화의 담론은 대중의 비판교육학을 개발하는 데 사용된다. 대중은 인정과 질문의 두 가지 방법을 통해 삶의 경험에서 나온 지식에 다시 개입할 수 있게 된다. '타자'의 지식은 그 지식의 존재를 인정하는 것일 뿐 아니라 그 지식에 포함된 이데올로기, 그 지식이 활용하는 표상 수단, 그 지식이 인정하는 잠재적인 사회적 실천 등을 존중하면서도 그 지식을 비판적으로 질문해야 하기 때문이다. 여기서 문제는 지식과 권력을 서로 결합하는 것이며, 이는 학생들이 할 수 있는 일이다. 즉 문화정치로서 교육학에서는 학생들이 자신이 사회 속의 일원으로서 누구인지를 비판적으로 이해할 기회를 주기 위해서, 전통적으로 학생들에게 거부당해온 지식의 형식들을 학생들이 비판적으로 이해할 기회를 주기 위해서 지식과 권력이 결합된다.

결론적으로, 내가 앞에서 간략히 제시하고 분석한 세 담론들은 문화생산, 교육적 분석, 정치활동에 대한 생각을 각기 달리한다. 이 담론 각각은 형식과 내용 둘 다에서 어느 정도 자율성을 갖고 있지만, 문화정치의 맥락에서 각 형식들이 공유하고 있는 내적 관계를 비판교육학이 개발해야 한다는 점은 중요하다. 이런 상호관계 속에서 '구조와 행위'의 이론은 새로운 언어를 구성하고, 새로운 질문과 가능성을 제기하며, 변혁적 지성인인 교육자들이 학교를 민주적인 공공영역으로 만들기 위해 투쟁하도록 해주기 때문이다.

파울로 프레이리 다시 읽기
교육의 정치학을 위하여

　현재 북미의 교육이론과 실천이 겪고 있는 많은 어려움 속에서 파울로 프레이리의 연구는 이론적으로 새롭고 정치적으로 실현 가능한 대안으로 등장하고 있다. 프레이리는 일단의 부르주아적 사상에 속하는 세속철학과 종교철학에서는 주장한 적 없는 해방사상이라는 독특한 유산을 사용하고 있다. 그는 또한 역사적으로 진보사상을 괴롭혀왔던 수많은 문제들에 휩쓸리지 않으면서, 진보사상과 자신의 연구를 비판적으로 통합했다. 프레이리야말로 내가 말한 '비판의 언어'와 '가능성의 언어'를 결합한 사람이라고 할 수 있다.

　프레이리는 비판의 언어를 활용하면서, '진보적 비판이론'과 '진보적 헌신과 투쟁' 간의 관계를 결합시킨 교육이론을 만들어왔다. 그는 라틴 아메리카, 아프리카, 북미에서의 자기 경험을 되살려 지배의 역동성과 복잡성을 우리가 깊이 이해하게 도와주는 담론을 만들어 왔다. 프레이리는 지배가 계급 지배에만 한정되는 것은 절대 아니라고 잘라 말한다. 이론적 실마리를 제공하는 차이 개념을 통해 프레이리는 억압의 보편적 형태가 있다는 생각을 거부한다. 대신 그는 특정한 지배 양식이 있음을 입증하는 고통과 그에 따른 다양한 집단적 투쟁과 저항의 존재를 다양한 사회 분야 안에서 간파하고 이해했다. 프레이리는 억압의 형식들이 계급적 억압으로 환원되지 않음을 알고 있었기에, 전형적인 마르크스주의 분석에서 한발 벗어나 있다. 그는 사회에는 모순된 다양한 사회관계가 포함되어 있으며, 이 모순된 사회관계에 대항해 사회집단은 스스로 싸우고 조직한다고 논증했다. 그의 이런 논증은 성차별, 인종차별, 나이차별의 이데올로기적·물질적인 조건이 작용하는 사회관계에서 그 모습을 확연히 드러낸다.

지배가 한 집단이 다른 집단에게 제 맘대로 권력을 휘두르는 것 이상임을 꿰뚫어보는 것 또한 중요하다. 프레이리는 지배의 논리는 역사적으로 있어온 이데올로기적·물질적 실천과 현재의 그런 실천들이 결합된 것이라고 본다. 이데올로기적·물질적 실천이란 불완전하고 모순투성이며 불평등한 권력관계 안에서 도전을 받게 되는 것을 일컫는다. 이때 프레이리가 말하는 비판의 언어에는 역사는 미리 결정되어 있지 않다는 통찰이 깔려 있다. 인간 활동은 활동이 이루어지는 곳의 특정한 제약 요소에 의해 제약을 받기도 하지만, 그런 제약 요소들 속에서 활동하면서 가능성을 만들어내기도 한다.

이런 이론적 결합을 통해 프레이리는 진보적 교육이론과 실천에 새로운 차원을 도입한다. 새롭다고 하는 까닭은, 억눌린 사람들이 자신의 해방을 위해 투쟁할 권력을 갖고 있다고 믿고 주장하면서, 투쟁 과정과 사람들의 구체적인 삶을 결합하기 때문이다. 이러한 교육 개념은 단순한 비판과 오웰식 비관론을 넘어서는 것이다. 즉 희망을 현실화하고 절망을 불신하기 위해 투쟁함으로써 새로운 출발점을 창조하는 담론이다.

프레이리에게 교육은 사회를 변화시키기 위한 이상(idea)이자 참조물(referent)이다. 이상으로서의 교육은 특정한 정치 이론을 초월한 문화정치학의 한 형식을 '말하며', 사회이론과 실천을 해방의 가장 심오한 측면과 결부시킨다. 그래서 진보적 사회이론을 표방한 프레이리의 문화정치학은 고전 마르크스주의 이론과 같은 특정 정치적 담론보다 범위가 훨씬 넓고 더욱 근본적이다. 바로 이 점이 그의 비판가들을 혼란스럽게 한다. 사실, 프레이리의 이론은 주관적이고 객관적인 모든 지배에 맞서 싸우는 투쟁, 사회 해방과 마침내 자기 해방의 조건을 제공하는 모든 지식, 기술, 사회적 관계들을 지지하는 투쟁에 근본적인 관심이 있다.

교육은 변화를 위한 하나의 참조물로서 지배사회에 참여하는 장이자 지배사회에 참여하는 특수한 유형이다. 프레이리에게 교육은 학교 교육의 개념을 포함하지만, 또한 그 개념을 넘어선다. 학교는 교육이 일어나는 중요한 장소이며, 이곳에서 사람들은 특별한 사회교육적 관계를 만들기도 하고, 그 관계의 산물이 되기도 한다. 프레이리에게 교육은 의미를 만들어가는 투쟁(struggle for meaning)이자 권력관계에 대항하는 투쟁이다. 교육의 역동성은 개인과 집단의 변증법적 관계에서 나온다. 이들 개인과 집단들은 한편으론 특정한 역사적 조건과 구조적 한계 상황 속에서 살아가는 존재이며, 다른 한편으론 다양한 사회가 살아온 현실, 즉 모순과 투쟁을 야기하는 문화적 형식들과 이데올로기들 속에서 살아가는 존재이다. 교육은 근본적으로 권력과 정치가 도사린 영역이다. 즉 교육에서 의미의 생산, 욕망, 언어, 가치들은 인간화된다, 꿈을 꾼다, 특별한 미래와 사회적 삶을 천명하고 이를 위해 투쟁한다는 것의 의미에 한없이 깊은 신념으로 참여하고 반응하는 것이다. 교육은 비판의 언어와 가능성의 언어를 결합하는 활동 형식이다. 결국 교육은 정치적인 것을 더욱 교육적으로 만들기 위해, 즉 비판적 반성과 행동을 사회적 프로젝트의 근본적인 부분으로 만들기 위해 교육자들의 열정적 헌신을 필요로 한다. 여기서 사회적 프로젝트는 각종 억압적 형식들에 개입하여, 삶 자체를 인간화하려는 투쟁에 깊고도 끈끈한 신뢰를 보내는 것이다. 프레이리의 연구가 이론적으로 독특하다는 건 바로 이 사회적 프로젝트의 독특성 때문이다.

프레이리 연구의 이론적 독특성은 그의 담론이 두 진보적 전통 사이에서 어떻게 자리잡고 있는지를 간략하게 검토해보면 잘 알수 있다. 한편으로 프레이리는 비판의 언어를 통해 이른바 신교육 사회학의 특징이 될 법한 많은 분석들을 해냈다. 다른 한편으로 그의 '희망과 투쟁'의 철학은 해방이론의 전통에서 나온 가능성의 언어에 뿌리를 두고 있다. 비판의 언어와 가능성의 언어, 이 두 전통을 결합하여 프레이리는 하나의 담론을 만들어낸다. 그 담론은 그의 연구를 유의미하게 하고 이론적 일관성을 제공하며, 교육투쟁에 관한 폭넓고 비판적인 이론을 위한 토대를 마련해준다.

프레이리가 내놓은 비판의 언어와 신교육사회학

신교육사회학은 전통적인 교육이론과 담론을 비판하며, 십여 년 전 영국과 미국에서 출현했다. 전통적인 학교 교육을 비판하고 자체의 이론을 개발하는 신교육사회학의 핵심적인 문제의식은 전형적으로 프레이리주의를 따르고 있다. 그 문제의식은 교육을 비판적으로 만들기 위해, 해방교육이라는 희망을 달성하기 위해 어떻게 교육을 유의미하게 만들 것인가 하는 것이다.

대부분 진보적 비판가들은 전통적인 교육론자들이 대체로 이 문제를 거들떠보지도 않았다는 데 동의한다. 전통적인 교육론자들은 학교 언어를 탈정치화함으로써 이 문제를 배제하고 동시에 자본주의 이데올로기를 재생산하고 정당화했다. 이 접근법은 전통적인 교육이론가들이 옹호하는 실증주의 담론에서 가장 잘 볼 수 있다. 이때 실증주의자들의 가장 큰 관심사는 기존 사회에 유용한 교육기법을 숙달하는 것과 지식을 전달하는 것이다. 전통적인 세계관에서, 학교는 단지 교육하는 장소일 뿐이다.

비판교육이론가들은 이런 전통적인 교육이론이 실제로는 지식, 권력, 지배와 관련된 중요한 문제를 은폐한다고 논증한다. 더구나 전통적인 교육이론에서 학교는 광범위한 서구 인본주의 전통에 파묻혀 거대한 사회에서 자기 권력과 사회적 권력을 가질 기회를 주지 않는다. 반대로, 비판교육자들은 학교가 사회적 · 경제적 · 문화적 재생산의 대리기구임을 보여줄 이론적 논증들과 충분한 경험 사례들을 내놓는다. 공교육은 노동계급을 비롯한 피억압계급 구성원들에게 한정된 범위 안에서의 신분 이동을 허용하면서, 결국엔 자본주의 생산관계와 일상 생활의 합법적인 이데올로기를 재생산하는 무시무시한 도구 노릇을 한다.

신교육사회학은 학교를 주로 비판의 언어와 지배의 언어로 분석한다. 그러나 좌파 비판가들은 학교의 본질을 주로 재생산으로 보았기 때문에 대항헤게모니적(counter hegemonic) 실천의 기회를 만드는 프로그램적 실천을 제시하지 못했다. 이때 좌파의 고뇌는 비판의 언어가 학교 안에서 교사, 학부모, 학생들에게 정치투쟁을 벌이도록 희망을 주지 못했다는 점이다. 결론적으로 비판의 언어는 절망의 담론으로 빠져들게 된다.

프레이리의 초기 연구는 신교육사회학의 주요 이론적 주장 중 일부와 놀랄 만큼 비슷하다. 프레이리는 문해 개념을 재정의하고 정치화함으로써 신교육사회학과 비슷한 비판적 분석을 전개했다. 이 분석에서 그는 전통적 교육 형식이 주로 피억압집단을 대상화하고 소외시킨다고 비판한다. 나아가 그는 지배문화의 재생산적 성격을 심도 있게 탐색하고, 지배문화가 브라질 농민들 사이에서 '침묵의 문화'를 생산하고 유지하기 위해 특정한 사회적 실천과 텍스트를 통해 어떤 작용을 하는지 체계적으로 분석했다. 프레이리는 '잠재적 교육과정'이란 용어를 사용하진 않았지만, 학습자 집단이 이데올로기적 · 물질적 실천의 코드를 벗겨내는 교육접근법을 제시했다. 이데올로기적 · 물질적 실천의 형식, 내용, 의도적 선택은 지배와 억압의 논리를 포함하고 있다. 프레이리는 지식의 선정·논의·평가를 교육과정과 관련짓는다. 그가 보기에 지식의 문제와 교육과정을 분리하는 것은 불가능하며, 발전적인 교육실천이라면 진보적인 지식의 형식과 그에 상응하는 진보적인 사회적 실천을 결합한다.

하지만 프레이리의 연구와 신교육사회학 사이에는 중요한 차이가 있다. 신교육사회학은 정치적·경제적·문화적 재생산의 논리에서 시작하고 끝이 나는데 반해, 프레이리는 생산의 과정(process of production)에서 시작한다. 생산의 과정이란 특정한 역사적 환경과 제약 속에서도 인간이 자신의 목소리를 내고 자신의 모순적 경험을 정당화하는 다양한 방법을 일컫는다. 자본주의적 합리성과 여타 억압적 형식의 재생산은 단지 지배과정 속에 있는 정치적·이론적 계기일 뿐 인간 존재의 일반적인 측면은 아니다. 인간 존재의 전체적인 측면은 피억압자 자신의 현재 담론·경험·역사 속에서만 해석되고 도전받고 변혁될 수 있는 어떤 것이다. 프레이리는 '재생산과 비판'의 언어에서 '가능성과 참여'의 언어로 관심을 돌렸기에, 다른 전통과 형식들에서 더욱 포괄적이고 진보적인 교육을 끌어낼 수 있었다.

해방 신학과 가능성의 언어

프레이리의 정치학과 교육학의 중심에는 인간 해방에 대한 철학적 전망이 담겨 있다. 이 전망의 본질은 삶에 대한 존중에 뿌리를 두고 있다. 이 전망이 불어넣어주는 미래에 대한 희망과 전망이 억압세력에 대항하는 비판과 투쟁을 고취시켜준다고 해서 억눌린 이들에게 곧장 위안이 된다는 뜻은 아니다. 프레이리는 비판과 집단 투쟁의 역동성을 희망의 철학과 결합함으로써 가능성의 언어, 이른바 장기적인 예언적 전망을 만들어냈다. 이 예언적 전망에는, 도로시 솔레가 《선택하는 삶》에서 말한 "삶을 우리에게 제시하고, 그래서 삶을 가능하게 만든다. …… 삶에 대한 적극적인 긍정은 …… 투쟁할 수 있는 우리의 권력을 전제한다"는 신념이 들어 있다.

프레이리는 모든 억압을 반대하고, 이데올로기 비판과 집단행동의 결합을 요구하고, 자신의 정치학에서는 예언적 전망이 중심이라고 주장했다. 이런 그의 주장은 지난 십여 년 전 라틴 아메리카에서 출현한 해방신학 운동의 내용이자 특징인 '정신과 이데올로기의 역동성'에 주로 근거하고 있다. 프레이리는 혁명적 기독교의 진보적 이면을 비판하면서 혁명적 기독교에 다시 생명을 불어넣었다. 프레이리는 보수적 교회에 혹독한 비판을 퍼부었다. 동시에 그는 '기독교의 사랑은 인간 착취와는 조화'될 수 없다는 걸 가르쳐준 역사의 신(God of History)과 피억압자들 속에서 신념과 희망을 발견한다.

해방신학의 담론을 통해 프레이리는 많은 진보적인 좌파 비판가들이 보인 냉소주의와 절망을 치유할 강력한 해독제를 처방한다. 프레이리의 분석은 유토피아적이긴 하지만, 다양한 역사적 상황과 그들만의 독특한 문제와 억압에 처한 집단활동가들을 출발점으로 삼을 정도로 그 성격과 호소력이 구체적이었다. 그의 이론이 유토피아적이라고 하는 까닭은, 지배권력의 구조에 도전할 때 부딪히는 난관과 위험에 결코 항복하지 않는다는 의미에서이다. 그의 이론이 예언적이라고 하는 까닭은, 타인에 대한 신념과 영원한 투쟁의 필요성에 대한 신념 속에서만 신의 왕국이 지상에서 창조될 수 있다는 의미에서이다. 프레이리의 연구에서 신념의 개념은 억눌린 이들의 기억, 앞으로는 결코 있어서는 안 될 고통 그리고 '예언적 전망은 현재 진행되고 있는 과정이며 인간 삶의 필수적인 요소'라는 점에 대한 각인 등으로 채워져 있다. 프레이리는 비판과 가능성의 담론을 결합함으로써 역사와 신학을 결합했다. 그리하여 희망과 비판적 반성, 집단투쟁을 담은 진보적 교육학의 이론적 토대를 제공한다.

현재 파울로 프레이리의 연구는 진보교육학의 발달에 매우 중요하다. 왜냐하면 우리는 프레이리에게서 모순과 해방의 변증법을 발견할 수 있기 때문이다. 그의 담론은 행위와 구조 간의 관계를 이어놓는다. 즉 인간 행동을 역사적 실천과 당면한 실천에서 나온 제약조건 속에다 놓고 설명하면서도, 사회적 투쟁의 가능성을 높여주는 공간·모순·저항을 빠뜨리지 않고 설명한다. 나는 프레이리의 연구에서 이런 이론적 요소들을 간략히 살펴보는 것으로 결론을 대신할 생각이다. 진보적 교육이론, 특히 북미 상황에서 진보적 교육이론을 위한 새로운 언어와 이론적 토대를 개발하는 데 프레이리는 꼭 필요하다.

먼저 두 가지 조건을 언급해야겠다. 첫번째, 프레이리의 분석 형태가 북미에는 맞지 않다고 제쳐두는 건 옳지 않다. 그를 비판하는 사람들은 브라질 농민들과 함께 했던 그의 경험이 서구 산업국가의 교사들에게는 적절하지 않다고 주장해왔다. 그러나 프레이리는 그가 겪은 사례들의 장점과 다양한 교육 경험을 통해서, 자신의 연구 맥락이 범위 면에서 국제적임을 명백히 했다. 그는 브라질에서의 경험뿐 아니라 칠레와 아프리카 그리고 미국에서의 경험도 십분 활용했다. 더욱이 그는 성인교육은 물론이고 가톨릭 교회, 사회활동가, 공교육의 교육실천도 비판의 대상으로 삼았다. 그가 거듭 지적했듯이, 그의 분석 대상과 언어는 세상 모든 곳의 억눌린 이들을 위한 것이었다. 제3세계라는 그의 개념은 지리적이라기보다는 이데올로기적이고 정치적이다.

이런 첫번째 조건에서 두번째 조건이 따라 나온다. 심오한 그의 교육 신념이 진실이 되기 위해서는, 어떤 곳에서건 어떤 교육적 맥락에서건 그의 연구를 아무 질문없이 그대로 적용하지 말아야 한다. 프레이리가 제시한 것은 일련의 범주와 사회적 실천을 만든 메타 언어이다. 이는 프레이리의 연구가 현재의 비판교육을 진보적으로 바꿀 비법을 던져준다는 의미가 아니라 그의 연구는 특정 맥락 속에서 해석되고 비판적으로 이해되어야 할 이론적 이정표라는 의미이다.

권력을 새롭게 보자

프레이리에게 권력은 부정적 세력이든 긍정적 세력이든 그 성격이 변증법적이며, 작동 양식은 단순히 억압적인 것만은 아니다. 권력은 사람에게 그리고 사람을 통해서 작용한다. 지배는 결코 완벽하지 않다. 그래서 권력은 부정적인 세력으로 경험되지만 더 나은 세계를 위해 저항하고 투쟁하는 인간 행동의 기초가 되기도 한다. 일반적 의미에서, 그의 권력이론과 권력의 변증법적 특성에 대한 그의 증명은 권력이 작용하는 영역과 지형을 확장시키는 중요한 역할을 해냈다. 이 경우 권력이란 정부, 지배계급, 여타 지배집단들의 공적·사적 영역에서만 사용되는 것이 아니다. 전통적으로 권력의 *부재*와 그에 따른 모든 저항의 형식을 그 특징으로 하는 피지배층의 저항적인 공적 공간과 영역에도 권력은 넓게 편재해 있고 그 모습을 드러낸다.

프레이리의 권력관은 절망과 냉소주의의 함정에 빠진 진보적 이론가들에게 대안적 관점을 제시한다. 또한 저항의 이름 아래 긍정적 세력으로서 권력이 발휘될 수 있는 공간, 즉 학교 등의 다양한 사회영역 안에는 분열과 긴장, 모순이 항상 팽팽하게 자리잡고 있다는 걸 강조한다. 더구나 프레이리는 권력, 즉 지배가 단순히 경찰, 군대, 법원 등과 같은 대리기구를 통해 국가가 부과하는 것만은 아니라고 본다. 지배는 권력·기술공학·이데올로기가 지식·사회관계·여타 구체적인 문화―이런 것들은 간접적으로 사람들을 침묵시킨다―를 생산하는 형식에서도 발견할 수 있다. 지배는 또한 억눌린 이들이 그들 자신의 억압을 내면화하고 그 억압에 참여하는 방식에서도 발견할 수 있다. 이는 프레이리의 연구에서 매우 중요한 지점이며, 이 입장은 각 개인의 요구 속에 있는 억압의 내면화와 축적을 통해 지배가 주관적으로 경험되는 방식을 우리에게 말해준다. 내가 여기서 시도하려는 것은 지배가 지닌 심리적인 억압의 측면을 검토하는 것과 자기 지식에 대한 내면적 방해물, 나아가 사회 해방과 자기 해방에 대한 내면적 방해물을 검토하는 것이다.

프레이리는 학습의 개념을 확대하여, 어떻게 몸이 암묵적으로 학습하는지, 어떻게 습관이 축적된 역사로 바뀌는지, 가장 중요하게는 어떻게 지식이 주체성 개발과 세계를 경험하는 방법을 방해하는지 하는 문제들을 끌어안는다. 해방적인 지식을 거부하는 이들은 오히려 지식의 혜택을 가장 많이 받은 자이다. 이 경우, 억눌린 이들이 논리적 지배(logic domination)를 수용하는 것은 그들 자신의 세계관을 의심하는 매우 반항적인 지식의 형식으로 나타날 수 있다. 지식은 지배를 수동적으로 수용하기보다는 대신에 지배의 가능성에 관해 귀담아 듣지도, 아예 들어보려 하지도, 인정하지도 않는 식의 적극적인 부정이 된다. 지배에 대한 이런 관점에서 나오는 교육적 질문은, 어떻게 진보적 교육자들이 지배의 한가운데서 억압과 망각의 요소들을 평가하고 설명할 것인가, 지배의 본질에 도전할 수 있는 지식을 두고서도 알거나 배우는 걸 애써 거부하도록 만드는 조건들을 어떻게 설명할 것인가 하는 것이다.

프레이리 교육학의 메시지는 명쾌하다. 진보적 교육자들이 해방의 의미를 이해하려면, 먼저 지배가 취하는 형식들과 지배현장의 본질을 알아야 하고, 지배를 경험하는 이들에게 지배가 야기하는 문제들을 인식해야 한다. 그러나 종속집단과 피억압집단들의 역사문화적 특수성, 즉 사회적 삶의 형식들을 분석의 출발점으로 삼지 않고서는, 이런 프로젝트가 달성될 리 없다. 아래에서는 프레이리의 연구에 나타난 이런 논제들을 다룬다.

경험과 문화생산에 대한 프레이리의 철학

프레이리의 진보적 교육학 이론에서 가장 이론적인 것 중 하나는 경험과 문화생산에 대한 견해이다. 프레이리의 문화 개념은 보수적인 입장과도 진보적 입장과도 일치하지 않는다. 첫째, 그는 문화를 고급, 대중, 하급 형식으로 나눈 다음 고급문화가 한 나라에서 가장 선진적인 유물이라는 식의 문화 개념을 거부한다. 이런 문화 개념은 지배계급의 이익과 현존 권력형태와 무관한 듯 굴면서도 사실은 특정한 문화 형식을 정당화하고 분배하는 이데올로기들을 은밀히 감추고 있다. 둘째, 그는 문화를 창조하는 힘이 지배집단에게만 있다는 생각도, 지배문화만이 지배의 씨앗을 품고 있다는 생각도 거부한다. 그런 생각은 피억압집단들은 지배장치 속에 빠져 있기 때문에 지배집단의 지배에서 풀려나기를 무작정 기다리기만 해야 한다는 가정과 맞닿아 있기에, 프레이리는 이 입장을 거부한다.

프레이리에게 문화란 불평등하고 변증법적인 관계 속에서 이뤄져온 '살아온 경험(lived experience)', 물질적 유산들, 실천들 등의 표상이다. 사실 불평등하고 변증법적인 관계는 특별한 역사적 시기에 어느 한 사회 속에서 각기 다른 집단들이 만들어온 관계다. 문화는 그 과정이 사회형태 특히 성, 나이, 인종, 관련계급 따위의 구조화와 직결된 생산의 한 형식이며, 언어와 그 밖의 다른 물적 자원을 활용해서 인간 행위자들이 사회를 변혁하도록 돕는 생산의 한 형식이다. 이럴 때, 문화는 권력의 역동성과 긴밀하게 결합되어 있으며, 개인과 집단이 자신의 목표를 밝히고 달성하는 능력상의 불균형을 초래한다. 더욱이 문화는 투쟁과 모순의 장이다. 헤게모니라는 의미에서 유일한 문화란 없으며 각기 다른 이해관계를 표출하고, 상이하면서도 불평등한 권력 지형에서 움직이는 지배문화와 종속문화가 있을 뿐이다.

프레이리는 종속집단의 문화에 들어 있는 문제, 고통, 전망, 저항활동을 구성하는 사회역사적 특수성을 문화권력 개념의 출발점으로 삼아야 한다고 주장한다. 문화권력은 그래서 정치적인 것을 더욱 교육적으로 만들기 위한 전략으로서 두 가지를 강조한다. 하나는, 학생들이 학교와 그 밖의 다른 교육의 장에 가지고 오는 경험을 교육자들이 연구해야 한다는 것이다. 이 말의 의미는 공적이건 사적이건 학생들이 이미 한 경험들을 토론과 논의의 대상으로 삼아야 한다는 것이다. 그리고 그런 경험 속에서 살아온 이들에게 긍지를 불어넣기 위해, 학생들과 그 외 사람들이 활발하게 자기 목소리를 내고 자신을 드러낼 수 있는 조건을 제공하기 위해 학생들의 경험을 정당화한다는 의미이다. 이럴 때 교육적 경험은 침묵을 강요당한 역사를 살아온 이들의 삶을 구성하는 언어 · 꿈 · 전망 · 가치들 · 만남들을 가시적인 것으로 만들기 위한 초대장이 된다.

그러나 프레이리의 주장은 억압받는 이들의 문화를 정당화하는 것에서 끝나지 않는다. 프레이리는 피억압자의 경험이 성격상 모순적이어서 그 경험에는 진보의 잠재력도 지배의 퇴적물도 품고 있음을 간파했다. 이 경우 문화권력은 피억압자들의 삶의 경험에 *대해* 작용할 필요성을 말한다. 그 장점과 약점을 찾아내기 위해서 피억압자들의 다양한 문화 속에 있는 경험들은 비판적으로 정의되어야 한다. 게다가 부르주아들의 지식과 경험은 지배사회에서 지도력을 발휘하는 데 필요할 기술을 피억압자에게 제공하는 데 반해 부르주아 지식과 경험은 결코 주장한 적 없는 해방의 순간을 발굴하고 비판적으로 적용하는 진보적 교육학에서는 자기 비판을 매우 소중하게 여긴다.

프레이리가 대중교육을 통해 문화권력과 문화생산의 이론을 형성한 건 당시로서는 매우 놀라운 일이다. 그는 인간 본성에 대한 추상적 일반화 대신 구체적 실천─구체적 실천의 영역에서 인간은 자신의 일상 경험을 하면서 살아가는 존재이다─에서 나온 교육 원리들에 찬사를 보낸다. 이 모든 것은 억압 받는 이들의 문화자본을 소중하게 여기며, 그들의 문화자본을 탐색할 수 있는 비판적이고 분석적인 도구들을 개발해야 하며, 지배적인 지식 개념에 맞서 지배적 지식들의 유용성을 따져보고 지배적 지식들이 품고 있는 지배논리를 따져보아야 한다는 제안이다.

이론과 실천의 관계

진보적 사회이론은 한편으로는 지식인과 대중의 관계, 다른 한편으로는 이론과 실천의 관계를 설명하는 데 역사적으로 애를 먹어왔다. 이론과 실천이 일치해야 한다는 요구에 직면했을 때, 해방적 실천의 가능성은 전위주의를 통해 자주 부정되어 왔다. 전위적인 지식인들은 대중이 자신의 목적과 실천의 범위를 스스로 정할 능력을 대중에게서 빼앗아버렸다. 지식인들은 이론적 지도력을 독차지할 속셈으로, 지배의 핵심인 정신노동과 육체노동의 분리를 무의식중에 재생산해왔다. 마르크스주의 지식인들은 억압 받는 이들과 함께 귀기울이고 학습하는 구체적 경험에 근거한 실천 이론을 개발하지 않았다. 오히려 억압받는 이들의 역동적인 일상과 문제들을 진보적인 사회 변혁의 맥락에서 변증법적으로 반성할 필요를 무시한 채, 실천 이론과 변화를 위한 공학적 도구를 개발했다.

프레이리는 이론과 실천에 대한 이런 식의 접근법을 거부하고, 지식인에 대한 생각을 새로 규명한다. 이탈리아 사회이론가 안토니오 그람시처럼, 프레이리도 지식인의 범주를 재정의하여 모든 인간은 지성인이라고 주장한다. 즉 사회적·경제적 함수와 무관하게 모든 인간은 세계에 대한 의미를 계속 해석하고, 그 세계에 의미를 부여하며, 세계에 대한 특정한 개념에 참여함으로써 지성인의 역할을 수행하는 존재이다. 더욱이, 억압받는 이들은 억압 받는 집단들과 함께 학습하면서 다양한 억압적 형식들에 맞서 자기 교육과 투쟁을 주도하는 지성인, 즉 자기 내면에 있는 유기적이고 변혁적인 지성인을 펼쳐보일 수 있어야 한다. 이 경우, 지성인들은 민중들에게 이론을 물어다주는 외부인이 *아니라*는 점에서 유기적이다. 그들은 억압받는 이들의 문화와 실천을 유기적으로 통합시키는 이론가들이다. 지성인들은 대중에게 어쩌다가 한 번씩 지식을 선심쓰듯 나눠주는 것이 아니라, 진보적인 사회 프로젝트에 필요한 조건을 만들고 다시 만들기 위해 억압받는 이들과 함께 어울린다.

이 입장은 지식인의 정치적 역할과 중요성을 밝히는 데 매우 결정적이다. 또한 이 입장의 교육적 성격을 강조함으로써 이 입장이 정치투쟁의 개념을 재정의하는 방식과 정치투쟁의 민중적·민주적 성격을 재정의하는 방식도 매우 중요하다. 이는 프레이리가 이론과 실천의 관계를 어떻게 정의하는가 하는 중요한 질문에 실마리를 제공한다.

프레이리에 따르면, "이론적 맥락이 구체적 맥락과 변증법적으로 일치하지 않는다면, 이론적 맥락은 없다." 프레이리는 이론이 실천으로 녹아들어야 한다고 주장하기보다는, 이론과 실천 사이에는 일정한 거리가 있다고 주장한다. 그는 이론을 그 본질상 예언적이라고 보고, 반드시 이해와 가능성의 개념을 이론의 중심 동력으로 삼아야 한다고 가정한다. 이론은 어느 한 사회의 '사실'과 경험으로부터 비판적 거리를 두는 반대 담론으로 이루어진다. 실천과의 긴장과 갈등은 이론의 본질이며, 이론의 구조 안에 들어 있는 것이다. 이론은 실천을 지시하지 않는다. 차라리 특정한 시간 특정한 장면 안에서 필요한 프락시스 유형을 중재하고 비판적으로 이해하도록 돕기 위하여 어느 정도 거리를 둔다. 여기서 이론은 보편적 법칙이나 역사적 필연성에 호소하지 않는다. 이론은 구체적인 경험의 맥락과 형식 속에서 나올 때만 구체적 맥락을 비판적으로 검토하고 이미 알려진 실천의 토대에 개입할 수 있다.

사회 변혁 과정에서 이론과 실천의 성격과 지식인의 역할을 밝힌 프레이리의 노력은 또 다른 중요한 차원을 포함한다. 이론을 다양한 특정 사회의 장에서 나온 담론의 생산으로 보아야 한다는 것이다. 이런 담론은 대학들, 농민공동체, 노동자의회, 그 밖의 다양한 사회운동 안에서 나올 수 있다. 여기서 문제는 진보적 교육자들이 이런 상이한 장들이 다양한 이론과 실천을 빚어낸다는 사실을 알아야 한다는 점이다. 이런 장들은 각각 사회 해방과 자기 해방의 본질과 그 가능성을 다양하고 비판적으로 통찰하도록 해준다. 그리고 각 장들은 그 장에 의미를 부여하는 역사적·사회적 특수성에서 통찰을 얻는다. 이와 함께, 비판 속에서도 상호 존중이 있어야 하고, 모든 지배에 대항해 투쟁할 필요성이 있어야 한다.

역사란 무엇인가

프레이리는 비판적 감수성이 역사적 감수성의 확장이라고 믿는다. 즉 교육자들은 제도적이고 사회적인 의미에서 현재를 이해하기 위해 모든 교육맥락을 역사적 맥락 속에서 보아야 한다. 그래야 교육맥락의 발생과 발전을 명확히 볼 수 있다. 프레이리에게 역사는 두 가지 의미가 있다. 하나는 역사가 현존 제도들과 사회관계들 속에서 현존 제도와 사회관계들의 의미를 알려주는 '역사적 맥락'과 그들의 정치적 기능을 은폐하기도 하고 명시화하기도 하는 '유물'을 드러낸다는 것이다. 다른 하나는 역사가 역사사회적 존재인 우리들로 구성된다는 것이다. 달리 말해 역사는 우리가 말하고, 사고하고, 옷 입고, 활동하는 방식에 의미를 부여하는 문화적 형식 속에 닻을 내린 것이며, 이런 역사가 역사적 분석의 주제가 된다. 이런 의미에서 역사는 변증법적이다. 그 이유는 역사가 주어진 현재와 해방의 가능성을 품고 있는 현재를 구분하기 때문이다. 이런 관점은 현재는 우리의 정신과 사회를 구성하기 때문에 혁명적 가능성이란 측면에서 현재를 보게 하고, 이렇게 하는 동안 사회 변혁의 능력에 근거한 비판적 각성(프레이리는 이를 고발과 선언이라고 했다)이 필요하다고 지적한다.

결론적으로, 프레이리의 연구는 교육에 대한 하나의 견해와 그 교육관에 헌신하는 실천에 대한 관점을 제공한다. 그 교육관이란 교육이 기원과 의도 면에서 '선택하는 삶'을 위한 것이라고 보는 것이다. 더구나 프레이리는 자신이 현재의 사람이며 동시에 미래의 사람임을 다시 한번 증명한다. 그의 연설, 활동, 열정, 전망은, 거의 파괴적일 정도로 위험스러운 삶을 살아가게 하는 세계를 인식하고 비판하는 방법을 보여준다. 이런 의미에서 프레이리의 연구와 그의 존재는 우리의 현재를 상기시켜주고, 우리가 어떻게 되어야 하는지를 생각하게 한다.

3부

교육은 지성적 활동이자
문화정치학이다

변혁적 지성인으로서 교사

과거 많은 교육개혁 운동들과 달리, 현재의 교육개혁 요구는 공립학교 교사들에게 미국 역사에 일찍이 없었던 위협과 도전 둘 다를 선물하고 있다. 현 교육개혁안들은 공교육 교사들이 청년들에게 지적·도덕적 지도력을 발휘할 능력이 없다고 보는 점에서, 분명히 교사들에게 위협이다. 가령 대부분의 권고안들이 학습자들을 적극적이고 비판적인 시민으로 교육할 교사의 역할을 무시하거나 교육개혁 토론에서 교사들이 내놓은 지성, 판단, 경험을 무시하고 있다. 교육개혁 논의에서 교사는 오히려 개혁의 대상이 되어버렸다. 그래서 교사들은 일상적인 교실 생활의 현실과 거리가 먼 전문가들이 내린 지시나 결정해놓은 목표를 달성하는 고등 기술자로 전락하고 있다.[1] 교육개혁의 성격과 절차를 비판적으로 검증해보면, 교사들을 배제하고 있음을 쉽게 알 수 있다.

현재 정치적 분위기는 여러모로 교사들에게 불리하다. 그러나 뒤집어 생각하면 이런 분위기는 교사를 비난하는 사람들과 함께 대중적인 토론을 벌일 수 있는 도전의 기회이기도 하며, 교사양성과 현직교사 프로그램, 일반적인 교실 수업의 성격과 목적 등에 절실히 필요한 자기 비판의 기회이기도 하다. 이 토론을 통해 교사들은 근무조건 개선을 위해 집단으로 뭉칠 기회를 얻을 수 있으며, 공교육을 개혁하는 중요한 시기에 반드시 교사가 중추 역할을 해야 한다는 점을 대중들에게 증명할 기회이기도 하다.

교사들과 다른 사람들이 이 토론에 참여하기 위해서는 교육 위기의 본질을 재정의하면서, 대안적 교사교육과 활동의 토대를 마련하는 이론적 관점을 반드시 개발해야 한다. 간략히 말해, 교사들이 현재 토론에서 집단적 목소리를 잘 조직하고 확고히 하기 위해서는 교육의 현 위기가 교육 전반에서 교사의 권력을 계속 빼앗아가는 흐름과 관련 있다는 인식을 이론적 전제로 삼아야 한다. 나아가 교사들은 기본적인 노동조건에 대한 권력을 점차 잃어가고 있음을 그리고 반성적인 실천가로서 교사의 역할에 대한 대중의 관점이 변화하고 있음을 파악해야만 한다.

나는 이 토론과 과제에 작으나마 이론적 도움을 주고 싶다. 그래서 교실 수업, 행정사무, 그 외 잡무까지 포함해 모든 '교사노동'의 질을 높이려고 할 때 설명해야 하는 두 가지 중요한 문제를 검토하려 한다. 먼저, 교사노동의 프롤레타리아화를 이끌어온 이데올로기적·경제적 세력들을 검토해야 한다. 교사노동의 프롤레타리아화는 교사를 학교 관료주의 안에 있는 전문기술자로 전락시켜서, 교사들이 특정한 교육관심사에 맞는 교육과정을 개발하고 비판적으로 실행하는 일 대신 고작 교육과정을 관리하고 집행하는 일이나 하도록 만들어왔다. 다음으로, 학교를 비판적 민주주의를 유지·개발하는 데 필수적인 제도로, 교사를 학생들이 사려깊고 적극적인 시민이 되도록 교육하는 변혁적 지성인으로 정의해야 한다. 앞으로 나는 이 점을 연구할 것이며, 대안적인 교사 활동의 관점을 제시하는 것으로 끝맺으려 한다.

교사노동의 가치 하락과 탈숙련화

공립학교의 예비교사와 현직교사들이 당면한 끔찍한 위협 중 하나는 교사양성과 교실 교육에 대한 기술적 접근을 강조하는 도구적 이데올로기가 계속해서 기승을 부린다는 점이다. 현재 학교 생활에서 도구적·실용적 요소를 강조하는 사고의 핵심에는 중요한 교육적 가정들이 무수히 포함되어 있다. 그 가정들에는 구상과 실행을 분리하고, 관리와 통제를 위해 학교 지식을 표준화하고 적용하는 것을 무엇보다 중시하고, 교사와 학생의 비판적인 지적 활동을 평가절하하는 것 등이 포함된다.[2]

이런 도구적 합리성은 역사적으로 예비교사교육에서 더욱 강하게 나타났다. 미국 교사교육 프로그램은 오랫동안 교과영역과 교수방법의 숙달을 강조하는 행동주의적 방향에 끌려다녔다.[3]
짜이히너는 행동주의적 접근법의 의미를 분명하게 보여준다.

이런 (행동주의적) 교사교육 접근법은 '생산'을 은유적으로 강조한다. 행동주의적 접근법에는 가르치는 활동을 '응용과학'으로 보는 관점, 교사를 주로 효과적인 교수 법칙과 교수 원리의 '집행자'로 보는 관점이 깔려 있다. 예비교사들은 자기 보조에 맞추어 교육과정을 진행할 수도 있고 아닐 수도 있으며, 다양한 학습 활동이나 표준화된 학습 활동에 참여할 수도 있다. 하지만 예비교사들이 숙달해야 할 것 (가령 전문적 지식과 교수 기술)의 범위가 제한되어 있고, 그것마저도 교사의 효과성 연구를 토대로 이미 다른 사람들이 완전히 결정해놓는다. 예비교사는 이런 전문지식을 퍼담기만 하면 되는 수동적 그릇으로 인식되며, 교사양성 프로그램의 내용과 방향을 결정하는 데 아무런 역할을 하지 못한다.[4]

존 듀이는 기술적 전문성만을 강조하는 이런 접근법의 교사교육 프로그램은 교수 본질에도 학생에게도 해롭다고 분명히 밝힌 바 있다.[5] 예비교사들은 교실 생활과 실천을 구조화하는 원리를 배워보지도 못한 채 비판적 사고의 필요성을 부정하는 방법론을 배운다. 대개 이런 교사교육 프로그램은 예비교사들이 학교문제의 기본 성격을 검토할 수 있도록 교육할 필요성을 깨닫지 못한다. 더구나 이 프로그램들은 어떠한 조건이 학교 교육의 이데올로기적·물질적 실천을 구조화하는지 밝혀내는 비판적 분석을 '관리와 효과'라는 언어로 대체해버리기도 한다.

학생들은 다양한 교실 방법, 연구 기법, 교육이론 등에 깔려 있는 원리들을 문제제기하는 것을 배우지 못하고, '어떻게'나 '무엇을 해야 하는지'와 같은 *주어진* 지식들을 잘 숙달하는 데 매몰될 때가 많다. 예를 들어, 교육현장활동에 대한 세미나는 교실 훈육의 관리와 통제, 하루 활동의 조직, 특정 시간표에 따라 행동하는 방법의 학습 등에 관해 교사 자신이 사용했던 여러 가지 독특한 기법을 공유하는 자리가 되기 일쑤다. 굿맨은 그런 한 프로그램을 검토해보고 나서 그 프로그램에는 사람을 무기력하게 하는 침묵이 들어 있다는 중요한 문제제기를 했다. 그는 이렇게 적는다.

이 담론에서는 느낌, 가정, 정체성 등에 대해 어떤 질문도 하지 않는다. 예컨대 '아이들을 학습시키기' 위해서는 외재적 보상과 처벌이 당연히 '필요'하다고 생각한다. 교육적·윤리적 함의 따위는 설명하지 않는다. 학습하려는 아이들의 내재적 욕구를 자극하거나 키워주는 일에 관심이 없다. 좋은 *아이*는 '조용한 아이', '읽기'는 *익힘책 공부*, '학습'은 *시간 안에 마치기*, '교수의 목적'은 *시간 안에 자료 전체를 파악하는 것*으로 정의된다. 이 모든 것은 전혀 문제가 되지 않는다. 시간표를 지키지 못할 때 아이들이 경험하는 난처함이나 죄책감은 알려고도 하지 않는다. 이 담론에서 실제 관심은 모든 사람이 '공유했다'는 점이었다.[6]

기술적·도구적 합리성은 또한 가르치는 활동에서도 일어나고 있어서, 교육과정 개발과 계획, 교실 수업의 판단과 실행에서 교사의 자율성을 줄이는 데 큰 힘을 발휘하고 있다. 이는 이른바 '교사용' 교육과정 패키지의 급증에서 잘 드러난다.[7] 이런 패키지 대부분에 깔려 있는 생각은 내용과 수업 절차는 결정되어 있으니 교사들은 따르기만 하면 된다는 것이다. '교사용' 교육과정 패키지의 방법과 목적은 내가 말한 관리교육학(management education)을 합법화한다. 즉 지식은 낱낱이 쪼개져 관리와 소비를 한결 쉽게 하기 위해 표준화되며, 미리 결정되어 있는 평가 형식에 따라 평가 받는다. 이런 교육과정 접근법이 관리교육학이다. 학습과 관련된 중심 문제가 이를테면 '정해진 시간 안에 자질 있는 학생들을 최대한 많이 양산하기 위해서 자원(교사, 학생, 교재)을 어떻게 할당할까'와 같은 관리의 문제로 축소되기 때문이다.[8] 이 교육에 담긴 이론적 가정은 학교와 학생들은 달라도 교사의 행동은 언제나 일관성과 예측가능성에 따라 통제받고 관리되어야 한다는 것이다.

이 접근법에서는 교육과정전문가, 수업전문가, 평가전문가들은 생각하는 일을 하고, 교사들은 단지 실행만 하도록 학교를 조직한다. 그 결과 교사들을 탈숙련화하고, 교사에게서 심사숙고와 반성의 과정을 제거해버리며, 학습과 교실 교육을 그렇고 그런 일로 의례화하게 된다. 두말할 필요도 없이 관리교육학의 원리는 교사들 자신이 가르치고 있는 문화사회적 맥락에 맞게 적극적으로 교육과정 교재를 만들어야 한다는 생각과는 맞지 않다. 구체적으로 보면, 교육과정 선택의 문제를 '기본으로 돌아가자'는 형식, 꽉 짜여진 단계, 시간 내 마치기 등의 요소를 교육에 끌어들여 협소하게 만들어버린다. 이것은 모든 학생이 동일한 교재, 동일한 수업 기법, 동일한 평가 양식에 따라 배워야 한다는 어처구니없는 가정에서 나온 것이다. 관리교육이론의 논리와 책무성 속에서는 학생들이 각기 다른 역사를 가졌고, 각기 다른 경험·언어관습·문화·재주를 실현한다는 생각이 전략적으로 무시되고 있다.

교사는 변혁적 지성인이다

나는 교사를 변혁적 지성인으로 보는 관점이 교사 활동을 재고하고 재구조화하는 한 가지 방법이 된다고 본다. 지성인이라는 범주는 여러 면에서 도움이 된다. 첫째, 교사의 활동을 순수한 도구적 용어나 교수 용어로 한정하는 대신, 지적 노동으로 규명하기 위한 이론적 토대를 제공한다. 둘째, 교사들이 지성인 역할을 하는 데 꼭 필요한 이데올로기적·실천적 조건을 분명히 할 수 있다. 셋째, 교사 자신이 인정하고 활용하는 교육을 통해 자신이 다양한 정치·경제·사회적 이해관계를 생산하고 합법화한다는 점을 분명히 할 수 있다.

교사를 지성인으로 보는 관점은 모든 인간 활동에는 사고 활동이 포함된다는 중요한 생각을 예증한다. 인간의 사고 활동이 어떻게 관례화되었건 모든 활동은 모종의 행위 능력에서 마음의 작용을 분리할 수 없다. 이것은 매우 결정적인 쟁점이다. 모든 인간 활동에는 마음이 작용한다고 주장함으로써, 우리는 인간 활동을 사고와 실천을 통합하는 능력으로 존중하며, 그런 가운데 교사가 반성적 실천가라는 의미에 심혈을 기울일 수 있기 때문이다. 이 담론에서는 교사들을 단순히 "교사를 위해 만들어진 어떤 목표를 효과적으로 달성하는 전문수행인으로 볼 수는 없다. 차라리 (교사들을) 지성인의 가치와 청년의 비판 능력을 강화하는 데 헌신하는 자유인으로 보아야 한다."[9]

교사를 지성인으로 본다면, 교육과정을 구상하고 계획하고 설계하는 활동을 교육과정의 집행과 분리하는 교육이론에 담긴 기술적·도구적 이데올로기에 강력한 이론적 비판을 가할 수 있다. 또한 교사들은 그들이 무엇을 가르치는지, 어떤 방법으로 가르치는지, 무엇을 달성하고자 애쓰는지에 대해 질문을 제기해야 한다. 이는 교사들이 학교 교육의 목적과 조건을 형성하는 데 책임 있는 역할을 맡아야 한다는 의미이다. 이 일은 교사들이 자기 활동의 이데올로기적·경제적 조건에 전혀 영향을 미칠 수 없도록 구상과 실행이 분리된 상태에서는 불가능하다. 이 관점은 특히 교사에 관한 규범적·정치적 차원이다. 만약 가르치는 역할이 기술의 훈련에 머물지 않고, 자유로운 사회를 개발하는 데 필요한 지성인을 교육하는 것이라고 해보자. 그러면 지성인 범주는 교사교육, 공교육, 현직연수의 목적을 민주질서와 민주사회를 개발하는 원리와 결합하는 길이 된다.

교사를 지성인으로 보는 견해는 교사들이 적극적이고 반성적인 학자요 실천가라는 잠재력을 부정하는 전통과 조건을 다시 생각해보고 개혁하자는 것이다. 나는 교사를 지성인으로 보고, 교사들이 수행하는 사회적 역할을 정치적·규범적 의미에서 맥락화하는 것이 매우 중요하다고 확신한다. 이런 면에서, 우리는 교사들이 자신의 활동과 지배사회가 맺고 있는 관계에 대해 한층 구체화할 수 있게 된다.

지성인으로서 교사의 사회적 역할을 질문하는 출발점은 학교를 권력과 통제의 문제와 복잡하게 얽혀 있는 경제·문화·사회적 장소로 보는 관점이다. 이는 학교가 공통된 가치와 지식을 객관적으로 전달하는 것 이상의 역할을 한다는 의미이다.

하지만 지금의 학교는 다양한 문화 속에서 특정한 형태의 지식, 언어활동, 사회관계, 가치를 선택하고 배제하는 대표적인 곳이다. 그야말로 학교는 사회생활의 특정한 형식을 소개하고 합법화하는 데 복무한다. 학교는 정치와 권력의 역동성이 제거된 객관적 제도가 아니라, 어떠한 권위 형식, 지식 유형, 도덕규율의 형식, 과거와 미래에 대한 전망을 학생들에게 정당화하고 전달할 것인가를 구체화하고 표현하는 적극적인 갈등의 장인 것이다. 학교가 역동적인 갈등과 투쟁의 장이라는 사실은 학교에서 기도 시간을 만들고, 도서관에서 특정 분야의 책을 없애고, 과학 교육과정에서 특정 종교를 가르치자는 등 최근에 우익 종교단체들의 요구에서 생생히 볼 수 있다. 물론 학교가 여성학, 환경 교육과정, 흑인 역사를 가르쳐야 한다고 믿는 여성주의자, 생태주의자, 소수자, 그 외 이해세력들은 우익 종교단체와는 다른 요구를 한다. 달리 말하면 학교는 중립적 장소가 아니며, 교사는 중립적 자세를 취할 필요가 없다.

가장 넓게는, 지성인으로서 교사는 이데올로기적·정치적 이해관계라는 측면에서 이해되어야 하는데, 이 이해관계는 자신이 가르치면서 정당화하는 담론, 교실 사회관계, 가치의 성격을 결정하는 것이다. 이런 관점에서 나는 교사들이 학생들을 적극적이고 비판적 시민으로 교육하려면 변혁적 지성인이 되어야 한다고 결론내린다.

변혁적 지성인 범주의 핵심은 교육적인 것을 더욱 정치적으로, 정치적인 것을 더욱 교육적으로 만드는 것이다. 교육적인 것을 더욱 정치적으로 만든다는 의미는, 학교 교육이 의미를 정의하는 투쟁과 권력관계에 대한 투쟁을 표상한다고 주장함으로써 정치영역에 학교 교육을 포함시킨다는 뜻이다. 이 관점에서, 비판적 반성과 행위는 학생들이 정치·경제·사회적 불의를 극복하는 투쟁 속에서 굳건한 믿음을 갖게 되고, 이 투쟁의 일원으로서 학생 자신이 더욱 인간화되는 사회적 프로젝트이다. 이 경우에 지식과 권력은, '모든 이들이 자신의 삶을 스스로 선택할 수 있어야 한다'는 인식이 삶을 위한 투쟁의 전제조건이라는 전제와 뗄 수 없는 관계에 있다.

정치적인 것을 더욱 교육적으로 만든다는 의미는, 정치적 관심이 해방을 지향하도록 교육을 활용한다는 의미이다. 즉 학생들을 비판의 행위자로 대접하는 교육을 하며, 지식에 대해 문제제기하고, 비판적이고 긍정적인 대화를 하며, 모든 이들이 질적으로 더 나은 세계를 누리도록 투쟁하는 것이다. 변혁적 지성인들은 학생들이 학습할 때 적극적으로 자기 목소리를 낼 것을 주장한다. 또한 일상 생활에서 경험한 문제에, 특히 교실 활동에 해당하는 교육 경험과 연관된 문제에 관심을 쏟는 비판적 용어를 개발한다. 그래서 이런 지성인에게 교육의 출발점은 고립된 학생이 아니라 각기 독특한 문제와 희망과 꿈을 간직한 다양한 문화, 계급, 인종, 역사,

성별의 개인과 집단들이다.

변혁적 지성인은 비판의 언어와 가능성의 언어를 통합한 담론을 개발해야 하며, 교육자들이 변화를 일구어야 함을 인식해야 한다. 그렇게 하는 동안 지성인들은 학교 안팎에서 정치적 · 경제적 · 사회적 불의에 대항하여 목소리를 높여야 한다. 동시에 절망을 문제시하고 희망을 실천하기 위해, 지식과 투쟁의 용기가 넘치는 시민이 될 기회를 학생들에게 제공해야 한다. 이는 비록 어렵더라도, 가치로운 투쟁이다. 그렇게 하지 않으면 교육자들이 변혁적 지성인의 역할을 할 기회를 거부하는 것이다.

교육과정 학습과 문화정치학

　교육과정을 새로운 방향에서 학습하기 위해서는 먼저 북미 대부분의 교육과정 분야에서 역사적으로 되풀이되고 있는 분리 현상을 설명해야 한다. 대략 60년 전 교육자들은 기존의 이해관계와 가정들을 명확히 하기 시작하면서, 교육과정 학습에 대해 상당히 다른 두 관점을 만들어냈다.[1] 여기서 우리는 '행정적' 이해관계와 '과학적' 이해관계의 고전적 분리를 이야기하고 있는 중이다. 이 분리는 아마 다음 두 질문 간의 차이에서 가장 잘 표현될 것이다. 교사는 무엇을 가르쳐야 하는가? 인간 발달과 학습 과정에 대한 이해를 바탕으로 어떤 효과적인 개입을 끌어내야 하는가? 여기서 이

이 글은 헨리 지루와 로저 사이먼(Roger Simon)이 함께 썼다. 로저 사이먼은 온타리오 교육연구소의 교육과정 분야 교수로 있다.

문제들을 비판하거나 심사숙고하려는 것은 아니다. 이 문제들은 이미 우리들에게 익숙한 것들이다. 우리의 관심은 두 질문 중 어떤 질문과도 상관이 없다.

오히려 우리 관심은 교육과정을 문화정치의 구성물로 보는 교육과정 안에서 어떻게 하면 새로운 형식의 대학원 학습을 개발할 것인가에 있다. 그렇다면 어떤 학습 프로그램이 이 관심을 명쾌하게 해줄 것인가 그리고 그 노력은 누구와 함께 할 것인가? 우리가 전략적으로 행동해보자. 어떤 대학원 프로그램이라도 고객에게 '말을 걸어주어야' 한다. 우리들은 교육자이기 때문에 우리가 속한 사회경제적 구조를 똑바로 응시할 수 있어야 한다. 우리는 상품을 제공한다. 우리는 다른 대학과는 물론이고 대학 내부의 다른 학과 동료들과도 경쟁을 한다. 그래서 이런 상품논리 때문에 어쩔 수 없이 우리가 답해야 하는 질문들이 있다. 우리의 고객들은 누구인가? 누가 그 고객들의 이해관계를 교육과정을 통해 설명할 수 있겠는가?

구체적인 실천 사항들이 점차 개별상품화의 논리에 따라 결정되는 것을 지켜봐야 하는 교육자들이 우리의 고객들이다. 그들은 학생들의 편이 된다는 것이 어떤 의미인지는 몰라도 기를 쓰고 학생 편이 되고 싶다고 느끼는 교육자들이다. 그들은 특정 사회관계 속에서 자신의 모순된 지위 때문에 '교육이란 무엇인가'와 같은 질문을 토해낼 수밖에 없는 교육자들이다.

아래 글은 대학에 있는 우리들의 고객이 그런 고객에게 뭔가 도움이 될 수 있겠다는 생각을 바탕에 깔고 있다(고객이라는 말은 우리 활동의 구조에 깊숙이 자리잡고 있는 문제를 의미하므로, 우리는 이 모순을 들추기 위해서라도 의도적으로 고객이라는 용어를 사용한다). 대학에서 연구하는 우리가 정치학을 하나의 상품으로 제공해야 한다니, 이 얼마나 모순인가! 그러나 이 문제는 비판의 날을 무디게 만드는 서구 사회에서는 아주 익숙한 것이다. 아래에서 우리는 이 모순에 대해 설명할 작정이다. 연대의 강화가 시장의 치열한 경쟁에 의존하는 게 아니라는 조사연구의 맥락에서 보면 모순을 훨씬 쉽게 이해할 수 있다는 점에 일단 주목해보자.

좀더 구체적으로 말해 지금의 학교 교육을 다시 생각하려는 교육자들이 반드시 맞닥뜨려야 할 문제는 대학원 학습프로그램에서 어떤 접근법이 가장 바람직한가 하는 쟁점이다. 이 문제는 특히 지배담론과 지배이데올로기에 대항하기 위해, 가르치는 활동에 대한 이론을 세우고 실천을 조직할 때 교육자들이 무엇을 고려해야 할지 생각하는 데 매우 중요하다. 우리 견해로는, 대학원 학습에 대한 프로그램적 접근법은 학교 교육을 (1)많은 것들 가운데 한 가지 형식으로 (2)변혁과 규제의 프로젝트를 구현하는 문화정치적 장으로 (3)학교 교육이 구현하는 이데올로기적·실천적 목록을 통해 인간 주체성을 구성하고 정의하는 생산적 형식으로 파악해야 한다. 이 접근법은 교육 자료들과 교육실천에서 역사적이고 문화적인 것을 강조하는 학습 형태를 요구하며, 그런 노력에 특히 중요한 학습 분야를 구체적으로 지시하고 있다. 교육과정 학습을 구조화하는 담론을 검토하기 앞서, 이 프로그램에서 중심이 되는 분석 주제와 분석 영역부터 논의해보자.

언어와 권력

많은 교육대학원에서 언어(읽기, 쓰기, 문학, 제2외국어 학습 등)는 교육과정 프로그램을 이제 막 시작하려는 학생들이나 집중적으로 연습하는 특별한 영역으로 굳어져 있다. 언어에 대한 관심을 이처럼 절대적으로 좁혀놓은 건, 언어문제를 기술적이고 발달적인 것으로만 정당화하고 제한한다는 면에서 우리를 상당히 당혹스럽게 한다. 이런 식의 관심도 물론 중요하지만, 이런 방향에서 말하는 언어를 가지고는 언어와 권력의 관계에 대한 본질적 질문을 할 수 없다. 대학원 학습이 진짜로 저항적인 문화정치가 되려면, 언어와 권력의 관계를 중요한 주제로 삼아야 한다.

이 입장의 근거는 충분하다. 학생들에게 세계를 '이름짓는' 방법을 가르쳐주고 특정한 사회관계까지도 소개해주는 학습의 형식이 언어 획득(그 언어가 영어, 수학, 물리학, 드라마 혹은 그 무엇이든 간에)이라고 본다면 그렇다. 달리 말해, 존중받고 인정받고 적절하며 유용한 가치라고 역사적으로 만들어져온 것은, 우리 환경과 우리 자신의 일부 측면을 특별히 추론하여 연출한 것이라는 '인식' 속에서 학습된다. 표현은 경험해본 것과 충분히 연루되어 있지만, 예컨대 '장애'라는 말은 표현이 제 맘대로 하는 발화가 아니라 그 발화의 사회적 상황을 이루는 실제 조건 속에서 결정된다는 뜻이다.[2] 제도적으로 정당화된 지식은 경험을 조직하기도 하고 파괴하기도 하므로, 교육자들은 상이한 교육 형식을 통해 누구의 경험과 누구의 이해관계가 보호받는지 질문하는 방법을 반드시 알아야 한다.

대중적이고 종속적인 문화

교육을 문화정치로 볼 때, 지배적인 학교 교육 양식과 대중적이고 종속적인 문화의 관계는 또 다른 중요한 연구 주제가 된다. 우리는 학교에서 겪는 학생들의 경험이 집 안팎에서 겪는 그들의 삶과 얽혀 있다는 사실이 시사하는 바를 간파해내야 한다. 이것은 적합성을 주장하는 정도에서 그치는 간단한 요구가 아니라 제도적으로 정당화된 지식과 학생들이 대면하도록 하는 중재의 전통을 알아야 한다는 것이다. 이것은 교육자들이 종속집단과 종속계급의 희망과 걱정, 경험과 역사를 진지하게 파고들어서 이론적 안건을 구성하려는 시도이다. 우리는 '문화'라는 단어를 한 사회집단이 살아가고, 문화의 '주어진' 환경과 삶의 조건을 알아가는 독특한 방식이라는 의미에서 사용한다.[3] 그런 방식들은 의식할 수도, 의식하지 못할 수도 있다. 확실히 그런 방식들은 집단적인 역사 과정의 산물이지, 단지 개인 의도의 산물은 아니다. 사실, 개인들은 자신의 문화권에서 제공하는 틀 속에서 자신의 목적과 의도를 형성하는 법이다.

사회형태의 이론화

무엇을 해야 할지 결정하기 위해 교육자들은 왜 사태가 지금과 같이 되었는지, 어떤 조건이 이 사태를 뒷받침하고 있는지 알아야 한다. 나아가 교육자들은 실제 관계와 실천에 담겨 있는 활동의 잠재력을 평가할 능력이 있어야 한다. 이렇게 하기 위해서는 주변의 사회형태와 상호관계 속에서 교육을 사고해야 한다. 이런 분석은 사회이론에서 제기하는 질문에 어느 정도 익숙하기를, 지난 150년 간 학교 교육을 조직한 행위자로서 국가를 이해하기를 요구한다. 그러나 이런 분석에서 더욱 중요한 것은 특정한 사회관계나 제도적 형식들이 어떻게 (그리고 어떤 한계 속에서) 의도된 활동을 통해 바뀌었는지를 보여줌으로써 구체적 상황을 분석하는 방법을 배우는 것이다. 물론 이 분석이 어떻게 공식화되느냐는 사회적 세계가 어떻게 구성되는지에 대한 특정 견해에 따른다. 심지어, 이는 사회의 이론화와 교육과정의 이론화 간의 근본적인 교차를 지지하는 주장이며, 새로운 교육과정 담론과 언어에 대한 요청이다.

역사

역사라는 이 항목에서 우리의 관심은 시간 순서에 따른 연대기가 아니다. 그보다는 경제적·사회적·정치적 사건과 연루된 사회적 구성물로서 구체적인 교육실천이 특정 공간과 특정 시간에서 어떻게 이해되는지를 아는 쪽에 더 흥미가 있다. 이것은 학교 교육과 교육과정이론의 구체적인 사례들이 수많은 가능태 중에서 한 가지를 어떻게 재현하는지 생각하는 데 없어서는 안 된다. 이 입장은 학교 교육의 사회적이고 구성적 성격을 집중조명하면서, 비판적이고 저항적인 사고와 활동의 토대를 제공하기도 한다. 간략히 말해, 이 입장은 다른 세계와 미래를 상상할 수 있는 기반을 제공한다. 여기서 그 구체적 교과의 내용은 자기 나라 학교 교육의 역사가 될 수도 있고 다른 나라와 비교한 것이 될 수도 있다.

교육학

여러 주제를 담은 이 목록은 지금까지 약간은 일방적이었다. 그래도 우리는 이 목록에다 교육학을 집어넣으려고 한다. 우리가 교육학이라는 용어를 사용하는 것은 아주 넓은 이론적 흐름과 그 이론적 흐름이 제공하는 실천과의 관계를 알기 위해서이다. 우리에게 교육학이란 교육 자료들과 교수(instruction)의 일치를 이야기하는 방식 안에서, 즉 교육에 초점과 목적을 두는 방식에서 교육 자료들과 교수에 관심을 갖는 것이다. 이는 교육자들이 '무엇이 이루어져 있는가' 하는 문제에 반드시 집단적으로 대응해야 하는 지점이다.

교재의 신화를 폭로하기 위해 교재를 읽는 것에 대해 어떻게 생각하는가?[4] 지배문화의 상징적 폭력을 줄이고 싶다면 어떻게 학습 상황을 조직해야 하는가?[5] 학생들이 다른 가능한 대안을 찾기 위해서는 어떤 새로운 교육 자료들과 활동을 강조해야 하는가?[6] 학생들이 사회의 한계와 가능성, 학생 자신의 삶 사이의 경계를 탐구할 토대를 마련하기 위해 어떻게 학생들의 경험과 요구를 문제제기하도록 만들 것인가?

이런 문제들에 대한 대답은 상황에 따라 그리고 집단에 따라 이루어져야 할 것이다. 교육학을 학습하는 것이 무엇을 해야 하는지를 말하는 것과 뒤섞여서는 안 되지만, 교육학 학습은 새로운 형태의 대학원 학습을 요구한다. 대학원 학습은 참으로 변혁적인 교육 프로젝트를 위해 현실 투쟁에 대학 교수들을 완전히 끌어들이는 형식이어야 한다. 앞으로 보겠지만, 교육학 학습은 학생들을 고객이라 부르는 걸 결국엔 포기하도록 요구한다.

교육과정을 학습하는 데 *비판적* 담론을 만들어야 한다는 논의를 앞서 간략히 설명한 바 있다. 우리가 만들고 싶어하는 새로운 비판 담론은 헌신과 투쟁의 역동성이 붙박혀 있는 이론적 문화의 범위 안에서 교육과정 학습을 정의하는 담론이다. 이는 우리가 교육과 정 학습에 대한 비판적 견해에 핵심적이 된다고 믿는 몇 가지 이론 적 범주를 조명해나갈 것이다.

이론은 비판의 언어와 가능성의 언어이다

앞서 보았듯이, 우리는 교육과정이론을 사회적 이론의 한 형태 로 보는 것이 중요하다고 생각한다. 이런 입장에서 교육과정이론 을 볼 때, 교육과정 담론은 특정한 사회적 삶을 정당화하고 재생산 하는 '지식과 사회적 실천'과 복잡하게 얽혀 있음은 자명하다. 이 런 의미에서, 교육과정은 정치적인 것을 교육적 활동으로 만드는 이론적 담론이다. 즉 교육과정은 어떠한 정치적 권위의 형식들 · 표상 체계들 · 도덕적 규제의 형식들 · 과거와 미래에 대한 해석이 교육의 장에서 정당화되고 전달되고 토론되어야 하는지에 관한 투쟁의 표현이다. 이때 교육과정이론은 정치적이라는 이유에서 비난 받는 게 아니라, 은밀히 혹은 무의식적으로 정치화한다는 이 유에서 비난 받아야 한다. 마찬가지로 어떤 형태의 교육과정 담론 이든 교육과정 담론이라면 권력의 문제와 긴밀한 관계가 있는 이 데올로기의 한 형식이라는 점도 중요하다. 특히 그 권력의 문제들 이 성, 인종, 계급을 둘러싼 사회관계를 구조화할 때는 더욱 이데올로기적이다.

게다가 교육과정이론과 실천의 가치는 학생들이 교육과정을 문화정치의 한 형식으로, 즉 진보적 사회이론의 한 표현으로 이해할 수 있는 조건을 제공하는 것과 결합돼야 한다. 그러나 여기에 단서 하나가 붙어야 한다. 교육과정이론과 실천을 진보적 사회이론과 결합한다고 해서, 학생들이 이를테면 마르크스주의와 같은 특정 교리의 담론을 배워야 한다는 의미는 아니라는 것이다. 우리가 말하는 진보의 개념은 마르크스주의나 다른 어떤 교리보다 훨씬 넓고 훨씬 근본적인 것이다. 우리가 말하는 진보의 개념은 교육과정이론과 실천을 해방의 가장 심오한 측면과 결합하는 것이다. 해방의 심오한 측면에서는 모든 주관적·객관적 지배에 맞서 싸우기 위해 자기 권력과 사회적 권력갖기를 전개한다. 또한 우리가 말하는 진보 개념은 모든 이들이 질적으로 더 나은 삶의 조건을 제공하는 지식과 기술을 생산하기 위한 투쟁을 제안한다. 이를테면 교육과정 담론은 비판의 언어와 가능성의 언어 둘 다를 포함하는가 여부에 따라서 가치가 매겨진다.

비판의 언어로 이뤄진 교육과정 학습은 인간 학습과 투쟁에 대한 당파적 성격이 권력과 지식을 결합하는 출발점이 되는 곳, 바로 대학 내부의 한 장을 표상한다. 공동체 삶을 개발하기 위한 헌신은 자유, 평등, 연대의 개념을 진지하게 생각해야 한다. 그래서 교육과정 학습들은 학생들이 도덕적·지적 지도력을 발휘하도록 하는 교육 목적에 맞게 조직되어야 한다(전위주의를 통해서가 아니다!). 이런 경우, 교육과정 담론은 지식과 권력을 세 측면에서 연관지을 수 있다. 첫째, 지식주장들(knowledge claims)은 이해관계에 따라서 문제를 제기하기도 하고 일부러 배제하기도 하므로 교육과정 담론은 모든 지식주장들에 관해 의문을 품어야 한다. 둘째, 학교 교육과 사회 전반에 관한 지식주장들은 계급적·인종적·성차별적·연령차별적 사회형태들을 생산하고 정당화하는 것과 밀접한 문화과정의 일부로 분석되어야 한다. 왜냐하면 불평등한 권력관계 속에 지식주장들이 재생산되기 때문이다. 셋째 지식을 바라볼 때, 대학 안팎에서 일어나는 투쟁과 경쟁의 역동성과 결부된, 집단적 학습 과정의 일부로 보아야 한다. 교육과정 분야에서 지식주장들을 목적으로, 즉 숙달해야 할 어떤 대상으로 봐서는 안 되고, 각기 다른 표상 간의 투쟁, 갈등하는 문화경험, 미래에 대한 전망의 일부로 분석해야 한다.

앞서 말했듯이 가능성의 담론과 관련해서 교육과정을 사회적 삶의 형식들에 대한 소개, 준비, 정당화로 보는 언어를 기반으로 교육과정 학습이 이루어져야 한다고 우리는 제안하는 바이다. 즉 교육과정 담론은 학생들을 비롯해 모든 학습자들의 삶에 의미를 부여하는 문화적 형식들과 그 경계를 구성하는 사회적·역사적 특수성을 진지하게 다뤄야 한다. 이 말의 의미는 첫째, 사람들이 교육 장면에 가져오는 경험들과 *더불어 작용하는* 이론들, 지식의 형식들, 사회적 실천들을 개발해야 한다는 것이다. 이는 학생들이 세상을 스스로 이름지을 수 있는 언어 형식, 합리화 양식, 기질, 역사들을 진지하게 생각하고 인정한다는 의미이다. 둘째, 가능성의 언어가 학생들의 삶을 구성하는 경험들에 *대해서 작용할* 필요성을 말한다는 것이다. 이는 다양한 문화적 형식들에 속하는 학생의 경험들을 비판적으로 재발견해서, 그 경험의 장점과 약점을 알아내야 한다는 의미이다. 마찬가지로 이는 학생들이 현대 사회에 단순히 복무하기보다 현대 사회를 규명하기 위해 필요한 기술을 학생에게 제공하기 위해서, 다른 경험의 코드와 어휘들을 비판적으로 이해하는 방법을 가르쳐야 한다는 의미이다.

가능성의 언어로서 교육과정 담론은 자기 권력과 사회적 권력갖기와 결부되어야 하는데, 이런 권력갖기는 평등과 민주주의 원리를 따르는 적극적인 공동체 삶을 향한 투쟁을 담고 있다. 가능성의 언어로서 교육과정 담론은 현실적인 희망을 불어넣고 민주적 연대를 맺고 실현가능한 새로운 사회적 삶을 제시하는 담론을 학교 안팎의 교육 활동과 결합해야 한다.

희망과 해방의 개념에 열성으로 헌신하는 것은 이 프로젝트에서 가장 중요하다. '담론과 실천'의 형식으로서 교육과정이 지닌 중요성, 목적, 학습은 공공선을 위한 복지에 헌신하는 것을 출발점으로 삼는 교육실천 개념과 뗄 수 없다. 이처럼 교육과정 학습은 특정한 지식·가치·기술의 표현이므로, 학생들을 적극적이고 책임감 있는 시민으로 교육하는 과제를 조직 원리로 삼아야 한다. 즉 스스로 결정하며 사려깊고 민주적인 삶을 위해 투쟁하는 지적 기술과 용기를 갖춘 시민으로 교육해야 한다. 이 프로그램의 성공은 프로그램을 실행에 옮길 수 있는 이데올로기적·물질적 조건을 충분히 제공하는 정도 그리고 학교 교육과 인간 해방 사상의 관계를 옹호하는 정도에 따라 판가름된다.

대학과 초중등학교의 관계 재구조화하기

비판이론의 담론으로서 교육과정 학습들은 이론과 실천의 관계를 다시 규정해서, 이론적 노동과 실천적 노동 간의 분리를 더욱 깊게 할 게 아니라 이 분리를 극복해야 한다. 특히 교육과정 연구는 고등교육기관과 공교육의 관계를 규정하기 때문에 공동체 삶의 적극적 형식과 손잡고 구체적으로 재구조화되어야 한다. 이는 교육과정이론을 특정 사회의 장에서 나온 담론의 산물로 보아야 한다는 의미며, 대학 구성원들이 하나의 특정 장에서 이론을 만들어 내듯이 공립학교의 교사, 행정가, 여타 교육관련자들도 대학 구성원들하고는 다르지만 똑같이 중요한 맥락에서 이론을 만들어낸다는 생각을 가져야 한다는 의미이다. 이런 상이한 장들은 다양한 형태의 이론과 실천을 만들어낸다. 각각의 기관들은 교육과정 생산과 학교 교육의 문제를 다양하고도 날카롭게 꿰뚫어 보는데, 이런 혜안은 그들에게 의미를 부여하는 역사적 · 사회적 특수성 속에서 얻어진다. 핵심 문제는 어떻게 이런 이론생산과 실천이 비판의 언어와 가능성의 언어가 동시에 담긴 공통 프로젝트 속에서 결합될 것인가 하는 점이다.

이론과 실천의 결합은 교육자로서 우리가 누구인지 다시 생각하도록 요구한다. 이런 결합은 교육과정 학습들과 관련해서 변혁적 지성인인 교사와 교육자를 돕는다.[7] 교육자들은 해방의 다양한 관심사를 둘러싸고 여러 사회집단들과 함께 운동을 벌여나가야 한다. 교육자들은 그 사회운동 집단들이 도덕적 · 지적 지도성의 도구를 개발할 수 있도록 도와야 한다. 이를테면 교육자들의 교육적 역할은 사상을 생산하는 것은 물론이고 다양한 경제적 · 사회적 · 정치적 관심에 따라 함께 집단투쟁을 벌이는 것과도 결부되어 있다. 이런 활동의 중요성은 현재 대다수 대학원 프로그램처럼 교육 과정을 학습하는 데 민주적 전망을 제거해야 한다는 생각—이런 학습들은 결론적으로 학생들을 지성인이나 반성적 인물보다는 복종하는 종이자 숙련된 기술자로 교육한다—에 얼마나 반대하느냐에 따라 판단된다. 교사, 행정가, 교수를 변혁적 지성인으로 보는 것은 교육과정 활동의 역할을 재규명함으로써 해방의 가능성과 비판적 지도성을 결합하는 실용적 기회를 제공한다. 대학원생과 교수 그리고 그 밖의 사람들은 지성인의 범주를 심각하게 고민해야만 지배사회와 일상 생활을 중재하는 자신들의 적극적 역할을 탐구하고 자각할 수 있다. 그들은 또 자신의 교육적 역할이 철저히 정치적임을 알아야 한다. 왜냐하면 지배이데올로기와 지배문화를 정당화하거나 저항하는 상반된 역할을 도저히 피해나갈 길이 없기 때문이다. 유기적 지식인의 범주는 정상과 일탈의 차이, 사회와 학교에서 용납되는 행동, 언어와 지식의 정당화 형식 등에 대해 일상 속에서 투쟁해야 함을 나타낸다.

그러나 변혁적 지성인 개념은 교육과정 활동의 정치적 역할을 제안하는 것으로 끝나지 않는다. 변혁적 지성인 개념은 교육자들이 자신의 역사를 검토하는 출발점이 된다. 즉 과거와의 관계를 검토할 수 있는 출발점이자 교육자가 어떤 사람인지, 그들이 어떻게 학교 경험을 구조화하는지를 규정하는 특수한 사회형태, 문화, 축적된 경험과의 관계를 검토하는 출발점이다. 또한 변혁적 지성인 개념은 교육자들이 우리 자신 속에는 물론 사회 전반에 도사리고 있는 지식인과 육체노동자의 분리를 없애려는 투쟁을 치열하게 벌이기 위한 정치적 참조물이 된다.

마지막으로, 교육과정 담론의 조직 원리로 변혁적 지성인 개념을 사용하는 것은 이데올로기적 세력이자 물질적 세력인 권력의 다면적 성격을 검토하는 것이 중요함을 일깨워준다. 달리 말해 우리는 학교 생활의 수많은 모순들 가운데서 권력이 어떻게 긍정적 사례로 그리고 부정적 사례로 작용하는지 이해해야 한다.[8] 이는 어떻게 권력이 언어를 감시하고 구조화하는지, 어떻게 권력이 몸의 정치학을 관리하고 형성하는 세력이 되는지, 어떻게 권력이 시간과 공간을 조직하게 되는지 등에 관해 교육과정 학습 프로그램에서 구체적으로 분석할 필요가 있다는 의미이다. 이 논의의 핵심은 교육과정 활동가들이 지성인으로서 차지하는 역할을 제약하는가 북돋우는가 하는 점이다.

그래서 우리는 이 장의 결론에서 교육연구와 탐구를 사회탐구와 문화정치의 한 형태로 보려 하는 학계에서 두드러지게 나타나는 한 가지 모순을 검토하고자 한다. 이 모순은 '어디에도 속하지 않는 지식인의 지적·기업가적 자유'와 '유기적 지식인의 책임과 헌신' 사이에 발생하는 모순으로서, 우리 활동을 구조화하는 상품화 논리에서 나왔다. 다음의 논의에서는 이 모순을 조명하고, 이 모순을 줄이는 방식을 추적해볼 작정이다. 물론 쉬운 해결책이란 없다.

교육과정 학습에서 사회적인 것

만약 우리가 교육과정을 투쟁의 표현으로 보았던 앞의 생각을 받아들인다면, 반드시 뒤따라 나오는 질문들이 있기 마련이다. 이 투쟁의 본질은 무엇인가? 이 투쟁은 무엇에 대한 것인가? 이 투쟁은 어떤 형식을 취하는가? 우리는 누구의 입장에 서며, 또 그렇게 되기 위해서 무엇이 필요한가? 우리는 이런 문제들을 설명하는 가운데서만 교육과정 학습을 정의할 수 있다.

다른 한편, 우리는 대학의 학자이기 때문에 국가의 이데올로기적·사회적 실천과 특히 관계가 긴밀하다는 사실을 인식해야 한다. 가령 국가의 피고용인인 우리는 우리가 일하는 국가의 특정 지역과 지방에서 만든 잉여가치로 살아간다. 대학 내 자기 활동영역의 구조적 위치 그리고 자기 '전문직'의 구체적 관계, 이 둘에 의해 규정된 잉여가치로 우리는 생계를 유지한다. 대학의 학자들이 이런 경제에서 부족한 자원들, 예컨대 종신재직권, 바람직한 교육과정들, 흥미진진한 학생들, 저널 공간, 글쓸 시간, 주위의 인정 등을 얻고 싶어하는 정도에 따라서 우리는 우리가 일하는 '장'을 규정하고 통제해야 한다.

그러나 비슷한 자원을 얻고 싶어하는 타인들과의 경쟁 속에서 학자들은 그들 자신의 조건에서 개인적으로 그 자원을 얻는 정도에 따라 학계의 프티 부르주아가 된다. 이는 물질적 실천의 한 형식이자 바로 이와 같은 대학 내의 노동구조가 조장하는 주체성이다.

우리는 대학 내의 모순된 특성이 우리가 위에서 약술한 교육과정 학습의 개념과는 맞지 않다는 걸 알고 있다. 그러나 노동생활을 구성하면서도, 동시에 교육과정 분과에 속한 대학 지식인의 실천을 제한하는 그런 이데올로기적·물질적 실천에 대해 우리는 질문하고 논쟁해야 한다. 문화정치로서 교육과정 학습 프로그램들을 통해 우리가 어느 정도 성공하기를 요구한다고 우리 스스로 생각하기 때문에 그러한 질문과 논쟁은 더더욱 필요하다.

지성인들은 지적 자유가 살아 있는 집단적인 학문 생활을 북돋우면서도 어떻게 그들 자신과 무관한 이해세력과도 연대할 것인가? 바로 이 모순을 지성인들이 어떻게 헤쳐나가야 하는지 문제로 삼고자 한다. 우리는 '그들 자신과 무관한 이해세력'이라는 표현이 약간 역설적임을 인정한다. 우리가 이 용어를 사용할 때는 정치경제가 '우리의' 이해관계를 규정하고 구조화한다는 측면에서, 앞서 말한 정치경제를 엄밀히 참조했다. 왜 '자신과 무관한' 이해관계와 계속 관계 맺는 데 관심을 가져야 하는지는 매우 중요한 문제이다. 이 문제는 우리의 일상을 우리가 어떻게 정당화하는지 가족들과 친구들이 물을 때 그들에게 어떻게 대답할 것인가 같은 질문과 관계 있다. 비록 우리에게 포괄적인 프로그램은 없지만 몇 가지 생각을 제기하고 토론해보고 싶다. 이 토론은 세 가지 문제들, 즉 협력관계, 프로그램 내용, 학생을 '고객'으로 보는 생각의 포기에 관한 논의로 이어갈 것이다.

협력관계 대학의 학계생활 안에도 경쟁 정신은 넘쳐나고 오히려 환영 받을 정도이며, 경쟁 정신이 우리 담론과 욕망의 많은 부분을 구조화하고 있는 지경이다. 집단적으로 문화생산을 하는 경우에도

(한 논문의 저자들이 많다고 꼭 집단활동을 한다는 의미는 아니다)
진정한 사회적 상호작용이란 거의 없다(그리고 즐거움도 거의 찾아
볼 수 없다)! 학자이자 지성인으로서 우리는 조사연구·탐구와
관련하여 그리고 공동교수(co-teaching)와 공동창작 등 공동작업
을 옹호하는 창작 구조에 대해 깊이 고민해봐야 한다. 공동창작
구조들은 하찮은 듯 보이지만, 구체적인 일상 생활의 역동성 속
에서는 이 구조들이 끔찍하리만큼 중요하다. 이 구조들은 교육과
정 시간표를 여럿이 함께 가르치는 공동교수에서 볼 수 있다. 이
런 경우 공동조사연구나 공동여행을 지원하는 자유재량 재정이
마련되어 있어서 공동작업을 무엇보다 선호할 수 있게 해주어야
한다. 기술 지원도 따라야 한다. 가령 저자들 각자가 하나의 텍스
트에 접근해서 보태기도 하고 고치기도 하면서 하나의 공동 텍스
트를 만들려면, 같은 파일에 접근할 수 있는 컴퓨터 기술을 지원
받아야 한다.

　이런 정신에서, 교수와 학생들이 함께 하는 집단 프로젝트 활동
을 권장해야 한다. 이는 개인 연구의 한계(한 명이 모든 걸 다 할 수
는 없다) 때문이기도 하지만, 교육과정 학습의 한 측면을 겨냥한
정말 구체적인 어떤 탐구에 학생과 교수가 함께 참여하는 대학원
학습의 형태가 중요하기 때문이기도 하다. 우리가 말하려는 바는
*이런 노력들이 대학원 학습의 구조가 되어야 한다*는 점이다. 특히
필수과목들은 학생들이 집단적인 프로젝트 활동을 통해 프로그램
의 임무를 완수하도록 허용해주고 격려하는 것으로 짜여져야 한다.
이런 필수과목들에서 집단연구에 필요한 지식과 기술이 대학원

교육과정 학습 프로그램의 일부가 되는 것은 결코 작은 일이 아니다.

프로그램 내용 프로그램 내용과 관련하여 우리는 교육과정 학습이 빈 그릇처럼 이뤄져 있지는 않다고 생각하는 사람들에 동의한다. 교육과정 학습은 '뭔가에 대한 것'이어야 한다! 그러나 전통적인 교과 범주와 똑같이 교육과정 학습을 조직하는 것은 우리가 바라는 교육과정 프로그램과는 반대된다. 기초 교과과정 활동에 대한 우리의 생각은 앞서 얘기한 다섯 가지 주제, 즉 언어, 종속적이고 대중적인 문화, 사회형태의 이론화, 역사, 교육학을 통해 밝혔다. 우리는 좀더 유연한 '교과활동 모임들'에 관한 정의가 필요하다고 생각한다. 이 모임들은 주어진 시기에 특정 주제를 집단으로 연구하는 교수와 대학원생들의 모임들이다.

예컨대 토론토에 위치한 온타리오 교육연구소 안에는 노동교육, 보건교육, 아동문학 등을 연구하는 모임들이 있다. 이 모임들은 함께 책을 읽고 서로의 연구를 지원하고 비판하기 위해 만들어졌다. 학습 프로그램이 정당하다는 측면에서 이 모임들의 활동은 지지받아야 한다. 이들 모임에서는 점수를 매기지 않기 때문에 과외 교육과정이 될 위험은 늘 남아 있다. 이는 흔하디 흔한 문제이다. 이 모임의 생명력은 시간 활용, 정당성에 대한 생각, 모임 구성원에게 정체성을 부여해주는 정도에 달려 있다. 이런 조건들을 만드는 특별한 방법이 있긴 하지만, 이 문제는 구체적 논의가 필요하므로 여기서는 다루지 않겠다.

교육자들의 고객 마지막으로 교육자들은 학생들을 고객으로 생각해서는 안 된다. 개별 학생들은 더 이상 전문기술을 배우기 위해 교수들에게 의존하지 않아도 된다는 의미이다(여기서 핵심 단어는 전문기술이 아니라 *의존*이다). 구체적으로 이건 무얼 의미하는가?

한 가지 방법은 대학원 프로그램을 수강하는 단위를 *사회적* 단위가 되도록 재조정하는 것이다. 즉 둘 이상의 사람들이 프로그램의 수강 단위가 되어야 한다. 만약 프로그램을 수강하고 싶으면 그 수강 단위는 자신들이 심도 있게 이해하고 연구하고 싶은 상황이나 프로젝트를 지정해야 한다(그렇다고 학생들이 한 프로그램에서 즉시 이런 생각들을 펼칠 수 있어야 한다는 단순한 의미는 아니다. 왜냐하면 학생들은 처음의 시야를 넘어서서 개인생활과 전문직업생활을 알아나가기 시작하기 때문이다). 이것은 서구의 자유로운 대학교육의 목적을 더 이상 개인의 발달에만 묶어두지 않으려는 진보적인 정책이다. 이 정책은 대학원 학습의 조건을 집단탐구로 만든다. 이것은 같은 학교나 지역 출신 집단 혹은 비슷한 좌절을 겪거나 같은 꿈을 꾸는 집단이 함께 참여하고, 교육과정 분과의 교수들과 함께 참여하도록 격려하는 것이다. 전문기술을 위해 교수에게 개인적으로 의존하는 데서 공동 프로젝트로 바꾸는 것이 학습의 핵심이다.

앞서 지적했듯, 교육자들은 자기 이해세력과 무관한 집단과 공동연구를 시작해야 한다. 이는 집단적인 수강정책을 갖춘 프로그램을 위해서 중요하다. 공동연구가 진정한 문화정치의 한 형태가 되려면, 교수·학생 공동 프로젝트가 다른 공공영역에 미치는 효과를 분명히 인식해야 한다. 예를 들어보자. 온타리오 교육연구소의 교수·학생 공동활동은 캐나다에서 인종주의에 반대하는 인권 집단과 함께 교육과정을 개발하고 있다. 이런 연대에서는 투표로 선출된 대표뿐 아니라 공공영역 내에서 사회적 쟁점을 분명히 밝히는 정치집단과 공동연구를 시도한다. 이는 생태학, 여성주의 혹은 시민권리 옹호 집단과의 연대를 제안한다. 앞서 주장하였듯이, 교육과정 학습은 사회이론을 시민의 용기와 적극적 시민성에 헌신하는 실천으로 바꾸는 담론을 구체화해야 한다. 이런 연대는 집단 활동의 기초를 제공하며, 이론과 실천을 사회적 투쟁과 결합하게 해준다.

우리는 문화정치의 실천에서 교육과정 연구와 가르치는 활동이 매우 중요하다는 데 동의한다. 이때 문화정치는 삶의 방식을 정의하기 위해 투쟁하는 집단들 간에 서로를 돕는 연대의 기초를 닦는다. 진실로 우리는 이런 실천을 그 자체로 교육적이라고 인식하기를 원한다. 이것이야말로 이론과 실천, 객관과 주관, 앎과 행위를 분리하기를 거부하는 교육포럼이다. 이는 육체적이고 실제적인 노동과 정신적이고 이론적인 노동을 분리하는 부르주아지들의 이분법적 사고를 거부하는 교육자들의 활동 방식이다. 이는 학교운영위원회의 위계적 경향을 거부함으로써, 초등학교 교사 웬디 사이먼이 말한 '소작농과 같은 교사의 지위'를 거부한 전문적 형태이다.

우리 관점에서 보면, 환경과 자신을 동시에 바꾸는 것은 교육과정 학습과 가르치는 활동을 문화정치로 안내하는 테마이다. 이는 우리가 발견식 과제, 비판, 변화 모색을 통해 배우며, 이런 모든 실천이 이전에는 없었던 재능, 기술, 지식, 능력을 가진 자로 우리 자신을 재개념화해준다고 생각한다. 교육과정에서 대학원 학습은 이런 활동을 자극하고 지지해야 할 것이다.

문화학이 필요하다

북미 대학에서 문화연구[1]는 전문영역으로 세분화되어 공통된 문화비판이 거의 불가능할 지경이다. 세분화된 학과 형태로 진행되어온 학문의 역사적 발전은 비판적 사고의 억압을 정당화하는 이데올로기를 생산해왔다. 학문의 구획화가 세부 학문의 성격을 보호한다고 합리화해왔지만, 실상은 비판가와 학문을 서로 고립시켜 지배문화의 재생산에 한몫했을 뿐이다.[2] 전문가의 학문적 자유라는 미명 아래 현재 특정 분야 전문가들은 자신이 하는 탐구 분야의 일반적인 추론 형식에만 빠져 벗어나질 못한다.

인류학, 사회학, 역사학, 문학 등 문화현상을 탐구하는 학문 종

이 글은 헨리 지루와 데이빗 셤웨이(David Shumway), 폴 스미스(Paul Smith), 제임스 소스노스키(James Sosnoski)가 함께 썼다.

사자들은 서로의 관심사를 나누지 못하도록 역량을 제한당해왔다. 가령 전통문학은 사회학과 소설학을 넘나들지 못하도록 하는 형식변인 속에서 발전해왔다. 마찬가지로 사회학자들도 전통적인 문학비평가들은 안중에도 두지 않고 문학을 마음대로 활용했다. 이런 일은 지금도 계속되고 있다. 다른 학과의 구성원들이 무슨 말을 하든 내버려둔다는 게 학자들의 오래된 지혜이고, 이 권리가 학자들에게 당연시되는 한 이것이 학자들이 선택한 그들의 일처리 방식이다. 이 결과, 문화연구는 단편적으로 이루어져왔고, 전문가들이 아마추어 모임과 자신을 계속 구분하는 이상 전문화가 결국엔 여타 공공영역에서 지식인들을 배제시키게 될 것이다.[3] 그래서 비판은 불가능해지고, 사회적·문화적 재생산의 메커니즘만이 득세한다.

전문가의 역할은 지성인의 역할과 공존할 수 없다. 폴 피콘은 이렇게 말한다.

지식인을 개념 정의할 때 순전히 형식적이고 통계적인 교육 준거를 그대로 들이대면, 현대 사회가 아주 좁은 분야에만 박식한 지식인, 즉 소외되고, 사사화되고, 비문화적인 전문가를 만들어낼 뿐이라는 점은 명명백백하다. 이런 기술적인 지식인들은 총체성에 관심을 두는 사상가라는 전통적 의미의 지식인이 아니다. 현재 기술적 지식인들은 비약적으로 늘어나고 있으며, 꾸준히 늘어가는 관료적·산업적 장치의 운영을 맡고 있다. 그러나 이런 지식인의 합리성은 그 특성이 오로지 도구적이므로, 주로 부분적인 과업을 수행하는 데 적

합하지, 결코 사회 조직과 정치적 방향과 같은 *실질적인* 문제는 다루지 못한다.[4]

우리는 문화학을 통해 피콘이 주장한 이런 사회정치적 쟁점에 비판적으로 뛰어들 수 있어야 하고, 문화가 지닌 장려하는 차원과 제한하는 차원 둘 다를 잘 이해해야 한다. 이는 비판을 전개하면서, 해방에 동조하는 문화적 형식의 생산을 제안하는 것이다. 변혁적 비판을 위한 한 가지 중요한 과제는 지배문화의 이데올로기들에서 갈라진 틈을 찾아내는 것이다. 사회 모순을 비판적으로 분석하는 지성인들이 없으면, 지배문화는 지배문화의 부작용을 훨씬 효과적으로 계속 재생산해내게 된다. 그리고 문화적 비판을 가할 수 있는 공간 없이는 저항하는 지성인들이 공공사업에 대한 그들의 목소리를 낼 수 없다.

이 장은 먼저 학문의 개념 정의가 역사적으로 얼마나 임의적이었나를 보여줄 것이다. 학문 간의 임의적 경계를 넘어 학제간 연구 프로그램을 개발하려는 시도—미국학이나 캐나다학, 여성학, 흑인학 등—는 번번이 실패했다. 다음으로, 전통적인 인본주의는 어느 한 문화의 구성원들이 그 문화를 형성할 때 행위자 역할을 한다는 점을 은폐하기 때문에 학문적인 문화학에 적합하지 않다는 점을 밝힐 예정이다. 이 때문에 우리는 대항적 학문의 실천이 필요하다고 주장하는 바이다. 이 점에서, 우리는 대학의 학자들에게 지성인으로서의 역할을 되찾아주기 위해 교육 형태로서 변혁적 지성인 개념을 사용한다. 다음 절에서 우리는 상아탑의 지식인은 공공영역으로 되돌아가야 하며, 개인주의적이고 이기적인 조사연구에서 벗어나 사회 병폐를 집단적으로 탐구해야 한다는 주장을 할 것이다. 그리고 결론에서는 문화학의 발전을 위한 조건을 설명할 작정이다.

학문은 변화하며, 구획화되어서는 안 된다

대부분 사람들은 대학의 학문이 우리가 주제로 삼는 사태의 자연발생적인 범주를 반영한 것이라고 생각한다. 문학과 역사는 다른 두 사태이기 때문에 영어와 역사는 다르다. 그러나 조금만 더 생각해보면 학문을 자연발생적 대상과 동일시하는 설명은 충분하지 못하다는 걸 쉽게 알 수 있다.

먼저 특정한 대상 집단은 어떤 학문에서든 주제로 삼을 수 있다. 《톰 아저씨의 오두막》을 문학가는 물론 역사가도 연구 대상으로 삼을 수 있다. 둘째, 한 학문이 연구하는 특정 대상은 시간의 흐름에 따라 달라진다. 문학이 현재 참고하는 문헌들은 소설, 시, 드라마 부분이다. 하지만 이건 19세기 초반 이후의 일이다. 더욱이 범주를 정하는 방법조차도 정기적으로 변화해왔다. 영어를 연구 대상으로 삼기 시작한 건 19세기 후반 무렵이며, 현재 물리학이나 화학에서는 새로운 하위 학문들이 속속 생겨나고 있다.

특정 시기에 대학 학문의 보호막 아래 연구되어온 것들은 자연발생적인 교과가 아니라 각 학문의 실천을 통해 구성된 분야일 뿐이다. 그런 분야는 제 마음대로거나 변덕스럽다는 의미에서가 아니라 역사적 환경에 의존하기 때문에 임의적이다. 그래서 학문 분야는 문화적 · 사회적 · 제도적 요청을 반영한다. 이는 모든 학문 분야에서, 특히 자연과학 이외의 다른 학문 분야에서 진실이다. 이는 대학 학문의 형성 과정을 꼼꼼히 살펴보면 금세 알 수 있다.

미셸 푸코는 학문은 사회 통제와 조직의 특별한 전략으로서 고대 말엽에 시작하여 현대에는 널리 퍼져 있다고 주장한다.[5] 푸코가 대학의 학문에 직접 관심을 기울이지는 않았지만, 그의 저술 대다수는 대학 학문에 적용될 수 있다. 학문적 기술의 특징은 정상화와 위계화를, 동일화와 차별화를 동시에 하는 능력이다. 이 역설은 학문이 차이를 통제해야 한다는 주장을 통해 설명된다. 규범은 신중하게 만들어지고 유지되기 때문에, 편차는 그 규모로 측정할 수 있다. 한 학문에서 전문가의 목표는 적절한 정도로만 차이를 만듦으로써 이 규모를 끌어올리는 것이다.

학문이 담론을 제한한다는 사실을 이해하는 데 꼭 푸코식의 해석이 필요한 건 아니다. 그 학문의 일원이 된다는 건 특정 질문에 답하고, 일련의 전문 용어를 사용하고, 한정된 영역을 연구한다는 의미이다. 그러나 푸코의 연구는 이런 제약들, 즉 학문이 위계적 서열을 유지하는 다양한 보상과 처벌을 통해 어떻게 제도적으로 강화되는지를 우리에게 잘 보여준다. 최종적인 처벌은 배제이다. 그 학문의 담론을 사용하지 않으면 더 이상 그 학문의 일원으로 여겨지지 않을 것이다. 그렇다고 이단자들은 가르치지도 심지어 출판하지도 못한다는 뜻이 아니다. 이단자들은 다만 주변화될 뿐이다. 이 상황은 새로운 철학박사에게도 엄격히 적용된다. 사실 철학박사들이 학계로 입문한 대가는 지배적인 학계 담론에 똑같이 순응하는 것이다.

쿤이 '정상과학'의 발달을 얘기했을 때는 자연과학과 다른 학문을 구분했지만, "인문학은 그 이론에서 (사회역사적) 배경을 전혀 참조하지 않았던 자연과학을 어떻게든 모방하려고 무던히도 노력하고 있다."[6] 사회과학과 인문학에서, 정상화(normalization)가 다양한 학문들의 전문화와 일치하는 경향이 늘어가고 있다. 하지만 어떤 학문도 그 이론에서 '배경'을 철저히 배격하는 데 성공하지 못했다. 물론 기법의 공식을 통해 사회과학과 인문학에서 사회적 기술·제도·권력장치를 배제하기만 해도 정상과학을 만드는 것이 가능하다. 이런 배제는 그 속성을 고립시켜버린다. 이런 실천은 사회과학자들과 인문학자들의 사회적 실천과 문화적 교류를 외면한다.

사회적 실천은 자연과학에 의해 구성된 대상들과는 다르다. "자연세계의 구조에 관한 문제를 규명하고 해결하는 문제는 논박이 필요 없는 정상과학이 자신을 입증하는 것이 항상 가능하고 또 일반적으로 바라는 일이지만, 사회과학에서 논박이 필요 없는 정상과학이란 과학적 성취를 통해서가 아니라 배경을 무시하고 모든 경쟁자를 물리침으로써 정설을 세운다는 의미이다."[7] 자연과학의 학문들보다는 인문학의 학문들이 훨씬 다양한 활동을 허용하지만, 이런 활동들은 위계적으로 가치가 매겨져 있다. 가령 영어에서, 새로운 비판 '패러다임' 아래서 정상적인 연구란 문학 정전(正典)에 속하는 개별 교재들을 탈맥락적으로 해석하는 것이었다. 다른 종류의 연구 형태도 허용되고 때로는 보상도 받지만, 정상적인 새로운 비판실천을 얕잡아보는 일은 결코 용납되지 않는다. 이런 경우, 역사적인 연구 방식이 학문적 지위를 누리기도 하지만 새로운 비판주의의 보조자일 뿐이다.[8]

인문학에서 연구는 정상과학이 되지는 않는다. 그런데도 그 학문구조는 특정 분야 전문가를 생산하는 데 목적이 있다. 문학, 역사학, 사회학, 문화를 강조하는 그 외 분과학문들의 구조는 전문가들이 자신의 지식과 공공영역을 연관짓지 못하게 방해하는 경향이 있다. 학문적인 공부는 현재 전문화된 몇 가지 문제에만 주목하기를 요청한다. 그런데 이런 문제들은 어느 한 문화 속에서 진정한 논쟁거리가 되지 못하고 밀려나는 경우가 많다.

미국학과 여성학 같은 학제간 연구 운동은 학문 간의 엄격한 경계의 틈바구니에서 가장 중요한 쟁점들을 놓쳐버린다는 인식에서 시작되었다. 결국 미국학은 이런 쟁점들을 되살리는 논의를 시작했다. 미국학과 캐나다학을 낳은 국가주의는 공공연히 정치적이었고, 미국학 관련 책들은 미국 문화의 정전이 될 만한 문서에 담긴 이데올로기적 이해관계에 비판적이었다는 점을 기억해야 한다. 그럼에도 학계 내에서 학제간 연구 노력으로서 문화학을 시도한 이들에게 미국학은 어떤 것을 알려주는 사례로 보아야만 한다. 문제는 학문 구조에 대한 어떤 확고한 대안도 학계 내부에서 발전하지 않았고, 그 결과 역설적이게도 미국학과 같은 운동들이 학문이 되고자 지난한 노력을 해야만 한다는 점이다. 그래서 이런 운동들은 비판적 관점에서 시작하는 경우가 많지만, 조금 더 성공했을 무렵에는 결국 진보적인 비판에서 뒤로 물러선다. 이 운동은 기존 학문에 저항할수록 그 진지성을 의심받았다. 이 운동의 종사자들은 진짜배기 학자라기보다는 학문 애호가쯤으로 여겨졌고, 학제간 연구 노력은 일시적인 유행쯤으로 간주되었다. 미국학에서, 학제간 연구라는 이상은 연구 종사자들에게 특정한 위계 서열에 도전하는 수단은 되었지만 위계 질서에 대안을 제시하지는 못했다. 그리고 미국학이 정착될수록 오히려 미국학 운동 속에서 학제간 연구의 중요성은 줄어들었다.[9]

학제간 연구 운동이 비판적 노력을 계속하지 못했다고 해서 정치적 이상을 억제한 결과라고 생각하는 것은 잘못이다. 일반적으로 지식인이 정치적 견해를 밝히는 것은 학문 활동과 어울리지 않는다고 여겨지기 때문에, 정치사회적 문제들에 대한 연설과 사고는 문화에 대한 학문적 연구에서 벗어난 것으로 취급받는다. 역사적 맥락과 사회적 특수성에 참여하지 못하는 것은 전통적 학문에서 말하는 교육학에서 가장 잘 볼 수 있다.

전통적인 문화학은 특정 문화를 옹호하는 것이다 넓게 말해, 전통적 인문교육의 근거는 정전이 될 만한 문화자료의 보고(寶庫)에 학생들이 접근하도록 한다는 것이다. 이런 정전이 구석에 처박혀 있고 아주 난해한 자료들까지도 끌어모으는 것이라면, 정전을 정하는 건 상대적으로 융통성이 발휘된다. 정전은 가치 있는 건 뭐든 놓쳐서는 안 된다는 생각을 담고 있다. 여기서 작용하는 가치들은 특정 이데올로기적 요구에 따라서 이리저리 변한다(여성학 정전이나 심지어 문학이론 정전을 일부 대학의 교육과정으로 안전하게 합친 경우를 보라). 그러나 이런 일시적 증가와 변동을 규제하는 암묵적인 '황금기준'도 있다. NEH 의장 윌리엄 베넷은 모든 학교 학생들이 졸업 전에 '마땅히 공부해야 하는' 책을 특별히 조사했다. 그 책 목록은 플라톤의 《국가론》에서 베르길리우스, 초서, 디킨스, 톨스토이를 거쳐 《호밀밭의 파수꾼》에 이르기까지 총 31권이다.[10] 이 책들과 저자들은 인문학과 그 인문학 작품을 판단하는 특정 문화적 시기의 표준적인 기준을 보여준다. 정전의 견고한 핵심에 친숙해지는 것은 학생들이 정전에 담긴 소중한 가치를 흡수해서, 주변적이거나 일시적인 구성요소들에 적용할 수 있게 된다는 뜻이다. 무엇보다 '인간화하는' 효과가 있는 부(富)에 학생들이 접근할 수 있게 되리라는 점에서다. 그러나 실제 그 효과는 인간화를 위한 부(富)를 생산하는 경제와 연루된다.

이 인문학 프로젝트의 이데올로기적 효과가 무엇인지, 이 프로젝트가 학생들이 살아온 삶(학생들의 개인적·사회경제적 역사)과 실천을 어떻게 결합하는지 등도 결코 사소하지 않은 문제지만 일단은 미뤄두자. 그보다는 문화학이 어떤 식으로건 '동일한 종류의 교육적 근거'를 이해하거나 탐구하는 것이 바람직한가 그렇지 않은가 그리고 그것이 꼭 필요한가 그렇지 않은가를 묻는 것이 더욱 중요하다. 일찍이 신우익이 지적했듯이, 결국 동일한 종류의 교육적 근거는 항상 학생들에게 심각한 이데올로기적 효과를 미쳤다. 학생들이 지배문화를 배우거나 대표적인 가치를 흡수함으로써 지배문화의 독특한 활동 방식과 행위 방식의 수단을 얻게 되는 점에서 학생은 이론적으로 *고무받게 된다*. 대안적 내용, 즉 새로운 정전을 가르치는 활동이 새로운 이데올로기적 입장과 그에 따른 정치적 활동을 능히 만들어낼 수 있다는 주장은 쉽게 할 수 있다(여성학에서 자주 그러하다).

그러나 정전의 인본주의적 근거가 문화적 대상에 순위를 매기는 위계적인 질서 위에 있다는 걸 반드시 기억해야 한다. 그 대상들 가운데 일부(가령 셰익스피어의 작품)는 서구 문화 중 '최고'이다. 그 정전들은 그래서 문화의 진수를 보여준다. 분명 이건 문화학이 맞서 싸워야 할 상징적 문화관이다. 학생들이 알아야 하거나 친숙해져야 하는 가장 중요하고 가장 가치 있는 것으로 정전을 새로 짜는 것 역시 아무리 새롭고 기존 가치를 뒤엎는 것이라 해도 사실은 문화의 전통적인 위계를 되풀이하는 것에 지나지 않는다. 문화학은 다른 질서, 즉 문화적 대상들이 *유관하게* 배치되어 있다고 보는 질서 위에 세워져야 한다.

이는 문화학이 문화를 특정 문화에만 한정시키는 위계화 프로젝트를 의심해봐야 한다는 말이다. 이런 위계화 프로젝트에서는 일부 문화를 '최고'의 문화라든가 심지어는 일부 문화가 정치적·윤리적으로 중요하고 가치 있는 것으로 미리 결정되어 있다고 본다. 요컨대 문화학은 하나의 문화를 대변하는 문화에 학생들이 다가가도록 하는 식의 목표를 포기해야 한다. 문화학은 불평등한 권력관계 속에서 유지·발전되어온 일련의 활동으로서 혹은 지식의 보고라는 이미지에 얽매이지 않는 중요한 과정으로서 문화를 탐구해야 하고 또 그럴 가능성을 가지고 있다.

문화학은 문화가 현실적으로 *미완성*이라는 주장을 탐구하고 가르침으로써 자신의 정치적 효과를 보장할 수 있다. 학생들—특히 지배문화의 가치에서 밀려나 있는 학생들—은 자신이 살고 있는 문화가 자신의 것이 아니며, 대표적인 텍스트들에서 떠받드는 가치에 맞게 입문하는 길만이 유용한 것이 아님을 깨달아야 한다. 새로운 (가령 정전이 아닌) 대상을 택하고, 위계적인 관점이 아니라 서로 유관하다고 보는 관점을 취해야 한다. 그래야 지배적인 교육 실천과 정치적 실천의 가정에 문제제기해나갈 수 있다. 가장 중요하게는 문화학이 '문학(과 그 외 문화적 대상)은 …… 정치와 다르다' [11] 는 생각에 동의하지 않고, 책이 이데올로기적·정치적 장치임을 심사숙고해야 한다.

여기서 문제는 문화학이 이미 만들어져 있는 문화적 가치에 군말없이 학생들이 따라가도록 하는 것이 아니라, 학생들이 자신의 존재조건을 잘 분석할 수 있도록 응원하는 것이다. 문화에 대한 전통적인 학문 접근법의 전제를 뒤집는 이런 실천이 지배구조에 자발적이고 효과적으로 저항하는 데 필요한 전제조건이다.

대항적 학문의 실천이 필요하다

인문학을 비롯해서 문화 분석에 관심 있는 학문들이 정상과학의 패턴을 모방하고자 한다는 사실을 앞에서 지적했다. 그런 학문들의 목적은 문화를 기술하고 특정 문화에 대한 지식을 쌓는 것이다. 이런 목적은, 학생들에게 문화의 특성이 변하지 않으며 특정 구조들은 본질주의 방식으로 설명된다는 인상을 심어준다고 앞서 주장했다. 이런 과정들은 특히 인문학과 결합된 학문들에 몹시 해롭다.

문화가 변혁의 과정 속에 있는 게 아니라 이미 형성되어 있다고 주장하기 때문이다.

문화학은 이런 경향을 거부해야 한다. 이 거부는 인간이 수동적 대상도 아니며 전적으로 자유로운 주체도 아니라는 점을 강조한다. 또한 탈맥락화된 *학문적 실천의 개념*에서 벗어나 *인간 실천의 개념*을 지향하는 운동이 필요하다. 왜냐하면 인간 삶에 대한 연구는 '인간의 요구에 따르는, 명백한 사회적 실천에 대한 연구'[12]이기 때문이다.

서구의 대학에서 나타나는 학문적 메커니즘을 감안할 때, 이런 실천은 문화에 관한 지식을 축적하는 것이 문화연구라는 생각에 저항한다는 의미에서 대항적 학문(counter-disciplinary)이다. 우리 관점에서 보면, 올바른 문화연구는 억압투성이 사회 속에서 *반드시 이뤄져야 하는 것*과 관련 있다.[13] 이 활동의 전제조건은 만연해 있는 실천에 비판적 저항을 하자는 것이다. 그러나 저항을 제 맘대로 하거나 혼자서 한다면 전혀 효과가 없을 것이다. 지성인들은 이런 저항을 한데 모아서 정치적 파급력이 있는 실천으로 만드는 데 결정적 역할을 해야 한다.

변혁적 지성인 우리의 해방적 프로젝트에서는 대학 안의 지성인이건 밖의 지성인이건 그 역할을 공식화하는 것이 중요하다. 우리는 지성인을 정치적 의미에서 보는 것이 중요하다는 그람시에 동의한다.[14] 지성인은 사상의 생산자이자 전달자라는 문자적 의미 이상이다. 지성인은 관념과 사회적 실천을 중재하고 정당화하고 생산하는 자이다. 그들은 본래 정치적 역할을 뛰어나게 잘 해낸다. 그람시는 보수적인 유기적 지식인과 진보적인 유기적 지식인을 구분했다. 보수적인 유기적 지식인은 지배계급에게 도덕적·지적 지도력을 제공한다. 현 상태의 대행자로서 보수적인 지식인은 지배자의 권력관계를 동일시하며, 의식했든 아니든 지배계급의 이데올로기와 가치를 선동한다. 이런 지식인들은 지배계급에게 경제적·정치적·도덕적 형태를 지지하는 근거를 부여한다.

그람시에 따르면 보수적인 유기적 지식인은 선진산업국가의 산업조직, 대학, 문화산업, 다양한 경영 방식 등 모든 곳에 존재한다. 그람시는 진보적인 유기적 지식인은 노동계급에게 도덕적·지적 지도성을 부여하려 애쓴다고 주장한다. 더 구체적으로, 진보적인 유기적 지식인은 노동계급이 정치적 각성을 높이고, 그래서 지도성을 계발하고 집단투쟁에 참여하도록 돕는 데 필요한 교육적·정치적 기술을 부여한다.

그람시의 분석은 문화학의 중심 목표를 세우는 데 도움이 된다. 중심 목표는 우리가 *변혁적 지성인*이라 부르고 싶어하는 존재를 양산한다. 하지만 변혁적 지성인 개념은 그람시의 진보적인 유기적 지성인 개념과는 다르다. 변혁적 지성인들은 그들의 사회형태를 만든 억압적 지식과 실천에 저항하는 집단이면 어떤 집단 출신이건, 어느 집단과 일하건 상관하지 않는다. 변혁적 지성인은 억압의 조건에 변혁적 비판을 가하는 것을 출발점으로 삼는 이들에게 도덕적·교육적·지적 지도성을 제공한다. 우리가 말하는 '유기적'이라는 형용사는 노동계급을 유일한 변혁세력으로 보는 지식인에게만 적용되는 것은 아니다.

변혁적 지성인 개념은 바로 당면해 있다는 의미에서 중요하다. 이 개념은 1980년대 대학에 소속된 진보적 지식인들이 자신의 모순된 지위를 바로 보게 만들었다. 진보적 지식인들은 지배문화의 생산에 중요한 역할을 하는 대학제도 안에서 벌어먹고산다. 그러면서도 그들은 학생들에게 저항 담론과 비판적 사회실천을 제공하는 것으로 자신의 정치적 입장을 밝힌다. 하지만 이런 활동은 대학과 대학이 옹호하는 사회의 패권적 역할과는 맞지 않다. 많은 경우 진보적 지식인들은 이런 모순에서 대학의 편에 서게 된다.

대개 (그) 목표는 프로젝트의 개발보다는 학문을 정교화하는 데 있다. 다시 말해 기호학, 체제이론, 실용주의, 실증주의 따위의 인간미 없는 교리와 정통 역사유물론을 뒤섞는 데 있다. 이 좌파 지식인들이 자기 학문 분야에서 신뢰를 얻고 싶어하는 욕망, 즉 '좌익' 과 '앞을 내다보는 경향' 으로 알려지고 이해받으려는 줄기찬 욕망은 도리어 변혁적 지성인 운동이 우리에게 부족하다는 섬뜩한 증거이다.[15]

북친의 이 말은 비판적 학문이 구체적인 정치운동과 무관하다는 것을 우리에게 상기시켜준다. 진보적 사회이론은 단지 학술지와 학회의 상품이 되고 있을 뿐이다. 그리고 대학 자신이 자유주의적 다원론에 헌신한다는 증거로 진보적 지식인들에게 던져주는 평생 직장 아래서 그 지식인들은 편안한 자리를 누린다.

문화학은 학계와 정치의 이런 야합에 항복하기보다 지성인들이 이런 야합을 피해 문제제기할 수 있는 대항적 헤게모니의 실천자로서 자신의 역할을 규명해야 한다. 우리가 적시하는 교육적·전략적 활동은 이렇다.

첫째, 문화학은 지성인의 중재적이고 정치적 역할을 강조하는 교육과정과 교육학을 개발해야 한다. 이는 잘못된 사회적 실천을 합리화하는 고질병을 학생들이 찾아내고 없애기 위한 비판적 도구를 학생들에게 줌과 동시에 인간 해방 프로젝트를 다시 생각하는 데 필요한 지식과 기술을 학생들이 이해하도록 만든다는 의미이다. 둘째, 변혁적 지성인은 사회관계를 생산하고 정당화하는 데 비판적 역할을 맡도록 권장하는 프로젝트에 적극 참여해야 한다. 이런 프로젝트들은 보수적 지식인 그리고 정당화 과정이 이뤄지는 다양한 맥락과 맞서 싸워야 할 뿐만 아니라 이론적·정치적 운동을 대학 바깥으로까지 확산하기 위해 싸워야 한다. 변혁적 지성인이라면 학과, 심포지엄, 보상체제 따위가 지적 활동을 증명하는 유일한 참조물이 되고 있는 현재의 제한된 틀을 깨버리고 운동을 개발하고 운동과 함께 해야 한다. 더 중요한 것은 이런 프로젝트가 교육 개념을 확대하여 모든 사회를 거대한 학교로 본 그람시의 개념을 채택한다는 점이며,[16] 다양한 이데올로기적 갈등이 벌어지는 많은 공공영역에서 변혁적 지성인이 적극적 역할을 하도록 부추긴다는 점이다.

그래서 문화학은 대학 안팎에서 새로운 정치적 관계를 다지는 변혁적 지성인을 필요로 한다. 이런 이론적 맥락에서 문화학은 진보적 지성인이 새로운 역사체제를 둘러싸고 연대를 맺어야 한다는 그람시의 요구에 응답한다. 지성인들은 저항적 공공부문에서 개인들과 집단들이 권력을 갖게 하는 중요한 역할을 수행한다.

공공영역, 대중문화 그리고 문화학

저항적 공공영역에 참여하는 문화학의 중요성이 이 글의 기본적인 전제이다. 변혁적 지성인들이 수행하는 대항적 학문의 실천에 관해 대학에서 청중들이 듣기만 한다면, 그 실천은 별 효력이 없다. 차라리 대항적 학문의 실천은 *대중 속에 있을 때* 더 큰 효과를 발휘한다. 많은 대학이 공적 제도인데도 우리는 대학을 공공영역의 일부로 생각하지 않는다.

문화학이 저항적 공공영역이라고 한다면, 문화학을 '학문'으로 생각해서도 혹은 아마추어와 전문활동을 구분하는 경계로 생각해서도 안 된다. 학문들의 특징을 더 잘 설명하는 측면에서 문화학을 생각하는 대신, 대항적 실천을 만들기 위한 노력에서 우리는 전통적 근거를 다시 생각해야 한다. 예를 들면 전통적으로 교실은 학생에게 정보를 나눠주는 곳으로, 한 학문의 전문가들은 그 교과지식을 초보자에게 전해주는 자로, 학생들은 이 과정에서 행위자가 아니라 수동적이고 무비판적인 수용자로 여겨졌다. 그러나 우리가 주장했듯이, 학생을 문화형성 과정에서 적극적 존재로 본다면 학생들은 사회적 실천을 생산하는 데 행위자가 된다. 이런 생각을 실현하려면 저항의 다양한 형식들을 복돋워야 한다. 즉 텍스트와 텍스트 읽기에서 문제가 되는 숨겨진 이데올로기적 이해관계를 더 잘 규명하고 분석하는 비판교육학이 필요하다. 그래서 자신의 문화형성 과정에서 두 집단 모두가 스스로 행위자가 되는 사회적 실천이라면 그 속에서 우리는 변혁적 지성인으로서 함께 참여하게 된다. 이 실천은 정전으로 정해진 어느 소설의 여성관에 저항하는 한 여성에게서 구체화될 수 있다. 이 사례는 여성을 억압하는 거대한 사회적 실천에 대한 저항을 반영한다. 이런 저항은 계속해서 생산되어야 한다.

변혁적 지성인은 학문을 포기하는 게 아니라 학문을 재정치화해야 한다. 아마추어들로 구성된 대중의 의견에 반대하면서 전문적 의견의 이점을 공고히 하기 위한 학문적 준거, 즉 학술 출판물들은 대중들에게 다가가지 못한다. 여기서 이런 입장을 표명하는 게 설령 적절하지 않더라도, 우리는 문화연구에 관한 최근의 학문들이 자기 과업은 학문적 조사연구라는 생각에만 갇혀 있다고 믿는다. 문화현상에 대한 기술을 다시 인출할 수 있는 형태로 축적하고 쌓아야 한다는 가정에 너무 깊이 빠져 있다고 믿는다는 말이다. 그러나 우리의 활동을 사회적 실천(에 대한 기술)을 만들어내는 것이라 생각한다면, 우리가 교실에서 하는 행동은 쉽게 공공영역으로까지 확장된다. 변혁적 지성인은 일반 대중을 위해 평론과 책을 쓴다는 생각을 정당화해야 하고, 비판의 언어와 함께 사회를 변화시키기 위한 가능성의 언어도 창조해야 한다.[17]

이는 대중문화를 정치적으로 읽어야 한다는 뜻이다. 《거짓 약속》에서 스탠리 애러노위츠가 지적했듯, "우리는 대중문화가 사회현실을 구성하는 방식을 계속 탐구해야 한다."[18] 학문적 실천에서 말하는 훈련이란 우리가 문화와 사회의 관계를 연구하지 않고, 일상 생활과 관계도 끊고, 오직 문화적 자료에 대한 기술을 더 많이 축적하도록 만드는 것일 뿐이다. 애러노위츠는 이렇게 지적한다.

요즘 나오는 미디어 출시물들의 이데올로기적 영향과 조작적 기능을 충분히 이해하기 위해서는 현재 대중문화의 다층적 성격을 이해해야 한다. 영화와 텔레비전에서 겉으로 드러나는 이데올로기적 내용은 물론이고—새로운 역할모델 전수는 대중들이 의식적으로 삶을 모방하는 방식을 존중한다—영화와 텔레비전 속에는 주로 무의식적 수준에서 대중에게 호소하는 일련의 은밀한 메시지도 있다. …… 전통적으로 (이는) 무의식적 욕망의 만족 …… 이라는 의미에서 구경꾼의 구경하는 경험으로 생각하면 된다. 대리만족 시스템을 만듦으로써 대중문화는 일종의 사회적 통제자 노릇을 한다. 그래서 일상 생활에서 생기는 긴장을 흡수하고 좌절을 대리만족 시스템의 통로로 빠져나가도록 해서 좌절이 현실화되지 않도록 만든다.[19]

문화의 효과는 무의식적으로 흡수되는 때가 잦기 때문에 비판을 강조하는 문화학이 필요하다. 앞서 지적했듯이, 문화의 선택적 측면만을 주제로 삼는 학문들은 그 주제를 제 맘대로 축소하게 된다. 이를테면 문학의 분야를 정전으로 짜는 경우가 그 예이다. 또한 그런 학문들은, 이른바 하층문화는 연구 대상에서 제외해버리는 문학의 경우처럼 지배계급의 이익을 위해서 전문가와 대중을 구별한다. 영화, 통속소설, 연속극 등을 문학 분과의 교육과정에 포함시켜서 우리가 계속 바보가 되는 걸 막아야 한다. 문화유산을 고정된 문화로 짜여진 실체로 보는 한 그들의 학문적 설명은 살아온 문화와는 무관한 지식들의 창고를 만들 뿐이지 실제로 변화를 만들 수 없다. 학문적 형태에 저항하는 지성인이 펼친 대항적 학문 실천만이 오직 해방적인 사회실천을 만들 수 있다.

문화학이 대항학문이어야 한다고 제안할 때 문제는 이 제안이 현재 구조에서는 대학에 뿌리내리지 못한다는 점이다. 그래서 대항적인 제도가 필요하다. 다양한 구성원이 모인 다양한 모임—연구모임, 대항적 학문 연구집단, 협회, 연구소 등—이 있어야 한다.

학문 구조와 대학 메커니즘이 가까운 장래에 사라질 것 같지는 않다. 그러나 이런 구조와 메커니즘 속에 문화학을 두는 건 잘못이다. 우리의 대안은 학과 행정가에게서 중요한 양보를 얻어내서라도, 기초 학문들을 주변적인 관심사로 끌어내리는 것이다. 이는 전술적 문제이다. 그러나 패권적인 공공영역과 싸우고 다른 저항적 공공영역과 연대하기 위해서는 대학 밖으로 확장된 집단적 탐구모델을 연구하고 개발해야 한다. 문화학의 맥락에서 보면, 문화유산을 독특하게 해석하는 것만으로는 충분하지 않다. 대항적 학문 실천의 가장 중요한 목적은 사회를 진보적으로 변화시키는 것이다.

우리는 대학이 우리에게 할당하는 역할을 수행하는 데 머물러서는 안 된다. 변혁적 지성인은 대학 내에서 집단적이고 대항적인 학문 실천을 발전시켜야 한다. 그래서 대학 외부에도 정치적 영향력을 미칠 수 있어야 한다. 북미 대학들의 역사에서 현재 중요한 전술적 문제는 어떻게 문화학이 문화비판으로 자리잡을 건가 하는 문제이다. 우리는 저항적 공공영역을 구성할 문화학 제도들을 만들 것을 제안하는 바이다.

결론

문화학을 비판과 사회 변혁을 중심으로 삼는 정치적 프로젝트로 만들기 위해서는, 두 가지 인식이 있어야 한다. 먼저 대학은 지배 사회와 특별한 관계를 맺고 있음을 인식해야 한다. 이 관계에서는 대학이 길들임의 현장도, 자유의 현장도 아니다. 대신 대학은 상대적 자율성을 갖고 있으면서도, 사회의 지배 권력관계를 반영하는 지식·기술·사회관계를 생산하고 정당화한다. 대학은 다른 공공 제도들과 마찬가지로 저항과 투쟁의 입장들을 포함하며, 대학 내 이데올로기적·물질적 조건이 저항적 담론과 실천을 산출한다. 이런 인식은 대학을 정치화하고 대학과 지배사회의 관계를 정치화한다. 그리고 문화학의 정치적 성격을 비판의 영역이자 사회 변혁의 매개자로서 탐구하려고 한다. 여기에서 두번째 입장이 나온다.

두번째, 문화학이 진보적 프로젝트가 되기 위해서는 *자기 규제적 담론*을 개발해야 한다. 이 담론은 비판의 언어와 함께 가능성의 언어를 포함하는 것을 의미한다. 무엇보다 대학의 학문들을 틀지운 역사적으로 특수한 이해관계, 학문들 간의 관계, 학문의 형식과 내용 등이 지배문화를 재생산하고 정당화하는 방식 등을 적나라하게 밝혀야 한다. 이것이 문화연구의 중심 과제이다. 왜냐하면 저항적 담론과 탐구 방식을 촉진하려면 역사, 윤리, 사회적 상호작용의 정치적·규범적 중요성을 부인할 게 아니라 긍정하는 것이 이해관계를 구체화할 것이기 때문이다.

문화학의 담론은 기존 학계의 학문과 학과에 포함된 이해관계에 저항해야 한다. 다양한 학과와 학문 속에서 학계의 현 상태를 옹호하는 데 쓰이는 지식주장들과 지적 모델에 질문을 던져야 한다. 마찬가지로 문화학은 학계의 학문이 묻지 않는 질문에 스며 있는 이해관계를 들춰내야 한다. 문화학 담론은 대학 학과 내부의 가르침, 장학금, 행정 따위를 통제하는 현재에 결핍과 구조화된 침묵이 어떻게 지식과 권력을 결합하는지, 어떻게 문화를 그저 숙달해야 할 대상으로 만들어버리는지, 어떻게 학계의 주류 담론이 생산하고 정당화하는 특정 삶의 방식을 알지 못하게 하는지 등에 대한 탐구 방법을 개발해야 한다.

　문화학의 담론이 이론적·정치적 본성을 유지하기 위해서는 비판적 지식의 형식뿐 아니라 지식 자체에 대한 비판까지도 개발해야 한다. 이 과제를 달성하려면 학문들의 특징인 세분화와 파편화에 저항해야 한다. 학문의 구성상 학문 구조들은 노동의 기술적·사회적 분업을 폐기하지 못하게 방해한다. 오히려 학문 구조들이 분업의 일부가 되어버리고 분업을 만들어낸다. 문화학은 지배사회의 불평등한 권력관계 아래 어떻게 다른 사회적 형식들이 생산되고 재생산되는지를 이론으로 밝혀내야 한다. 문화학은 또 가능성의 언어를 개발해야 한다. 가능성의 언어만이 대학 안팎에서 벌어지는 투쟁의 역동성과 지식이 결합된 집단적 학습 과정을 취할 수 있다.

　이런 의미에서 문화학은 다양한 표상의 체계들, 갈등하는 문화 경험 형식들, 장래에 대한 여러 전망을 위해 투쟁하는 저항 담론과 대항적 학문 실천을 개발해야 한다. 명백히 이런 문제제기들에 정통한 세력은 전통적인 학문 내에서는 만들어질 수 없다. 현재 대학 구조는 저항적 공공영역을 위해 기꺼이 나서는 지성인들의 비판적 관심사를 억누르는 세력들과 결탁되어 있다. 이런 세력들은 변혁적 지성인들의 집단적 노력을 통해 좀더 진보적 실천을 옹호하는 세력으로 바뀔 수 있다.

교사교육은 민주화되어야 한다

막스 호르크하이머, 테오도르 아도르노, 발터 벤야민 등 1세대 비판이론가들은 서구 민주주의에서 비판이성의 능력이 급속히 사라지고 있다고 개탄한다. 이들은 국가의 간섭, 문화산업, 날로 심해가는 부의 편중을 꼬집으면서 일상 생활의 표준화·파편화·상업화로 인해 대중의 상호작용과 비판적 사고를 조장하는 이데올로기적·물질적 조건이 훼손되어가는 걸 두려워했다. 그들은 일상 생활이 탐욕과 이기적인 개인주의의 이미지로 더욱 '합리화' 되고 어수선해지면서, 대중의 삶에서 민주주의의 담론은 물러나고 결국엔 기술-문화의 언어와 논리가 자리를 꿰찰 것이라고 단언한다.[1]

위르겐 하버마스와 허버트 마르쿠제는 비판의 강도를 한층 더

이 글은 헨리 지루와 피터 맥라렌이 함께 썼다.

높인다. 그들은 어떻게 20세기에 이성이 거의 자취를 감추었는지, 18~19세기 유럽에 유행했던 고전적 공공영역이 붕괴됨으로써 반성적 탐구가 위험스럽게 길들여졌는지 설명한다. 정치클럽, 저널, 카페, 이웃집단, 출판사 등 초기의 공공영역들은 사적 개인들이 토론과 대화를 하며 이야기를 나누기 위해 모여들 수 있는 망을 제공했다. 이런 공공영역들은 종종 단결된 정치세력으로 바뀌었다. 듀이를 비롯한 미국의 실용주의자들에게 공공영역이란 여러 중요한 교육적 장을 연결해주는 곳이다. 이 교육적 장에서 수많은 종속집단들은 사회 담론을 소개받기도 하고 직접 만들기도 하며, 정치활동을 위해 그 담론의 의미를 꼼꼼하게 따져보는 등 다양한 노력을 하는 가운데 사회운동으로서 민주주의가 실현된다.[2]

지적인 사회활동은 한층 인간적인 사회를 만들겠다는 약속을 지키는 것이라는 듀이의 신념을 확장하여, 1930~40년대 재건주의자들은 사회적 개인의 정치학을 옹호했다. 이 정치학에서는 민주주의의 의무를 학교에서는 물론이고, 일상 생활에서의 정치적인 것을 중시하는 모든 교육적 장에서도 추구한다. 이 논리에서는 지식과 권력, 실제로 해보기와 활동하기, 헌신과 집단투쟁 사이의 관계를 강조한다. 사실 공공영역은 자유의 언어를 생산하고, 종속집단이 언젠가 그들 자신의 지성인을 길러낼 것이라는 희망을 실현하도록 도와준다. 그람시의 용어로 말하면, 이것은 대학제도가 일상 생활의 특정 쟁점과 활동으로부터 멀어진 틈을 메워주는 '유기적 지식인'의 창조를 의미한다. 즉 유기적 지식인이란 대중교육 제도와 대안적인 문화와 신념을 건설하는 데 필요한 도덕적·정치적

기술을 생산해내는 사람이다.[3]

이 장에서는 교사교육제도를 공공영역으로 이해해야 한다는 주장을 하고자 한다. 현재의 교사교육제도는 사회적 양심과 사회적 의식 둘 다를 저버릴 위험이 크다. 그렇기 때문에 예비교사들을 자유와 민주주의 담론을 믿고 실천하는 변혁적 지성인으로 교육하는 프로그램이 개발되어야 한다.[4] 이 관점에서는 교육과 문화를 투쟁이 교차하는 영역으로 본다. 교육담론은 교사의 활동, 일상적인 교실 생활, 학교 교육의 목적 등을 규정하므로 교육담론의 모순된 특성에 대해 아주 근본적인 질문을 던져야 한다. 더 구체적으로, 우리가 설명하고 싶은 쟁점은 지식과 권력을 결합하는 학교 교육의 역할을 교사들이 치열하게 고민하도록 만드는 언어를 진보교육자들이 어떻게 창조할 것인가 하는 문제이다. 요컨대 교사들에게 권력을 갖게 하고 권력갖기를 가르치기 위해, 어떻게 진보적인 가르침이 이뤄져야 할지 설명하고자 한다.

북미 교육의 커다란 실패 가운데 하나는, 학교 교육의 근본적인 목표와 목적을 비판적으로 보는 담론과 인식의 도구와 도덕적 의무를 학생 교사들(student teachers)에게 제공하지 못했다는 점이다. 요즘 문화에서는 교사교육이 공적이거나 정치적인 비판영역을 거의 상실하고 있다. 따라서 사회적인 것의 의미가 재발견되고 재진술되어야 할 것이다. 그래서 민주적인 대항적 공공영역을 개발하기 위해서, 교사와 학생들의 문화적 역사·개인적 서사·집단성이 서로 어우러지도록 허용해야 할 것이다.

일찍이 듀이와 몇몇 사람들은 진보적 민주주의의 논리에 따라 학교 교육을 개혁하려 애썼고, 최근 좌파 교육자들 역시 자본주의 국가와 학교 교육의 이데올로기를 결합하기 위해 비판적인 노력을 펼쳤다. 그럼에도 오늘날 교사교육이 관심을 갖는 정치적 영역은 오히려 교사의 권력갖기 투쟁을 계속 훼손하고 있다.[5] 더구나 오늘날 교사교육은 지배사회의 특징이라 할 기술적이고 기업적인 이데올로기를 재생산하고 있다. 사실 교사교육 프로그램들은 국가 이익을 위해 일하는 지식인, 즉 현 상태의 유지와 정당화를 사회적으로 담당하는 지식인들을 양산하기 위한 것이라 할 만하다.

민주적인 대안을 찾고 새로운 해방의 이상을 고무하려면 모든 가능한 이론을 다 활용해야 한다는 사실을 교육자들은 왜 알지 못하는가? 우리는 좌파 사상가와 좌파 교육자들이 비판의 언어를 넘어서지 못한 탓이 크다고 생각한다. 즉 여전히 진보교육자들이 학교를 지배적인 사회관계와 결부하는 비판 담론에만 빠져 있기 때문이다. 이 때문에 학교는 국가를 위해 일하는 온순하고 말 잘 듣는 노동자를 찍어내는 사회적 재생산의 대리기구에 불과해진다. 교실에서 얻은 지식은 잘 짜여진 '허위의식'의 일부로, 교사들은 절망스러운 상황에서 허우적대는 사람으로 인식된다. 좌파 교육자들이 학교를 *위해서* 이론화하는 프로그램적 언어를 개발하지 못했다는 데 좌파의 약점이 있다. 대신 그들은 주로 학교에 *대해서* 이론화했고, 학교 안에서 새로운 공공영역을 구성하는 것에는 무관심했다. 라클라우와 무페가 말한 '진보적 상상력의 구성물'을 제안하는 가능성의 언어가 그들의 담론에는 부족했다.[6]

우리에게 진보적 상상력이란 민주적인 사회관계를 위해 새로운 가능성을 비쳐주는 담론이다. 또한 진보적 상상력이란 진보적인 민주주의의 견해와 실천과 *더불어* 그리고 *그리고 그 속에서* 진지하게 참여하는 대항적 공공영역의 개발을 촉진하기 위해 정치적인 것과 교육적인 것 사이의 관계를 잇는 것이다. 여기서 우리 목적은 좌파 정치학과 좌파 교육개혁의 실패를 열거하려는 것이 아니라, 새로운 교육 개념의 개발과 이 교육 개념을 통해 한층 더 비판적인 교사교육에 대한 접근법을 설명하려는 것이다.

교사교육이 정치성에서 후퇴하고 있다

현재 교사교육은 교사의 진보화를 방해하는 제도적 실천으로 짜여져 있다. 교사교육 프로그램들은 학생 교사들이 해방을 위해 일하는 지성인의 역할을 심각하게 생각하도록 자극하지 않는다. 교사들이 진보적 정치에 참여하기로 결정한다면 그리고 그런 결정을 할 때는, 교사들이 교사교육제도를 떠난 몇 년 후의 일이다. 교사교육에서 우리의 경험—처음에는 학생으로, 그 다음엔 교사로—을 돌아보면, 북미 전역의 대다수 교육대학에서 나타나는 공통점을 쉽게 발견할 수 있다. 공통점이란 교사교육제도를 스스로 서비스제도로 본다는 것이다. 이런 교사교육제도들은 기술공학적 교수 논리에 따라 추진되고, 꼭 필요한 '기술과 관리'의 전문성을 제공할 의도에서 국가가 운영한다. 교사교육제도들은 다양한 학교 공동체에 필요한 교육 기능은 무엇이든 실시하고, 그 학교 속에서 학생들은 직접 실습과목이나 현장경험을 실시한다.[7]

그렇다고 학교 비판가들이 교사교육 프로그램을 진보적으로 만들 계획안을 내놓지 못했다는 의미는 아니다. 오히려 그 반대이다. 비판가들이 대체로 탐구 방식과 교수 방법을 세련되게 만드는 데만 열을 올리거나 여전히 비판의 감옥에 갇혀 있다는 게 문제였다. 이 딜레마에서 한 가지 절박한 문제가 생겨났다. 자유주의자와 진보론자들이 교사의 노동과 가르치는 활동의 사회적 기능을 다시 밝힐 새로운 이론과 사회영역을 구성하지 못했다는 점이다. 다른 말로, 자유주의와 진보주의 담론의 정치적 프로젝트는 학교 교육을 진보적 민주주의를 위한 광범위한 투쟁과 결합하려는 시도가 미약한 실정이다.

대개 진보적 좌파 교육자들은 교사들을 능숙한 문제 풀이자나 교과에 정통한 숙련된 기술자로 만들 작정으로 교사교육을 개혁하지는 않는다. 좌파 교육자들은 일반적으로 비판의 언어, 자기 반성, 이론과 실천의 결합을 추구하려 한다. 지식을 문제제기하고 이론과 실천을 결합하려는 교육적 노력에도 불구하고, 그들에게는 교사교육을 폭넓은 정치적 프로젝트나 사회투쟁으로 개념화하는 능력이 부족했다. 그들은 또한 민주주의와 사회 정의를 위한 투쟁에서 기꺼이 중심적 역할을 맡으려는 지성인을 교육하기 위해 서로 협력하는 확장된 대항적 공공영역의 일부로 교사양성 프로그램을 보지는 못했다. 사실 이 담론에서 말하는 비판의 언어는 비관적이고 사회재생산의 논리에만 골몰할 경향이 다분히 있다. 좌파 교육자들의 언어는 대항적 헤게모니 개념을 집단투쟁의 동기로 파악하지도 인정하지도 못했다. 이는 그들 담론에서 나온 프로그램적 제안이 저항이론의 한계에 갇혀 있기 때문이다. 이 두 범주 간의 차이는 좀더 설명할 가치가 있다.

교사교육을 다시 정의해야 한다

'대항적 헤게모니'는 '저항' 개념과는 다르다. 대항적 헤게모니는 대안적 공공영역을 창조하기 위한 정치적 프로젝트를 훨씬 구체화한 용어이다.[8] 교육 관련 문헌에서 자주 인용되었듯이, 저항은 지배세력이 피할 수 없을 만큼 퍼져 있는 상태와 지배당하는 이들의 조건 사이의 자율적 '격차' 유형을 말한다. 더구나 지금까지 저항은 기존의 사회화 과정을 뒤엎으려는 주체적 행위자 세력에 의해 지배논리와 지배세력이 싸움판에 휩쓸리게 되는 개별적 '공간'으로 규정되어왔다. 이런 식의 저항은 지배 담론과 지배 실천을 부정하거나 긍정하는 기능을 한다. 물론 이런 저항은 뚜렷한 정치적 프로젝트가 결여되어 있을 때가 많고, 비공식적이고 무질서하고 무정치적이며 무이론적인 사회적 실천을 반영할 때가 많다. 심지어 저항이 다양한 형태의 지배를 묵인할 정도로 무반성적이고 패배감에 사로잡힌 거부로 전락하는 때도 있다. 또 어떤 경우에 저항은 도덕적·정치적인 규제의 억압적 형태에 대해 냉소적이거나 오만하거나 심지어는 무조건적인 거부로 나타나기도 한다.

반면 대항적 헤게모니는 지배의 본질과 지배에 뒤따르기 마련인 적극적 반대 모두를 정치적·이론적·비판적으로 이해하는 것이다. 비판의 논리를 인정할 뿐 아니라 대안적 경험과 투쟁을 구현하는 새로운 사회관계와 공공영역의 창조를 포함한다는 점에서 대항적 헤게모니는 매우 중요하다. 정치활동의 반성적 차원으로서 대항적 헤게모니는 비판적 투쟁의 특성을 대항적 공공영역의 집단적 형성으로 바꾸어간다.

우리는 이런 특성에 관해 깊이 생각해왔다. 우리가 믿기에 지금껏 교사교육 프로그램들이 민주주의와 사회 정의를 위한 투쟁을 고려한 전망과 실천을 배제해왔고 지금도 그러하기 때문이다. 부분적으로 이 문제는, 교사 활동의 정치적 본질과 교사교육 프로그램의 역할을 되돌아보는 데 토대가 될 적절한 사회이론이 모자라서 생겨난 현상이다.

이 문제는 오늘날 교사양성 프로그램에서는 권력과 권력의 위계적 배분, 비판사회이론의 연구 성과 등의 쟁점을 강조하지 않는 것과 상당 부분 관련이 있다. 주류 행동주의 심리학과 인지심리학의 영향을 받은 교육이론들은 주로 즉각적이고, 측정가능하고, 방법론적인 학습을 강조하는 담론과 실천으로 짜여져 있다. 권력, 이데올로기, 문화 등의 본질에 대해서도, 이런 것들이 어떻게 특정한 사회적 개념을 형성하고 특정한 학생 경험을 생산해내는지에 대해서도 도통 관심이 없다.[9]

사회이론에서 제기된 문제들은 진보적 교육이론을 재구성하는 데는 큰 역할을 했지만, 교사교육 프로그램에는 별 영향을 미치지 못했다. 비판사회이론에 대한 관심 부족 때문에, 결국 학생 교사들은 자기 학생들이 사회적으로 구성하는 의미를 이해하고 평가하고 인정하는 데 꼭 필요한 이론적 틀을 갖추지 못하게 되며, 마침내는 학생 교사들이 자기 지식과 사회적 권력갖기의 수단을 줄 가능성이 없어진다. 노동계급이나 소수자 학생을 가르치는 많은 학생 교사들에게, 교육실천의 계급적 · 문화적 · 이데올로기적 · 성적 차원을 이해할 수 있는 정교한 틀이 없다고 해보자. 그러면 스스로를 소외시키는 방어책을 만들게 되고, 개별적이고 교육적인 무기(즉 차이에 대한 이해)를 '우리들'과 '그들' 간의 문화적 차이로 쉽게 해석해버리게 된다.

새로운 사회이론으로 교육 보기

지난 몇 년 동안 좌파 이론가들은 학교 교육의 본질이 다른 이론적이고 중요한 체제는 배제한 채 어떤 특정한 지식과 권력 그리고 특정 담론만을 재생산하고 보급하는 정치적인 기획이라는 사실을 우리에게 일러주었다. 그 결과 많은 교육자들이 학교 교육을 '결정되어 있지만' 동시에 '결정을 하는' 실천으로 인식하게 되었다. 지난 십 년에 걸쳐 진보적 학문이 해낸 분석의 핵심 개념은 마르크스의 재발견에 큰 영향을 받았으며, 자본주의의 경제영역과 학교 교육 간의 관계를 풀어보는 것과 관련 있었다. 부분적으로 우리들은 이 입장에 동의하며, 특히 아직 상업화되지 않은 영역에까지 자본의 손길을 뻗치는 기업자본주의가 산업국가에서 등장하고 있다는 에르네스트 만델의 주장에 공감한다. 우리는 또한 일상 생활의 거의 모든 공적 부분과 사적 부분에 권력이 스며들어 있기 때문에 권력통제의 형식을 찾아내고 비판적으로 보기가 더욱 어려워지고 있다는 생각에도 동의한다.[10]

그러나 우리는 이 입장이 그토록 애써 극복하고 싶어했는데도 여전히 경제환원론에 머물러 있다고 믿는다. 더구나, 한층 정교해진 이 환원론은 일부 좌파 교육이론가들의 후속 연구에서도 자명하게 드러난다. 그들은 학생들의 주체성과 목소리를 이름짓고 구성하는 데 기호, 상징, 관례, 문화형태가 하는 결정적 역할에 대해서는 질문하지 않고, 학교와 경제영역 간의 관계만을 지나치게 강조한다.[11]

우리의 입장은 국가자본주의가 오로지 경제 범주에 의해서 정해지는 게 아니며, 경제 과정에서 국가의 간섭이 새로운 상징적 · 문화적 담론—이 담론들이 현대 사회생활에서 중요한 영역을 야기하고 유지한다—을 진화시킨다는 점을 목격했고 이를 채택했다. 이 입장은 특히 국가가 예비교사들의 자격 조건을 법제화하여 교사교육 프로그램의 형식과 내용을 통제하는 방식에서 잘 나타난다. 따라서 학생들이 어떻게 자신의 의미를 생산하고 문화적 역사를 창조하는지 등의 문제들은 사회계급론과 경제결정론만으로 풀수 없다. 오히려 인간 행위와 투쟁이라는 결정하는(determining) 강력한 힘을 만들기 위해, 문화와 경험이 교차하는 방식을 설명하는 것에서 시작해야 한다.

주체성과 담론의 매개자이자 생성자로서 문화 영역에 대한 관심이 싹트면서 북미에서는 비판교육학의 이론적 프로젝트에 관심을 갖게 되었다. 최근 몇 년 동안 진보적 교육자들은 유럽 철학자들과 사회이론가들이 만든 핵심 개념을 자신의 연구에 제대로 끌어다 사용하려고 애쓰고 있다. 데리다, 소쉬르, 푸코, 바르트, 라깡, 가다머, 하버마스의 연구가 서서히 교육 잡지에 인용되고 있다. 이는 지배적인 교육이론과 실천에 무서운 공격을 가하는 누적효과가 있다. 비판교육자들은 데리다의 해체주의 프로젝트, 가다머의 해석학, 라깡의 주체에 대한 심리분석적 재구성, 바르트의 텍스트 해체, 푸코의 권력과 역사적 탐구 개념 등을 끌어와서 새로운 이론적 용어를 만들어내기 시작했다. 오늘날 교육과정의 '해체', 교실 수업의 '텍스트' 읽기, 교육조사연구의 '담론형태' 등의 시도를 만나기란 어렵지 않다.[12]

일부 교육자들은 사회이론의 이런 발전을 이용해, 보수적인 학교 교육관이 마치 객관적이고 과학적 근거가 있는 담론인 양 구는 것을 막으려고 노력한다. 이런 많은 연구들은 다양한 교육관련 '텍스트들' 안에 학생 주체성이 어떻게 새겨지고 자리잡는지를 설명함으로써, 학생들을 자기 운명의 저자이자 창조자로 보는 이데올로기적 견해를 내놓는다. 이 활동은 반대 행동을 시험하고, 정치적 논쟁을 문제삼고, 살아 있는 의미를 비판적으로 검토하여 비판적 어법을 구성한다. 이런 새로운 사회이론 대다수는 학생들이 자기 말과 표상의 정치학을 통해 어떻게 자아와 학교를 구성하는지 이해하는 데 도움이 된다. 학생의 말을 이해한다는 것은 상징, 언어, 몸짓에 생명을 주고자 하는 인간 요구를 파악하는 것이다. 학생의 목소리는 개인의 일대기에서 그리고 축적된 역사에서 나온 일종의 욕망이다. 하나의 언어 안에서 자신을 표현하고 인정하려는 요구는 사사화된 삶을 재건설하고, 그 삶에 의미를 부여하며, 세계 속에서 살아온 개인의 존재를 인정하고 격려해준다. 그래서 학생의 목소리를 없앤다는 건 학생을 무권력 상태에 빠뜨리겠다는 의미이다.

아주 일반적으로 새로운 사회이론의 발전 덕에 연구의 관심이 마르크스주의의 경제 논리에서 문화, 이데올로기, 주체성 등 상호 결정적인 범주로 옮겨갔다. 학생 주체성과 살아온 경험은 교실 지배와 자본의 논리 그 이상을 구현하는 사회적 실천과 문화적 형태이므로 우리의 탐구 대상이 된다. 다른 한편, 이 새로운 이론적 접근법들은 경제적 · 문화적 · 이데올로기적 생산 사이의 복잡한 관계를 밝히는 데 활용할 수 있다.

그러나 진보적 교육학이 새로운 사회이론의 조류를 이용해 한층 비판적인 교사교육 프로그램을 만들기 전에 반드시 고려해야 할 사항들이 있다. 현재 진보교육학은 일부 교육자들처럼 무조건 이 운동을 긍정하고 시작할 일이 아니다. 그보다는 새로운 사회이론에서 사용하는 신비적인 언어, 난해한 전문 용어, 골치아픈 이론 따위의 함정에 빠지지 않고, 담론이론, 수용이론, 포스트모더니즘, 해체주의 해석학, 그 외 다양한 새로운 탐구학파들의 핵심 개념들을 선택적으로 그리고 비판적으로 이해해야 한다. 진보적 교육학은 새로운 사회이론 운동들의 비판적 잠재력을 활용해야 하지만, 동시에 자주 범하는 무정치적, 무이론적, 과도한 구조주의적 저변을 스스로 해명하도록 압박해야 한다. 진보적 교육자들은 기호론적 혁명 속에서 비판의 언어를, 즉 중요하지도 않은 문제를 두고 갑론을박하는 것으로 빠져들지 않고 해방적인 교사교육의 교육과정을 창조하는 이론을 채택할 수 있게 해주는 비판의 언어를 지속적으로 추구할 수 있어야 한다. 불평등한 권력관계를 바꾸어 종속집단의 해방을 가져올 진보적 지식을 획득하고 대신 절망을 줄이지 않는다면 실제로 비판교육학은 기능하지 못한다.

우리는 지금까지 제대로 관계짓지도 그 관계를 알지도 못했던 사상과 이론들을 상호교류시키고 재구조화했다는 이유에서, 포스트모던주의자와 기호이론의 등장에 박수를 보낸다. 더욱이 요즘의 문화에서 이런 이론적 발전은 의미의 생산과 표상에 깊은 흥미를 느끼는 지적 운동을 유발하는 데 큰 역할을 해왔다. 그런데도 우리는 이 담론들이 어떤 새로운 발전을 가져왔건 간에, 특히 사회 구성원들 사이에 지배와 종속이 있는 곳이라면 더더욱 이 담론들이 권력과 정치라는 중심 문제를 놓쳐서는 안 된다고 주장하는 바이다. 진보적 교육학 내에서 이런 새로운 궤도의 발전을 감안하더라도, 사회 질서를 바꿀 수 있는 권력이 어떤 하나의 담론을 내놓거나 그 담론들을 종합한다고 해서 생겨나지는 않는 법이다. 이 사실은 반드시 이해해야 한다. 개혁이 사회운동의 살아 있는 역동성 *외부*에 있다면 그 운동은 결코 실현될 가능성이 없다. 담론만으로 사회를 변화시킬 수는 없다. 교사교육 프로그램들은 이 점을 가슴에 새기고 권력갖기와 변혁이라는 두 논제, 즉 민주적 공동체를 위해 현실을 바꾸려는 요청과 '지식과 비판'을 결합하는 논제를 풀기 위해 한 점 흔들림 없이 헌신해야 한다.

교사교육은 문화정치다

교사교육 교육과정은 일종의 문화정치이다. 그래서 교사를 교육하는 교육과정은 현재 학교 교육을 분석·평가하는 데 사회적,

문화적, 정치적, 경제적인 것을 제일의 범주로 삼아야 한다고 강조한다.[13] 이런 맥락에서 학교 생활은 논쟁, 투쟁, 저항이 흘러넘치는 장으로 개념화되어야 한다. 더구나 학교 생활은 갈등하는 무수한 담론들과 투쟁들로 채워져 있어서 꽤나 복잡하다. 학교 생활은 교실과 거리문화가 충돌하고, 교사와 학생과 학교 행정가들이 어떻게 학교 경험과 실천을 이름짓고 성취할지 그 방법을 둘러싸고 긍정하고 부정하고 때로는 저항하는 역동적인 공간이다. 그러면 제일의 교육목적은 학생 자신의 권력을 갖기 위한 조건을 창출하고 정치 주체로서 학생의 자아 구성을 위한 조건을 창출하는 것이다.

사실 현재 인기 있는 교육담론들 중 많은 담론들은 비판적 민주주의의 의무를 제약하거나 무시하는 헤게모니적·도구적 합리성의 희생양이 되어왔다. 그래서 문화정치의 교육과정을 교사교육 프로그램의 일부로 '시행해보는' 프로젝트는 학생 교사들이 현재 인기 있는 교육담론을 직접 요모조모 뜯어보고 질문도 해보는 명시적인 '실천'과 진보적인 사회 '이론'을 함께 결합했다. 그러나 학교 안팎의 지배논리를 차단하는 대안적 교수법을 개발하려고 한다면, 우리는 이런 비판의 언어에다 가능성의 언어를 결합하는 데 한층 더 관심을 쏟아야 한다. 넓은 의미에서, 우리는 교사교육을 새로운 공공영역으로 검토하는 언어를 밝혀내는 데 전력을 다하고 있다. 즉 교사교육을 '개인의 자유와 사회 정의를 위한 사회운동으로서 비판적 민주주의의 이상'을 되찾고자 시도하는 새로운 공공영역으로 검토하는 데 전력을 다하고 있다. 우리는 교사교육을 정치적 프로젝트로, 즉 문화정치로 다시 보기를 원한다. 이 프로젝트에서는 교사 학생들을 볼 때, 개인의 자유와 사회 정의를 위해 필요한 지식과 기술을 학생들이 토론하고 이해하고 학습할 수 있는 공공영역을 만들 능력이 있는 지성인으로 본다.

교사교육을 이렇게 생각하게 되면, 교사를 중요한 정책이나 교육과정을 결정할 수 없는 일개 기술자, 교육판매원으로 보는 교육관료주의로 뒷걸음질치는 걸 막을 수 있다. 전문관료들이 교사의 활동을 어느 정도 통제하려는 속셈에서, 교육실천과 교육구상을 결합할 권리를 요청하고 실행하는 교사들을 조롱하고 경멸하는 것은 요즘의 교육기획 담론에서 빠지지 않는 문제이다. 또한 학교 행정가와 대중들이 지성인을 상아탑 이론가, 즉 세속적인 관심과 일상생활의 절박함이 거세된 이론가로 보는 특성은 진보적 교육자들이 제일 먼저 극복해야 할 또 다른 심각한 장애물이다. 문화정치로서 교육과정은 교사가 지성인으로서 교육적 능력을 갖추고 있어야 한다는 신념을 담고 있다. 우리는 이제 이 문제를 논의할 것이다.

진보적인 교사교육을 추구하는 데 일차 과제는 비판적 분석을 제공하는 이론 모델들을 창조하는 것이다. 그래서 학교를 사회적으로 구성된 경쟁의 장, 즉 살아온 경험의 생산에 적극 연루된 장으로 분석한다. 이 접근법은 교육실천이 경험의 특정 정치학을 어떻게 재현하는지, 보다 정확하게는 역사적으로 독특한 도덕적·사회적 규제를 만들기 위해 지식, 담론, 권력이 교차하는 문화 분야를 어떻게 재현하는지를 밝히려는 요구에 따라 문제를 제기하는 특성이 있다. 교육이론에서 이런 새로운 강조점은 장차 학교 교육과 민주주의의 역할에 핵심이 될 문화적 · 정치적 쟁점을 산출한다.

더욱이 이 문제제기는 일상적인 교실 생활의 역동성 속에서 인간 경험이 어떻게 생산되고 경쟁하고 정당화되는지를 질문해야 한다고 지적한다. 이 질문의 이론적 중요성은 교사가 문화, 목소리, 경험의 광범위한 정치학을 담은 담론을 만들려는 요구와 직접 연관된다. 여기서 쟁점은 학교가 이데올로기적 · 정치적 이해관계를 구현하는 역사적 · 문화적 제도임을 인식하는 것이다. 학교는 다양한 개인들과 집단들이 적극 경쟁하면서 현실을 재현한다. 이런 의미에서, 학교는 지배문화가 자신의 헤게모니적 '확실성'을 스스로 '제조'하는 이데올로기적 · 정치적 영역이자 지배집단과 종속집단이 서로를 규정하고 제약하는 장이다. 그 방법은 사회역사적 조건—사회역사적 조건은 학교문화와 '교사와 학생'의 경험을 규정하는 제도적이고 맥락적인 살아온 실천 속에 담겨 있다—에 대한 반응으로서 지금 벌이는 투쟁과 교환을 통해서이다. 학교는 이데올로기적으로 순진무구하지도 않고, 그렇다고 지배집단의 사회관계와 이해관계를 그대로 재생산하지도 않는다. 학교는 정치적 · 도덕적 규제를 실행하고 이런 규제들은 개인들과 집단들이 '자신의 요구를 정의하고 실현하는 능력을 불평등하게 생산하는' 권력의 기술과 결탁되어 있다.[14] 구체적으로 말해, 학교는 일부 개인들과 집단들이 용어를 개념 정의해주면 나머지 사람들은 그 개념을 가지고 자신의 정체성과 주체성을 형성하면서 살고 저항하고 인정하고 참여하는 그런 환경을 정착시켜간다.

논쟁과 문화생산의 장으로서 학교는 학생들 사이에서 인간 행위를 실행하도록 북돋우기도 하고 제약도 하는 표상과 실천들을 구현한다. 이는 우리가 학교에서 경험과 주체성을 구성하는 데 가장 중요한 요소 중 하나가 언어임을 알 때 더욱 명백해진다. 특정한 언어 형식이 특정 집단의 이데올로기를 구조화하고 정당화하는 식으로, 언어는 권력과 교차한다. 언어는 권력과 긴밀한 관계에 있다. 권력과 긴밀한 이 언어는 교사와 학생이 서로 간에 맺는 관계와 교사와 학생이 사회와 맺는 관계를 정의하고 중재하고 이해하는 방식을 정하고 구성하는 기능을 한다.

위의 이론적 가정을 마음에 새겨두면서 우리는 교사교육제도 속에서 문화정치를 구현하는 교육과정 개발에 대해 구체적으로 논증하고자 한다. 우리는 비판적 가능성의 언어를 중심으로 문화정치의 교육학(pedagogy of cultural politics)을 구성하는 것을 옹호하려고 한다. 여기서 비판적 가능성의 언어란, 사람들이 그 속에서 생활하면서도 그 일부만 아는 사회적 형식들 속에서 주체성이 어떻게 생산되는지 예비교사들이 이해하도록 해주는 언어이다. 문화정치의 교육학은 권력과 의존성 간의 기존 관계 속에 교사와 학생을 자리매김하는 언어, 이데올로기, 사회과정, 신화를 어떻게 교사와 학생이 유지하거나 저항하거나 수용하는지 문제제기하도록 만든다. 더구나 이 교육학에서는 예비교사와 현직교사 모두가 담론을 문화정치의 한 형식으로 인식해야 한다고 지적한다. 문화정치의 한 형식으로서 담론은 사회 현실을 이름짓고 조직하고 경험하는 특정 방법을 조직하고 정당화하는 데 복무한다.

이런 관점에서 경험 개념은 생산, 변혁, 투쟁의 역동성과 관련해 개발된 담론 과정 속에서 어떻게 주체성이 각인되는가 하는 광범위한 쟁점들과 관련된다. 이런 의미에서 문화정치로서 교육은 예비교사들에게 두 가지 과제를 제시한다.

첫째, 예비교사들은 학교의 불평등한 권력관계 속에서 문화생산이 어떻게 조직되는지 분석해야 한다(예를 들어 학교 교재, 교육과정, 능력별 편성, 정책, 교육실천 등). 둘째, 예비교사들은 학교를 민주적 공공영역으로 만드는 사회투쟁에 참여하기 위한 정치적 전략을 짜야 한다.

이 과제를 실현하기 위해서는 문화생산—문화생산이 학교 교육의 다양한 과정을 구성한다—의 상이하지만 유관한 경우들로부터 그 정치적 한계와 교육적 잠재력을 조사연구해야 한다. 우리가 이런 사회적 과정들을 사회재생산이라는 익숙한 개념을 쓰지 않고, 문화생산의 경우들이라고 부르는 것에 주목해보자. 사회재생산이라는 개념은 학교 교육의 관계 안에서 재구성된 다양한 경제적·정치적 이데올로기와 이해관계를 제대로 지적하는 반면, 그 이해관계들이 어떻게 중재되고 작동하고 주체적으로 생산되는지를 포괄적이면서도 이론적으로 이해하지 못하고 있다.

교사교육을 위한 시민교육

우리는 교사교육 프로그램으로 비판적 시민교육의 이론을 개발하는 데 필요한 몇 가지 이론적 사항들을 재강조하고 확장하는 것으로 결론을 맺고자 한다. 비판적 시민의 정치학과 교육학에서는 평등, 해방, 인간 삶을 민주주의와 시민성 개념의 핵심으로 삼는 예견의 언어와 공공철학의 재구성이 중요하다. 이런 언어들에는 고려해야 할 측면이 여럿 있다. *첫째, 민주주의 개념은 진리나 권위라는 다소 추상적이고 초월적 개념에 근거할 수 없음을 반드시 알아야 한다.* 민주주의는 투쟁의 장이며, 권력과 정치, 공동체 등 경쟁하는 이데올로기적 개념들이 활보하는 장이다. 이런 생각은 아주 중요하다. 왜냐하면 이런 인식은 시민의 역할을 공공영역과 공공영역이 속한 사회와의 관계를 질문하고 규정하고 형성하는 적극적 행위자로 재정의하는 데 보탬이 되기 때문이다. 라클라우와 무페가 지적했듯이, 민주사회가 도입한 진보 개념은 이렇다.

권력의 장은 텅 빈 영역이 된다. 다시 말해 모든 걸 보장해주는 초월자에 대한 언급이 사라지고, 그와 함께 실질적인 사회 통일의 표상이 나온다. 그 가능성은 끝없는 질문의 길을 열어놓는 것이다. 즉 어떤 법칙도 고정되어 있지 않으며, 그 법의 의무가 논박 대상이 되지 않는 법칙도 없으며, 그 근거가 의심받지 않는 법도 세상엔 없다. …… 간파되지도 통제되지도 않는 사회, 사람들에게 주권을 천명하겠지만 그 주권의 정체성이 명확하게 제시되지 않고 잠재되어 있는 사회, 그런 사회의 경험을 민주주의는 열어나간다.[15]

이 입장은 자유주의적인 정치 개념과 우익적인 정치 관념에 대한 도전을 담고 있다. 즉 정치적인 것의 개념은 합법적인 규칙과 행정 절차의 준수를 강조하는 자유주의로 환원될 수 없다. 물론 정치를 볼 때 정치는 그 결과가 공공선과는 무관하고, 모든 것이 자유시장 경제, 국가방위, 권리와 자유에 대한 개인주의적 관점 등과 관련된 사적인 일이라고 보는 우익의 관점으로도 환원되지 않는다. 그러나 정치적인 것의 개념을 재정의할 때 최근 신자유주의자와 우익의 민주주의 관점이 강세라는 사실을 좌파들이 당장 부인할 수 없다는 점은 중요하다. 대신 정치적인 것의 개념은 '진보적이고 다원적인 민주주의의 방향에서 그 개념을 심화하고 확장해야'만 한다.[16]

라클라우와 무페에게, 이 말은 민주적 담론과 권리의 확장을 고무시키려고 진보적인 공공영역을 개척해온 여성 · 다양한 소수 인종과 성 · 기타 종속집단들 사이에 깊은 적대감이 있다는 사실의 중요성을 알아야 한다는 의미이다. 이런 새로운 민주적 다툼의 등장은 정치적 개념에 대한 생각의 의미와 중요성을 부활시켜야 함을 증명한다. 벤자민 바버는 다음과 같은 주장으로 이 입장을 공고히 한다. 그 주장이란 미국 좌파들이 정치적인 것의 개념을 세울 때는 민주적 담론의 도발적이고 당당한 힘을 드러내면서도, 정치적 담론의 자율성이 일상 생활의 중요한 측면을 이해하고 그 측면에 영향을 미치는 역사적 전통 속에서 이뤄져야 한다는 것이다. 그는 이렇게 쓴다.

(좌파들에게) 대안이란 정치의 자율성을 부활시키는 것이며, 우리 집단 내부의 다른 집단에 대한 정치적 주권을 부활시키는 것이다. 미국 헌법을 만들었던 그 전통은 시민의 평등을 결정적 평등으로 보았다. 이 전통에 따라 정치는 세계를 조금씩 바꿀 수 있고, 정치적

접근 · 정치적 평등 · 정치적 정의는 경제적 · 사회적 평등의 수단이 된다. 좌파의 최고 무기는 미국 헌법과 그 헌법이 촉진해온 민주적 · 정치적 전통에 있다.[17]

이 견해에서 민주주의는 일종의 적극적 사회운동이다. 이 운동의 기반은 제프슨식 민주주의 전통에 심취해 맹렬한 참여정치를 요구하는 이데올로기적 · 제도적 관계들이다. 민주주의에 대한 진보적 생각을 교사교육에 도입하기 전에, 좌파들은 먼저 자유주의적이고 보수적인 대변자들을 단호히 반대하는 진전된 적극적 시민 개념을 개발할 필요가 있다. 자유주의적이고 보수적인 대변자들은 "민주주의 안에서 한결 온건해지기를 촉구한다. 이것은 그들이 좋아하는 의미의 '민주주의'를 유지할 작정으로 사람들을 무심함과 수동성의 상태로 되돌아가게 하는 수단이다."[18] 진보적 의미에서 적극적 시민권은 민주적 권리가 투표 과정에만 참여한다고 끝나는 것이 아니라, 경제와 국가와 다른 공공영역에도 참여할 수 있는 권리라는 생각으로 민주적 권리 개념을 넓혀가야 한다. 토마스 페거슨은 이 의미를 다음 관찰에서 밝히고 있다.

기계적인 투표자 명단등록제나 일요일 투표제가 효과적인 민주주의의 전제조건은 아니다. 물론 그런 제도가 도움은 되겠지만. 차라리 제도적 힘을 발휘하는 조합, 쉽게 다가갈 수 있는 제3의 당들, 값싼 매체, 협동과 공동체 조직망의 번영 등이 효과적인 민주주의의 실질적인 토대이다.[19]

두번째, *시민과 민주주의에 대한 진보적 언어는 시민과 시민 사이의 수평적 연대를 강화한다.* 이는 차이의 정치학, 즉 다양한 집단의 요청, 문화, 사회관계를 진보적 다원론의 일부로 생각하는 정치학을 요구한다. 진보적 다원론으로서 차이의 범주는, 자유주의 이데올로기처럼 자율적 주체를 소유욕 강한 개인주의로 바꿔치기하는 일은 없다. 반대로 차이는 자신의 독특한 목소리와 사회적 실천이 자기 나름의 타당성 원리에 기반하면서도, 공적 의식과 공적 담론까지 공유하고 있는 다양한 사회집단과 공공영역에 뿌리를 두고 있다. 이런 진보적 다원론에서 말하는 공적 철학은 다른 집단들 간의, 그리고 자기와 타자 간의 경계를 인식하면서도, 민주적인 원리에 기반한 공동 삶을 옹호하는 '신뢰와 연대'의 정치를 창조한다. 이때 민주적 원리는 다양성과 공익을 위한 이데올로기적 · 제도적 전제조건을 만든다.[20]

이런 두번째 생각에서 시민권과 민주주의의 개념을 예비교사에게 부활시켜주는 세번째 생각이 나온다. *부활한 민주주의 담론은 비판의 언어에만 매달려서는 안 된다.* 예컨대 비판의 언어는 학교에서 종속과 불평등의 관계를 제거하는 데 온갖 관심을 쏟는다. 비판의 언어는 분명 중요한 정치적 관심사이긴 하지만, 안타깝게도 이론적 의미에서도 정치적 의미에서도 비판의 언어만으로는 완전하지 않다. 진보적 정치프로젝트의 일부로서 민주주의 담론은 가능성의 언어, 즉 반대의 전략과 새로운 사회 질서를 구성하는 전략을 결합한 언어를 필요로 한다. 이 프로젝트는 역사적 전통에 대한 투쟁이요, 주체와 공동체의 새로운 사회관계의 건설이다. 좀더 구체적으로 얘기해보자. 좌파들은 민주화 투쟁을 유토피아 프로젝트 안에다 두어야 한다. 유토피아 프로젝트는 다름이 아니라 시민의 책임성과 공공선을 위한 프로그램적 언어를 바탕으로 미래에 대한 전망을 분명히 밝히는 것이다. 에른스트 블로흐는 진보사상에서 유토피아적 자극이 중요하다는 점에 주목했다. 백일몽(daydream)에 대한 분석에서 '아직은 아닌 것'이라는 이미지를 만든 블로흐의 생각을 명백히 파악할 수 있다.

꿈은 낮에도 밤에도 찾아온다. 어떤 꿈이든 그 동기는 실현하고자 하는 소망이다. 그러나 백일몽은 밤에 꾸는 꿈과 다르다. 낮에 꿈을 꾸는 동안 '나'는 철저히, 의식적으로, 개인적으로 소망했던 더 나은 삶의 환경과 이미지를 상상한다. 백일몽의 개념은 밤에 꾸는 꿈처럼 억제된 표현과 그런 표현의 연상으로 돌아가는 여행이 아니다. 백일몽은 가능한 한 아무 거리낌없이 앞으로 나아가는 여행에 관심이 있다. 그래서 더 이상 알지 못하는 것을 재구성하는 대신, 아직은 아닌 것의 이미지를 삶과 세계에서 꿈꿔보는 것이다.[21)]

블로흐가 백일몽이라는 유토피아적 차원을 강조하는 것에서 네 번째 생각이 뒤따라 나온다. 우리가 보기에 *진보적 이론에다 '실현되지 않은 가능성', 즉 유토피아 개념을 결합해야 한다는 주장은 학교 교육과 시민권에 대한 비판이론을 분석하고 구성하기 위한 토대를 제공한다.* 학교 교육과 학교 교육이 정당화하는 시민권은 역사적이고 이데올로기적인 서사의 형태로 해체되어야 한다. 그런 서

사는 삶이 어떠해야 하는가라는 미래의 전망을 중심에 놓는 사회적 삶을 소개하고 준비하고 정당화한다. 오늘날 많은 진보적 담론이 근본적으로 반(反)유토피아적임을 고려하더라도, 유토피아 논리를 가능성의 프로젝트로서 끌어들이는 것은 교사 역할을 재고하는 데 상당히 중요하다.

마지막으로, 교육자들은 *진보적 민주국가를 향한 투쟁의 일부로서 대중참여와 민주정치의 역동성을 기르는 공공영역으로 학교를 정의해야 한다.* 다시 말해 진보적 교육자들은 민주사회와 비판적 시민의식의 유지를 학교의 중심으로 삼기 위해, 학교를 적극적 시민들을 만드는 데 필요한 본격적인 공공서비스를 제공하는 곳으로 정당화해야 한다. 이때 학교 교육은 시민문해, 시민참여, 도덕적 용기를 북돋우는 학교 교육의 잠재력을 정의하기 위해 분석되어야 한다. 교사교육 프로그램의 비판적 시민권 이론에서는 교사를 학교 안팎 어디서나 진보적인 지성인으로 보는 대안을 내놓는다. 이는 중요한 논제이다. 왜냐하면 이것은 학교 안에서 벌이는 정치투쟁과 광범위한 사회적 쟁점을 결합할 필요성에 초점을 두기 때문이다. 또한 정치와 시민권을 재정의하려는 다른 사람들과 연대할때, 교사들의 기술과 통찰을 활용하는 것이 얼마나 중요한지 예비교사들과 현직교사들에게 강조하기 때문이다.

미래의 학생과 교사 세대가 권력을 갖도록 하는 진보적 교육학을 개발하려면, 교육대학에서 교사와 학생들의 프로그램과 실천의 본질을 재고해야 한다. 그러나 우리가 지금 처방하는 프로젝트가 현재 진행중인 프로젝트라는 걸 우리 역시 잘 알고 있다. 학생 교사들이 우리가 제안한 학교 교육, 주체성, 시민권, 권력 사이의 이론적 관계를 탐색하려면, 교실현장에서 더 많은 시간을 보내는 게 좋다(일이 년 교사 연수만 받는 것보다는 훨씬 좋다). 그리고 학생 교사들은 역사, 언어, 문화, 권력의 개념을 중심으로 교사교육제도를 진보적으로 바꾸는 데 참여해야 한다.[22]

학교개혁을 위한 진보적 논의는 어느 곳에서든 시작해야 한다. 그리고 각 학교에서 각자 따로 활동하는 교사 소모임만으로는 학교를 대항적인 공공영역으로 바꾸기가 어렵다. 교사와 학생들이 권력을 갖는 민주적 학교를 만들려면, 우리가 제시해왔던 대로 교육대학의 교사교육 프로그램을 재구성하는 것에서부터 시작해야 한다. 진보적 개혁을 위해 또 한 가지 중요한 것이 있다. 대항적 공공영역은 교사연수제도나 학교 교실 내에서만 만들어지지 않고, 결국 다른 저항공동체와 힘을 모아야 한다는 것을 교사들이 알아야 한다는 점이다. 우리가 설명한 이 프로젝트는 교사교육 프로그램과 제도들이 민주주의 담론의 확장을 위해 해야 하는 역할에 역점을 두고 있다. 그러나 이 프로젝트는 교사교육 제도들을 뛰어넘어 더 넓은 사회운동과 구조 변화의 필요성을 설명해야 한다. 결국 광범위한 개혁은 새로운 사회운동에 교사들이 참여할 것을 요구하며, 또한 교사교육 프로그램들이 사회에서 기능하는 이유와 방법을 재정의할 것을 요구한다.

결론

현재, 공공정책은 부자들과 특권자들의 가치와 이해관계를 옹호하는 데 무게를 두고 있다. 탐욕이 열정을 대신해왔고, 이윤을 향한 질주가 개인과 사회로 하여금 모든 사회적 관심사를 잊어버리도록 몰고 있다. 신보수주의적 이데올로기와 여피족 이데올로기 등 새 담론은 빈자, 소수자, 여성은 물론이고 국가의 공립학교, 사회서비스, 복지제도마저도 위협하고 있는 실정이다.

이 장에서 주장했듯이, 중심적인 메시지는 극우보수주의자가 비판이성과 민주적 가치의 의미와 가능성에 대해 전면적인 공격을 펼쳐왔다는 것이다. 사회운동의 발전에 도움이 되는 비판적 영역을 제공하거나 민주주의의 가장 중요한 힘이 되는 것으로서 저항적 사회실천을 지지하는 이런 공공영역들은 정부 안팎의 우익 집단이 추방하고 싶어하는 이데올로기적 대상이자 비난의 대상이 되어왔다. 실제로 미국 공공정책을 짤 때 비판이성과 민주적 가치는 많은 경우 배제되어왔다. 한편으로, 이것은 공공영역 기관들의 자금을 없애거나 삭감한다는 뜻이다. 달리 보면, 이것은 공공영역 기관들의 토대에 맹렬한 이데올로기적 공습을 퍼붓는다는 의미이다. 국가가 공립학교를 깎아내릴 속셈으로 내놓는 수많은 비판과 정책들을 보면 이를 쉽게 알 수 있다. 극우 보수주의자들은 공립학교를 지역의 일요학교, 기업 매점, '올드 웨스트' 박물관을 적당히 뒤섞어놓은 기관으로 바꾸려 한다. 산업 이데올로기, 종교 분파주의, 단일한 문화 등은 반동적인 정책입안자의 의도대로 공립학교의 판을 새로 짜는 토대가 된다.

그렇다고 우익들이 이 싸움에서 승리했다는 의미는 아니다. 이는 민주주의가 삶의 방식이 되도록 하기 위해, 해방과 자유와 정의를 진지하게 고려하는 경제적 · 정치적 민주주의와 일상 생활의 의무를 통합하기 위해 교육자들이 집단적으로 투쟁을 조직해야 한다는 의미이다. 보다 구체적으로, 이는 다양한 이데올로기를 학습한 진보적 교육자들이 학교를 민주주의적 학습과 민주적 목적의 중심지로 만들어야 한다는 의미이다. 미국 민주주의는 패기 넘치고, 유기적이고, 권력을 가진 시민을 만들고 싶어하고, 공립학교는 미국 민주주의의 요구에 민감해지기 위해 필요한 지도력의 제공에 중요한 역할을 한다. 또한 교사교육 프로그램들은 학습과 권력갖기를 더 큰 충성의 전망과 결합하는 공적 철학의 개발에 큰 역할을 할 수 있다. 이 더 큰 충성에는 마땅히 사회적 책임성을 강조하는 공적 도덕성이 담겨 있고, 그 사회적 책임성은 개인의 자유와 사회적 다양성에 대한 존중을 민주적인 공공생활에 대한 헌신과 결합하는 공동체에 주목하는 것이다.

미국의 새로운 민주적인 공공철학은 인간의 가능성을 제한하기보다 확장하는 전망으로 채워져야 한다. 이는 역사가 열려 있고, 확정되어 있지 않고, 투쟁할 가치가 있는 것이라는 생각을 담고 있다. 여기서 문제는 미래에 대한 전망이다. 미래에 대한 전망을 가지면, 아무 의심없이 과거를 물려받는 것이 역사라고 생각하지 않는다. 역사는 인간 고통과 억압에 맞서 수동적 입장을 취하길 거부하는 이들이 이름짓고 다시 만들어가는 것이다. 교육자들은 학교에서 하는 일의 성격을 정치화하고, 교실에서 하는 정치적 활동을 다른 공공영역으로 확장하기 위해 함께 연대해야 한다.

4부

연대와 가능성의 교육을 위하여

공교육의 위기와 가능성

21세기가 시작되면서 미국 공교육은 이중의 위기를 맞고 있다. 위기의 한 측면은 신우익의 등장과 함께, 신우익들이 학교에 경제적·이데올로기적 공격을 퍼붓고 있음이다.[1] 위기의 다른 측면은 진보적 교육자들이 자신의 전망과 전략을 갖고서 신보수주의적인 교육정책에 제대로 대처해내지 못하고 있음이다.[2]

내 생각에, 두 위기 모두 비판교육자들이 공교육의 성격과 목적을 다시 생각해볼 수 있는 기회이자, 교육투쟁과 장차 사회 정의의 문제를 진지하게 고민하려는 사람들에게 포부와 소망, 현실적 희망을 제안해볼 기회이기도 하다. 그러나 이 희망을 현실로 만들기 위해서 우리는 과거 십 년 동안에 좌파 교육관이 왜 실패했는지는 물론, 신보수주의 교육정책과 '권위적인 대중추수주의'가 국가적 합의를 얻어 성공한 이유를 따져보아야 한다. 이 분석에서는 공교육에 관한 신보수주의 담론의 성격과 이데올로기를 먼저 살펴보고, 신보수주의가 진보적 교육이론의 기본 가정을 어떻게 부정하는지를 알아볼 작정이다. 마지막에는 비판교육이론의 어떤 요소들이 앞으로 개발되어야 하는지 간략히 짚어볼 것이다.

공교육에 닥친 큰 위기가 신보수주의에서 나왔다는 식의 반응은 미국 사회에서 학교가 당연히 해야 할 역할을 설명하는 최근의 담론에서 흔히 볼 수 있다. 학교는 더 이상 민주제도로서 그 역할을 하지 못하고 있다. 오히려 최근 많은 위원회의 보고서에서 설명했듯이, 현재 학교는 인간자본론이라는 좁은 테두리 안에서 이해되고 있는 지경이다.[3] 요약하면 지금까지 기업과 학교가 일정한 거리를 유지하던 전통이 무너지고, 요즘은 상업과 기업의 이윤에 따라 학교를 정비하고 있다.

공교육이 기업 이데올로기의 요새로 그 방향을 돌린 것은 특별한 역사적 시기에 나타났다. 많은 이들은 그 시기가 자본주의 경기 후퇴의 징조가 실제로 나타나고, 사람들이 이를 체감하는 때라고 말한다. 이 설명은 부분적으로 진실이다. 하지만 이 설명은 현재 미국이 당면한 정치적·이데올로기적 위기에 대한 투쟁이자 반응으로, 공교육에서 신보수주의가 득세하고 있다는 걸 간파하지 못했다. 달리 말해 신보수주의자들이 어느 날 갑자기 하늘에서 뚝 떨어진 것은 아니다. 그들은 지금 이 순간의 역사에서 특정 정치적·이데올로기적 세력으로 굳어져온 다양한 역사적 전통의 일부이다. 역사적 전통의 일부가 되면서, 그들은 그들 담론의 정치적 성격과 이데올로기적 모양을 계속 재배치하고 재형성해왔다. 더구나 신보수주의자들은 1960년대 이후 미국이 겪어온 변화로 불안해하고 두려워하는 미국 대중들에게 확신을 심어주는 듯하다. 여기서 쟁점은 부자, 상층계급, 고삐풀린 개인주의의 논리를 노골적으로 지지하는 집단들이 어떻게 노동계급, 소수자, 타자 등 피지배계급의 요구와 욕구를 효과적으로 활용하는지를 설명하는 것이다.

공교육에 대한 신보수주의 담론과 관련하여 수많은 불만이 쏟아지는데도, 신보수주의 담론은 여전히 표준, 가치, 학교 훈육 따위의 중요한 교육문제에 강점을 가지고 있다. 신보수주의 담론은 대중들의 불만을 활용해서 대중문화에 먹혀들 유력한 요소를 자기 이론에 첨가하기 위해 보수주의 철학의 두 측면을 결합한다. 신보수주의 담론은 가족, 가부장적 권위, 종교를 지지하면서 공동체와 지방색까지도 다양한 방식으로 껴안는다. 그러면서 개인주의, 경쟁, 개인적 성과와 보상을 강조하는 고전적 자유주의의 교리와도 성공적으로 손을 잡는다.

이를테면 신보수주의 담론은 현재의 경제적·도덕적 위기의 성격에 관한 모든 쟁점을 가족 옹호라는 측면을 통해 설명한다. 이때 가족은 역사적 범주가 아니라 신이 부여한 '선험적' 실체로 인식된다. 핵가족은 도덕성과 질서의 중추로서 시민성, 공동체, 사회통제의 현장으로 찬사를 받는다. 일차적인 사회 단위로서 가족은 가족의 '적들'에 대한 변함없는 투쟁을 벌이는 도덕적·정치적 참조물이다. 알렌 헌터는 이렇게 관찰한다.

수많은 쟁점들이 …… 가족제도를 지키는 것과 결부되어 있다. 이런 면에서 가족의 이미지는 '단결의 상징' 노릇을 하고, '가족적인 협력' 등 여러 가지 독특한 쟁점들을 끌어와서는 그 쟁점들에 긍정적인 이미지를 뒤집어씌우는 데 사용되고 있다. 적들은 한 묶음으로 처리된다. 여성주의자, 청년문화, 마약, 흑인음악, 동성애, 낙태, 포르노그라피, 자유주의 교육자, 자유로운 이혼법, 피임, 그 외 복잡한 현상들은 모두 하나의 공통점을 가지고 있다. 가족은 물론이고 사회마저도 파괴한다는 것이다.[4]

신보수주의 담론은 또한 개인주의 이데올로기로 뭉쳐진 가족을 찬양한다. 얼핏 보기에 공격적인 개인주의 이데올로기가 가족과 공동체를 옹호하는 것과는 어울리지 않을 듯하지만, 국가와 다른 관료적 개입을 막기 위한 이데올로기적 버팀목 노릇을 한다는 점에서 개인주의 이데올로기는 다른 사회영역에까지 깊숙이 파고들어간다. 이 경우, 신분이동, 해방, 자유 등의 문제는 시장의 경쟁력에 제 운명을 내맡겨야하는 개인들의 능력에 떠넘겨진다. 반대로 국가와 정부의 개입은 개인 능력에 내맡겨질 가능성을 방해하고, 그러면서 고된 노동을 통한 자기 실현의 미덕을 깎아내림과 동시에 가족생활을 유지하는 데 필요한 경제적 복지와 정신적 · 가족적 사생활을 갉아먹는다.

신보수주의 이데올로기에 관심을 두는 건, 학교를 비롯한 여타 제도들과 국가가 인간 삶에 무례하게 끼여들거나 아니면 일상 경험에 영향을 미치는 중요한 쟁점들에 사람들이 참여하지 못하게 오만한 행정 정책을 쓴다든가 하는 방식이 심각한 지경이라고 생각하기 때문이다. 많은 경우에 노동계급 사람들과 다른 이들은 반(反)국가주의 이데올로기를 열렬히 찬성한다. 왜냐하면 그들은 국가의 정책과 사회적 실천을 자신의 삶에 이롭기보다는 야비하고도 막강한 관료적 개입으로 경험하기 때문이다. 다른 한편, 많은 사람들은 신보수주의자들이 그들 자신의 이해관계에 따라 편승하고 재정의해온 공교육의 양면성을 나타낸다.

많은 이들에게 학교는 자신의 일상 경험과 미래의 꿈을 연결하는 중요하지만 모순된 장이 되어 있다. 어느 측면에서, 공교육은 비록 적지만 사회경제적 이동의 가능성을 보여준다. 그러나 학교폭력, 무단 결석, 성적 미달, 경제자원의 축소 등 학교를 괴롭히는 무수한 문제 때문에 대중들의 관심은 오랫동안 공교육 접근 기회를 강조하던 것에서 학교정책을 만들고 통제하는 것으로 옮겨가고 있다. 신보수주의 이데올로기는 이 새로운 관심사를 설명하는 데 뛰어난 재주를 발휘한다. 하지만 신보수주의 이데올로기의 설명 방식은 "우익들의 정책과 계급전략에 맞게 이 관심사들을 체계적으로 정렬하는 논리 안에서 전개된다."5)

대중의 정서와 불만에 편승하여, 신보수주의 담론은 전통적 가치와 보수적인 권위와 훈육을 공고하게 만드는 교육정책을 당당하게 주장해왔다. 신보수주의자들은 여러 가치들을 장려하는 학교 역할을 거부하고, 교육과정의 중심은 도덕적 규제가 되어야 한다고 주장해왔다. 결론적으로 학교 교육과정은 대중들의 중심적인 논쟁거리이자 경쟁적인 투쟁의 장이 되어왔다. 이는 종교적 관습은 끌어들이면서, 불온한 책과 연구는 금지하는 데서 명백히 드러난다. 그리고 실용적인 상업 이데올로기를 옹호하는 목표와 가치를 떠받드는 교육과정을 개발하여 도구적 기업성을 드러내는 새로운 학교 교육 형태에서도 잘 드러난다. 뿐만 아니라 신보수주의 정책은 여타 사회복지 재정과 함께 공립학교에 대한 재정 지원도 삭감했기 때문에, 가정에 남게 되는 새로운 실업노동력을 양산하고 있다. 동시에 신보수주의자들은 교사들과 보조 운영자들을 줄이고 대신 어머니들의 자원 노동을 전적으로 환영한다.[6] 이 경우, 공교육 무너뜨리기는 여성차별적 정책을 버팀목으로 삼는다.

이 모든 것의 의미는 신보수주의 이데올로기가 자기 권력갖기와 집단적 자유를 공교육과 분리하는 데서 여실히 드러난다. 신보수주의 정책은 공교육의 불평등과 현실적 패배를 직면하기보다, 편협한 경제적 관심 · 사적 이윤 · 막강한 보수주의 가치를 찬양하는 합리성 모델 속에서 공교육을 이해한다.

현재 미국의 교육 토론을 장악한 신보수주의 담론은 일상 생활의 위기와 공교육의 실패를 결부함으로써 그 입장을 한결 강고하게 구축한다는 것을 알면 도움이 된다. 여기서 특히 흥미로운 것은 학교 교육을 둘러싸고 수많은 이데올로기적 쟁점이 있지만 그 중에서 신보수주의 연합은 대중의 관심 속으로 파고드는데 반해, 진보적 교육자들은 현재 토론에서 보이지조차 않는다는 점이다. 이 현상은 신보수주의 이데올로기를 더 신뢰해서라기보다는, 진보적 교육자들이 인간 삶의 사회역사적 특수성을 이론적으로 고찰하지 못했음을 말해준다. 진보적 교육학은 누가 공교육을 받고 있는가 하는 질문이나 학교가 명시적 교육과정과 잠재적 교육과정을 통해 어떻게 지배사회의 무수한 불평등을 재생산하는가에 대한 절망적인 설명에 너무 오래 집착하고 있었다. 그렇다고 좌파 교육자들이 학교가 어떻게 움직이는지를 제대로 꿰뚫어보지 못했다는 의미가 아니다. 그보다는 그들이 포괄적이고 비판적인 학교 교육 이론을 개발하기 위해 이론적으로 무엇이 필요한지를 찾아내지 못한 것이다. 지난 십여 년 동안, 진보적 학교 교육 이론은 학교 교육 비판에는 지나칠 정도로 매달렸지만, 정작 대안적 교육이론과 실천을 위한 이론적 토대를 닦는 난제는 해결하지 못했다.

진보적 교육이론의 이런 편파적 성격은 권력, 사회통제, 대중투쟁의 개념을 다루는 방식에서 명확히 드러난다. 예컨대 진보교육이론에서 권력이란 지배하기 위해 작동하는 부정적 세력일 뿐이다. 부정적 세력으로 대접받는 권력은 무엇을 다루건 간에 지배 아니면 무권력의 인상만 남기게 되는 타락한 힘이다. 결론적으로, 사회통제의 개념은 학교 안에서 이뤄지는 지배와 같은 의미가 되고, 어떻게 학교가 저항적인 지식과 사회적 실천을 생산하는 장이 될수 있었는지에 관한 질문은 쉽게 무시되어왔다. 가령 진보적 교육학의 담론 안에서 무엇이 자유인가 하는 문제는 근본부터 모호하다. 이는 학교 훈육, 권위, 학업 기준 등이 학생의 선천적·정서적·지적 능력의 발달을 가로막는다고 보는 대부분 진보교육이론의 가정에서 가장 잘 볼 수 있다. 그래서 학생들이 자신의 실제 학습 능력과 학습 가능성을 발견할 수 있기 위해서는 학교가 자유에 부과한 이데올로기적·물질적 제약을 바로 폭로하고 없애는 것과 자유는 동일한 의미가 된다. 다른 말로, 자유는 통제의 부재로 개넘 정의되고, 학생은 선천적 발달 과정에 따라 성장하도록 되어 있는 개체성의 구현물로 나타난다. 이 이론에서는 교육이 개체성이 구현되는 바로 그 조건을 만들기 위해 긍정적 세력이나 부정적인 세력으로 복잡하게 작용한다는 점을 제대로 이해하지 못하고 있다. 나는 자유가 권력의 제거 혹은 학교에서의 권위·표준·훈육을 제거하는 것이라고 보지 않는다. 내 입장은 학생들이 비판적 문해 능력과 사회적 책임성을 갖추도록 돕는 일상적인 학교 조건에서 자유가 어떻게 지도되고 출현하게 되는가 하는 쟁점과 직접 관계 있다. 발레리 워커딘은 이 입장을 더욱 확고히 하여, "교육자들은 이른바 개성의 조건이 어떻게 교육을 비롯한 사회 규제의 장치 속에서 형성되는가에 관해 이해해야 한다"고 주장한다.[7]

진보적 교육이론은 사회적으로 구성된 학교의 교육과정에 대해 날카로운 비판을 가했지만, 이런 판단에 내재된 의미를 진지하게 반추하지는 못했다. 즉 학교의 교육과정은 단순히 사회적 구성물만은 아니다. 학교의 교육과정은 정치적·문화적 권위에 대한 지난 시기 투쟁의 역사적 표현이자 특정한 학교 권위 안에 담긴 윤리적·지적·도덕적 규제에 대한 과거 투쟁의 역사적 표현이다. 거의 예외없이, 진보적 교육이론가들은 학교 생활의 긍정적 측면, 예컨대 일상 경험에 주목하는 학교 교육 차원에는 별 관심이 없었다. 무엇이 비판적 지식을 구성하는지 혹은 언어와 문화가 어떻게 비판교육학의 일부로 개발되어야 하는지에 대한 문제가 무시되어온 것이다. 구체적으로 말해 진보적 교육이론가들은 학교 조직, 교실 관계, 위계적인 학교 지식의 개념을 만들고 규정하는 사회통제와 책임성을 어떻게 긍정적으로 바라볼 것인가 하는 근본적 문제를 무시해왔다. 현재와 미래에 적용가능한 비판교육학을 위해서는 이 쟁점들이 다루어져야 한다. 따라서 이 장에서는 이 문제를 간략히 살펴보는 것으로 끝맺을 작정이다.

학교가 적극적인 개입과 투쟁의 장, 즉 학생과 교사가 비판적 학습과 실천의 성격을 재정의할 수 있는 장이라면, 권력과 사회 통제의 관계도 재정의되어야 한다. 이때 권력은 사람들에게 작용하면서도 사람들을 통해서 작용하므로 부정적인 동시에 긍정적인 힘으로 보아야 한다. 권력의 성격은 변증법적으로 이해해야 하며, 그 작용은 북돋우면서도 억압하는 이중적인 것으로 이해해야 한다. 권력에 대한 이런 변증법적 이해는 사회통제와 학교 교육의 관계를 재정의하는 데 시사하는 바가 크다.

학교 통제를 긍정적이면서도 부정적인 가능성 양자로 보는 것이 중요하다. 즉 사회통제의 구성요소가 자기 권력갖기와 사회적 권력갖기를 향상하는 것과 결합될 때, 사회통제의 구성요소는 비판적 학습과 실천의 조건을 안착시키는 이론적 출발점을 제공한다. 또한 이 입장의 권력 개념은 자유를 위해 사회통제가 이루어지려면, 그 사회통제는 교사와 학생들이 권력을 갖게 해줘야 한다는 가정에서 출발한다. 이런 맥락에서, 사회통제는 지금 요청되고 있는 교육과정, 즉 학생들에게 현대사회에서 분석과 지도의 기본이 되는 기술을 제공하면서도 적극적이고 비판적인 목소리를 낼 수 있도록 해주는 교육과정을 위해 필요한 실천 형식이다.

그러나 여기서 말하는 사회통제 개념은 보다 근본적인 어떤 것을 말한다. 사회통제 개념은 '자유 개념'을, 비판교육의 장려를 위한 교육과정 개발의 새로운 준거를 만들고 순서 매기는 데 필수적인 '사회 구조와 훈육'과 결합시킨다. 사회통제에 대한 비판적 개념은 책임성이라는 어려운 문제, 즉 해방적 학교 교육을 개발하기 위한 맥락과 조건을 제공하는 문제를 배제하지 않는다.

이런 사회통제 개념은 진보적 교육자들이 학교 교육과 내가 말한 '문화권력'의 관계를 결합하는 것과 관련 있다. 전통적으로 학교문화는 고급문화의 일부로 규정되어왔다. 그래서 교사의 직무는 대중문화와 피지배계급의 경험을 재생산하는 문화를 고급문화로 과감히 대체하겠다는 희망에서 고급문화 형식을 학생에게 전달하는 것이다. 좌파 교육자들은 고급문화는 지배와 신화화에서 나온 것이므로 그 자체는 거부되어야 한다는 논리로 학교의 고급문화관을 거부했다.

저항적 교육이 해야 할 일은 피지배계급의 문화를 살리고 재등장시켜서 지배문화라는 최악의 영역을 없애는 것이다. 여기서 핵심 개념은 진보적 교육자들이 피억압계급의 경험을 연구해야 한다는 것이었다. 이 생각은 지배문화를 비판하고 종속계급(노동계급, 흑인, 여성들)에게 목소리를 낼 권리를 줘야 한다는 부분에서는 통찰력을 발휘했지만, 지배문화와 종속문화를 다루기 위한 비판적 방법과 교육학을 개발하지는 못했다. 다른 말로, 종속문화와 함께 연구할 필요도, 종속문화에 대해 연구할 필요도 심각하게 생각지 못했다. '종속문화에 대한 연구'는 종속문화의 경험을 무작정 인정한다는 게 아니라, 종속문화의 장점과 약점을 발견하기 위해 종속문화를 비판적으로 탐색한다는 의미이다. 또한 문화권력 개념이 비판교육학의 이론적 기반을 제공한다면, 이 개념은 학생들과 그 외 사람들이 자기 경험이 아닌 다른 경험도 학습해야 할 필요성을 검토하는 참조물이 되어야만 한다. 이는 문화연구와 교육과정 학습 맥락에서 지식의 역할을 재정의할 필요가 있다는 의미이다.

그래서 비판교육학이라면 교육과정을 공부하는 것이 단지 특정한 언어와 지식 형식을 스스로 갈고 닦아서 모방하는 것만은 아니라는 점에 집중해야 한다. 그리고 사회 현실이 어떻게 움직이는지 비판적으로 이해할 수 있게 돕는 학습과 지식을 강조하고, 그 현실의 특정 차원이 어떻게 유지되는지에 역점을 둬야 하며, 비판교육학의 형성 과정에 담긴 성격과 지배논리와 관련된 비판교육학의 측면들이 어떻게 바뀌어야 하는지에 초점을 두어야 한다. 스튜어트 홀은 이런 비판교육학이 포함했어야 할 기술에 대한 구체적인 생각을 제시한다. 홀은 이렇게 쓴다.

현재, 기술이란 한 계급이 현대 사회에 복무만 하기 위해서가 아니라 현대 사회를 선도하기 위해 꼭 필요하다. 그 기술들은 분석과 개념화라는 기본적이고 일반적인 기술들이며, 시대에 뒤떨어진 특정 '내용' 들보다는 개념과 사상, 원리의 기술이며, 추상화와 일반화와 범주화의 기술들이다. 이런 기술들을 가르치는 것은 어떤 수준에서든 가능하다.[8]

또한 이런 식의 비판교육학 접근법은 해방적 교육과정을 만드는 데 실제로 유용하다고 생각하는 '지식과 학교 실천'에 대한 변증법적 개념에 기반해 있어야 한다. 비판교육학이라면 지배 이데올로기들을 노골적으로 거부하기보다는, 지배 이데올로기에 도전하고 비판적으로 이해하는 지식의 형식들을 개발해야 한다. 비판교육학은 또한 비판적인 교실 교육을 개발하는 데 학생 경험이 지닌 사회역사적 특수성을 출발점으로 삼아야 한다. 즉 대중의 경험에서 출발하되, 비판적으로 참여하기 위해 그 경험을 유의미한 것으로 만들어가야 한다. 비판교육자들은 21세기 교육 전략을 생각할 때, 비판적·사회적 민주주의를 건설하는 데 필요한 교육과정을 명확히 해야 할 것이다. 이는 권력, 학교문화, 실제로 유용한 지식에 대한 생각을 다시 정의해야 한다는 의미이다. 이 과업은 기존 학교 교육과 교육이론의 형식들을 폭로한다는 의미가 아니라 기존 형식들을 다시 연구하고, 기존 형식들이 개발해놓은 영역을 토론하고, 우리 행동을 인도하는 전망 속에 그리고 학교 속에 들어 있는 민주적 가능성을 기존 형식들 위에다 세워야 한다는 의미이다.

내가 이 장에서 주장하고픈 바는 교육이론과 실천에 미래에 대한 전망을 불어넣어야 한다는 것이다. 희망하건대, 교육자들이 투쟁과 위험을 기꺼이 감수할 자발적 의지를 갖는 것이다. 이 과업의 본질은 유토피아처럼 보일 수도 있다. 하지만 이런 도전은 우리가 해볼 만한 가치가 있고 그 보상 또한 아주 크다.

능력별 학급편성은 재생산을 재생산한다

이미 1922년에 조지 카운츠는 미국 학교 교육의 성격과 실천을 틀지우는 민주적 원리에 관해 문제를 제기했다. 카운츠는 공립학교의 학업 성취를 분석하면서, 교육 기회와 학급 구조 간의 관계를 증명했다.

선별은 먼저 사회학적이며, 다음으로 심리학적으로 …… 보인다. 즉 아이들은 자신의 능력이 탁월해서가 아니라, 더 유력하고 운좋은 계급의 가정에서 태어났기 때문에 고등학교에 진학한다. …… 왜 누구는 아버지가 은행가라서 상급 교육을 받을 기회가 공적 자금으로 주어지면서, 누구는 아버지가 거리청소부라서 기회를 차단당하는

이 글은 헨리 지루와 피터 맥라렌이 함께 썼다.

가? 우리는 모두를 위한 교육과 소수를 위한 교육을 구분해야 한다. 현재 우리 중등교육은 이론에서는 모두를 위한 교육이지만, 실제로는 소수를 위한 교육이다.[1]

카운츠의 연구 이후 65년이나 지났지만 학교는 여전히 계급, 성, 인종적 불평등에 한몫 거들고 있다. 이 문제는 제도화된 능력별 편성(tracking)에서 가장 잘 드러난다.

학교의 능력별 편성 문제는 거의 10년마다 토론의 표면에 떠올랐지만, 재정이나 행정 따위의 더 긴급한 문제 때문에 늘 뒤로 밀려나곤 했다. 지니 오크스의 책《능력별 편성 유지하기》는 능력별 편성을 토론의 제일 주제로 삼겠다는 약속을 했다. UCLA 교육대학원의 수석연구원인 오크스는 오래되었지만 중요한 주제 하나를 문제삼기 위해 인상적인 자료들을 모았다. 그 주제는 인종, 성, 계급 차이에 따라 일부 특정 집단에게만 특권을 주기 위해 학교 교육과정과 교육학을 구조화했다는 것이다.[2]

오늘날 미국 교육을 둘러싼 토론과 개혁 활동을 감안해볼 때, 오크스의 책은 우리 역사에서 중요한 계기가 되었다. 보수주의자들이 초기에 교육개혁 토론판을 주도해왔고, 교육개혁 담론은 경제성장과 개인 성취의 논리로 폭이 좁아졌다. 이런 환경 속에서, 불평등과 불의를 생산하는 데 학교 조직과 학교 행정이 저지른 죄과를 교육자와 대중들에게 떠올리게 할 수만 있다면 교육시장에《능력별 편성 유지하기》의 등장은 특히 환영할 만한 일이다.

오크스는 그의 연구에서 지난 100년 동안 미국 학교에서 능력별 집단화와 능력별 편성의 전개를 추적함으로써 능력별 편성이라는 '전통을 파헤치는' 시도를 성실히 수행했다. 아동노동법과 의무교육이 집행되었던 1900년대 초 남부 유럽과 동부 유럽에서 미숙련 이주자들이 몰려오면서 종합고등학교의 탄생은 예고되었다. 종합고등학교라는 이 새로운 형태는 능력별 편성과 동질 집단화를 중심으로 한 교육과정의 차별화에 찬성하고, 대신 '단결된 국가의 건설을 위해 공통 학습이 필요하다는 19세기 개념'을 포기할 것을 요구했다.[3] 사회진화론에서는 소수민족과 빈자들은 주류인 앵글로 프로테스탄트보다 진화가 덜 된 자들, 도덕발달이 낮은 자들이라고 보았다. 이주자들의 '타락'에 대항해서 주류인 백인 앵글로 색슨 문화를 보존하고자 하는 관심이 높아지면서, 사회진화론은 미국화의 조류를 지지했고, 미국화가 결국 학교의 교육과정을 휩쓸었다.

미국 산업은 학교에 공장식 학습모델을 제시함으로써 이런 새로운 교육을 위한 논리를 제공했다. 결과적으로 그리고 신흥 산업경제에 고무되어서, 생산과 효율성은 전문대학에 가지 않을 학생들에게 적절한 대안 교육과정으로 직업교육을 설치하는 데 길잡이 노릇을 한 이데올로기적 원리가 되었다. 지능검사의 발전은 학생들을 민족, 인종, 경제적 배경에 따라 다른 프로그램으로 분류하는 객관적인 근거를 제공했다. '과학적 효율성의 정신'에 입각한 교육 검사들은 일종의 능력주의로 여겨졌다. 그런 검사들이 산업현장에서 써먹을 기회를 고려해 최상의 교육이라고 생각하는 것을 학생들이 받도록 전문 프로그램들에 학생들을 집어넣게 도와주었기 때문이다.

오크스는 능력별 편성을 역사적으로 설명한 후, 학교의 능력별 편성과 관련된 불평등한 신화와 실천들을 밝혀냈다. 오크스는 학교가 지지하는 '민주적 가치'와 능력별 편성의 형태와 실천에 내재한 '권위적인 재생산 이데올로기' 사이의 엄청난 괴리를 분석했다. 이 분석에서 그는 인종을 통합한 중학교와 고등학교를 대표해 25개 학교, 297개 학급에서 1970년대 후반부터 방대하고 복잡한 자료를 수집했으며, 존 굿라드는 이 연구를 발전시켜 유명한 저서 《학교라 불리는 곳》을 출간했다.[4] 오크스는 "불공정한 세계에 일찍 대비하기 위해서 일찍부터 불의를 옹호해야 한다는 생각의 덫에 학교 사람들이 빠져들어선 안 된다"[5]고 주장하면서, 학교가 혜택을 불평등하게 분배하고 있다고 증명했다. 그녀는 가난한 학생들과 소수자 학생들은 학교의 능력별 편성 과정으로 말미암아 권력과 권리를 거의 다 빼앗긴다고 줄기차게 주장한다.

이런 효과는 이른바 능력이 높은 집단(고급 트랙, high-track)과 낮은 집단(낮은 트랙, low-track)에서 학교 지식을 배분하는 방식에서 일정 부분 비롯된다. 오크스는 이어서 다음과 같이 주장한다. 낮은 트랙 집단의 학생들은 주로 가난하거나 소수자 배경의 아이들일 경우가 많고, 낮은 지위의 직업에 맞는 행동을 배우게 되는 경우가 많다. 달리 말해 낮은 트랙 집단 학생들은 '사회경제적으로 교환가치가 거의 없는' 낮은 지식을 배우게 된다.[6]

오크스는 학습 기회의 문제도 분석했다. 고급 트랙 집단은 중간 트랙이거나 낮은 트랙 집단의 학생들과 비교해 교육의 혜택을 더 많이 누리고 있었다. 고급 트랙 집단에서는 교사들이 학습에 훨씬 많은 시간을 할애한다. 실제로 교실에서 보내는 시간 중 학습 활동에 훨씬 많은 시간을 보내고, 숙제에도 더 많은 관심을 쏟아준다. 과제를 면제 받는 학생들은 거의 없고, 교육적 실천의 기회도 많이 주어진다. 요약하면, 유능한 학생들은 그들이 유능하다는 정체감을 심어주는 환경에서 학습한다. 가령 그들 자신의 자의식과 성취감에 특권을 줄 수 있도록 시간과 활동, 장소를 구조화한다.

낮은 트랙 학생들에게는 학교에서 보내는 시간이 자산이 되기보다는 짐이 된다. 이 학생들은 지식이 자신의 삶과 무관하고 수업이 오히려 자신들의 시간을 잡아먹는다고 여기는 때가 많다. 학교는 시간을 억지로 견뎌내야 하는 공간이지, 자기 권력과 사회적 권력을 갖게 하기 위해 시간을 활용하는 공간이 아니다. 오크스는 학교가 이 학생들의 삶을 처리하고 파괴하는 방식에 대해 학생들이 어떻게 반응하는지도 분석했다. 이 학생들이 배우는 것이 있다면, 그건 모욕 속에서도 꾹 참고 견뎌내는 것이다.

능력별 편성은 학생들을 학교 교육에서 소외시키는 것 이상이다. 학생들의 사회적 포부나 자아존중감마저 훼손해버린다. 오크스는 사회적 서열이 밑바닥인 학생들은 학교가 자신을 부당하게 대접한다는 각성도 없이 자신의 포부부터 낮춘다고 비판한다. 오크스의 입장은 이 지점에서 매정하게 돌변하여, 사회적 실패를 개인의 실패로 부당하게 바꿔치기하고, 그 실패가 장래에 어떻게 개선되어야 하는지에 대한 우리의 의식을 흐려놓는다. 본질적으로 학교의 역할은 불평등을 정당화하는 데, 즉 불평등한 사회를 수용하도록 학생들을 사회화하는 데 중요한 역할을 한다.

오크스는 직업교육도 검토했다. 여기서 그는 직업 프로그램이 가난한 학생과 소수자 학생들을 직업훈련 프로그램으로 격리하고, 중간계급과 상층계급 학생들에게는 인문 교육과정을 실시하는 기능을 주로 한다고 비판한다. 결론적으로 직업교육은 현 사회경제 질서의 특징으로 자리잡은 인종 · 성 · 계급적 불평등을 학교가 재생산하는 데 결정적 역할을 한다. 백인보다는 유색 인종이 하층계급이기에 미래를 위해 직업훈련을 받는다는 오크스의 발견은 그다지 놀랍지도 않다.

《능력별 편성 유지하기》의 거의 끝부분에서 오크스는 비판의 언어를 가능성의 언어로 바꾼다. 그녀는 능력별 편성의 법제화를 분석하고, 법적 행동의 초점이 될 수 있는 특성을 밝혀낸다. 그녀의 가정은 이렇다.

능력별 편성은 학생들을 분류하고 분리하며, 그래서 학생들이 받은 정부서비스, 즉 교육의 양과 질 심지어는 가치마저도 결정하는 통제행위다. 이렇게 만들어진 분류는 지속되고 있지만 동시에 오명덩어리가 되고 있다. 더구나 분류는 교육서비스를 제공하는 과정에 본질적인 것은 아니다. 사실, 일부 학생들에겐 분류가 교육과정을 오히려 방해할 수도 있다.[7]

능력별 편성의 차별 조장 효과를 고발하는 수단으로서 오크스가 소송에서 한 말은 국가가 입법화한 평등을 끌어내는 예비 전략을 제안하기 위한 것임은 틀림없다.

여기서 오크스의 전반적인 제안과 결론들을 두고 말싸움하고 싶지는 않다. 그녀의 제안과 결론들은 다음과 같다. 학교 지식은 각 트랙마다 불평등하게 분배되고, 질이 다르다. 능력별 편성은 학생들의 사회경제적 이동을 제한한다. 그리고 학교 교육은 학생들의 태도를 식민화하고, 그들에게 낮은 트랙을 아무런 의심도 없이 신성하게 받아들이도록 가르친다. 그러나 우리는 그녀가 능력별 편성을 비판할 때 재생산이론을 무비판적으로 따르면서 생기는 몇 가지 이론적 문제에 관심을 두고자 한다.

오크스는 자신의 이론을 뒷받침하기 위해 보울즈와 진티스 등의 재생산이론가와 폴 윌리스, 바실 번스타인, 피에르 부르디외, 장 끌로드 파세롱 등 진보이론가들의 연구에 도움을 받았다.[8] 그녀는 자기 자료를 통한 이데올로기적 공격만으로 만족하지 않고, 재생산주의자의 주요 주장을 되풀이했다. 재생산주의자는 학교 교육이 불평등을 합법화한다, 낮은 트랙은 자아존중감을 꺾는다, 분류 기계에 불과한 학교는 학생들에게 성인 역할을 준비시켜서 사회의 구조와 조직패턴을 유지하도록 돕는다, 학교는 인종·계급·성에 따라서 학생들을 분류한다, 불평하는 학생들도 그들 부모처럼 똑같이 낮은 직업에 머물게 된다 등의 주장을 했다. 오크스는 주저없이 이런 재생산이론을 차용하였지만, 재생산이론의 좀더 진보적인 의미를 찾아내지는 못했다. 가령 일반적으로 자본의 논리에 담긴 잘못된 효과, 즉 능력별 편성 과정 자체에서 자본의 논리가 만들어지게 되는 방식에 대해서는 주목하지 않았다. 달리 말해, 오크스의 분석은 어떻게 자본의 이데올로기적 · 물질적 힘이 — 국가의 개입, 상업, 개인적 성공과 경쟁 이데올로기를 통해 — 자본주의 사회관계의 이익에 따라서 학교의 다양한 이해관계를 구조화하는지 전혀 알지 못했다. 그녀는 사회의 경제적 · 정치적 권력의 분배가 변화하지 않고서는, 평등을 위한 학교개혁이 실제로 불가능하다는 것을 알지 못했다. 반대로 마틴 카노이는 이렇게 지적하고 있다.

우리 사회에서는 계급, 인종, 성에 따라 자본주의적 생산체제가 위계화되어 있는데, 이 위계적 체제는 경제와 국가 관료체제가 함께 동시에 노력하지 않고서 다만 질 높고 평등한 기초교육만 한다고 바뀌지는 않을 것이다. 그리고 노동현장이 민주화되지 않으면, 일부 아동집단은 동일한 교육을 받고도 낮은 사회적 보수에 허덕일 것이다. 가령 모든 시민들이 천하고 단순한 일을 돌아가며 하지 않는다면, 우리는 낮은 임금을 받고 일하는 매우 지적이고 불만투성이인 접시닦이를 두게 될 것이다. 그 접시닦이들에게, 교육은 그 자체가 목적이라는 호소는 단지 상아탑에 앉아 높은 임금을 받는 사람들이나 하는 헛소리일 뿐이다.[9]

오크스는 '폭넓은 사회적 재구성'을 고려하지 않았기에, 아주 단기적인 개혁안만 내놓게 된다. 그녀는 실용적인 정치에 불안한 호소를 하면서, 다음과 같은 입장을 취한다. 우리가 현실적으로 진정한 민주주의를 창조할 수 없다면, 적어도 학교에서 평등을 창조하려는 시도는 해야 한다는 것이다. 결론적으로 그녀는 학교가

"사회에서 장래의 역할을 위해 학생들을 분류하고 선별하는 걸 반드시 관둬야" 한다고 역설한다. 나아가 학교는 "사회에서 불평등을 재생산하는 대리기구로서의 역할을 멈추어야"만 한다.[10] 오크스의 개혁안에서 밝혔듯이, 예상대로 우리는 그녀에게서 이질적인 사람들 간의 집단화와 공통 교육과정을 의무적으로 실시하는 교육 모델을 제시받았다. 이 모델은 놀랍게도 '고급' 지식을 무비판적으로 찬양한다. 오크스는 이렇게 주장한다.

이질집단을 주로 활용하는 학교의 재조직화로 인해, 몇 가지 방식으로 학생들의 교육 경험을 평등하게 만들 수 있었다. 먼저, 공통교육과정을 현재 고급 트랙의 학생들이 주로 배우는 고급 지식으로 짜서 이 과정을 모든 학생들이 배우게 되면, 학생들에게 미래의 기회를 차단하는 일은 상당히 유보되고 아마 줄어들 것이다. 적어도 모든 학생들은 고등교육에서나 배우는 개념들과 기능에 노출될 수 있어야 한다. 그리고 다른 학생들만큼 신속하고 폭넓게 그 개념들을 파악하지 못하는 일부 학생들이 있으면, 그들에게는 시작점, 즉 기회가 주어져야 할 것이다.[11]

지식 획득상의 차이는 이질적인 학급에서도 여전히 있을 것이라 생각해 오크스는 이질집단을 가르치는 데 잘 맞는 대안적인 교육 전략을 개발했다. 한 가지 대안은 다른 학생들과 비교하는 검사보다는 준거지향 검사를 사용하는 것이다. 또한 학습과제는 협동학습을 장려할 수 있게 재구조화하고, 현재 대부분 교사가 채택하고 있는 개별적이고 경쟁적인 모델을 피하도록 해야 한다. 오크스는 협동학습이 세 측면에서 장점이 있다고 주장한다. "첫째, 학생들은 서로를 학습 자원으로 삼아 상호작용하는 내적 유인가를 갖는다. 둘째, 학습 과정에서 학습자의 차이를 수용하는 수단이 된다. 셋째, 학습에 대한 보상 방법을 통해서, 학생들이 처음에 보유한 기능 수준이나 학습 진도상의 차이로 인해 생기는 결과를 현격하게 줄이거나 없앨 수 있다."[12]

오크스는 학교 개혁에서 고급 지식의 본질을 비판적으로 분석하는 일을 놓쳐버렸다. 오크스는 고급 지식의 중요성을 무비판적으로 수용하면 대중문화의 형식들과 하위문화의 지식을 깔보게 되고 노동계급 학생들의 문화자본을 불신하게 된다는 점을 미처 알지 못했다. 달리 말해 오크스는 문화, 권력, 학습 간의 관계를 이론적으로 이해하지 못했다. 어떻게 학교가 지배문화를 구현하는지 잘 알지 못했다. 지배문화야말로 일상적인 학교 생활에서 종속집단 출신 학생들의 '목소리'를 불신하고 주변화하고 적극적으로 침묵시키는 역할을 한다. 그녀는 또한 언어와 권력 간의 관계도 분석하지 않았다. 즉 언어가 어떻게 학생들에게 특정 삶의 방식을 소개하는지, 그리고 소개하면서 언어가 어떻게 주체성의 특정한 형식을 구성하며 그 형식에 관여하는지를 분석하지 못했다. 일반적으로는 재생산이론, 구체적으로 오크스의 분석은 학생 경험의 주체성 이론과 실제 학습의 역동성과 관련된 정치학을 전개하지 못했다.

실제로 우리가 제공받은 것은, 오크스가 지지와 비판을 동시에 보낸 재생산이론가들의 진보적 통찰은 빼버린 신자유주의 전략이었다. 학교를 평등한 기회가 살아 있는 민주적 장으로 만들기 위한 하나의 방법으로서 그녀가 제안한 교육이 있는데, 이 교육에서는 문화, 이데올로기, 권력이라는 핵심 범주를 제거한 교사개혁을 주장함으로써 궁극적으로 정치적인 것의 중요성을 제거해버렸다. 결국 우리는 지금까지 미국에서 전개되어온 어떤 진보적 교육보다도 한층 더 심한 로저주의자(Rogerian)와 상호주의자가 된다. 예컨대 우리는 학교교과의 형식과 내용이 훨씬 더 공평하게 재조직되어야 한다고 들어왔다. 그리고 주로 학생들은 교사들이 교실 목표를 정하는 방식에 따라 행동하고 상호작용하기 때문에, 교사들은 교실 과제의 조직화와 학습에 대한 보상 방식에 많은 관심을 가져야 한다고 들어왔다. 그러나 우리는 어떻게 학생들 자신의 목소리와 문화자본이 학교 경험을 통해 중재되고 구성되는지 혹은 학생 목소리와 문화자본이 어떻게 보다 큰 사회문화적 형태 속에서 구성되는지 맥락적으로 설명하는 것을 거의 들어본 적이 없다.

오크스가 말하는 평등은 기껏해야 모든 인종과 계급 출신의 학생들이 경제적으로 불공평한 세상에서 살아남을 수 있는 동등한 기회를 누려야 한다는 것이다. 오크스가 말하는 학교에서의 평등 개념이 장기적으로 사회 불만을 줄이는 효과가 있는지 없는지는 그녀 자신도 확신하지 못했다. 적어도, 오크스는 현재 학생들이 직업적 성공에 이르는 길보다는 더 나은 출발선에 서야 한다고 생각한다. 그러나 학교의 힘이 학교 외부의 현실에 영향을 미칠 수 있는지―학생들이 자본주의 시장에서 자리를 잡도록 돕는 것 그 이

상이다—를 의심스러워하는 교육개혁안은 어떤 것이라도 기만적이다. 학교와 사회를 설명할 수 있는 정치적·구조적 변화에 영향을 끼치기 위해 교사들이 다른 사회운동과 연대하여 학교 외부에서 집단적으로 뭉칠 가능성을 흐려놓기 때문이다. 오크스는 지배적인 교육 관점—그녀는 교육을 '고용 기회'와 느슨하게 연결한다—의 유지가 윤리적으로 옳은지 아닌지 질문하지 않는다. 물론 오크스의 딜레마는 새롭지 않다. 이 딜레마는 자유주의적 교육개혁이 부딪히는 중요한 난관을 반영한다. 즉 지나치게 비현실적이거나 지나치게 진보적인 주장이나 전략은 거부하면서도, 학교가 어떻게 학생들에게 민주주의의 취향을 제공해서 한때 학교가 무시했던 정의롭고 평등한 사회 질서를 창조할 것인가?

민주적인 학교 교육의 성격과 목적에 대한 오크스의 공식은 충분한 문제제기를 하지 못했다. 오크스의 관점에서 보면, 불평등이 제거된 교육제도는 결국 '더 높은 학업 성취, 제도적 활동을 향한 더 긍정적인 태도, 상호집단과 대인관계의 강화'[13]를 확고히 하도록 조직될 것이다. 이 점에 대해서는 몇 가지 논리가 있다. 그러나 학교 불평등을 낳은 사회경제적 체제를 지속적이고 체계적으로 분석하지 않는 한, 그녀가 내놓은 민주적 학교모델은 '민주적' 효율성을 위해 능률적으로 짜여진 이데올로기적 공장에 불과하다. 그렇게 되면 결국 민주적인 권력갖기의 문제보다는, 모든 계급과 인종 출신의 학생들이 지배문화의 명령에 따라서 똑같이 사회화되는 학교 형식이라는 문제에 이르게 된다. 오크스와 같은 관점으로 개혁을 바라본다면 모든 학생들은 고급 지식과 더 나은 고용기회를 얻을 기회가 훨씬 많아지겠지만, 이런 학교는 여전히 지배문화의 시녀로 남아 있을 것이다.

이는 우리에게 오크스가 빠진 문제와 혼돈을 보여준다. 오크스는 *민주주의의 절차적 성격과 민주주의를 위한 권력갖기 문제를 혼동하고 있다.* 학교가 한층 더 민주적인 장이 되어야 한다는 건 중요하다. 하지만 이런 요청이 특정 사회가 어떻게 작동하는지, 학생들이 어떤 위치에 있는지, 그 사회의 더욱 심한 불평등은 무엇인지 등을 이해하기 위해 학생이 갖춰야 할 지식, 가치, 사회적 실천을 따져보지 않고 이루어진다면, 이 요청은 이론적으로 공허하다. 사실 오크스는 민주주의를 행위자가 없는 환경으로 보았던 것이다. 이것은 공허한 민주주의가 될 것이다.

좋은 학교 교육의 개념은 '과제 수행시간', '학생과 학습 과제의 관계', '학생 참여의 의도성 정도' 등에 역점을 둔 교육적 사고를 넘어서야 한다. 동등한 기회란 모든 성, 모든 계급, 모든 인종이 상층계급 직업을 얻을 수 있게 사회화의 기회를 동일하게 부여하자는 의미보다는 범위가 큰 것이다. 좋은 학교 교육, 동등한 기회라는 두 개념은 우리에게 지식과 권력의 관계를 다시 생각하도록 요구한다. 우리는 지배사회의 논리에 따라 주체성을 형성하기 위해 학교에서 권위가 어떻게 작동하는지 배워야 한다.

정치적 현실에 비추어보건대, 당면한 학교 조직과 관료주의에만 초점을 맞춘 오크스의 협소한 시각은 신우익들과 여타 사람들에게 간접적이지만 학교에 막강한 영향을 미치는 문제들을 마음껏 조작할 기회를 줄 수 있다. 능력별 편성의 폐지는 민주적인 학교 교육

의 전제조건이다. 그러나 오크스는 학교가 공공영역으로서 정치적
으로 기능할 필요성이나 노동자 운동, 여성주의 집단, 반군사 집단
등의 대중운동과 연대할 필요성을 진지하게 고려하지 못했다. 이
런 그녀의 실패는, 인본주의적이고 고급 지식을 강조하는 단선제
학교 교육을 위한 초기 제안《파이데이아 제안》의 실패와 무척이
나 닮아있다.

　결론적으로, 오크스가 지지한 평등 개념은 무비판적이고, 무차
별적이다. 불평등은 구조와 행정의 배치에 의해서만 '유발되는'
것도, 좋은 의도를 가진 교사들이 학생의 능력별 분류를 조장하는
신화를 무비판적으로 지지하는 것에 의해서만 '유발되는' 것도 아
니다. 차라리 불평등은 어떤 구조적·역사적·이데올로기적 제약
속에서 사회활동가들이 벌이는 일련의 사회적 실천과 교섭을 참조
로 하면, 즉 맥락 속에서 보면 가장 잘 이해된다. 코넬 등이 지적했
듯이, 불평등은

　　이익과 불익을 수치로 따져서 (이해할 수 있는 게 아니다) 할 수만
　　있다면, 불평등은 오히려 가감보다는 화학적 결합으로 따져보아야
　　한다. 우리는 체제의 본질에 침투하기 위한 수단으로서 질적 변화,
　　도약, 단절에 대해 사고할 수 있는 도구가 필요하다.[14]

　불평등의 원인을 이해하려면, 교육체제에서 나타나는 사회관계
와 사회패턴 그리고 이 패턴에 서린 긴장과 모순까지도 이해하려
는 노력 속에서, 사람들이 사회패턴과 사회관계와 어떻게 관계 맺

고 중재하는지 이해하려는 노력 속에서 불평등의 원인을 살펴보아야 한다. 코넬 등은 오크스처럼 불평등의 인과적 요인들을 조작하려는 시도보다는 "주어진 환경이 그 환경 속의 사람들을 위해 가지고 있는 *잠재력*과 사람들이 *한계 사항*들을 극복하는 것이라는 의미로" 말하기를 좋아한다.[15)]

다른 말로, 원인의 개념은 사회활동의 맥락 속에서 검토되지 않으면 아무런 도움이 되지 않는다. 이 관점에서 보면, 능력별 편성은 제도적으로 의도하지 않았던 원인의 결과가 아니라, 권력과 지식이 제도적 배치와 사회문화적 형성을 통해 작동하는 방식의 산물이다. 오크스의 책은 좋은 의도와 많은 자료를 갖추고 있지만, 카운츠가 1922년에 제기한 문제에 대한 답에 아주 조금 도움이 될 뿐이다. 그래서 우리는 카운츠의 정신이 우리의 최종적 관심에 답해줄 수 있다고 보는 것이, 즉 교육자들이 학교 교육과 민주주의냐 혹은 학교 교육과 지배냐 선택을 해야 한다는 것이 유일하게 옳다고 생각한다. 오크스는 우리가 민주주의를 위한 그리고 민주주의에 대한 가능성의 장으로서 학교를 제대로 이해하도록 만드는 데 실패했다. 그녀는 학교가 민주주의를 위해 기능할 수 있는지 그렇지 않은지를 설명했다. 그러나 그 설명은 진보적 교육이론과 실천에서 새로운 모델의 필요성을 제안하는 이론적·정치적 무모함에서 나왔다. 그 대답을 찾고자 했던 오크스는 진보적 교육이론의 최근 전통을 뒤집어버렸고, 재생산 국면에 있는 진보교육이론의 출발점을 마치 그 절정인 양 오해했다. 이는 이론적으로 오도된 것이며 정치적으로 잘못된 것이다.

우리는 교육자들이 진보적 교육이론이 진전시켜온 새로운 담론과 관심사를 이용해야 한다고 제안하는 바이다. 진보적 교육이론은 이론과 실천을 관계짓고, 비판의 언어와 가능성의 언어를 결합하고, 학교가 광범위한 제도적 개혁을 위해 필요한 새로운 주제·새로운 주체성·용기를 어떻게 만들어내는지 밝혀내는 방법으로 학교를 분석하는 하나의 접근법이다.16)

안토니오 그람시 다시 읽기
진보를 향한 학교 교육

위대한 마르크스주의 사회이론가로 잘 알려져 있는 안토니오 그
람시가 죽은 지 어느덧 45년이 되었다. 그러나 그의 글들이 전 지구
에 퍼지게 된 까닭은 세상에 여전히 해결해야 할 모순들이 남아 있
기 때문이다. 이제 그람시의 연구는 고향 이탈리아를 넘어 학자라
면 누구나 알게 되었지만, 그의 연구가 지닌 의미와 중요성에는 좀
체 합의가 이루어지지 않고 있다. 그람시의 연구가 해석·재해석되
는 동안에도 연구의 제일 중요한 특징은 거론되지도 않은 채 오히
려 연구물이 정교해지고 대중화되기도 했다. 혼란과 슬로건화 가운
데 그람시의 이름은 진부한 이론을 합리화하는 후광이 되어버렸다.

이 문제의 원인은 그람시 글의 성격과 그가 사상을 표현하는 장
르 양쪽 모두에 있다. 그의 초기 연구들은 통찰력이 돋보이긴 하지
만 주로 저널에 제한되어 있었다. 세상에 널리 알려진 옥중수고는

파시스트 감옥 검열관의 냉소적인 눈빛 아래 쓰여져 기껏해야 쪼가리 글이고 다듬어지지 못한 글이었다. 그렇다고 통찰력과 분석이 풍부하지 않다는 뜻은 아니다. 그의 글은 통찰력과 날카로운 분석력은 있지만 때로는 모순투성이이고 미숙한 사상을 그대로 드러내므로, 그의 사상을 제대로 이해하기 위해서는 그가 지닌 세계관의 폭넓은 변수 속에서 그의 사상을 성실하고 체계적으로 읽어야 한다.

그람시 사상의 맥락화는 특히 교육관련 글들을 읽을 때 반드시 필요하다. 이론적이고 추상적인 그의 글들은 코드화된 언어 때문에 그리고 불완전한 데다가 계속 변하는 관점 때문에 오해를 받아왔다. 가령 교육과정 변화와 교육에 관한 그람시의 옥중수고 중 많은 부분은 1923년 젠틸레 학교개혁(Gentile School Reform, 젠틸레는 이탈리아의 철학자로 무솔리니가 집권했을 때 교육부 장관을 지냈다.—옮긴이)에 대한 반응으로 쓰여졌다. 이 교육 관련 글들은 그람시의 헤게모니, 지식인, '진지전' 등의 개념 속에서 이해해야 그 중요성을 알 수 있다. 그래야 그람시의 교육관을 제대로 볼 수 있고, 그가 보수적인 학교모델 지지자라고 단순화하는 오류를 범하지 않게 된다. 그의 분석은 전통적인 교육과 진보적 교육이 공히 사용한 낡은 표현들을 그대로 사용했기 때문에 오해를 불러왔다. 하지만 그람시를 보수적이라고 치부해버리는 건 무역사적이고 비변증법적이며, 1920년대 이탈리아에서는 진보적이라 불렸던 교육정책이 1980년대 일부 '진보적' 교육자들에게는 상당히 '보수적'으로 받아들여졌다는 점을 인정하지 않는 것이다. 그 표현이 사용된 사회역사적 맥락을 배제해버리고서, 그의 교육이론과 실천의 가치를 제대로 평가할 수는 없다. 그래서 실제적인 쟁점은 그의 저서를 상투적이고 무역사적 의미에서 전통적 교육학이라거나 진보적인 교육학이라고 이름붙이는 일이 아니다. 대신 그람시의 교육 저서를 제대로 평가할 수 있는 이론적인 출발점은 학교 교육에 대한 그의 문제제기, 질문, 제안 등이 과연 진보적인 사회 변화를 이루고자 한 그의 목적과 1980년대와 90년대 서구 선진산업국가들에서 제기되는 노동계급의 정치적 요구, 이 둘 다와 일치하는 비판교육학의 개념체계를 만들었느냐 하는 점이다.

해럴드 엔트위슬은 그람시의 글이 비판교육이론과 실천의 근거로서 적절한지를 성실히 탐구한 최초의 사람이다. 엔트위슬은 먼저 그람시의 학교 교육 관련 글들과 노트들을 상세히 검토했다. 그리고 그는 자신이 한 분석과 신교육사회학자와 기타 진보적 교육이론가들이 그람시의 연구를 해석하고 활용한 방식을 비교했다. '진짜' 그람시를 소생시킨 후, 그는 그람시의 연구를 잘못 해석한 '진보적' 비판가들을 비판했다. 나아가 그가 그람시의 연구에서 배운 교훈이 '학교는 진보적, 대항헤게모니적 교육[1]의 장면을 제공하지 않는다'는 것임을 입증했다. 그의 분석은 그람시의 중요 가정들을 명료히 하고, 이 가정들을 보수적으로 사용하는 걸 비판하고, 그람시의 연구가 교육자에게 지닌 적합성을 보여주었다.

이런 관점에 따르면 비판교육학은 노동현장, 노동조합 등 성인 교육 제도에 전적으로 의존한다. 그래서 그람시의 이름으로 우리는 다소 낯선 이원론을 만나게 된다. 이 관점에서 아동을 위한 학교 교육은 훈육, 지루한 고역, '객관적' 사실을 부과하는 연습장으로 본다. 즉 아동을 위한 학교 교육은 교사들이 노동계급 학생들에게 '전통' 문화와 역사에 담긴 도구와 '미덕'을 스며들게 하는 장이라고 본다. 하지만 성인을 위한 교육은 자기 반성, 비판적 사고, 진리와 사회 변화를 추구하면서 교사와 학생 모두 학습자로서 적극 참여하는 교사-학생 관계가 이루어지는 곳이다.

가장 중요한 의미에서, 그람시와 학교 교육에 대한 엔트위슬의 이원론은 엔트위슬이 사용한 방법론을 이해하는 열쇠이다. 그의 방법론은 비변증법적이면서도 환원론적이다. 그 방법론의 존재 이유는 탐구해야 하는 문제나 논제에서 시작되지 않고, 구세주의 열정에서 시작되었다. 이는 그람시를 실증주의 시각에서 읽고자 하는 목적이며, 이는 불행히도 그람시를 반동적 교육학의 대변인으로 만들어버릴 뿐이다. 엔트위슬은 또한 신교육사회학자들과 네오마르크스주의 비판교육자들의 '사악한' 영향력을 몰아내기 위해 이 책을 썼다. 어떤 경우이건 그의 해석은 실재와는 다르다.

엔트위슬은 그람시의 연구를 읽고, 그람시가 '엄격한' 감독관이라고 해석했다. 학문, 지식, 헤게모니에 대한 그람시의 견해가 칼 마르크스, 프레이리, 때론 존 듀이와 같은 사람들보다는 차라리 칼 포퍼와 자크 바준과 훨씬 비슷하다는 것이다. 가령 엔트위슬의 이런 그람시 해석을 사회주의 교육모델로 받아들인다고 하면, 우리는 그람시가 칼 포퍼의 관점처럼 인간의 지식은 객관적이라고 믿었다는 주장을 받아들여야 할 것이다. 즉 지식은 "누군가의 알고자 하는 요구와 독립해 있고, 객관적이고 견고한 법칙이 있기에 누군가가 자기 처지에서 그 법칙들을 숙지하려면 반드시 적용해보아야 한다."[2]

엔트위슬의 이런 인식론적 주장은 그람시가 구별해놓았던 자연과학들과 사회적 세계에 대한 지식 사이의 차이를 흐려놓았다. 여기서 자연과학이란 자연세계의 '객관적 사태들'과 관련 있지만 결국엔 그 속성들이 언어적 관습을 통해 표현되며 속성에 상응하는 사회적 세계에 대한 지식이란 인간이 세계에 대한 의미를 구성하고 부여하면서 만들어진 사회적 실재를 지각하는 것이다. 칼 포퍼의 '주체 없는 지식' 개념과 인간 의지와 독립된 논리라는 지식 개념은 그람시의 사고와는 매우 다르다. 그람시는 지식과 인간의 이해관계를 구분하는 식의 허위를 거부한다.[3] 더욱이 신교육사회학의 초기 지지자들은 중요하게 여겼으나 엔트위슬은 노골적으로 비판한 상대주의와 그람시의 입장은 다르다.[4] 포퍼의 지식관은 '역사적 사건을 다루는 데 객관적이고 무역사적이고 추상적인 지식을 도입'하려는 기술적 조직 형태를 지지했지만 그람시의 입장은 이런 포퍼의 지식관을 반대했다.[5] 그람시는 통계 법칙에 따라 계획하는 것, 인간 행동과 사회실천의 자리를 '객관성과 예측'의 모델에 양보하는 것에 대해 단호한 입장을 취한다. 즉 그람시는 그런 견해가 대중의 수동성을 강화하고 기계적인 과거 읽기를 통해 미래를 예측할 수 있다는 허위의식을 뒷받침한다고 주장했다.[6]

이 글의 입장은 그람시의 인식론을 마르크스주의 주체성관·역사관·휴머니즘과 희석하는 객관주의에 반대한다. 교육과 관련한 그람시의 글에서 '사실'과 지적 엄격성에 대한 관심은 사실과 가치, 학습과 이해, 정서와 지성을 분리하는 교육을 신랄하게 비판하는 데서 이해할 수 있다.

그람시는 젠틸레 개혁의 교육론에 대한 입장을 분명히 했다. 그에 따르면, 젠틸레 개혁에서 말하는 교육은 비판이성의 내용과 양식은 제거한 채 '감정', '정서', '아동의 직접적인 요구'만을 강조하는 것으로서, 결국엔 자유주의 교육이론을 가장한 지배의 형식일 뿐이라 보았다. 그람시가 주장한 직업교육에 대한 비판, 학문과 혹독한 자기 연마의 결합, '직접성'의 거부 등을 그의 변증법적 교육 맥락 속에서 읽어야만 그람시의 글을 실증주의를 거부한 인식론이라고 볼 수 있다. 실증주의에서 사실은 법칙화된 고유한 사회적 실재라는 식의 허구적인 이원론과 이미지를 갖고서 사회적 실재와 인간 본성을 설명한다. 엔트위슬의 그람시 해석은 이런 이원론의 출처를 꿰뚫어보지 못하고, 단순히 그 이원론을 거꾸로 뒤집었을 뿐이다. 즉 그는 직접적인 요구에 대한 일방적인 찬양 대신에, 직접적인 '사실'에 대한 일방적인 찬양으로 바꿔치기했다.

그람시의 진보적 교육학은 역사적이고 변증법적이고 비판적이었다. 진보적 교육학은 인간 요구의 '직접성'이나 사실의 '직접성'을 격하했다기보다, 단순한 사실을 거부하고 학교 교육이 '교육적이면서도 형성적'이기를 요구했다.[7] 부분적으로 그람시에게 교육적 과제는 "처음 몇 년 동안 어쩔 수 없었던 교조적인 접근법을 훨씬 다채롭게 완화하고 새로이 만드는 것이었다."[8] 이 과제는 쉽지 않았다. 그리고 이 과제는 한편으로 "자유주의 이데올로기에 대한 한계를 명확히 할" 것을 요구하면서도, 다른 한편 "기계적이고 예수교적인 학교에 맞선 투쟁의 요소들이 무분별하게 강조되었다"[9]
는 것을 알아야 한다. 그람시의 교육학에는 온건한 휴머니즘 대신
에 완고한 진보주의의 교육 원리가 깔려 있다. 그래서 필요와 자발
성을, 즉 '훈육'과 '상상력을 통해 중요한 기본 기술을 학습하는
것'을 억지로 분리하지 않고, 대신 통합한다.[10] 반복 연습, 지루한
고역, 훈육이 그람시의 교육학에서 옹호된다는 것은 분명하다. 그
러나 필립 심슨이 지적했듯 "고역이 필요한 것은 그람시가 활동에
서 발견한 원리라기보다 고역이 지닌 변혁적 힘 때문이다."[11]

신체 연마와 자기 통제의 개념이 그람시가 강조한 대항적 헤게
모니 개발의 중요성과 분리된다면, 학교 교육에 대해 그람시가 강
조하는 훈육과 비판적 사고의 상호관계가 보수적 교육 개념을 지
지하는 것으로 보일 수 있다. 그람시가 말한 대항적 헤게모니는
"스스로를 통제할 권리를 위해 한발짝도 물러설 수 없는 싸움을 벌
일 자의식 강한 프롤레타리아트의 양산을 요구한다."[12] 달리 말해,
"신체적인 자기 연마와 자기 통제를 학습하기 위한 노력이 있어야
할 것이고, 학생들은 실제로 정신과 육체를 훈련해야 한다"는 그
람시의 주장은 학습과 지적 발달에 대한 그의 다른 논의들 속에서
이해하지 않으면, 심각하게 왜곡될 수 있다.[13] 예컨대 1916년 그람
시는 이렇게 적었다.

우리는 문화가 백과사전적 지식이라고 생각하는 습관을 깨야만
한다. 이런 지식에서는 외부 세계의 다양한 자극에 언젠가는 대답할
수 있기 위해서, 마치 사전처럼 머릿속에다 경험 자료나 다듬지 않

은 낱개의 사실들을—나중엔 분류하고 정리하겠지만—우선은 퍼 담아 보존하는 그릇쯤으로 학생들을 생각한다. 이런 문화는 진실로 해롭다. 특히 프롤레타리아에게 아주 해롭다. 이런 문화 형식은 자신과 다른 사람들이 장벽을 없애려는 매 순간마다 끄집어낼 수 있는 엄청난 사실과 자료를 기억 속에 쌓아놓고 있기 때문에, 다른 사람들보다 우월하다고 생각하는 부적응자를 만들어낸다.[14]

엔트위슬은 그람시가 상대주의와 지식을 역사적으로 이해하지 못했다고 노골적으로 비판했다. 또한 교육 원리에 대한 해석과 사용에서 그람시의 치명적인 약점만큼이나 헤게모니를 의미의 부과로 보는 헤게모니관을 비판했다. 그러나 '학교가 대항적 헤게모니를 위한 투쟁의 장이 되어야 한다'는 진보적 교육학을 그람시가 반대했다는 자신의 주장을 뒷받침할 욕심에서, 엔트위슬은 진보적 학교 교육을 비판했다. 하지만 이것은 잘못이었다.

엔트위슬의 주장에 따르면, 그람시가 생각한 학교의 헤게모니적 기능은 "학교의 교육과정이나 가르치는 방법에 들어 있는 '잠재적 교육과정'보다는 차라리 학교 조직에 담겨 있다"[15]고 주장한다. 즉 학교의 헤게모니 기능은 무엇을 어떻게 가르치느냐와는 무관하고 노동계급 학생들이 전통 인문교육을 받지 못하게 어떻게 방해하느냐와 관계 있다.[16] 엔트위슬의 이 '주목할 만한' 관점에서는, 지배계급의 지배를 유지하기 위해 학교가 광범위한 권력관계의 체계 안에서 어떤 기능을 하느냐 하는 문제는 불합리하거나 잘못된 것이라고 치부되어 배제당했다. 엔트위슬은 학교에서 부과하는 의미들과 가치들이 지배사회에서 경제적·정치적 통제 메커니즘과 어떻게 변증법적 관계를 맺는지를 무시해버림으로써, 권력과 문화의 관계를 탈정치화했다. 이렇게 하면서 그는 학교가 지식과 사회적 실천을 정당화할 때 수행하는 역할을 축소한다. 결론적으로 엔트위슬의 분석은 관리 이데올로기로 끝이 나게 된다. 그래서 지식과 권력에 관한 문제는 기껏해야 교실 장면에서 *주어진* 지식들이 어떻게 가르쳐지고 학습되는가 하는 문제로 제한된다.

여하튼 엔트위슬은 그람시의 헤게모니 개념을 많은 진보교육자들이 잘못 해석하고 사용했음을 밝혀냈다. 많은 진보적 지식인들은 헤게모니를 의미의 부과로만 보았기 때문에, 헤게모니를 단지 설득의 형식으로만 치부함으로써 헤게모니 개념을 하찮게 만들었다. 이것은 지배 메커니즘이 사회와 학교를 어떻게 중재하는가를 이해하기 위해서는 고쳐져야 할 중요한 점이다. 특히 지배 메커니즘이 교실 사회관계의 구체적 실천 속에서, 교사들의 이데올로기적 실천 속에서, 학생들의 태도와 행동 속에서 그리고 교실 자료 자체 속에서 자신을 드러낼 때 더욱 그러하다.

그람시의 이데올로기적 투쟁 개념은 너무나 비판적이어서, 교사들이 주류 문화를 전수해야 한다고 말하지 않는다. 그람시의 주장은 전통 인본주의 문화를 반드시 익혀야 하지만 변증법적 의미에서 보면 진보적 노동계급의 요구에 맞게 그 문화를 비판하고 재명료화하기 위해 그 문화를 이해해야 한다는 것이다. 전수가 아니라 저항이야말로 그람시가 진보적 학교 교육에서 핵심적인 교육 과제로 삼는 비판적 주제이다. 그렇다고 기존 문화를 몽땅 쓸어없애자는 것도 아니요, "완전히 새로운 문화로 대체하자는 것도 아니다. 저항이란 차라리 기존 이데올로기 요소를 바꾸고 다시 명료화하는 과정이다."[17] 다시 말해, 지배문화를 바꾸려면 먼저 그 문화를 비판적으로 이해해야 한다. 이는 그람시의 교육 개념에서 중요한 논제이다. 비판적 이해는 비판교육이론에서 말하는 교사-학생의 관계에 중요한 시사점을 주기 때문이다. 그 시사점은 엔트위슬이 그람시의 견해라고 한 것과는 반대된다.

페미아가 지적했듯, 그람시는 "혁명적 의식을 외부에서 노동계급에게 집어넣는 것이 아니라 안에서 끄집어내야 하는 것"이라고 주장했다.[18] 하지만 이것은 엔트위슬의 얘기처럼 노동계급에는 문화가 없다는 뜻이 아니다. 그렇다고 진보론자들이 지배문화와 노동계급 문화가 동등하다고 주장해야 한다는 뜻도 아니다. 두 입장 모두 환원론적이고, 지배문화와 노동계급의 다양한 문화양식 사이에 존재하는 복잡한 매개와 저항 양식을 무시하는 처사이다. 엔트위슬이 노동계급 문화를 비난한 건 대항적 헤게모니의 부분적 원천인 노동계급의 저항과 가능성의 동기를 무시했기 때문이다. 엔트위슬의 비난은 학교에서 지배가 상대적으로 총체적이라고 본다. 하지만 엔트위슬의 이 관점은 헤게모니 개념은 물론 지배에 저항하는 사람들의 능력까지도 오인하고 있다. 이 관점은 '상식'과 '올바른 생각'의 관계에 대한 그람시의 견해를 무시하고 있다. 상식과 올바른 생각의 상호관계가 교사-학생 관계를 짤 때 대항헤게모니적 교육을 원천으로 삼는 근본적인 경우들을 제공해준다는 그람시의 견해를 무시한 것이다. 그람시에게 상식은 신비화된 의식만은 아니다. 그보다는 사람들이 자신을 의식하게 되는 영역을 말한다. 간략히 말해, 노동계급 문화는 수동성이나 일차원성과는 동일하지 않고, 차라리 "주어진 세계를 깨고 그 세계를 바꿀"[19] 능력이 없는 실천의 양식으로 보았다. 이 세계관은 수동성과는 거리가 멀지만 '파편적이고 양면적인' 수준에 머문다.[20]

비판교육자의 과제는 노동계급의 문화를 부정하는 게 아니다. 특정 학생들이 어떻게 세계에 의미를 부여하는지 이해하려면 노동계급 문화를 출발점으로 삼아야 한다. 학생의 자기 준거 틀을 넘어서게 하는 방법은 그 이후의 일이다. 즉 상식이란 학생들이 자기형성 과정에 담긴 사회적 구성 자료들을 알지 못하게 방해하며, 그 구성 자료들에 도전하고 그 고리를 끊는 것이 의미하는 바를 알지 못하게 방해하는 하는 것이지만, 그래도 학생들이 상식을 박차고 나오는 건 그 다음의 일이다. 그보다 먼저 학생들은 자신의 목소리로 얘기할 수 있어야 한다. 상식은 매우 이성적인 세계관의 씨앗을 포함하고 있다는 그람시의 생각은, 지식인이라면 어떤 교육관계에서건 대중들의 의식을 출발점으로 삼아 대항적 헤게모니 투쟁을 벌여야 한다는 그의 견해를 공고하게 해준다. 그람시는 "언제나 모든 교사들은 학생이고 모든 학생들은 또한 교사이다"[21] 라고 주장할 때도, 훈육적 교육의 요청을 포기하지 않는다.

그람시는 엘리트주의나 인정머리없는 현학주의가 낄 틈이 없는 교사와 학생의 관계를 교육 원리에 도입했다. 교사도 학습자라는 개념은 지식인을 학생들이 자신의 역사를 이해하도록 도와주면서, 노동계급과 피억압집단 출신 학생들과의 관계를 비판적으로 보도록 도와주는 위치에 두는 것이다. "대중집단은 '느끼기는 하지만' 항상 알거나 이해하는 것은 아니다. 지식인 집단은 '알지만' 이해 하지도 특히 '느끼지도' 못한다"[22]는 그람시의 생각은 학교에서 경쟁할 수밖에 없는 중요한 두 차원의 헤게모니를 돋보이게 한다. 한편 이데올로기들은 표면적 교육과정에서든 잠재적 교육과정에 서든 경쟁하고 구체화된다. 다른 한편, 교실 만남의 사회적 관계는 우리의 욕망 구조와 인성을 짜는 데 매우 중요하므로 그 관계에 침 전되어 있는 패권적 실천은, 비판적 의사소통과 행동을 허용하는 구체적인 사회형태를 통해 형성되고 바뀌어야 한다.[23] 오로지 이 런 교육학에서만, 비판교육자들이 사회문화적 재재생산의 씨앗들이 어떻게 학생들의 저항 속에 포함되어 있는지 그리고 가령 비판교 육자들이 잘못된 문화적 저항을 정치적 각성과 사회적 행동으로 바꿔놓기 위해 어떻게 통찰력을 발휘할 것인지를 이해할 수 있다.

연대와 가능성이 살아 있는 교육을 위하여

희망은 진보적 사상과 투쟁의 전제조건이다. 그런데도 북미의 진보적 교육학에서는 희망을 발견하기가 좀처럼 쉽지 않다. 현재 많은 진보적 교육이론들은 가능성의 언어는 빼버린 채 비판의 언어만 제시하고 있다. 그래서 실천적인 도덕 담론이나 미래에 대한 프로그램적 전망도 없이 정치적 견해를 내놓는다. 희망과 가능성의 논리가 이론적·정치적 참여를 위한 토대인데도 이를 기피하는 경향이 2세대 진보교육이론가들 사이에서 꾸준히 늘어나는 추세다. 진보적 '사회이론'은 그 이론의 프로젝트를 규명하기 위해 다양하고 복잡한 현실을 깊이 따져보는데 반해, 진보적 '교육이론'은 아직까지도 과학주의와 이데올로기적 환원론이라는 유물에 얽매여 있다. 그래서 진보적 교육이론은 통속적인 마르크스주의의 변형이거나 유해한 학문으로 빠져드는 경향이 있다. 많은 진보적 교육이론들이 이론을 방법이나 타당화쯤으로 생각하는 경향이 늘어난다는 점도 매우 놀랍다. 현재 진보적 교육이론가들은 이론의 중요성과 가치가 경험적으로 검증된 정도에 있다거나 주장의 일관된 구조에 있다고 얘기한다. 일부 진보적 교육자들은 포퍼식으로 진보교육이론이 경험적으로 검증된 것이나 혹은 오류인 것을 훌륭히 검토하는 것이라 주장하기도 한다.[1] 그렇다고 일관성이나 내적 논리의 일관성 혹은 경험적 타당성의 문제가 중요하지 않다는 뜻은 아니다. 여하튼 이론은 먼저 그 이론의 정치적 프로젝트, 사회적으로 적절한 비판, 거리두기 자질 등으로 가치가 매겨져야 한다. 달리 말해 이론의 잠재력은 자유로이 비판할 수 있고, 새로운 사회관계의 토대를 건설하는 정도에 따라 가치를 평가받아야 한다. 비판교육이론은 일관성과 신뢰도라는 점차 사라지고 있고 정치적으로 순진해빠진 논제로 환원될 수 없다. 일관성과 신뢰도는 지배적인 사회이론의 독특한 망령일 뿐이다. 반대로 이론의 가치는 벤야민이 말한 '자유라는 잠정적인 해방의 이미지'를 억압의 담론과 억압적 사회실천에 대면시키는 능력에 따라서 평가받아야 한다.

요즘 상당수 진보적 교육이론들이 심각한 반유토피아적 성격을 보이는 까닭은 부분적으로 이론가들이 사회운동과 사회비판의 자원과 격리된 때문이고, 대학 외부의 공적 영역에서 일어나는 투쟁이나 이론화를 불신하는 학자들의 비관론 때문이다. 일부이긴 하지만 교사와 여타 사람들이 학교에서 대항적 헤게모니 투쟁을 벌일 수 있다는 어떤 희망이나 가능성을 노골적으로 부정하는 경우도 있다. 가령 우리는 학교 안에서 민주적 개혁과 학생 권력갖기를 위한 어떤 투쟁이라도 '허위의식'만을 불러올 뿐이라고 비난하는 일부 이론가들의 과장된 주장을 들을 수 있다. 이들 이론가들은 교사들이 지배에 맞서 행동하지 못한다고 떠들어대는 지배 논리나 담론에 도취되어서는, 지배의 이데올로기적 가정들이 어떻게 제 목소리를 내게 되는지 알지 못하고, 재생산이론의 주장을 되풀이하기만 한다.[2] 이런 생각은 이데올로기 비판으로 간신히 버티고 있는 입장 불명의 언어이다(이 언어는 정치적 참여를 눈곱만큼도 이해하지 못하고 있다). 이와 비슷하게, 또 다른 진보이론가 집단은 '밑으로부터의' 개혁을 찬양하면서도 교육을 변화시키기 위한 교사의 노력이나 사회이론의 힘을 신뢰하지도 이해하지도 못하는 모순을 저지르고 있다.[3]

　이런 접근법의 절망론과 환원론은 학교가 다른 사회운동이나 공공영역과 연대하여 정치적 전략을 개발할 가능성을 전혀 고려하지 않는 데서도 잘 드러난다. 일부 진보교육자들은 비판교육이론이 아주 고전적인 형태로 정통 마르크스주의의 신용장을 내보이면서 인종, 성, 나이 따위에 지나친 관심을 쏟아왔다고 비판한다. 그러면서 사람들이 진정 진보를 원한다면, 자유를 위한 투쟁에서 *유일하게 보편적이고 주요한 결정인자인 계급*을 우선으로 하여 진보에 착수하는 게 중요하다고 말한다.[4] 이 주장이야말로 어리석은 이론화 그 이상이다. 이런 주장은 비판적 분석을 판에 박힌 모욕을 마구 퍼붓는 것쯤으로 생각하는 학계의 담론에서 종종 나타난다. 또는 진보적 전통을 단지 '흥을 돋우는 간막극'쯤으로 여겨 기계적으로 단순화한다. 진보에 대한 복잡한 분석이 '설교식 과장과 ……
교훈식 단순화'로 가볍게 치부된다.[5]

특정한 교육 전통과 사상학파를 단순화하면서, 학교에서 일어나
는 아픔과 고통을 추상화하고 구체화하는 정신이 빈곤해진다. 즉
교사의 노동조건, 학교 교육과 자본주의의 위기, 교재의 정치경제
학 등에 관한 '과학적' 분석을 하면서도, 교사와 학생들이 학교 안
에서 지배에 항거하는 다양한 투쟁을 벌일 때 몸의 정치학, 절절한
고통, 교사와 (또는) 학생의 집단적 권력갖기 따위에는 전혀 관심
이 없다. 몸의 담론은 고통과 저항의 구체적 사례를 예증하고 지적
해준다. 그러므로 사실상 몸의 담론이 실종됐다는 건 정치학과 참
여의 담론이 실종되었음을 나타내기 때문에, 이 실종은 중요한 이
론의 부재를 나타낸다. 이 이론은 비판과 희망을 함께 구현하는,
즉 지금의 투쟁에서 학교와 학교 밖의 다른 제도들이 함께 연대하
는 정치적 프로젝트와 윤리학을 개발하지 않는다. 대신 비판교육
이론의 새로운 흐름은 다른 무엇보다 전위주의와 절망이라는 자기
탐닉적 교리와 흡사한 이데올로기적 자기 도취 속에서 서서히 질
식해가고 있다.

사회이론 자체는 교육자 자신이 갖고 있는 정치적·윤리적 프
로젝트의 기본 성격을 교육자들이 재고할 수 있게끔 하는 비판적
이고 광범위한 기초를 제공하므로, 부활되고 심화되어야 한다. 사
회이론은 교사의 역할이 사회적 활동가임을 교사에게 이해시키는
이론적 길잡이가 되어야 한다. 이때, 사회적 활동가의 활동은 광범
위한 사회운동과 투쟁을 통해 지지받고 계발된다. 최근의 많은 비

판적 연구들은 새로운 형태의 진보적 사회이론과 교육이론을 위해 이런 쟁점들의 설명을 도와주고 있다. 최근에 테리 이글턴과 샤론 웰치는 각기 한 권의 책을 집필했다. 두 책은 특히 민주적인 공공영역 개념과 비판윤리학 담론에 주목하는 새로운 비판사회이론의 의미와 가능성을 집중조명하여 중요한 통찰을 얻어냈다.[6] 두 저자는 정치투쟁과 사회비판의 각기 다른 측면을 다루고 있지만, 잠정적으로 변혁적이고 진보적인 유토피아 담론을 전개한다는 점에서는 일치한다. 이는 매우 의미심장하다.

이글턴의 책은 특히 환영할 만하다. 사회비판을 권력과 통제가 복잡하게 얽힌 역사적 실천으로 보려고 시도하기 때문이다. 그는 비판을 사회적 실천으로 보되, 제도적으로 비판을 옹호하는 다양한 공공영역에 대한 해석이 역사적으로 변화한다는 것을 전제로 한다. 이글턴은 사회비판이 17, 18세기 영국의 절대왕권이라는 정치적 명령과 신흥 중간계급 간의 투쟁 과정에서 생겨났다고 주장한다. '독재정치의 명령'에 맞서 '중간계급들은 클럽, 잡지, 커피숍, 정기간행물 등'의 사회제도를 포함하는 부르주아 공공영역을 만들었다. 사적인 개인들은 합리적인 담론을 자유롭게 나누기 위해서 이곳으로 모여들었고, 그러면서 권력의 형태를 정치세력으로 생각하는 꽤 응집력 있는 단체로 뭉치게 되었다.[7]

이글턴이 보기에 고전적인 공공영역은 중요한 변증법적 특성을 가지고 있다. 먼저, 고전적 공공영역에서는 사회비판을 문화정치와 공적 도덕성에 관심이 있는 거대담론의 부분으로 인정했다. 그러면서 고전적 공공영역은 미신, 전통, 전제주의 법령에 뿌리를 둔 권위 개념에 도전하기 위해, 합리적 주장과 자유로운 사상 교환이라는 계몽주의 원리를 불러들인다. 고전적 공공영역은 글쓰기, 문학, 사회비판이 '널리 문명화하는 기능'을 하는 유산을 확립했다.[8] 두번째, 고전적 공공영역은 결국엔 부르주아 사회관계와 국가권력을 뒷받침하고 신비화했다. 부르주아 지지자들은 고전적 공공영역과 위선적인 평등주의를 결합하여, 특권의 잠재적 구조를 부정했다. 그리고 그들은 그런 공공영역이 모든 남녀가 자신의 사회계급과는 상관없이 자신의 생각을 말할 수 있는 장이라고 선전함으로써 궁극적으로 지식으로부터 정치를 분리했다. 이글턴이 명확히 하였듯이, 권력과 지배보다는 오히려 이성과 합리성이 불평등체제를 더욱 은폐하고 굳히는 이데올로기였던 것이다. 이런 불평등 체제야말로 고전적 공공영역이 존재할 정당성과 근거를 제공한다.

영국에서 산업주의의 등장과 함께 고전적 공공영역은 시장의 성장, 공공영역의 중립성 주장 쇠퇴, 종속계급들과 집단들의 공공영역 등장 등으로 타격을 받았다. 결론적으로 부르주아 비판가들은 더 이상 이성이라는 보편적 목소리가 아니면 말을 할 수 없게 되었다. 그래서 비판, 특히 문해 비판의 성격이 바뀌었다. 비판이 대학 영문과에서나 할 수 있는 것으로 제도화되면서 비판은 일상 생활과 멀어지고, 또 문화정치의 기초로서 비판이 잠정적으로 비판적 역할을 담당하던 기능도 잃게 되었다.

이글턴은 어떻게 이런 일이 일어났는지를 설명한다. 그가 보기에 비판은 사회적 삶과 급격히 분리되었고, 비판 능력에 근거한 권위를 사회적 실천―이 사회적 실천은 일상 경험이 일어나는 사회의 복지와 복잡하게 얽혀 있다―으로 정당화하는 주장을 하지도 않게 되었다. 비판주의는 학계에서는 안전을 보장받았을지 몰라도, 이 안전이 결국엔 정치적 자살행위가 되어버렸다. 그렇다고 대학과 대학의 지식인들이 어떤 사회적·정치적 기능도 하지 않는다는 뜻은 아니다. 다만 이런 대학 지식인들은 더 넓은 사회와 적극적으로 정치적 연대를 맺는 해방적인 사회비판을 만들지 못한다고 그는 꼬집는다. 대신 비판주의는 온순하게도 국가를 위한 변명에 나서거나 상상적인 권력관계가 아니라 현실적 권력관계에 연루된 실제 정치투쟁 대신에 학술적 논쟁을 선택하는 난해한 마르크스주의 이론화로 타락하고 있다.

이글턴이 보기에 공공영역으로서 대학은 두 가지 이데올로기적 의미에서 실패했다. 전통적인 학계의 비판이란 고작 "특정 기법을 효과적으로 사용하고 특정 담론에 정통하도록 훈련하는 것으로서, 이것은 학생들이 지배계급에 어울리는 지적 자질을 갖춘 신참자가 되기 위한 수단"이라는 것이다.[9] 반면 1970년대 대학에 등장한 좌파 비판주의는 사회 비판의 목적에 대해서 고도로 추상적이고 불확실한 이론적 입장을 취했다. 이글턴이 보기에 해체주의의 다양한 구조주의와 포스트모던주의의 변종들은 '주체가 없는 해방'으로 추락했다.[10] 권력과 투쟁의 문제가 텍스트와 구조의 분석으로 치부될 때가 훨씬 많고, 권위와 주체적 투쟁이라는 쟁점은 끝도 없는 차이 개념과 불확실성 속에서 어디론가 슬그머니 자취를 감추게 된다.

이글턴에 따르면, 비판주의의 광범위한 정치적·문명적 기능은 학계에서도, 대학에서도 거의 사라졌다. 이 주장이 1960년대 학생 봉기에서 자주 들어왔던 비판을 되풀이하는 듯이 보일 수도 있다. 하지만 이글턴은 이 비판을 활용해서, 어떻게 대학의 지식인들이 비판을 정치문화적 프로젝트와 결합함으로써 자기 활동의 정치적 성격이 중요하다고 단정하는지를 날카롭게 분석했다. 여기서 쟁점은 핵심적인 공공영역의 부재로 인해 비판주의가 집단적 맥락에서 토론될 기회도 제도화될 기회도 놓쳐버렸다는 점이다. 집단적 맥락이란 비판을 통해 사람을 모으는 정치세력화의 공간이다. 이글턴은 레이먼드 윌리엄스가 한 활동의 정치적 효과를 분석해서 자신의 논점을 이론적으로 증명하고자 했다. 레이먼드 윌리엄스는 영국 최고의 사회주의 작가이다. 윌리엄은 1979년까지 영국에서만 자신의 책을 75만 권 이상 판매했지만, 사회주의적인 대항 공공영역을 만들지는 못했기에 그의 독자를 정치적으로 조직하지는 못했다. 이글턴은 이렇게 지적한다.

노동계급의 극장운동이 실제로 없는 상황에서, 윌리엄의 정치 드라마는 좋든 나쁘든 자본주의 매체에서 피난처를 찾을 수밖에 없다. 문해와 지성을 생산할 노동계급의 제도가 없는 상황에서, 사회주의적 지성인들의 가장 중요한 임무 중 하나ㅡ보호와 겸손이라곤 허용치 않는 공용매체가 쏟아내는 복잡한 생각들을 끊임없이 대중화하는 것ㅡ를 해낼 길이 없다. 사회주의 이론을 대중들이 이해할 만한 것으로 만드는 프로젝트도 중요하지만, 진정한 정치적 대중화는 그 이상이어야 한다. 때문에 이런 독자층은 비조직화되어 있기보다는 제도화되어야 하고, 집단적 맥락에서 독서 활동을 받아들이고 해석하고, 그에 따른 결과로서 정치적 활동을 깊이 고민해야 한다.[11]

이글턴이 말한 정치적 프로젝트의 중심은 '비판과 가능성'의 언어이다. 그는 비판의 사회적 기능에 대해 그리고 각기 다른 제도 속에서 비판을 행하는 지성인들에 대해 역사적이고 비판적인 분석을 꾀했다. 그러나 이글턴은 대학의 지식인들이 문화정치영역에서 대항헤게모니 역할을 하려면, 비판만 해대는 고독한 지식인의 지위를 포기해야 한다고 단호하게 주장한다. 사실 대항적 헤게모니 역할을 하는 지성인들은 사회성에 대한 새로운 정치학을 거듭 천명하는데, 그들의 주장은 자신이 정치적으로 편든 집단과 함께 살아온 구체적인 관계를 통해서 개발되고 무르익은 것이다. 다소 뭉뚱그려 얘기하면, 이런 지성인들은 기존 공공영역과 관련된 더 큰 사회운동의 일부가 되어야 할 것이다.

교육자들이 공공영역과 자신의 활동을 결합해야 한다는 이글턴의 주장에는 중요한 생각이 담겨 있다. 바로 문화산업의 현재 성격과 모든 곳에 뻗친 국가권력을 감안하면, 17, 18세기의 고전적 공공영역은 현재 서구 산업국가들에서 공공영역을 개발하는 데 정치적·이데올로기적 모델이 되지 못한다는 생각이다. 고전적 공공영역은 연대와 정치조직화를 목적으로 한 대화보다는 '예의바른' 담론과 논쟁을 선택하는 그런 합리성과 토론을 중심으로 구성되어 있다. 이글턴은 정치적 요구에 따라서 공공영역은 이런 합리성 개념을 넘어서야 한다고 주장하고, 두 가지 원천에서 대안모델을 찾아낸다. 첫번째 원천은 역사적인 것으로서, 바이마르 공화국의 노동계급이 조직한 다양한 공공영역을 꼽는다. 이글턴은 이렇게 지적한다.

> 노동계급은 가공할 만한 정치세력이었다. 또한 노동계급은 자신들의 연극과 합창 모임, 클럽, 신문, 여가 공간, 사회포럼 등을 갖추고 있었다. 이런 조건은 사람들을 브레히트와 벤야민 같은 사람으로 만들고, 비판만 해대던 고립된 지식인을 정치인으로 바꾸는 데 큰 도움이 되었다. 1930년대 영국에서 선전선동대, 노조 극단, 노동자들의 영화와 사진 연맹, 노동자 클럽, 런던 노동자 영화협회 등 여타 제도들은 이런 풍부한 대항문화의 요소를 보여주었다.[12]

이글턴에게 여성운동은 그야말로 공공영역의 논리를 정의할 수 있는 실제적인 제 2의 정치 양식이며 사회성 형식이다. 이글턴의 분석에서 여성운동의 비판적 요소를 이른바 몸의 정치학과 동일시한다는 면은 놀랍다. 몸의 정치학은 합리성을 담론 구조뿐만 아니라 권력과 욕망과도 연관짓는 사회성 담론이다. 여기서 상당히 중요한 것은 날마다 겪는 경험과 흥미, 욕망, 요구 등을 억압과 해방둘 다에 대한 생각을 넓고 깊게 하려는 문화정치의 일부로 파악하는 정치학이다. 결국 이글턴은 지적 작업과 정치적 실천을 공공영역의 발전과 결부시킨다. 이런 공공영역에서 새로운 주체성 형식은 새로운 정치학 속에서 구성된다. 이글턴은 사회비판주의가 역사에 따라 그 성격이 어떻게 바뀌는지, 사회비판에 따라나오는 지적 실천의 정당화 형식이 무엇인지 역사적 목록표를 구성했다. 이 연구 덕택에 우리는 권력과 지식을 분리하고 비판이론과 구체적 정치실천을 분리하는 현재의 사회정치적 세력을 파악할 수 있게 되었다. 또한 이 분석은 지식인을 양산하는 대학의 권력을 겨냥하고 있다. 공공영역이 없는 상태에서 지식인들은 마치 절망과 냉소가 비판이론과 비판적 실천의 중심 요소인 양 착각한다. 물론 지성인들은 진보적 민주주의를 위해 현재 투쟁을 벌이고 있는 공공영역 속에서 자신의 활동을 넓고 깊게 해야 한다고 이글턴은 요청한다. 이 요청은 20세기 후반에 적합한 문화정치학의 의미를 정의하는 데 새로운 희망을 준다.

하지만 이글턴이 하지 못한 것이 있다. 고통의 구체적 사실들을 극복하는 데, 비판적 문화정치학을 옹호하는 구체적인 사회성을 개발하는 데 열정적으로 헌신하는 지적 활동의 존재론적 근거를 마련하지 못했다. 이 논제는 샤론 웰치가 잘 설명했으며, 이 장의 나머지 부분에서는 이 문제를 다룰 작정이다.

역사적 종말론의 순수한 무게는 유토피아를 지워버린다. 재난은 구원의 이미지를 더 이상 상상하지 못하게 한다. 대신 재난은 이데올로기적인 냉소주의를 낳는다. 냉소주의는 현실 권력을 운명으로 받아들이는 심정 혹은 농담삼아 말해 권력을 갖지 못한 '비참한 감정'이다. 냉소주의는 냉담하고 모든 걸 시시껄렁해하는 태도이다. 즉 어떤 희망도 받아들이지 않고 빈정거리고 자기 연민이나 늘어놓

는 고립된 부정성이다.[13)]

사르트르는 두려움이야말로 그 사람을 무력하게 만든다고 말한다. 정반대로 희망이 활기를 불어넣는 것임은 주관적으로도 특히 객관적으로도 옳다. 그리고 허공에다 성을 짓는다손 치더라도 이런저런 총비용이 문제가 아니라 …… 계획과 가능성이 담겨 있는 희망이 …… 여전히 가장 막강하고, 가장 좋은 일이 된다. 그리고 설령 희망만이 한계를 뛰어넘고, 실재에 대한 지식만이 실천을 통해 희망을 견고하게 바꾼다 하더라도, 희망하는 세계를 북돋워주고 격려해주는 인식을, 즉 가장 견고하면서도 추세에 적절한 이해와 구체적인 이해를 우리가 얻도록 해주는 건 여전히 희망뿐이다.[14)]

요즘 보수적 교육자들도 종종 역사의 고통을 숨길 마음에서 진보적인 비판의 언어를 끌어다 쓴다. 그들은 대중들 사이에서 비판적 의식의 개발은 *너무나 쉽게* 전통에 대한 부당한 공격으로 바뀌고 동시에 허무하고 이기적인 개인주의를 도모한다고 비난한다. 이 보수적 관점에 따르면, 비판적 이성은 비판적 이성의 지배적인 전통과 해방적인 전통의 상호작용을 탐구하기 위해서 그 특정 문화가 형성된 구체적인 역사를 그 대상으로 볼 수 있는 능력이 없다. 대신 이성은 정치적 관성으로 폄하된다. 동시에 비판적 이성은 사회적 권력갖기와 분리되고 있다. 그래서 지배적 문화담론에서 배제해온 진보에 대한 역사적 기억들과 일상 생활의 모순들로 똘똘 뭉친 집단투쟁의 가능성을 부정하게 된다. 이 경우 희망이란 터무니없고 실행불가능한 것으로 연출된다.[15] 현재 희망이라는 개념은 분명 가능성의 언어를 위한 토대인데도, 이 개념을 두고 일부 진보교육자들은 건전한 이론적 이성이라기보다는 사실은 이데올로기적 효과를 노린 '대항적 헤게모니의 속임수'일 뿐이라고 비난한다. 대항적 헤게모니가 건전한 이론적 이성보다는 이데올로기적 효과를 노린 것이라고 보는 것이다.[16] 달리 말해 가능성에 대한 전망으로서 희망은 어떤 정치적 프로젝트도 그 안에 포함하지 않으며, 그래서 경험적 현실의 제단 앞에서 무릎을 꿇어야 한다는 것이다. 역설적으로 이 입장은 대항적 헤게모니 개념을 터무니없는 것으로 만든다. 왜냐하면 모든 투쟁은 암묵적으로 유토피아적 가능성을 의미하기 때문이다. 이 입장이 비판적인 사회실천을 '현 상태 안에서 이뤄지는 개혁에 대한 뿌리 깊은 회의론'에 불과하다고 정의하는 건 그다지 놀라운 일이 아니다.[17] 이 경우, 희망 개념은 정치활동을 포기하기 위해 사용될 뿐이다. 이 이론적 · 정치적 곤경은 가능성의 언어를 말하면서도 동시에 비판적 실천에 참여하는 것과는 반대된다. 즉 '새로운 주체성과 대안적 공동체를 위한 투쟁을 하면서 동시에 도발적인 억압에 반대하는 것'과는 반대된다.

교육자들이 직면한 중요한 쟁점이 있다. 일부 좌파세력들 사이에서 반(反)유토피아주의가 꾸준히 늘어나면서, 이런 반유토피아주의가 현재 신우익과 이데올로기적 결탁을 했다는 점이다. 이 부정한 야합은 지성인들이 자유와 삶이라는 보편적 가치를 밝히고 옹호하는 데 널리 참여하여 사회운동의 일원이 될 가능성을 줄임으로써 민주적 논리를 공격하는 담론을 만들어낸다. 즉 교육에서

새로운 우파-좌파 담론의 이론적 경향은 지적 실천이 정당화되는 근거를 부정하고 있다.[18]

서구 산업국가에서는 현재 민주주의의 위기가 날로 깊어가고 있다. 이 와중에 지성인들과 해방적 사회운동 간의 관계가 지닌 정치적·사회적 기능을 비판교육자들이 심각하게 고려하는 것, 이것은 지성인의 의무이다. 내가 앞서 지적했듯이, 테리 이글턴과 같은 이론가들은 대학이 도덕적 지도성과 사회비판의 담론을 더 이상 장려하지 않는다고 비판했다. 결론적으로 대학 외부에서 대항적 공공영역을 개발하려면 문화정치를 재구조화해야 한다. 새로운 문화정치에서는 비판교육자들과 그 외 지성인들이 사회 해방을 위한 역사적인 연합을 건설하는 데 자신의 이론적·교육적 기술을 사용해서 많은 사회운동 중 어느 하나에 참여해야 하는 것이다. 어떻게 보면 이는 경제적·사회적 정의를 위한 싸움에서 교육의 정치적 중요성을 둘러싸고 다양한 진보적 사회운동이 일구어낸 특정한 역사적 투쟁을 분석해야 한다는 제안이다. 이런 분석은 대학 바깥의 사회운동들이 지식과 비판적 실천을 위해 노력해온 활동을 입증하며, 또한 지금 이 순간의 역사에 어떤 공공영역이 정치적으로 유용한지 고려할 수 있는 토대를 제공한다.

이는 중요한 주장이다. 왜냐하면 이 분석은 공교육과 고등교육의 체제를 장기적으로 대항적 공공영역으로 대체해야 한다는 것에 반대하고, 오히려 공교육을 옹호하고 바꾸어야 한다는 이론적 근거를 제공하기 때문이다. 교육 개념을 확대하고, 다양한 사회적 장에서 교육 활동의 가능성을 확장함으로써 비판교육자들은 학교 교육의 정책, 담론, 실천을 누구나 비판할 수 있게 열어놓는다. 그래서 이런 논의에서 소외되기 십상인 수많은 사람들도 학교 교육의 정책·담론·실천에 참여할 수 있게 해준다. 사회제도들이 어떻게 정치적·교육적 투쟁의 일부로 이해되고 개발될 수 있는지 교육자들이 검토하는 것은 의무이다. 더욱이 비판의 언어와 가능성의 언어를 결합함으로써, 교육자들은 사회정치적 맥락을 더 확장하는 정치적 프로젝트를 개발할 수 있다. 이런 사회정치적 맥락에서는 교육 활동이 대항적 헤게모니 전략의 일부가 된다. 이 프로젝트에서 본질적인 것은 민주적 실천의 독특한 형식들이 어떻게 특정한 정의관과 도덕관에 의해 지지받는가 하는 물음이다. 교육자들은 어떻게 특정 경험이 민주적 공공영역의 개발과 진보적 사회 변화의 일부로서 정당화되고 성취되는지 밝혀주는 도덕적 참조물을 명료히 해야 한다. 사회 변화의 담론이라면 민주주의 개념이 특정한 사회적 형식들에서 나왔다는 점을 전제하고 민주주의 개념을 일련의 구체적인 도덕적·정치적 이해관계에 근거한 실천으로 이해하는 비판적 개념을 내놓아야 한다. 이 논제는 앞으로 다루겠다.

1920년대에 블로흐는 18세기 계몽주의 관점을 반대했다. 계몽주의에서는 유토피아가 이성으로 정당화될 수도 없고 당면한 경험현실에 근거해 있지도 않다는 이유로 유토피아 개념을 폐기했었다. 블로흐는 유토피아가 세상 속에서 '문화적 잉여'의 한 형식이지만, 문화적 잉여로 끝나는 건 아니라고 주장했다. "유토피아는 주변의 공허를 뛰어넘어서까지 영향을 미치는 불꽃을 품고 있다."[19] 샤론 웰치는 여성주의 해방신학을 개발하기 위해 노력하면서, 직접 블로흐를 인용하진 않았지만 많은 부분 블로흐의 영향을 받았다.[20] 블로흐와 마찬가지로, 그녀는 전통 기독교를 비판의 언어로 분석했다. 이 비판의 언어는 인간성의 우수성에 대한 보편적 추상화를 거부하고, 대신 고통의 구체적 사례들, 그 고통이 만들어내는 저항 활동, 기독교가 그런 고통을 무시하거나 부추긴 역할에 주목했다. 또한 그녀는 희망이 "사회, 인간성, 제도적 구조, 앎의 체계 등에 대한 대안적 전망이 …… 초래한" 투쟁을 통해 중재되는 것으로 보았다.[21] 웰치에게 희망은 사회 변화와 교육투쟁의 참조물이자 진보적 신학을 재구조화하는 토대이다. 진보적 신학은 억압받는 이들에게 마음을 쏟는 해방신학의 전망에다가 새로운 공동체 속에서 사회적 정체성과 주체성을 재구성하려는 진보적 여성주의 목표를 결합한 것이다. 웰치는 이렇게 쓰고 있다.

　　이 신학은 자유를 구현하는 인간공동체를 선언만 하는 게 아니라 직접 만들기 위해 노력하는 투쟁 속에서 생겨난다. 이 투쟁의 타당성은 계몽과 해방의 성공적 과정, 즉 개방적이고 자기 비판적 과정에 대한 생각이 아니라 실천에서 얻어진다. 이 신학은 항상 중심이 아닌 주변에서 긴장하며 살려는 노력에서 나온다. 그래서 담론의 힘뿐 아니라 위험조차도 떠안고, 의식적으로 억압받는 이들을 선호하면서 진리를 위한 투쟁에 참여한다. …… 이 신학은 인간 실존의 특별한 비극(절망과 황폐함, 고통 따위로 위험한 순간)과 해방이라는 특별한 순간(이 역시 자유와 공동체의 역사적 실현이라는 위험한 기

억)으로 가득찬 담론이다. …… 이 신학은 …… 블로흐가 말한 '학
습된 희망은 이 시대의 이정표, 즉 단지 희망만이 아니라 희망과 희
망을 실현할 지식'이라는 말을 확신한다.[22]

웰치의 정치적 프로젝트에서 중심은 경험, 권력, 윤리학의 우선
성을 중시하는 언어의 발견이다. 그녀의 목표는 경험을 지각의 문
제로만 제한하는 계몽주의 합리성의 '공허함'을 넘어서는 것이다.
그래서 특정한 권력관계 속에서 특정한 사회적 형식들이 조직될
때, 어떻게 경험이 그 특정한 사회적 형식들 속에서 형성되고 정당
화되고 성취되는지에 관한 역사적이고 사회적인 이해를 제공하는
담론을 개발하려고 한다. 웰치의 견해로 본 경험은 역사적인 구성
물이며 살아온 실천 둘 다이다. 그녀의 견해는 사회적 형식들이 어
떻게 경험을 배치하고 생산하는지를 이해할 필요성과 어떻게 경험
이 일관성이 낮고 모순투성인데도 그 경험이 감지되고 살아남는지
를 질문해야 하는 후속적인 의무를 결합한다. 웰치가 말하는 고통
은 결코 국가와 교회 권력기관이 대량 생산해낸 통계보고서로 치
환될 수 없다. 고통은 절망, 아픔, 괴로움, 희망이 얽혀 있는 살아
온 경험이다.

웰치의 여성주의 경험은 중간계급을 위한 종교로 굳어진 기존
기독교의 의례와 신학을 비판하는 하나의 토대가 되었다. 웰치는
가부장적인 사회와 남녀차별이 없는 사회 둘 모두를 경험하였기
때문에 자신이 전통 기독교회의 실천에 의문을 제기하게 되었다고
회상한다. 웰치는 성차별적 실천에 맞서 직접 저항하는 등 이런 경

험 덕택에 (기독교 교회의 죄)의식을 남성 이데올로기의 표현으로 분석할 수 있었다. 진리, 교리, 구원의 성격이 역사적 상황에 따라 달라진다는 담론을 전통 기독교가 부정한 것에 대해 그녀는 이론적 비판을 가했다. 웰치가 보기에, 전통 기독교의 신념과 교회관이 절대적이고 보편적인 본질을 언급하는 담론을 따르면서부터 착취받고 억압받는 주변집단과 소외집단을 섬기는 것과는 거리가 멀어졌다. 웰치는 마르크스, 프루동, 바쿠닌 그리고 많은 현대 진보론자들처럼 기독교를 깡그리 부정하기보다는, 인간 투쟁과 행복의 가능성을 담은 기독교적인 희망을 재구조화하고 확대하는 것을 선택한다. 그러면서 그녀는 기독교 내에서도 전통교회의 역할과 지배사회의 근본적인 제도의 역할을 거부하는 담론들도 있다고 주장한다. 지금까지 배제되어왔고 주변화되어온 이런 담론들은 오늘날 꼭 다시 발견되어야 한다.

웰치는 이 논제를 통해 종교적 통치를 위한 노력이 특정 언어와 문화 속에 어떻게 담겨 있는지를 검증한다. 더욱이 신념과 사회적 실천을 진보적으로 읽어낸 그녀의 독특한 담론은 진보적 여성주의 신학의 가정들을 일일이 예증하면서, 지식의 이데올로기적 의존성에 대해 그리고 지식과 권력의 관계에 관해 질문을 던진다. 그녀는 권력과 언어의 관계에 대한 푸코의 개념을 비판적으로 활용해서 자기식의 기독교 읽기를 감행한다. 그래서 언어가 어떻게 그에 따른 부수적인 입장들을 내놓는지를, 즉 역사적 이해를 어떻게 전개하고 특정한 지식과 사회적 실천을 어떻게 정당화하는지에 관한 일련의 담론들을 내놓는지를 입증한다. 웰치가 보기에, 진보적 신학의 주요특성 가운데 하나는 언어를 권력장치와 진리에 대한 특정 입장과 결합된 사회적 구성물로 본다는 점이다. 이 책이 그녀의 언어관에 바탕을 두고 있다는 건 분명 큰 장점이다. 그녀는 언어를 볼 때, 정체성·윤리학·투쟁의 정치학 가운데 일부로서 언어의 역사적 차원과 사회적 형성 차원 속에서 봐야 한다고 밝힌다.

해방신학은 억압받는 이들의 관점에서 사고하고 활동하는 것을 선택한다. 나는 이 선택이 선택되는 것이지 부과되는 게 아니라고 믿는다. 여성주의 해방신학자가 된다는 건 자기 자궁의 본질적 역할 —바로 저항투쟁에 참여하는 것—을 인식하고, 이 관점에서 줄곧 사고하고 활동하도록 선택하며, 그 선택의 상황의존성을 깨닫는 것이다. ······ 이런 신학의 맥락은 모든 기독교 전통 가운데 한 지층을 이루고 있으며, 이 선택은 제도적 교회와 사회를 비판한다. 이 지층은 교회의 실천적·공동체적·혁명적 형식이다. 해방신학은 '반체제 성경'과 이단의 역사에서 보여주는 혁명적 투쟁과 희망의 기억에 뿌리내리고 있다. 해방신학들은 역사 속에서 해방을 위해 그리고 억압 받는 이들과의 연대를 위해 투신해왔던 이 같은 기독교 전통과 결합된 신념공동체에 뿌리내리고 있다.[23]

신학과 실천의 관계를 재정의한 것은 분명 해방신학의 장점이다. 이론은 인간의 요구와 희망에 가장 도움이 되는 윤리적 실천의 표준을 찾아내고 그 표준을 정당화하는 능력을 통해 규정된다. 웰치는 진보적 실천 개념을 인간 고통, 연대, 인간 공동체 등에 관한 특정 관점으로 짜여진 신념의 이론에 근거를 둔다.

이 관계를 좀더 명확히 해보자. 첫번째 경우, 웰치는 진보적 실천은 피지배집단의 요구와 욕망을 밝혀내고 고통과 억압을 끝장내려는 사람들의 현재 노력에서 시작한다고 본다. 그렇다고 진보적 실천이 인간의 고통을 단순히 반영하는 것은 아니다. 계급차별, 성차별, 인종차별, 그 외 다른 온갖 착취 때문에 생기는 불의를 설명해야 할 필요성과 인간 삶의 중요성을 긍정하는 정치적 활동을 위한 도덕적 참조물이다. 학대받은 여성과 함께 했던 자신의 경험을 통해 웰치는 인간 고통의 맥락을 고통과 희망의 장으로 인식함으로써 이 논제를 설득력 있게 입증한다.

억압받고 있는 이들과 그 억압에 맞서 싸우는 이들과 내가 공동체를 이루었을 때, 비로소 나는 수렁 같은 권태와 절망에서 벗어났다. 여성들은 다른 여성과 아이들이 강간, 근친 강간, 아내 학대 등의 외상에서 벗어나도록 도와주고, 남성들은 남성 중심 사회화에서 나타나는 성과 폭력의 방정식을 밝혀내고 이를 거부하면서 강간에 맞서고, 남녀 모두가 폭력 없는 공동체를 창조하려고 노력하는 이런 공동체 속에 살면서, 나는 고통이 현실임을, 즉 고통의 원인이 확실치도 않고 고통으로 인한 상처를 치료할 최상의 수단을 알지 못하더라도 고통만은 반드시 설명되어야 한다는 것을 가슴에 아로새기게 되었다. 인간 삶 속에 있는 억압의 현실을 기억하고 이들의 삶을 소중히 여기기 위해서는 지독한 절망에서 구원받아야만 한다.[24]

인간 삶을 긍정하기 위해서는 비판에 대한 두 가지 생각을 가져야 한다. 먼저, 우리가 개발하는 비판적 분석은 권력의 구체적 메커니즘이 지배의 다양한 이데올로기적·제도적 관계 속에서 어떻게 움직이는지 설명할 수 있어야 한다. 다음으로 남녀 모두가 억압적이고 지배적인 제도에 맞서는 특별한 실천의 형태로서 분석적 비판을 강조해야 한다. 이 관점에서 비판은 특정 저항의 본질을 구성하는 역사문화적 특성을 진보적 프로젝트의 일부로 인식하는 것과 관계 있다.

웰치의 연대 개념은 투쟁에 대한 특정 개념화를 둘러싸고 진보적 신념을 조직하기 위한 중심 범주이며, 집단행동에 적극적으로 참여하는 것이다. 웰치는 연대를 '억압받는 이들의 저항투쟁에' 실제 참여하면서 경험하는 사회성의 한 형식으로 보았다.[25] 참여활동으로서 연대가 제공하는 이론적 토대는 인간 자유와 삶 자체를 존중하는 새로운 사회성을 비판적으로 개발하는 것이다. 이를테면 살아온 경험이자 비판적 담론으로서, 연대는 억압적 사회제도를 비판하기 위한 참조물의 역할을 하며, 동시에 인간성을 부정하지 않고 긍정하는 공동체를 창조하기 위한 물질적·이데올로기적 조건을 개발하기 위한 이상으로서 역할을 한다.

인간 고통과 연대에 관한 웰치의 견해와 구원받은 공동체라는 개념은 깊은 관계가 있다. 이는 전통 기독교의 추상적 보편성 담론에 대한 그녀의 비판을 살펴보면 더욱 명확히 이해할 수 있다. 전통교회는 인권과 보편적 평화 등과 같은 보편성을 거론하면서도 사람들이 일상 생활을 하는 구체적 사회 속에서 겪는 아픔, 고통,

투쟁과 같은 특수성은 설명하지 않았다. 웰치는 푸코를 인용하여 다음과 같이 주장한다. "기독교는 권력이 억압의 구체적인 조건 속에서 구현되고 이뤄지는 과정임을 알려고도 하지 않았고, 억압의 희생자들이 당한 고통을 덜어주지도 못했다. 전통교회의 보편성 담론 이면에는 구조화된 침묵이 웅크리고 있다."

웰치는 자신의 여성주의 신학 원리에서 표방하는 인간성과 주체성은 성경에서 요청받은 게 아니라 건설하기 위해 싸워야 할 공동체 형식을 표상한다고 설명한다. 웰치는 사랑·노동·정의의 권력은 말로만 해서 되는 게 아니라 구체적인 사회경제적 조건 속에서 그리고 그 조건을 위한 투쟁에서 생겨난다는 걸 명확히 이해하고 있다. 웰치는 공동체 개념이 억압받는 이들을 위해 건설돼야 할 사회조직을 선험적으로 표현한 것은 아니라고 단호히 선언한다. 반대로 구원받은 공동체 개념은 특정한 주체성과 사회적 실존을 위한 투쟁을 나타내는 것이며, 이때 주체성과 사회적 실존의 모양새는 사람들이 실제로 투쟁하고, 구체적인 사회성의 형식들을 개발하고, 자기 해방과 사회적 해방의 담론을 복돋우는 역사적 과정을 통해 규정될 수 있다. 웰치가 말하는 고통, 연대, 구원 받은 공동체 등의 개념 속에는 권력, 지식, 문화적 투쟁 간의 관계에 대한 견해를 구체화하는 정치적·교육적 실천의 원리들이 내재해 있다. 웰치는 이를 분명히 한다.

억압적 진리(truth of oppression)에 도전하는 것은 그 진리의 지적 혹은 개념적 허약성을 꼬집는 것이 아니다. 그보다 실천의 허약성을 폭로하는 것이며, 권력과 지식이 일상적으로 작용하는 수준에서 억압적 진리에 도전하는 대안적인 인간 공동체를 찾아내고 육성하는 것이다. 억압에 잘만 도전하면 억압이 인간실존의 성격을 결정하지 못하도록 막을 수 있고, 대안적 구조가 그 영향력을 널리 펼쳐나갈 수 있게 된다. …… 해방을 위해 남의 희망을 끌어들이려는 유혹은 피해야만 한다. 제국주의의 기독교가 저지른 문화적 학살은 우연한 것이 아니다. 이 학살이야말로 해방에 대한 오만한 접근에 뿌리를 두고 있다. 만약 자신의 역사와 문화가 자신의 자유를 정의하는 일차 자료로 쓰이지 못한다면, 사람을 '자유롭게' 한다는 것이 오히려 억압이 된다.[26]

웰치는 구원받은 공동체에 대한 자신의 정치학에서 단지 전통 기독교의 진리 개념에 도전하는 것에 만족하지 않고, 오히려 구원받은 공동체 개념을 자신의 전체 이론체계에서 중심적인 것으로 깊이 재고하고자 한다. 진리의 정치학에 대한 웰치의 생각은 에른스트 블로흐와 미셀 푸코의 글에 담긴 권력갖기 정신(empowering spirit)에 동조한다. 블로흐는 선험적 합리화와 같은 논리가 현상태를 정당화하는 데 자주 사용되기 때문에, 진리를 위한 초월적 근거를 반대한다. 블로흐에게, 진리는 세계를 똑바로 응시해서 그 방향을 정해야 하는 것이며, 진리는 인간 상호활동과 공동체의 현재 변증법 속에 놓여 있어야 한다. 블로흐는 이렇게 기록한다.

진리에 대한 제2의 개념이 있는데, …… 이 개념에는 가치가 들어 있다(*가치지향적*). 가령 '진정한 친구'라는 개념 혹은 주버날의《사나운 폭풍》의 표현에서처럼 즉 책에서나 볼 수 있는 폭풍, 시 속의 폭풍, 현실에서는 결코 본 적 없는 그런 폭풍, 너무나도 사납고 거친 폭풍, 그래서 진정한 폭풍.[27]

웰치의 진리 개념은 경험과 연대의 가장 근본적인 측면에 뿌리를 두고 있기에, 블로흐와 마찬가지로 경험을 인식하고 순서매기는 보편적 방법으로서 계몽주의 진리 개념을 거부한다. 블로흐가 웰치에게 진리 개념을 진보적 비판으로 보게 했다면, 푸코는 진리를 권력과 지식의 가장 근본적인 작용과 관련짓고, 그러면서 지식인의 역할과 지적 실천의 역할을 개념화하는 새로운 진보적 방법을 제시했다.

푸코의 의미대로라면 진리는 권력의 외부에 있지 않으며, 또한 무지로부터 해방된 지식인들의 산물도 그 보상물도 아니다. 진리는 권력의 정치경제학의 일부이다. 푸코의 말을 인용해보자.

진리는 이 세상의 일이다. 진리는 다양한 억제의 형식을 통해서만 생산된다. 그리고 진리는 권력의 규칙적인 효과를 유발한다. 각 사회는 저마다 진리체제들(regimes of truth), 즉 진리의 '일반정치학'을 가지고 있다. 그 사회가 진리로서 받아들이고 진리로서 역할을 하도록 하는 담론 유형, 사람들이 참된 진술과 거짓 진술을 구별하게 하는 메커니즘과 사례들, 각각의 진술들을 제재하는 수단, 진리 획득시 가치와 일치하는 기법과 절차, 진실하다고 생각되는 것을 말할 책임이 있는 이들의 지위 등을 각 사회는 가지고 있는 것이다. …… 내가 보기에 지식인들이 현재 고려해야 하는 것은 그들이 '보편적 가치의 담지자'가 아니라는 점이다. 차라리 지식인은 특정한 입장을 가진 이다. 바로 지성인의 특성은 우리 사회와 같은 한 사회에서 진리장치의 일반적 역할과 연관된다.[28]

푸코는 진리의 정치경제학을 분석하고 '진리체제들'을 조직하고 정당화하는 담론적·제도적 방식에 관한 연구를 했는데, 그의 연구는 웰치에게 지적 실천의 개념을 문화정치로 설명할 수 있는 이론적 토대를 제공한다. 웰치는 특정한 '진리체제들' 속에서 지식인이 어떤 사회정치적 기능을 하는지의 측면에서 지식인을 보아야 한다고 주장한다. 즉 지식인들이 사실 '진리의 지위와 진리의 경제적·정치적 역할에 대한' 투쟁에 깊숙이 관여되어 있는데도, 자신들이 진리를 대변한다고 더 이상 자신을 기만해서는 안 된다.[29]

이런 견해를 펼치면서 웰치는 한 걸음 더 나아가 다음과 같이 주장한다. 지적 실천이 진리의 대안적·해방적 정치학을 만들어내려고 한다면, 그 지적 실천은 억압받는 이들의 고통과 투쟁을 설명하는 도덕적·윤리적 담론과 활동에 근거해야 한다. 이는 웰치가 전개한 가장 뛰어난 공식 중 하나이다. 이 공식은 해방신학과 여성주의 이론의 가장 근본적이고 진보적인 교리를 비판적으로 이해해서 만들어낸 것이다. 정당화의 윤리학에 관한 그녀의 견해와 일치하는 구체적인 지적 실천을 밝히려는 웰치의 시도 또한 중요하다.

웰치의 교육적 공식들은 지성인들이 지식과 권력의 관계를 다시 생각해야 한다는 확신에서 나온다. 이는 특히 전통 마르크스주의 이데올로기관의 단점을 신랄하게 비판하는 것에서 아주 분명해진다.[30] 고전 마르크스주의에서 권력과 지식의 관계는 주로 권력이 진리를 왜곡하거나 신비화하는 방식으로 맺어진다. 결론적으로 이데올로기적 비판은 지식에 깔려 있는 사회경제적 조건을 검토하는 데 또는 지식의 왜곡과 신비화를 분석하는 데 주로 이용되었다. 웰치에 따르면 특정한 삶의 형식을 생산하고 정당화하고, 사람들의 욕망과 요구에 동조하며, 특정한 경험을 구성하는 등의 일을 하는 지식을 만들 때 권력이 하는 생산적 역할을 고전 마르크스주의는 미처 보지 못하고 있다. 웰치는 푸코의 탁월한 혜안을 더욱 확대해서 지식과 권력의 관계가 특정한 요구, 욕망, 진리를 창조하는 방식에서 위태위태한 '긍정적' 효과를 낳는다고 주장한다.

이런 그녀의 분석은 비판사회이론을 재구성하는, 즉 비판과 가능성을 교육과 관련짓는 토대를 교육자들에게 제공해준다. 그녀가 권력의 생산적 효과를 설명한 덕택에, 지성인으로서 교사는 주체성이 어떻게 특정한 '진리체제들' 안에서 구성되는지를 진지하게 생각해보는 실천을 할 수 있게 된다. 그녀는 또한 경험의 이론을 진보적 교육학의 중심 측면으로 삼는 것이 중요하다고 본다. 그러면서 또한 교육자들이 위험한 기억의 담지자로서 하는 역할을 지적하기도 한다. 변혁적 지성인으로서 교육자들은 고통, 갈등, 집단투쟁 등의 경험을 품고 있는 '역사적이고 종속적인 지식'을 드러내고 밝히는 역할을 해야 한다. 이런 의미에서 지성인으로서 교사들은 역사를 이해할 때 비판과 희망의 요소를 관련지어야 한다.

이런 기억들은 억울한 착취의 공포를 생생히 간직하고, 착취의 조건을 걷어치우기 위해 끊임없이 집단적으로 개입하고 투쟁하도록 해준다.

마지막으로, 웰치는 진보론자들이 '구체적인 지성인'으로서 대항적 헤게모니 투쟁에 참여해야 한다고 못박는다. 그러기 위해서는 예의, 전문성, 직위 상승의 측면에서가 아니라, '진리체제들'이 생산되고 정당화되고 배분되는 정치적·경제적·문화적 장의 특수성 속에서 지성인의 역할을 재정의해야 한다. 이런 맥락에서, 지성인들은 권력의 미시물리학에 맞서 일상 생활의 역동성과 유기적 관계가 있는 대안적 공공영역을 건설하기 위해 노력해야 한다.

이글턴과 웰치는 각자 한쪽에선 윤리학과 희망의 담론을 만드는 일의 중요성을, 다른 한쪽에선 비판교육이론의 중심인 학교안팎의 민주적 공공영역을 개발하기 위한 현재 투쟁을 전개하고 입증해 보여준다. 이글턴이 사회비판과 공공영역간의 관계를 비판적으로 질문하고 재구조화 했다면, 웰치는 억압 받고 종속된 집단들에게 현재 진행중인 정치적·교육적 투쟁에 대한 이론과 실천을 결합시키는 도덕적 참조물을 제시했다. 두 사람 모두가 내놓는 정치적 프로젝트는 많은 보수교육자들과 진보교육자들이 말하는 반(反)유토피아주의와는 정반대이며, 교육이론과 실천을 개발하기 위한 현실적인 희망을 제기하는 것이다. 단, 그 교육이론과 실천은 '가능성을 실천하는 프로젝트 속에 비판과 희망이 깔려 있는 정치학'과 '학교 교육'을 결합하는 것이다.

원 주

지루를 읽기 위하여

1) *Education Under Siege*에 대해 더 알고 싶으면, *Educational Studies* 17 (1986): 277-
89에 있는 나의 논문을 볼 것. *Education Under Siege* and *Theory and Resistance
in Education*에 대해서는 Peter McLaren, "Education as Counter-Discourse,"
Review of Education 13 (Winter 1987): 58-68을 볼 것. 이 글은 앞서 언급한 논
문을 일부 재인용했다.

2) Henry A. Giroux and Roger Simon, "Critical Pedagogy and the Politics of
Popular Culture," in *Critical Pedagogy and popular Culture*, eds. Henry A.
Giroux and Roger Simon (South Hadley, Mass.: Bergin & Garvey Publishers,
forthcoming)를 볼 것.

3) Bill Reynolds, "Henry Giroux Has The Working-Class Blues," *Sunday Journal
Magazine* (Rhode Island), May 15, 1985, pp. 4-7을 볼 것.

4) See Giroux's forthcoming book, *Schooling and the Struggle for Public Life:
Critical Pedagogy in the Modern Age* (Minneapolis: University of Minnesota
Press).

5) Henry A. Giroux, *Ideology, Culture, and the Process of schooling* (Philadelphia:
Temple University Press, 1981).

6) Henry A. Giroux, *Theory and Resistance in Education* (South Hadely, Mass.:
Bergin & Garvey Publishers, 1983). Samuel Bowles and Herbert Gintis,
Schooling in Capitalist America (New York: Basic Books, 1976)도 볼 것.

7) 이데올로기와 관련된 논의를 위해서는 Peter McLaren, "Ideology, Science, and
the Politics of Marxian Orthodoxy: A Response to Michael Dale," *Educational
Theory* 37 (1987): 301-26; and Peter McLaren, "The Politics of Ideology in

Educational Theory," *Social Text* (forthcoming)를 볼 것.

8) 지루는 저항적 공공영역과 대항적 공공영역을 거의 비슷한 의미로 사용한다. Stanley Aronowitz and Henry A. Giroux, *Education Under Siege* (South Hadley, Mass.: Bergin & Garvey Publishers, 1985).

9) Stanley Aronowitz, *The Crisis in Historical Materialism* (New York: Praeger, 1981).

10) Giroux, *Schooling and the Struggle for Public Life.*

11) Giroux and Simon, "Critical Pedagogy and Politics of Popular Culture."

12) 앞의 논문.

13) 이 생각은 Roger I. Simon, "Empowerment as a Pedagogy of Possibility," *Language Arts* 64 (4): 375를 볼 것. Peter McLaren, "The Anthropological Roots of Pedagogy : The Teacher as Liminal Servant," *Anthropology and Humanism Quarterly* (forthcoming)를 볼 것.

14) Jessica Benjamin, "Shame and Sexual Politics," *New German Critique* 27 (Fall 1982): p.152.

15) 앞의 책, 153.

16) Richard Smith and Anna Zantiotis, "Practical Teather Education and the Avant Grade," *Schooling, Politics, and the Struggle for Culture*, Henry A. Giroux and Peter McLaren, eds. (Albany: State University of New York Press, forthcoming).

서문

1) 다음은 1970년대에 가장 찬사를 받았던 책들이다. Michael F.D. Young, ed., *Knowledge and Control* (London: Collier-Macmillan, 1971); Basil Bernstein, *Class, Codes, and Control*, Vol. 3 (London: Routledge & Kegan Paul, 1977); Samuel Bowles and Herbert Gintis, *Schooling in Capitalist America* (New York: Basic Books, 1976); Michael Apple, *Ideology and Curriculum* (London:

Routledge & Kegan Paul, 1977).

2) 이 입장에 대한 분석을 위해서는 Giroux, *Ideology, Culture, and the Process of schooling*을 볼 것.

3) Bowles and Gintis, *Schooling in Capitalist America*는 이 입장을 가장 잘 보여준다. Henry A. Giroux, *Theory and Resistance*는 학교 교육과 재생산이론에 관한 문헌을 비판적으로 분석하고 있다.

4) 이 입장에 대한 최근 분석은 Henry A. Giroux and David Purpel, *The Hidden Curriculum and Moral Education* (Berkeley: McCutchan Publishing, 1983); Jeannie Oakes, *Keeping Track: How Schools Structure Inequality* (New Haven: Yale University Press, 1985)를 볼 것.

5) Apple, *Education and Power*.

6) Pierre Bourdieu and Jean Claude Passeron, *Reproduction in Education, Society, and Culture* (Beverly Hills, Calif.: sage, 1977)는 이 입장을 대변하는 탁월한 저서이다.

7) 이 입장을 대변하는 최근의 책들로는 Arthur Wise, *Legislated Learning* (Berkeley: University of California Press, 1979); Martin Carnoy and Henry Levin, *Schooling and Work in the Democratic State* (Stanford, Calif.: Stanford University Press, 1985)가 있다.

8) John Dewey, *Democracy and Education* (New York: Free Press, 1916)은 자유주의 관점에서 학교 교육과 민주주의의 관계를 매우 잘 설명하고 있다. Aronowitz and Giroux, *Education Under Siege*는 이 입장에 대한 비판과 진보적인 확장을 시도했다.

9) Aronowitz and Giroux, *Education Under Siege*는 변혁적 지성인 개념을 처음으로 사용했다.

10) 해방신학에서 나온 '해방적 기억' 개념에 대해서는 Rebecca S. Chopp, *The Praxis of Suffering* (New York: Orbis Press, 1986)을 볼 것.

11) Michel Foucault, *Power and Knowledge: Selected Interviews and Other Writings*, ed. C. Gordon (New York: Pantheon, 1980), p. 82.

12) 이 책 3부의 '교육과정 학습과 문화정치학'을 참고할 것.

13) Foucault, *Power and Knowledge*.

14) Sharon Welch, *Communities of Resistance and Solidarity: A Feminist Theology of Liberation* (New York: Orbis Press, 1985), p. 63.

1부 학교 언어 다시 보기

새로운 교육과정 사회학을 향해

1) Quentin Skinner, "The Flight from Positivism," *New York Review of Books* 25 (June 15, 1976): 26.

2) 이 경우 해방의 의도는 착취와 억압의 주객관적 조건에서 개인과 사회집단을 해방시킬 목적으로 이론과 실천을 결합하는 패러다임으로 이뤄져 있다. 여기서는 비판이론, 즉 보편법칙이라는 이름을 내세워 진행되는 허위의식과 이데올로기적으로 고정된 사회관계를 해체하기 위해 자기 반성을 촉진하는 비판이론을 제안한다. 그래서 해방은 비판적 사고와 정치적 행동을 반드시 요구한다. 이는 특정한 인지적 · 정의적 · 도덕적 영역에 따라 사고와 행동이 이뤄지는 학습 과정을 제안한다.

3) 이 분야에 대해서는 William F. Pinar, editor. *Curriculum Theorizing: The Reconceptualists* (Berkeley, Calif.: McCutchan Publishing, 1975); James Macdonald and Esther Zaret, ed., *Schools in Search of Meaning* (Washington, D.C.: ASCD, 1975)를 보라. 이 분야 최고의 책은 Apple, *Ideology and Curriculum*이다. Jerome Karabel and A. H. Halsey, ed., *Power and Ideology in Education*(New York : Oxford University Press, 1977)도 여전히 영향력 있는 저서다.

4) William F. Pinar, "Notes on the Curriculum Field 1978," *Educational Researcher* 7 (September 1978): 5-11.

5) Herbert M. Kliebard, "Bureaucracy and Curriculum Theory," *Curriculum theo-rizing*, pp. 51-69.

6) Young, *Knowledge and Control*.

7) Michael W. Apple and Nancy King, "What Do Schools Teach?" *Humanistic Education*, Richard Weller, ed., (Berkeley, Calif.: McCutchan Publishing, 1977), p. 36. 그리고 이 책 1부의 '교실에서 하는 사회화교육'을 참고할 것.

8) 이것이 새로운 교육과정 사회학은 이론과 경험적 연구를 분리한다거나 경험적 탐구를 거부한다는 뜻은 아니다. 분리나 거부는 미숙한 행위이다. 이 장에서 설명했듯이 이론은 진리의 가치와 삶의 의미를 꿰뚫어보는 능력에 무게 중심을 두어야 한다. 이론은 특정 이해관계와 연관되어 있으며, 그 가정과 탐구 방법은 목적에 따라 결정된다. 새로운 교육과정 사회학은 경험주의를 거부한다. 즉 과학적 방법을 의미와 진리의 최종 개념으로 선전하기 위해 이론을 사용하는 것을 거부한다. 경험주의는 이론을 목적 달성을 위한 수단을 발견하는 도구쯤으로 치부한다. 경험주의는 자신의 규범적 토대와 자신이 복무하는 이해관계를 밝힐 능력이 없는 이데올로기이다. Jürgen Habermas, *Toward a Rational Society* (Boston: Beacon Press, 1970).

9) Fenwick W. English, " Management Practice as a Key to Curriculum Leadership," *Educational Leadership* 36 (6): 408-13; March 1979. 실증주의 이데올로기에 대한 심층 연구는 Henry A. Giroux, "Schooling and the Culture of Positivism" 1981 in *Ideology, Culture and the Process of Schooling* (Philadelphia: Temple University Press, 1981), pp. 37-62를 볼 것.

10) Paulo Freire, *Pedagogy of the Oppressed* (New York: Seabury Press, 1973).

11) Howard Zinn, *The Politics of History* (Boston: Beacon Press, 1970), pp. 10-11.

12) Freire, *Pedagogy of the Oppressed*.

13) Thomas Kuhn, *The Structure of Scientific Revolutions*, 2nd ed. (Chicago: University of Chicago Press, 1970).

14) Thomas Popkewitz, "Educational Research: Values and Visions of Social

Order," *Theory and Research in Social Education* 6 (Dec. 1978) : 19-39.

15) Karabel and Halsey, *Power and Ideology*, pp. 1-85.

16) Apple, *Ideology and Curriculum*; Henry A. Giroux, "Beyond the Limits of Radical Educational Reform: Toward a Critical Theory of Education," *Journal of Curriculum Theorizing* 2 (1) : Winter 1980, pp. 20-46. in press; Henry A. Giroux, "Paulo Freire's Approach to Radical Educational Reform," *Curriculum Inquiry* 9 (3) : (Fall 1979), pp. 257-72.

17) Rachel Sharp and Anthony Greene, *Education and Social Control : A Study in Progressive Primary Education* (Boston and London: Routledge and Kegan Paul, 1975).

18) Herbert Marcuse, *The Aesthetic Dimension* (Boston: Beacon Press, 1978), p. 9.

교실에서 하는 사회화교육 : 잠재적 교육과정의 역동성

1) Charles E. Silberman, *Crisis in the Classroom: The Remaking of American Education* (New York: Random House, 1970); Joel Spring, *The Sorting Machine: National Educational Policy Since 1945* (New York: David McKay, 1976), pp. 93-139.

2) Gene Lyons, "The Higher Illiteracy," *Harper's* 253 (Sept. 1976) : 33-40; Ben Brodinsky, "Back to the Basics: The Movement and Its Meaning," *Phi Delta Kappan* 58 (March 1977) : 522-27.

3) Pinar, "Notes on the Curriculum Field."

4) Bourdieu and Passeron, *Reproduction in Education*; Bernstein, *Class, Codes, and Control*, vol. 3; Young, *Knowledge and Control*.

5) Michael W. Apple, "Curriculum as Ideological Selection," *Comparative Education Review* 20 (June 1975) : 210-11.

6) Robert Dreeben, *On What is Learned in Schools* (Reading, Mass.: Addison-Wesley, 1968); Philip N. Jackson, *Life in Classrooms* (New York: Holt, Rinehart & Winston, 1968); Norman Overly, ed., *The Unstudied Curriculum*

(Washington, D.C.: Association of Curriculum and Supervision, 1970); Michael W. Apple, "The Hidden Curriculum and the Nature of Conflict," *Interchange* 2 (1971): 27-40; Apple and King, "What Do Schools Teach?"

7) Henry A. Giroux, "Writing and Critical Thinking in the Social Studies," *Curriculum Inquiry* (March 1979): 291-310.

8) Peter Stern and Jean Yarbrough, "Hannah Arendt," *American Scholar* 47 (Summer 1978): 371-81.

9) Talcott Parsons, "The School Class as a Social System: Some of Its Functions in Amercian Society," *Harvard Educational Review* 29 (Fall 1959): 297-318; Dreeben, "The contribution of Schooling."

10) Michael W. Apple, "Some Aspects of the Relationships between Economic and Cultural Reproduction," paper presented at Kent State Invitational Conference on Curriculum Theory, Nov. 11, 1977.

11) Karabel and Halsey, *Power and Ideology*, p. 3.

12) John O' Neill, "Embodiment and Child Development: A Phenomenological Approach," in *Childhood and Socialization*, Hans Peter Dreitzel, ed. (New York: International Publishers, 1973), p. 65.

13) Young, *Knowledge and Control*; Nell Keddie, ed., *The Myth of Cultural Deprivation* (Baltimore: Penguin, 1973); Chris Jenks, ed., *Rationality, Education, and the Social Organization of Knowledge* (London: Routledge & Kegan Paul, 1977); John Eggleston, *The Sociology of the school Curriculum* (London: Routledge & Kegan Paul, 1977).

14) Sharp and Greene, *Educational and Social Control*.

15) Sharp and Greene, *Educational and Social Control*, p. 21.

16) Antonio Gramsci, *Selections from the Prison Notebooks*, Quinton Hoare and Geoffrey Smith, eds. and trans. (New York: International Publishers, 1971); Harold Entwistle, "Antonio Gramsci and the School as Hegemonic," *Educational Theory* 28 (Winter 1978): 23-33.

17)Richard LaBreoque, "The Correspondence Theory," *Educational Theory 28* (Summer 1978): 194-201.

18) Dreeben, "The Contribution of Schooling," p. 24.

19) Stephen Arons, "The Separation of School and State: Pierce Reconsidered," *Harvard Educational Review* 46 (Feb. 1976): 98.

20) Ralph Tyler, *Basic Principles of Curriculum and Instruction* (Chicago: University of Chicago Press, 1949), p. 35.

21) Paulo Freire, *Pedagogy of the Oppressed* (New York: Seabury Press, 1973), p. 15.

22) Dreeben, "The Contribution of Schooling," p. 13.

23) 앞의 책, p. 66.

24) Bernstein, *Class, Codes, and Control*, vol. 3.

25) Stanley Aronowitz, *False Promises: The Shaping of the American Working-Class Consciousness* (New York: McGraw-Hill, 1973), p. 75.

26) Apple, "The Hidden Curriculum"; Giroux and Penna, "Social Relations in the Clsaaroom."

27) Jerome Bruner, *The Relevance of Education* (New York: Norton, 1973), p. 115.

28) Bowles and Gintis, *Schooling in Capitalist America*, p. 265.

29) Apple, "The Hidden Curriculum"; Jean Anyon, "Elementary Social Studies Textbooks and Legitimating Knowledge," *Theory and Research in Social Education* 6 (Sept. 1978): 40-54; Thomas S. Popkewitz, "The Latent Values of the Discipline-Centered Curriculum in Social Education," *Theory and Research in Social Education* 5 (April 1977): 41-60.

30) Apple, "The hidden Curriculum"; Popkewitz, "Latent Values."

31) Popkewitz, "Latent Values," p. 58.

32) Jackson, *Life in Classrooms*.

33) 앞의 책, p. 16.

34) 앞의 책, p. 18.

35) Bowles and Gintis, *Schooling in Capitalist America*, p. 40.

36) 앞의 책, p. 41.

37) Keddie, *Myth of Cultural Deprivation*; Sharp and Greene, *Educational and Social Control*.

38) Dan C. Lortie, *Schoolteacher: A Sociological Study* (Chicago: University of Chicago Press, 1975), p. 54.

39) Ivan Illich, "After Deschooling, What?" in Alan Gartner et al., *After Deschooling, What?* (New York: Holt, Rinehart & Winston, 1973); Bernstein, *Class, Codes, and Control*, vol. 3.

40) Jackson, *Life in Classrooms*, p. 33.

41) Paulo Freire, *Pedagogy in Process* (New York: Seabury Press, 1978).

42) Karl Marx, "Theses on Feurrbach," in Loyd D. Easton and Kurt H. Guddart, *Writings of the Young Marx on Philosophy and History* (New York: Doubleday, 1967), p. 402.

43) Elizabeth Cagan, "Individualism, Collectivism, and Radical Educational Reform," *Harvard Educational Review* 48 (May 1978): 261.

44) Harry Braverman, *Labor and Monopoly Capital* (New York: Monthly Review Press, 1974); Stuart Ewen, *Captains of Consciousness* (New York: McGraw-Hill, 1976).

45) Philip Slater, *The Pursuit of Loneliness* (Boston: Beacon Press, 1970); Cagan, "Individualism, Collectivism, and Radical Educational Reform."

46) Norman Daniels, "The Smart White Man's Burden," *Harper's* 247 (Oct. 1973): 24-26ff.; Brigitte Berger, "A New Interpretation of the I. Q. Controversy," *The Public Interest* 50 (Winter 1978): 29-48; J. B. Biggs, "Genetics and Education: An Alternative to Jensenism," *Educational Researcher* 7 (April 1978): 11-17.

47) Bernstein, *Class, Codes, and Control*, vol. 3, pp. 88-89.

48) Lortie, *Schoolteacher*.

49) Bowles and Gintis, *Schooling in Capitalist America*.

50) Freire, *Pedagogy of the Oppressed*.

51) Lortie, *Schoolteacher*.

52) Stanley Aronowitz, "Mass Culture and the Eclipse of Reason: The Implications for Pedagogy," *Harvard Educational Review* 46 (April 1977): 768-74.

53) Ivan Illich, *Deschooling Society* (New York: Harper & Row, 1971).

행동주의 목표와 인본주의 목표를 넘어

1) 이 장에서 사용하는 '학파' 개념은 여기 나오는 두 운동과 그 외 여러 운동 사이에서 고정적이고 엄격한 이론적 입장을 취하는 것이 아니다. 다양한 운동들은 그 성원들이 핵심 가정을 공유한다는 의미에서 학파라고 할 수 있다. 두말할 필요도 없이 대표적인 학파의 성원들 간에는 차이가 있지만, 그 차이는 그들의 합의점보다 덜 중요하다. 인본주의 목표와 행동주의 목표에 대한 흥미로운 연구 중 하나는, Leonard Gardner의 "Humanistic Education and Behavioral Objectives: Opposing Theories of Educational Science," *School Review* (May 1971): 376-94 이다. David R. Krathwohl and David Payne, "Defining Educational Objectives," in *Educational Measurement*, Robert L. Thorndike, ed. (Washington, D.C.: ACE, 1971), pp. 17-45도 볼 만하다.

2) 좋은 사례로, W. James Popham, "Probing the Validity of Arguments against Behavioral Goals," *Behavioral Objectives and Instruction*, ed. Robert J. Kibler et al. (Boston: Allyn and Bacon, 1970), pp. 115-16이 있다. Popham은 다음과 같이 주장한다. "나는 이 토론의 참가자이기에, 내가 동의하는 입장을 전폭적으로 지지한다. 당신들도 알다시피, 다른 사람들이 틀린 것이다. 실수는 죄악이라는 철학 신조에 따라서, 나는 악의 구렁텅이에 빠진 내 친구를 보는 건 딱 질색이다."

3) Michael W. Apple, "The Adequacy of Systems Management Procedures in Education and Alternatives," in *Perspectives on Management Systems Approaches*

in Education, Albert H. Yee ed. (Englewood Cliffs, N.J.: Educational Technology Publications, 1973), pp. 97-110; also see Maxine Greene, "Curriculum and Consciousness," in Pinar, *Curriculum Theorizing*, p. 304.

4) Jean Bethke Elshtain, "Social Relations in the Classroom: A Moral and Political Perspective," *Telos* (Spring 1976): 97-100.

5) 공식적 교육과정과 잠재적 교육과정 간의 관계를 탐색한 글, Giroux and Penna, "Social Relations in the Classroom."

6) 이 입장의 역사적 기원을 알아야 이 입장을 제대로 알 수 있다. 내가 알기로 이 주제에 대한 최고의 책은 Raymond Callahan, *Education and the Cult of Efficiency* (Chicago: University of Chicago Press, 1962)이다.

7) M. Greene, "Curriculum and Consciousness," p. 299.

8) Michael F. D. Young, "Knowledge and Control," *Knowledge and Control*, p. 10.

9) Apple, "Curriculum as Ideological Selection," pp. 210-11.

10) 이론과 '사실들'과의 관계를 정밀하게 다룬 책, Max Horkheimer, *Critical Theory* (New York: Seabury Press, 1972), pp. 188-244.

11) Trent Shroyer, "Toward a Critical Theory for Advanced Industrial Society," in *Recent Sociology* No. 2, ed. Hans Peter Dreitzel (London: Collier-Macmillan, 1970), p. 211.

12) Russell Jacoby, *Social Amnesia* (Boston: Beacon Press, 1975), p. xviii.

13) Bernstein, *Class, Codes, and Control*, vol. 3; also see Bourdieu and Passeron, *Reproduction*.

14) Paulo Freire, *Education for Critical Consciousness* (New York: Seabury Press, 1973), pp. 1-58.

15) Max Horkheimer, *Eclipse of Reason* (New York: Seabury Press, 1974), p. 73.

16) Erich Fromm, *Beyond the Chains of Illusion* (New York: Holt, Rinehart & Winston, 1968), p. 173.

17) 잠재적 교육과정에 대해서는 다음의 자료를 참조할 것. Jackson, *Life in*

Classrooms; Dreeben, *On What is Learned in Schools*; Overly, *The Unstudied Curriculum*.

18) Bowles and Gintis, *Schooling in Capitalist America*, pp. 131-48.

19) Lynne B. Iglitzin, "Political Education and Sexual Liberation," *Politics and Society* 2 (Winter 1972): 242.

20) Herbert Marcuse, *Counter-Revolution and Revolt* (Boston: Beacon Press, 1972), p. 28.

21) Mihailo Markovic, *From Affluence to Praxis* (Ann Arbor: University of Michigan Press, 1974), P. 23.

22) Lawrence Kohlberg, "Moral Development and the New Social Studies," *Social Education* 37 (May 2, 1973): 371.

2부 문해, 글쓰기 그리고 목소리의 정치학

글쓰기 교육, 발상을 바꾸어라

1) 《뉴스위크》에 게재된 논설로 이문제에 관해 대중의 관심을 환기한 "Why Johnny Can't Write," Merrill Shiels (Dec. 1975)를 보라. Nan Elsasser and Vera P. John-Steiner, "An Interactionist Approach to Advancing Literacy, *Harvard Educational Review* 47 (Aug. 1977): 355-69; Lyons, "The Higher Illiteracy"도 볼 것.

2) A.D. Van Nostrand, "The Inference Construct: A Model of the Writing Process," *ADE Bulletin*, no. 54 (May 1978): 1-27.

3) Janet Emig, "Writing as a Mode of Learning," *College Composition and Communication* 28 (May 1977): 122-28; James Britton et al., *The Development of Writing Abilities* (London: Macmillan, 1975); Gary Tate, ed., *Teaching Composition: Ten Bibliographic Essays* (Fort Worth, Texas: Texas Christian

University Press, 1976)을 볼 것.

4) Lev S. Vygotsky, *Language and Thought* (Cambridge, Mass.: MIT Press, 1962), p. 100.

5) Braddock et al., Research in Written Composition (Champaign, Ill.: National Council of Teachers of English, 1963); W. B Elley et al., "The Role of Grammar in a Secondary School English Curriculum," *Research in the Teaching of English* 10 (Spring 1976): 18.

6) Richard Ohmann, *English in America* (New York: Oxford University Press, 1976), p. 136.

7) John Simon, "The Language", *Esquire* (June 1977): 18.

8) 앞의 책을 보라. R. Verland Cassill, *Writing Fiction* (Englewood Cliffs, N. J.: Prentice - Hall, 1975)도 보면 도움이 된다.

9) A.D. Van Nostrand, "English I and the Measurement of Writing," speech given at the National Conference on Personalized Instruction in Higher Education, March 21, 1975.

10) Sidney Simon et al., *Values Clarification through Writing: Composition for Personal Growth* (New York: Hart Publishing, 1973); George E. Newell, "The Emerging Self: A Curriculum of Self Actualization," *English Journal* 66 (Nov. 1977): 32-34.

11) Jacoby, *Social Amnesia*, p. 67.

12) 교육에서 대인관계를 지나치게 강조하는 교육자들을 가장 혹독하게 비판한 글은 Elshtain, "Social Relations in the Classroom"이다.

13) Britton et al., *Development of Writing Abilities*, pp. 1-18.

14) Sheils, "Why Johnny Can't Write," p. 61; see also Janet Emig, The Composing Process of Twelfth Graders (Urbana, Ill.: National Council of Teachers of English, 1971).

15) Van Nostrand, "The Inference Construct," p. 2.

16) 지식과 가치에 대한 탁월한 분석은 Young, *Knowledge and Control*을 보라. 마

이클 애플은 이 문제에 관해 자신의 논문 "The Hidden Curriculum and the Nature of Conflict"에서 사회과학 분야를 직접 언급하고 있다. 그리고 Jonathon Kozol, *The Night Is Dark and I Am Far from Home* (Boston: Houghton Mifflin, 1975), pp. 63–73도 볼 것.

17) 이런 교육학을 보여주는 뛰어난 책, Freire, *Pedagogy of the Oppressed*, and Giroux and Penna, "Social Relations in the Classroom."

18) Marcuse, *Counter-Revolution*, p. 27.

19) 이런 입장을 다루는 글들은 많다. 그 중 Bowles and Gintis, *Schooling in Capitalist America*는 가장 훌륭한 책이다. Martin Carnoy and Henry M. Levin, *The Limits of Educational Reform* (New York: David McKay, 1976), pp. 52–82, 219–44도 뛰어난 책이다.

20) Martin Jay, *The Dialectical Imagination* (Boston: Little, Brown, 1973), p. 65.

21) 이 접근법은 Hilda Taba, *Teacher's Handbook for Elementary Social Studies* (Reading, Mass.: Addison-Wesley, 1967); J. Richard Suchman, *Inquiry Box: Teacher's Handbook* (Chicago: Science Research Associates, 1967); Joseph J. Schwab, *Biology Teacher's Handbook* (New York: Wiley, 1965)을 통해 대중화되었다.

22) Alvin J. Gouldner, *The Dialectic of Ideology and Technology* (New York: Seabury Press, 1976), p. 49.

23) Fredric Jameson, *Marxism and Form* (Princeton, N.J.: Princeton University Press, 1971), p. xx. x x

24) Jean-Paul Sartre, *Literature and Existentialism*, 3rd. ed. (New York: Citadel Press, 1965).

25) Apple and King, "What Do Schools Teach?" pp. 29–63, 그리고 Bowles and Gintis, *Schooling in Capitalist America*를 볼 것. 논문 모음집인 Overly, *The Unstudied Curriculum*을 보라.

26) Freire, *Education for Critical Consciousness*.

27) See David Swartz, "Pierre Bourdieu: The Cultural Transmission of Social

Inequality," *Harvard Educational Review* 47 (Nov. 1977): 545-55; Bourdieu and Passeron, *Reproduction*; Bernstein, *Class, Codes, and Control*, pp. 85-156. 언어의 정치학에 관한 뛰어난 일반 연구로서는 Claus Mueller, *The Politics of Communication* (New York: Oxford University Press, 1973)을 보라.

28) M. Greene, "Curriculum and Consciousness." p. 304.

29) Henry A. Giroux et al., *The Process of Writing History: Episodes in American History* (Providence, R.I.: Center for Research in Writing, 1978)를 볼 것. 이 장에서 쓰고 있는 모든 글쓰기 개념은 A.D. Van Nostrand et al., *Functional Writing* (Boston: Houghton Mifflin, 1978)에서 빌려왔다.

30) Giroux et al., *Process of Writing History*, p. 13.

31) 앞의 책, p. 14.

32) Freire, *Education for Critical Consciousness*, pp. 32-89.

33) Giroux et al., *Process of Writing History*, p. 24.

34) 앞의 책, p. 33.

35) Paulo Freire, "Conscientization," in *The Goal Is Liberation* (Geneva: United Council of Churches, 1974), p. 2.

36) Freire, *Education for Critical Consciousness*, pp. 5-6.

새로운 비문해의 등장과 비판적 읽기

1) Herbert Marcuse, *One Dimensional Man* (Boston: Beacon Press, 1964); Horkheimer, *Eclipse of Reason*; David F. Noble, *America by Design* (New York: Knopf, 1977); Aronowitz, *False Promises*.

2) J.W. Freiberg, "Critical Social Theory in the American Conjuncture," in J.W. Freiberg, ed., *Critical Sociology* (New York: Irvington Press, 1979), pp. 1-21.

3) Todd Gitlin, "Media Sociology," *Theory and Society* 6 (1978): 205-53.

4) M. Hoyles, "The History and Politics of Literacy," in M. Hoyles, ed., *The Politics of Literacy* (London: Writers and Readers Publishing Cooperation, 1977), pp. 14-32.

5) Gitlin, "Media Sociology," p. 205; Aronowitz, "Mass Culture," p. 768.

6) 기술적 유토피아주의는 Marshall McLuhan, *Understanding Media* (New York: Signet, 1963)에서 가장 잘 볼 수 있으며, 기술숙명론은 Jacques Ellul, *The Technological Society* (New York: Knopf, 1965)에서 잘 설명하고 있다. 이 두 입장에 대한 비판은 Henry A. Giroux, "The Politics of Technology, Culture, and Alienation," *Life Curve* 6 (Summer/Fall 1976): 32-42에 있다.

7) M.W. Apple, " Television and Cultural Reproduction," *Journal of Aesthetic Education* 12 (Oct. 1979): 109.

8) Christopher Lasch, *Haven in a Heartless World* (New York: Basic, 1977), pp. 93-94; Hans Peter Dreitzel, "On the Political Meaning of Culture," in Norman Birnbaum, ed., *Beyond the Crisis* (New York: Oxford University Press, 1977), pp. 83-138.

9) Bourdieu and Passeron, *Reproduction*; Bernstein, *Class, Codes, and Control*, vol. 3.

10) Gramsci, *Prison Notebooks*. 프랑크푸르트학파의 대표적인 학자들에 대해서는 A. Arato and E. Gebhardt, eds., *The Essential Frankfurt School Reader* (New York: Urizon, 1978)를 참고하라.

11) Dreitzel, "Political Meaning of Culture," p. 88.

12) Ewen, *Captains of Consciousness*, p. 202.

13) Braverman, *Labor and Monopoly Capital*; Ewen, *Captains of Consciousness*, p. 195.

14) T. McCarthy, *The Critical Theory of Jürgen Habermas* (Cambridge, Mass.: MIT Press, 1978), p. 37.

15) Hans Enzensberger, (New York: Seabury, 1974).

16) 앞의 책, p. 16.

17) 어떤 비판가는 미국 사회의 특징이 지성의 감퇴라고 주장한다. 이는 강고한 법칙까지는 아니고 하나의 추세이다. 지적인 퇴행은 요구와 생산을 정체시키기 위해 기억과 역사를 무효화한다. 그 결과는 아무것도 기억하지 못한 채 반복하는 것,

즉 사회적 망각이다. Russell Jacoby, "A Falling Rate of Intelligence," *Telos* 27 (Spring 1976): 144.

18) Aronowitz, "Mass Culture," pp. 768, 770.

19) See D. Ben-Horin, "Television without Tears," *Socialist Review* 35 (Sept./Oct. 1977): 7-35.

20) Gouldner, *Dialectic of Ideology*.

21) Enzensberger, *Consciousness Industry*, pp. 95-128.

22) Gitlin, *Media Sociology*, p. 791.

23) Theodor Adorno, "Television and Patterns of Mass Culture," in *Mass Culture: The Popular Arts in America*, ed. B. Rosenberg and P. Manning White (New York: Free Press 1957), p. 93.

24) Aronowitz, *False Promises*, pp. 50-134.

25) Theodor Adorno, "Television and Patterns of Mass Culture," p. 484.

26) Norman Fruchter, "Movement Propaganda and the Culture of the Spectacle." *Liberation* (May 1971), pp. 4-17.

27) Fredric Jameson, "Class and Allegory in Contemporary Mass Culture: Dog Day Afternoon as a Political Film," *College English 38* (April, 1977): 848.

28) Gitlin, "Media Sociology," p. 791.

29) Aronowitz, "Mass Culture," p. 770. D. Lazere, "Literacy and Political Consciousness: A Critique of Left Critiques," *Radical Teacher 8* (May 1975): 20-21도 볼 것.

30) J. MacDonald, "Reading in an Electronic Age," in J. MacDonald, ed., *Social Perspectives in Reading* (Delaware: International Reading Association, 1973), pp. 24-27; Enzensberger, *Consciousness Industry*, pp. 95-128.

31) Gitlin, "Media Sociology," 여러 군데.

32) O. Negt, "Mass Media: Tools of Domination or Instruments of Liberation?" *New German Critique* 14 (Spring 1978): 70.

33) 이런 경향의 사례들을 비판하는 책, Elsasser and John-Steiner, "An Interactionist

Approach,." 실증주의적 문해 개념의 대표적인 본보기는 R.C. Calfee and P.A. Drum, "Learning to Read: Theory, Research, and Practice," *Curriculum Theory* 8 (Fall 1978): 183-250이다.

34) Giroux, "Beyond the Limits."

35) Hoyles, *Politics of Literacy*, p. 78에서 인용했다.

관리와 통제의 담론에서 새로운 교육담론으로

1) Paulo Freire, *The Politics of Education* (S. Hadley, Mass.: Bergin & Garvey, 1985), p. 2.

2) 앞의 책, pp.2-3.

3) J. Henriques et al., *Changing the Subject* (New York: Methuen, 1984).

4) Richard Johnson, "What is Cultural Studies?" *Anglistica* 26 (1-2): 11.

5) Roger Simon, "Work Experience," in David W. Livingstone, ed., *Critical Pedagogy and Cultural Power* (S. Hadley, Mass.: Bergin & Garvey, 1987), pp. 155-77.

6) Foucault, *Power and Knowledge*.

7) Peter McLaren, *Schooling as a Ritual Performance* (Boston: Routledge & Kegan Paul, 1986).

8) R. White and D. Brockington, *Tales out of School* (London: Routledge & Kegan Paul, 1983), p. 21.

9) Mortimer Adler, *The Paideia Proposal* (New York: Macmillan, 1982), p. 42.

10) P. Cusick, *The Egalitarian Ideal and The American School* (New York: Longman, 1983), pp. 25, 71.

11) 앞의 책, p. 108.

12) W. Kerrigan, *Writing to the Point*, 2nd. ed. (New York: Harcourt, Brace, Jovanovich, 1979), p. 32.

13) Callahan, *Education and the Cult of Efficiency*.

14) 나는 듀이의 저서 *Democracy and Education* (New York: Free Press, 1916)과 1960, 70년대의 진보적 교육개혁 담론과는 뚜렷한 차이가 있다는 점을 말하고 싶다. 내가 여기서 다루고 있는 적합성과 통합의 담론은 듀이의 경험철학과는 전혀 다르다. 듀이는 학생 경험, 비판적 반성, 학습의 관계를 강조했다. 반대로 오늘날 유행하는 적합성은 체계적인 지식의 획득이라는 생각에 파묻혀서 반지성적인 학생 경험을 무조건 인정한다. 이 입장에 대한 비판은 Aronowitz and Giroux, *Education Under Siege* 와 Giroux, *Ideology and Culture* 를 보라.

15) Cusick, *The Egalitarian Ideal*, p. 55.

16) 앞의 책; Theodore Sizer, *Horace's Compromise* (Boston: Houghton Mifflin, 1984).

17) Giroux and Purpel, *The Hidden Curriculum*.

18) Carl Rogers, *Freedom to Learn* (Columbus, Ohio: Charles Merrill, 1969).

19) Clyde Kluckhohn, *Mirror for Man: The Relation of Anthropology to Modern Life* (New York: McGraw-Hill, 1949).

20) P. Corrigan, "Race, Ethnicity, Gender, Culture: Embodying Differences Educationally-An Argument" (Unpublished paper, Ontario Institute for Studies in Education, 1985), p. 7.

21) R. Jeffcoate, *Positive Image: Towards a Multicultural Curriculum* (London: Readers and Writers Cooperative, 1979), p. 122.

22) M. Gollnick and P. Chinn, *Multicultural Education in a Pluralistic Society* (St. Louis: C.V. Mosby, 1983), p. 306.

23) Nathan Glazer, "Cultural Pluralism: The Social Aspect," in M. Tumin and W. Plotch, eds., *Pluralism in a Democratic Society* (New York: Praeger, 1977), p. 51.

24) Henry A. Giroux and Roger Simon, "Curriculum Study and Cultural Politics," *Journal of Education* 166 (Fall 1984): 226-38.

25) Simon, "Work Experience," p. 176.

26) Dell Hymes, "Ethnolinguistic Study of Classroom Discourse," Final Report to

the National Institute of Education (Philadelphia: University of Pennsylvania, 1982); G. Kress and R. Hodge, *Language as Ideology* (London: Routledge & Kegan Paul, 1979).

27) Giroux, *Theory and Resistance in Education*.

28) Aronowitz and Giroux, *Education Under Siege*.

29) Giroux and Simon, "Curriculum Study and Cultural Politics."

30) 진보적 교육이론에서 재생산이론은 Bowles and Gintis, *Schooling in Capitalist America*와 Giroux, *Theory and Resistance in Education*에서 나오기 시작했다.

31) 이런 담론과 또 이 담론과 관련된 전통에 대한 분석을 보고 싶다면, Johnson, "What Is Cultural Studies?"를 보라. 나는 이 절에서 존슨의 연구를 자유롭게 인용했다.

32) Johnson, "What Is Cultural Studies?" pp. 64-65.

33) Apple, *Education and Power*.

34) Judith Williamson, *Decoding Advertisements* (New York: Marian Boyars, 1978).

35) Ariel Dorfman, *The Empire's Old Clothes* (New York: Pantheon, 1983), p. 149.

36) A. Touraine, *The Self-Production of Society* (Chicago: University of Chicago Press, 1977).

37) Johnson, "What Is Cultural Studies?"

3부 교육은 지성적 활동이자 문화정치학이다

변혁적 지성인으로서 교사

1) 개혁에 대한 보다 상세한 비판은 Aronowitz and Giroux, *Education Under Siege*를 보라. 그 외에도 눈길을 끄는 글로는, Charles A. Tesconi, Jr., "Additive

Reforms and the Retreat form Purpose," *Educational Studies* 15 (Spring 1984):
1-11; Terence E. Deal, "Searching for the Wizard: The Quest for Excellence in
Education," *Issues in Education* 2 (Summer 1984): 56-57; Svi Shapiro, "Choos-
ing Our Educational Legacy: Disempowerment or Emancipation?" *Issues in
Education* 2 (Summer 1984): 11-22 등이 있다.

2) 교사가 지성인으로 교육받아야 하는 이유를 잘 설명하고 있는 글은 John Dewey,
"The Relation of Theory to Practice," in John Dewey, *The Middle Works*, 1899-
1924, JoAnn Boydston, ed. (Carbondale, Ill.: Southern Illinois University Press,
1977), [first published 1904]이다. Israel Scheffler, "University Scholarship and
the Education of Teachers," *Teachers College Record* 70 (1968): 1-12; Giroux,
*Ideology, Culture, and the Process of Schooling*도 보면 도움이 된다.

3) 예컨대 Herbert Kliebard, "The Question of Teacher Education," in D. McCarty,
ed., *New Perspectives on Teacher Education* (San Fransisco: Jossey-Bass, 1973)
를 보라.

4) Kenneth M. Zeichner, "Alternative Paradigms on Teacher Education." *Journal
of Teacher Education* 34 (May-June 1983): 4.

5) Dewey. "Relation of Theory to Practice."

6) Jesse Goodman, "Reflection on Teacher Education: A Case Study and
Theoretical Analysis," *Interchange* 15 (1984): 15.

7) Apple, *Education and Power*.

8) Patrick Shannon, "Mastery Leaning in Reading and the Control of Teachers",
Language Arts 61 (Sept. 1984): 488.

9) Scheffler, "University Scholarship," p. 11.

교육과정 학습과 문화정치학

우리는 1984년 5월 16~18일까지 미시간주립대학 교육학회에서 개최한 '교육과정협
회의 교육과정'에서 이 글을 처음 발표했다. 주디스 레니어 학장과 클레오 체리홀름

교수의 후원에 고마움을 전한다.

1) Herbert M. Kliebard, "The Drive for Curriculum Change in the United States, 1890–1958. Part II Ⅱ, From Local Reform to a National Preoccupation." *Journal of Curriculum Studies* 11 (4): 273–86.

2) Freire, *Pedagogy of the Oppressed*; V.N. Volosinov, *Marxism and the Philosophy of Language* (New York: Hill & Wang, 1973).

3) Giroux, *Theory and Resistance*.

4) Roland Barthes, *Mythologies* (New York: Hill & Wang, 1972).

5) Bourdieu and Passeron, *Reproduction*.

6) Giroux, *Theory and Resistance*.

7) Gramsci, *Prison Notebooks*.

8) Aronowitz and Giroux, *Education Under Siege*.

문화학이 필요하다

1) 이 글에서 사용한 문화 개념은 John Clarke et al., "Subculture, Culture and Class" in *Resistance Through Rituals*, Stuart Hall and Tony Jefferson, eds. (London: Hutchinson, 1976)의 도움을 받았다. "우리는 문화를 특정 계급, 집단, 사회환경이 그들끼리 독특하게 공유하는 삶의 원리라고 본다. 집단들이 일상 경험의 과정에서 그들의 사회적 조건을 알 때, 문화가 만들어진다. 따라서 문화는 실천적 행동의 세계와 밀접한 관계가 있다. 대개 문화는 일상 삶을 경영하는 데는 부족함이 없다. 그러나 이 일상세계는 자체로 문제가 있기 때문에 문화는 복잡하고 이질적인 형식을 취하며, 모순에서 결코 벗어날 수 없다."

2) 이 말은 '문해 학습의 제도화와 전문화를 위한 조사연구단체(GRIP)'의 몇몇 회원들의 저술에 근거를 두고 있다. 그 회원들은 학문의 역사적 발달과 구획화에 관해 연구를 해온 이들이다. 다음 연구를 보라. Thomas S. Popkewitz, "Social Science and Social Amelioration: The Development of the American Academic Expert," in *Paradigm and Ideology in Educational Research* (Philadelphia: The Falmer

Press, 1984), pp. 107-28.

3) Burton Bledstein, *The Culture of Professionalism: The Middle Class and the Development of Higher Education in America* (New York: Norton, 1976)를 보라.

4) Paul Piccone, "Symposium: Intellectuals in the 1980's *Telos* 50 (Winter 1981-82): 116.

5) Michel Foucault, *Discipline and Punish* Part Three, (New York: Pantheon), pp. 135ff.

6) Hubert L. Dreyfus and Paul Rabinow, *Michel Foucault: Beyond Structuralism and Hermeneutics* (Chicago: University of Chicago Press, 1982), p. 163.

7) Dreyfus and Rabinow, *Michel Foucault*, pp. 163-164.

8) James Sosnoski의 "The *Magister Implicatus* as an Institutionalized Authority Figure: Rereading the History of New Criticism," *The GRIP Report*, Vol. 1, (Oxford, Ohio: Research in Progress, circulated by the Society for Critical Exchange)을 보라.

9) David Shumway's "Interdisciplinarity and Authority in American Studies," *The GRIP Report*, Vol. 1를 보라.

10) New York Times, August 13, 1984, p. 7. 사람들은 이 정전 목록에《공산당 선언》을 포함시키는 것에 놀란다. 편집증인가 신중한 자유주의인가 아니면 둘 다인가?

11) See PN Review 10 (6): 4-5. 이 글은 문학과 이데올로기의 관계에 대한 신우익의 관점을 잘 보여준다.

12) Anthony Giddens, *Central Problems in Social Theory* (Berkeley: University of California Press, 1983), pp. 150-151를 참조할 것.

13) Giddens, p. 4.

14) Gramsci, *Prison Notebooks* (New York: International Publications, 1971), pp. 5-27.

15) Murray Bookchin, "Symposium: Intellectuals in the 1980's," Telos 50 (Winter 1981-82): 13.

16) Gramsci, *Prison Notebooks*, passim.

17) 이에 대해서는 Peter Hohendahl, *The Institution of Criticism* (Ithaca: Cornell University Press, 1982), pp. 44ff와 242ff를 보라.

18) Aronowitz, *False Promises*, p. 97.

19) 앞의 책, p. 111.

교사교육은 민주화되어야 한다

1) Horkheimer, *Eclipse of Reason*; Theodor Adorno and Max Horkheimer, The *Dialectic of Enlightenment*, John Cumming, trans. (New York: Seabury Press, 1972); Walter Benjamin, *Illuminations*, Hannah Arendt, ed. (New York: Schocken, 1969).

2) Arthur Lothstein, "Salving from the Dross: John Dewey's Anarcho-Communalism," *The Philosophical Forum* 10 (1978): 55-111.

3) Jürgen Habermas, *Strukterwandel der Offenlichkeit* (Neuwied: Luchterhand, 1962); Marcuse, *One Dimensional Man;* John Dewey, *The Public and Its Problems* (New York: Henry Holt, 1927); Gramsci, *Prison Notebooks*.

4) Aronowitz and Giroux, *Education Under Siege*.

5) Giroux, *Theory and Resistance*.

6) Ernesto Laclau and Chantal Mouffe, *Hegemony and Socialist Strategy* (London: Verso, 1985), p. 190.

7) Goodman, "Reflections on Teacher Education," pp. 9-26.

8) Walter Adamson, *Hegemony and Revolution: A Study of Antonio Gramsci's Political and Cultural Theory* (Berkeley: University of California Press, 1980).

9) Henriques et al., *Changing the Subject*.

10) Ernest Mandel, *Late Capitalism* (London: New Left Books, 1975); John Brenkman, "Mass Media: Form Collective Experience to the Culture of Privatization," *Social Text* 1 (Winter 1979): 94-109.

11) Peter McLaren, *Schooling as a Ritual Performance* (London: Routledge and Kegan Paul, 1986).

12) Cleo Cherryholmes, "Knowledge, Power, and Discourse in Social Studies Education," *Boston University Journal of Education* 165(4): 341-358; Manuel Alvarado and Bob Ferguson, "The Curriculum, Media and Discursivity," *Screen* 24(3): 20-34; Philip Wexler, "Structure, Text, and Subject: A Critical Sociology of School Knowledge." in Michael Apple, ed., *Cultural and Economic Reproduction* (Boston and London: Routledge & Kegan Paul, 1982), pp. 275-303; Ferdinand de Saussure, *Course in General Linguistics* (London: Fontana, 1974); Jacques Derrida, *Of Grammatology*, trans. Gayatri Chakravorty Spivak (Baltimore: Johns Hopkins Press, 1977); Michel Foucault, *Power and Knowledge: Selected Interviews and Other Writings*, ed. c. Gordon (New York: Pantheon, 1980); Jacques Lacan, Ecrits (London: Tavistock, 1977); Hans-Georg Gadamer, *Truth and Method* (London: Sheed and Ward, 1975); Roland Barthes, *Elements of Semiology*, trans. A. Lavers and C. Smith (New York: Hill and Wang, 1968); Jürgen Habermas, *The Theory of Communicative Action*, vol. 1 (Boston: Beacon Press, 1983).

13) Giroux and Simom, "Curriculum Study as Cultural Politics."

14) Johnson, "What Is Cultural Studies?" p. 11.

15) Laclau and Mouffe, *Hegemony and Socialist Strategy*, pp. 186-187.

16) 앞의 책, p. 176.

17) Benjamin Barber, "A New Language for the New Left," *Harper's Magazine* (Nov. 1986): 50.

18) Noam Chomsky, *Turning the Tide* (Boston: South End Press, 1986), p. 223.

19) 앞의 책.

20) Christopher Lasch, "Fraternalist Manifesto," *Harper's Magazine* (April 1987): 17-20.

21) Ernst Bloch, *The Philosophy of the Future* (New York: Herder and Herder,

1970), pp. 86-87.

22) Henry A. Giroux and Peter McLaren, "Teacher Education and the Politics of Engagement: The Case for Democratic Schooling," *Harvard Educational Review* 56(3): 213-38.

4부 연대와 가능성의 교육을 위하여

공교육의 위기와 가능성

1) 좀더 상세한 논의를 보고 싶다면, Henry A. Giroux, "Public Philosophy and the Crisis in Education," *Harvard Educational Review* 42 (May 1984): 186-94. Charles A. Tesconi, Jr., "Additive Reform and the Retreat from Purpose," *Educational Studies* 15 (Spring 1984): 1-10을 보라.

2) 나는 진보적 교육이론에서 마르크스주의 담론의 한계를 바판적으로 분석했다. Henry A. Giroux, "Marxism and Schooling: The Limits of Radical Discourse," *Educational Theory 34* (Spring 1984): 113-135.

3) Giroux, "Public Philosophy"를 보라.

4) Allen Hunter, "In the Wings: New Right Ideology and Organization." *Radical America* 15 (1981): 129.

5) Stuart Hall, "Moving Right," *Socialist Review* 11 (Jan.-Feb. 1982): 128.

6) Miriam David, "Nice Girls Say No," *New Internationalist* (March 1984): 26; Miriam David, "Teaching and Preaching Sexual Morality: The New Right's Anti-Feminism in Britain and The U.S.A.," *Journal of Education* 166 (March 1984): 63-76.

7) Valerie Walkerdine, "It's Only Natural: Rethinking Child-Centered Pedagogy." in *Is There Anyone Here From Education?* Donald (London: Pluto Press, 1983), p. 87.

8) Stuart Hall, "Education in Crisis, in *Is There Anyone Here From Education?* p. 6.

능력별 학급편성은 재생산을 재생산한다

1) George S. Counts, *The Selective Character of American Secondary Education* (Chicago: University of Chicago Press, 1922), pp. 154, 156.

2) Oakes, *Keeping Track*.

3) 앞의 책, p. 21.

4) John Goodlad, *A Place Called School* (New York: McGraw-Hill, 1984).

5) Oakes, *Keeping Track*, p. 205.

6) 앞의 책, p. 92.

7) 앞의 책, p. 173.

8) Bowles and Gintis, *Schooling in Capitalist America*; Paul Willis, Learning to *Labour* (Lexington, Mass.: D.C. Heath, 1977); Bernstein, *Class, Codes, and Control*, vol. 3; Bourdieu and Passeron, *Reproduction*.

9) Martin Carnoy, "Education, Democracy, and Social Conflict," *Harvard Educational Review* 43 (1983): 402.

10) Oakes, *Keeping Track*, p. 205.

11) 앞의 책, p. 206.

12) 앞의 책, p. 210.

13) 앞의 책, p. 211.

14) R.W. Connell et al., *Making the Difference* (Sydney, Australia: Allen & Unwin, 1982), p. 193.

15) 앞의 책.

16) 진보적 교육이론에서 최근에 나타난 다양한 전통들에 대한 분석은 Aronowitz and Giroux, *Education Under Siege*, and McLaren, *Schooling as a Ritual Performance*를 보라.

안토니오 그람시 다시 읽기 : 진보를 향한 학교 교육

1) Harold Entwistle, *Antonio Gramsci: Conservative Schooling for Radical Politics* (London: Routledge & Kegan Paul, 1979), p. 177.

2) 앞의 책, pp. 46, 47.

3) Karl R. Popper, *Objective Knowledge: An Evolutionary Approach* (Oxford: Oxford University Press, 1962).

4) Young, *Knowledge and Control*.

5) John Friedman, "The Epistemology of Social Practice: A Critique of Objective Knowledge," *Theory and Society* 6 (1978): 80.

6) Antonio Gramsci, *The Modern Prince and Other Writings* (New York: International Publishers, 1967), pp. 95-101.

7) Gramsci, *Prison Notebooks*.

8) 앞의 책, p. 30.

9) 앞의 책, pp. 32-33.

10) 보다 심층적인 논의를 원한다면, Marx Wartofsky, "Art and Technology: Conflicting Models of Education? The Use of a Cultural Myth," in Walter Feinberg and Henry Rosemont, Jr., *Work, Technology, and Education* (Urbana, Ill.: University of Illinois Press, 1975), pp. 166-85; Giroux, "Beyond the Limits of Radical Educational Reform"; Elshtain, "Social Relations of the Classroom"을 볼 것.

11) Philip Simpson, "The Whalebone in the Corset: Gramsci on Education, Culture, and Change," *Screen Education* No. 28 (1978): 20.

12) Jerome Karabel, "Revolutionary Contradictions: Antonio Gramsci and the Problems of Intellectuals," *Politics and Society* 6 (1976): 172.

13) Gramsci, *Prison Notebooks*, p. 42.

14) Antonio Gramsci, "Socialism and Culture," in Paul Piccone and Pedro Cavalcante, *History, Philosophy, and Culture in the Young Gramsci* (St. Louis:

Telos Press, 1975), pp. 20-21.

15) Entwistle, *Antonio Gramsci*, p. 92.

16) 앞의 책, p. 93.

17) Chantal Mouffe, "Hegemony and Ideology in Gramsci," in Chantal Mouffe, ed., *Gramsci and Marxist Theory* (London: Routledge & Kegan Paul, 1979), pp. 191-92.

18) Joseph V. Femia, "The Gramsci Phenomenon: Some Reflections," *Political Studies* 27 (1979): 478.

19) Mihaly Vajda, "Antonio Gramsci: Prison Notebooks Review," Telos No. 15 (1976): 151. Paul Piccone, "Gramsci's Marxism: Beyond Lenin and Togliatti," *Theory and Society* 3 (1973): 485-511도 볼 것.

20) Femia, "The Gramsci Phenomenon," p. 481.

21) Gramsci, *Prison Notebooks*, p. 481.

22) 앞의 책, p. 418.

23) Maxine Greene, "The Politics of the Concrete," *Social Practice* (June 1980); Henry A. Giroux, "Beyond the Correspondence Theory: Notes on the Dynamics of Educational Reproduction and Transformation," in *Ideology, Culture, and the Process of Schooling* (Philadelphia: Temple University Press, 1981).

연대와 가능성이 살아 있는 교육을 위하여

1) 예를 들어 Dan Liston, "On Facts and Values: An Analysis of Radical Curriculum Studies," *Educational Theory*, 36:2 (1986): 137-52를 볼 것.

2) Nicholas C. Burbules, "Radical Educational Cynicism and Radical Educational Skepticism," in *Philosophy of Education* 1985, David Nyberg, ed. (Urbana, Ill.: Philosophy of Education Society, 1986), pp. 201-5는 그 전형적인 예이다.

3) 이를테면 Robert V. Bullough, Jr., and Andrew D. Gitlen, "Schooling and

Change: A View From the Lower Rung," *Teachers College Record* 87:2 (1985):
219-37을 참고하라. 또 Robert V. Bullough, Jr, Andrew D. Gitlin, and Stanley L.
Goldstein, "Ideology, Teacher Role, and Resistance," *Teachers College Record*
86:2 (1984): 339-358를 보라. 이상한 방식이지만, 이 저자들은 진보적 분석에서
오랜 전통이 있는 문제를 찾아내곤 한다. 그래서 그 문제들이 마치 비판적 형태로
는 조사될 수 없는 것인 양 주장한다.

4) Dan Liston, "Marxism and Schooling: A Failed or Limited Tradition?"
Educational Theory 35:3 (1985): pp. 307-12는 하나의 사례가 된다. 나는 이 입
장에 반대한다. Giroux, *Theory and Resistance*와 이 책을 보면 된다.

5) Philip Wexler, "Introducing the Real Sociology of Education," *Contemporary
Sociology* 13:4 (1984): 408.

6) Terry Eagleton, The Function of Criticism: From the Spectator to Post-
Structuralism (London: Verso, 1984); Welch, *Communities of Resistance*.

7) 앞의 책, p. 9.

8) 앞의 책, p. 107.

9) 앞의 책, p. 91.

10) 앞의 책, p. 98.

11) 앞의 책, p. 113.

12) 앞의 책, p. 112.

13) Anson Rabinach, "Between Enlightenment and Apocalypse: Benjamin, Bloch,
and Modern German Jewish Messianism," *New German Critique* 34 (Winter
1985): 124.

14) Ernst Bloch, *The Principle of Hope, III* (Cambridge, Mass.: MIT Press, 1985),
pp. 1366-67.

15) 이 담론의 사례는 Bowers의 저술에서 발견할 수 있다. 가령 Bowers의 *The
Promise of Theory* (New York: Longman, 1984)를 보라. Bowers는 역사를 의
심의 여지가 없는 고정된 것으로 취급했기에, 아도르노와 호르크하이머 그리고
벤야민 같은 계몽주의 비판가들과는 아무런 공통점이 없다. 계몽주의 비판가들은

해방을 맛본 역사적 의식은 복종과 억압의 기억을 만회하지 못하는 것은 털어버림으로써 긴 역사에 선택적으로 참여한다고 확신한다. 비판적 사고에 대한 좌파의 견해를 전통을 부정하는 뿌리뽑힌 개인주의로 곧장 해석해버린 것은 Bowers의 잘못이다. 비판적 사고는 집단행동이나 과거에 대한 선택적 읽기를 위한 전제조건이라고 보는 것은 Bowers의 태도를 피하는 것처럼 보인다. 이것은 정치적 변명자의 담론이다.

16) 이 입장을 가장 잘 보여주는 최근의 논문은 Nicholas C. Burbules, "Review Article-*Education Under Siege*," *Educational Theory*, 36:3 (1986): 301-13이다.

17) Burbules의 입장은 자신의 정치학에 담긴 이해관계를 잘 모르고 있다. 이 접근법은 그의 책에서 계속 문제가 된다. Burbules, "Review Article," p. 309.

18) 비판적 사회운동과 연대하면서 직시해야 할 문제들을 여기서 다 적을 수는 없다. 다음의 논문은 이 문제를 잘 설명해준다. Ferenc Feher and Agnes Heller, "From Red to Green," *Telos* 59 (Spring 1984): 35-44.

19) Anson Rabinach, "Unclaimed *Heritage: Ernst Bloch's Heritage of Our Times* and the Theory of Fascism," *New German Critique*, 11 (Spring 1977): 11에서 인용.

20) Welch, *Communities of Resistance*.

21) 앞의 책, pp. 74-75.

22) 앞의 책, pp. 90-92.

23) 앞의 책, p. 26.

24) 앞의 책, p. 90.

25) 앞의 책, p. 15.

26) 앞의 책, pp. 82-83.

27) Michael Lowy, "Interview with Ernst Bloch," *New German Critique* 9 (Fall 1976): 37.

28) Michel Foucault, *Power/Knowledge: Selected Interviews and Other Writings*, 1972-1977 (New York: Pantheon, 1980), p. 132.

29) 앞의 책 p. 132.

30) 좌파 교육자는 이데올로기와 마르크스주의를 환원론적으로 취급하는 걸로 악명이 높다. Michael Dale, "Stalking a Conceptual Chameleon: Ideology in Marxist Studies of Education," *Educational Theory* 36:3 (Summer 1986): 241-257을 보라. Burbules's treatment of ideology-critique in Burbules, "Review article", p. 310을 보라. 마르크스주의와 교육에 대한 일차원적 언급은 Francis Schrag, "Education and Historical Materialism," *Interchange* 17:3 (Autumn 1986): 42-52를 보면 된다. Schrag의 논문은 한 가지 장점이 있다. 교육자와 학생에게 마르크스주의와 교육에 관해 글을 쓰지 못하게 하는 고전적인 사례를 보여준다.

찾아보기

인명 찾아보기